CLEMENS KRONEBERG
DIE ERKLÄRUNG SOZIALEN HANDELNS

NEUE BIBLIOTHEK DER SOZIALWISSENSCHAFTEN

Die Neue Bibliothek der Sozialwissenschaften versammelt Beiträge zur sozialwissenschaftlichen Theoriebildung und zur Gesellschaftsdiagnose sowie paradigmatische empirische Untersuchungen. Die Edition versteht sich als Arbeit an der Nachhaltigkeit sozialwissenschaftlichen Wissens in der Gesellschaft. Ihr Ziel ist es, die sozialwissenschaftlichen Wissensbestände zugleich zu konsolidieren und fortzuentwickeln. Dazu bietet die Neue Bibliothek sowohl etablierten als auch vielversprechenden neuen Perspektiven, Inhalten und Darstellungsformen ein Forum. Jenseits der kurzen Aufmerksamkeitszyklen und Themenmoden präsentiert die Neue Bibliothek der Sozialwissenschaften Texte von Dauer.

DIE HERAUSGEBER

Jörg Rössel ist Professor für Soziologie an der Universität Zürich.

Uwe Schimank ist Professor für Soziologie an der Universität Bremen.

Georg Vobruba ist Professor für Soziologie an der Universität Leipzig.

Redaktion: Frank Engelhardt

CLEMENS KRONEBERG
DIE ERKLÄRUNG SOZIALEN HANDELNS

GRUNDLAGEN UND
ANWENDUNG EINER
INTEGRATIVEN THEORIE

VS VERLAG

Bibliografische Information der Deutschen Nationalbibliothek
Die Deutsche Nationalbibliothek verzeichnet diese Publikation in der
Deutschen Nationalbibliografie; detaillierte bibliografische Daten sind im Internet über
<http://dnb.d-nb.de> abrufbar.

1. Auflage 2011

Alle Rechte vorbehalten
© VS Verlag für Sozialwissenschaften | Springer Fachmedien Wiesbaden GmbH 2011

Lektorat: Frank Engelhardt | Cori Mackrodt

VS Verlag für Sozialwissenschaften ist eine Marke von Springer Fachmedien.
Springer Fachmedien ist Teil der Fachverlagsgruppe Springer Science+Business Media.
www.vs-verlag.de

Das Werk einschließlich aller seiner Teile ist urheberrechtlich geschützt. Jede Verwertung außerhalb der engen Grenzen des Urheberrechtsgesetzes ist ohne Zustimmung des Verlags unzulässig und strafbar. Das gilt insbesondere für Vervielfältigungen, Übersetzungen, Mikroverfilmungen und die Einspeicherung und Verarbeitung in elektronischen Systemen.

Die Wiedergabe von Gebrauchsnamen, Handelsnamen, Warenbezeichnungen usw. in diesem Werk berechtigt auch ohne besondere Kennzeichnung nicht zu der Annahme, dass solche Namen im Sinne der Warenzeichen- und Markenschutz-Gesetzgebung als frei zu betrachten wären und daher von jedermann benutzt werden dürften.

Umschlaggestaltung: KünkelLopka Medienentwicklung, Heidelberg
Druck und buchbinderische Verarbeitung: AZ Druck und Datentechnik, Berlin
Gedruckt auf säurefreiem und chlorfrei gebleichtem Papier
Printed in Germany

ISBN 978-3-531-17389-4

Inhalt

Danksagung	9
Einleitung	11

TEIL I: Handlungstheoretische Grundlagen

1 Die Bedeutung der Handlungstheorie für soziologische Erklärungen — 19
1.1 Die Bedeutung der Handlungstheorie im Makro-Mikro-Makro-Modell — 19
1.2 Die Heterogenität soziologischer Explananda und das Kriterium der Modulierbarkeit — 28
1.3 Komplexität und analytische Präzision — 31
1.4 Anforderungen an soziologische Handlungstheorien — 36

2 Der Rational-Choice-Ansatz (RC-Ansatz) — 42
2.1 Grundannahmen des RC-Ansatzes — 42
2.2 Enge und weite RC-Theorien und die Zwickmühle der Kritik — 45
2.3 Vermeintliche und tatsächliche Probleme des RC-Ansatzes — 48
2.4 Grenzen des RC-Ansatzes als situationale Handlungstheorie — 52

3 Die Definition der Situation in soziologischen Handlungstheorien — 62
3.1 Die normative Orientierung in Talcott Parsons' voluntaristischer Theorie des Handelns — 63
3.2 Die Ausarbeitung des Konzepts der Definition der Situation im interpretativen Paradigma — 66

3.3 Wertereflexion als Situationsdefinition bei Max Weber, Jürgen Habermas und Raymond Boudon 72
3.4 Zur formalen Modellierung der Definition der Situation 81

4 Variable Rationalität in soziologischen Handlungstheorien 89
4.1 Max Webers Typen sozialen Handelns 90
4.2 Die These der Ausblendung von Kosten-Nutzen-Erwägungen bei Emile Durkheim, Randall Collins, Jon Elster und Amitai Etzioni 93
4.3 Variable Rationalität in der Theorie des Alltagshandelns von Alfred Schütz 99
4.4 Der kulturtheoretische Erklärungsansatz von Pierre Bourdieu 104
4.5 Zur formalen Modellierung variabler Rationalität 109

Zwischenbetrachtung: Die Vielfalt soziologischer Handlungskonzepte und das Ziel einer erklärenden integrativen Handlungstheorie 114

5 Das Modell der Frame-Selektion (MFS) 119
5.1 Grundlegende Konzepte des MFS 119
5.2 Frame-, Skript- und Handlungsselektion im as-Modus 129
5.3 Frame-, Skript- und Handlungsselektion im rc-Modus 135
5.4 Die Modus-Selektion 144
5.5 Hypothesengewinnung auf Basis des MFS 151
5.6 Der Prozess der Enkodierung 156
5.7 Bisherige Anwendungen des Modells 159

TEIL II: Anwendungen

6 Wahlteilnahme in Demokratien 167
6.1 Die Erklärung der Wahlteilnahme im RC-Ansatz 168
6.2 Wählen als Gewohnheit: Ein alternativer Erklärungsansatz 177
6.3 Erklärung im Modell der Frame-Selektion 180
6.4 Evidenz für die Gültigkeit der MFS-Erklärung aus früheren Studien 187

6.5	Daten und Messungen	192
6.6	Ergebnisse der empirischen Analyse	203
6.7	Fazit	225

7 Die Rettung von Juden im Zweiten Weltkrieg — 230

7.1	Historischer Hintergrund	231
7.2	Ausgewählte Erklärungsansätze und empirische Studien	235
7.3	Erklärung im Modell der Frame-Selektion	248
7.4	Daten und Messungen	258
7.5	Ergebnisse der empirischen Analyse	268
7.6	Fazit	301

8 Die Analyse sozialer Interaktionsprozesse im Modell der Frame-Selektion — 305

8.1	Kollektive Situationsdefinitionen als unintendierte Folge absichtsvollen Handelns	305
8.2	Soziales Framing, variable Rationalität und strategische Interaktion	312

9 Schlussbemerkungen — 317

Literatur — 325

Tabellenverzeichnis — 355

Abbildungsverzeichnis — 357

Danksagung

Dieses Buch ist eine überarbeitete und gekürzte Fassung meiner Dissertation, die 2009 an der Fakultät für Sozialwissenschaften der Universität Mannheim angenommen wurde. Mehrere Personen haben durch ihre Anregungen, Diskussionsbereitschaft und Unterstützung entscheidend zu dieser Arbeit beigetragen. Mein herzlicher Dank gilt zu allererst Hartmut Esser, der mir nicht nur alle Freiheiten zum Verfassen dieser Arbeit gelassen, sondern sie mit ebenso großem Engagement begleitet hat. Sie führt sein Projekt einer integrativen erklärenden Handlungstheorie weiter, an dem er mich wie selbstverständlich hat teilhaben lassen. Frank Kalter danke ich für den nötigen Freiraum für das Erstellen der Endfassung. Die empirischen Teile der Arbeit erst möglich gemacht haben André Blais, Steffen Kühnel, Dieter Ohr und Samuel P. Oliner. Für die großzügige Bereitstellung ihrer Daten bin ich ihnen besonders dankbar. Für wertvolle Hinweise, Kommentare und Diskussionen danke ich Henning Best, Richard Breen, Josef Brüderl, Paul DiMaggio, Jörg Dollmann, Christian Etzrodt, Jürgen Gerhards, Rainer Greshoff, Thomas Gschwend, Andreas Horr, Thomas Kron, Dieter Ohr, Karl-Dieter Opp, Franz Urban Pappi, Ingo Schulz-Schaeffer, Mateusz Stachura, Volker Stocké, Andreas Wimmer, Lars Winter, Rafael Wittek und Meir Yaish. Zu Verbesserungen beigetragen haben Diskussionen meiner Vorträge an der Freien Universität Berlin, der Technischen Universität Dortmund, der Universität Leipzig, der Universität Mannheim, im Nuffield College der University of Oxford, der ETH Zürich, sowie auf der DFG-NSF Research Conference „Contextualizing Economic Behavior" in New York, den Treffen des European Network of Analytical Sociologists in Oxford, Turin und Barcelona und den Arbeitstagungen eines Diskussionskreises zu soziologischen Theoriefragen in Mannheim und Oldenburg. Den Herausgebern der Neuen Bibliothek der Sozialwissenschaften Jörg Rössel, Uwe Schimank und Georg Vobruba sowie Frank Engelhardt vom VS Verlag danke ich für ihre hilfreichen Hinweise zur Überarbeitung des Manuskripts.

Dass ich die Arbeit in einer stets unterstützenden und, wenn nötig, auch unterhaltsamen Atmosphäre verfassen konnte, verdanke ich dem Team des Lehrstuhls, Betty Haire Weyerer, Christian Hunkler, Benjamin Schulz, Harald Beier, Johanna Bristle, Tobias C. Hannemann, Hanno Kruse, Stephan Rompf, Gregor Sand, Meike Thüsing und Sebastian Weingartner. Meine Eltern, Renate und Bernhard Kroneberg, haben die Arbeit zu großen Teilen Korrektur gelesen. Nicht dafür, sondern für alles andere widme ich ihnen diese Arbeit. Schließlich möchte ich mich bei meiner Frau Schima bedanken: für inhaltliche Einschätzungen und Diskussionen, für die Unterstützung in kritischen Schreibphasen und für das Wissen, worauf es ankommt.

Mannheim, im Juni 2010   *Clemens Kroneberg*

Einleitung

Die Erklärung sozialen Handelns stellt einen Kernbestandteil soziologischer Erklärungen dar. Diese Auffassung findet sich bereits in Max Webers berühmter Gegenstandsbestimmung des Faches und durchzieht die auf Talcott Parsons' Synthese-Versuch (Parsons 1937) folgende Diskussion in und zwischen den diversen soziologischen Paradigmen (siehe Alexander 1988; Emirbayer und Mische 1998; Schmid 2004). Dabei hat sich weitgehend die Ansicht durchgesetzt, dass soziale Phänomene aus dem handelnden Zusammenwirken von Akteuren zu erklären sind und dabei zu berücksichtigen ist, auf welche Weise das Handeln der Akteure durch die soziale Situation beeinflusst wird.[1] Ein zentrales Ziel soziologischer Theoriebildung besteht daher in der Entwicklung einer Theorie des Handelns, welche die soziologisch relevanten Einflussgrößen und Formen des Handelns zu berücksichtigen und das handelnde Zusammenwirken mehrerer Akteure zu analysieren erlaubt (vgl. u.a. Alexander 1988: 308; Coleman 1990: 11ff.; Hedström 2005: 35ff.). Eine derartige Handlungstheorie ist das *Modell der Frame-Selektion* (Esser 2010a; Kroneberg 2005). In der vorliegenden Arbeit wird es vor dem

---

[1] Explizit zu Grunde gelegt wird diese Konzeption soziologischer Erklärungen – das sog. Makro-Mikro-Makro-Modell – im Rational-Choice Ansatz (Coleman 1990), in der verstehenden Soziologie im Anschluss an Max Weber (Schluchter 2005) und in der erklärenden, analytischen oder mechanismischen Soziologie (Esser 1999a; Hedström 2005; Hedström und Swedberg 1998; Schmid 2006). Sie ist aber ebenso präsent in den Arbeiten von Jeffrey Alexander, Peter L. Berger und Thomas Luckmann, Pierre Bourdieu, Randall Collins, Anthony Giddens oder Jürgen Habermas. Die Ausnahmen bestehen vor allem in jenen dezidiert makrosoziologischen Ansätzen, die meinen, prinzipiell vollkommen ohne Rekurs auf soziales Handeln auskommen zu können (Blau 1994; Luhmann 1984, 1997). Sie scheinen jedoch praktisch nicht konsistent durchführbar, *solange* man nicht vollständig den Anspruch aufgibt, kausale Erklärungen zu entwickeln, oder sich mit einer Betrachtung derjenigen sozialen Phänomene begnügt, die rein strukturtheoretisch durch Änderungen der Restriktionen erklärt werden können (siehe u.a. Esser 2000a; Greshoff 2008).

Hintergrund der bisherigen soziologischen Diskussion entwickelt und empirisch zur Lösung ausgewählter Rätsel sozialen Handelns angewendet.[2]

Ausgangspunkt des Modells sind zwei Grundannahmen, die charakteristisch für soziologische Handlungskonzepte sind. Erstens ist jedes Handeln an einer subjektiven *Definition der Situation* orientiert (Goffman 1974; Parsons 1937: 76f.; Thomas und Znaniecki 1927: 68ff.): Um handlungsfähig zu sein, müssen menschliche Akteure eine Interpretation ihrer Situation entwickeln. Dabei greifen sie häufig auf sozial geteilte Bezugsrahmen zurück, in denen der kulturell definierte Sinn typischer Situationen zum Ausdruck kommt und deren situative Relevanz durch bestimmte wahrnehmbare Objekte angezeigt wird. Zweitens ist menschliches Verhalten durch eine *variable Rationalität* gekennzeichnet (Schütz und Luckmann 1979; Weber 1980). Obgleich die Fähigkeit zu Reflexion und antizipierendem Abwägen ein kennzeichnendes Merkmal menschlicher Akteure ist, sind diese ebenso darauf angewiesen, nicht jederzeit über die vorliegende Situation und das auszuführende Handeln reflektieren zu müssen. Akteure folgen daher häufig spontan ihrem ersten Eindruck und aktivierten Verhaltensdispositionen. Nur manchmal und in bestimmter Hinsicht treffen sie elaborierte Entscheidungen unter systematischer Berücksichtigung und Abwägung einzelner Informationen und zu erwartender Folgen.

Die Betonung dieser beiden Phänomene ist für die Soziologie als Disziplin schon immer auch von konstitutiver Bedeutung gewesen, da in ihrem Einbezug ein gewichtiger Unterschied zum Handlungsmodell der Ökonomie, dem Rational-Choice-Ansatz (*RC-Ansatz*), besteht. Mit wenigen Ausnahmen (Akerlof und Kranton 2000; Heiner 1983) blenden Theorien rationaler Wahl die kulturell geprägte, das Handeln vorstrukturierende Definition der Situation aus und sehen auch ganz bewusst von der Art der Informationsverarbeitung ab: Die Handlungsalternativen sind immer schon da und die Wahl zwischen ihnen erfolgt nach bestimmten Rationalitätskriterien, die

---

[2] Das Modell geht auf die Frame-Selektionstheorie zurück, deren inhaltliche Grundgedanken zwischen 1990 und 2001 von Hartmut Esser entwickelt wurden (Esser 1990, 2001). Das hier dargestellte Modell ist die vervollständigte und überarbeitete Formalisierung dieser Handlungstheorie (Kroneberg 2005), die auch von Esser vertreten wird (Esser 2006a: 359; Esser 2006b: 148; Esser 2010a). Zur Kritik an Essers' früherer Formalisierung seiner Handlungstheorie siehe Collins 1993; Egger und de Campo 1997; Etzrodt 2000; Kron 2004, 2005; Lüdemann und Rothgang 1996; Opp 1993, 2004b; Prendergast 1993; Rohwer 2003; Schräpler 2001; Srubar 1993; Witt 1993 sowie die Beiträge in Greshoff und Schimank 2006.

sich auf die Präferenzen und Erwartungen der Akteure beziehen. Dieser Unterschied bildet die Grundlage vieler Debatten zwischen Vertretern traditioneller soziologischer Ansätze und solchen des RC-Ansatzes, z.B. über die Wirkungsweise sozialer Normen oder die Voraussetzungen sozialer Ordnung.

Mittlerweile verdichten sich die empirischen Hinweise, dass die von der Soziologie seit langem betonten Phänomene tatsächlich einem Großteil der Variation menschlichen Handelns zu Grunde liegen.[3] Was bislang fehlt, ist ein präzises erklärendes Modell, das angibt, unter welchen Bedingungen Akteure eine bestimmte Definition der Situation vornehmen, bestimmte Verhaltensdispositionen aktivieren und ein bestimmtes Handeln auszuführen versuchen und in Abhängigkeit von welchen Faktoren die Rationalität dieser Vorgänge variiert. Soziologische Ansätze sind zwar reich an Handlungskonzepten und orientierenden Feststellungen, haben aber im Gegensatz zum RC-Ansatz kein formales Modell entwickelt, das präzise angibt, wie die verschiedenen Determinanten des Handelns zusammenwirken und welches Handeln unter welchen Bedingungen zu erwarten ist (Schmid 2004). Bei der Erklärung sozialer Phänomene ergeben sich dadurch zwei defizitäre Alternativen. Der Rückgriff auf den RC-Ansatz ermöglicht einen engen Dialog zwischen Theorie und empirischer Sozialforschung (Blossfeld und Prein 1998; Goldthorpe 1996), führt jedoch häufig zur Vernachlässigung erklärungsrelevanter Phänomene wie etwa Situationsdeutungen, Werte, soziale Normen, Routinen oder Emotionen. Versucht man dagegen derartige Phänomene in die Analyse mit einzubeziehen, so geschieht dies häufig auf Kosten analytischer Präzision und Erklärungskraft. Das Modell der Frame-Selektion hat zum Ziel, diesen Zustand zu überwinden. Unter Einarbeitung sozialpsychologischer Erkenntnisse rückt es die Definition der Situation und die variable Rationalität der Akteure in den Mittelpunkt einer präzisen Handlungstheorie, die ökonomische und soziologische Handlungserklärungen zu integrieren vermag.

Der erste, theoretische Teil der Arbeit macht die Notwendigkeit einer derartigen Theorie deutlich, diskutiert den RC-Ansatz sowie bisherige Ausarbeitungen der Konzepte der Definition der Situation und der variablen

---

[3] Für entsprechende experimentelle Evidenz bzw. ihre Diskussion siehe u.a. Bicchieri 2006; Chaiken und Trope 1999; Henrich et al. 2004; Kay und Ross 2003; Kay et al. 2004; Larrick und Blount 1997; Liberman, Samuels und Ross 2004; Sanbonmatsu und Fazio 1990; Schuette und Fazio 1995.

Rationalität in soziologischen Ansätzen und entwickelt schließlich das Modell der Frame-Selektion. Der zweite Teil der Arbeit enthält soziologische Anwendungen dieser Theorie. Im Folgenden gebe ich einen Überblick über den Aufbau der Arbeit anhand der einzelnen Kapitel.

Kapitel 1 legt die wissenschaftstheoretischen Grundlagen der Arbeit. Ausgehend vom Makro-Mikro-Makro-Modell der soziologischen Erklärung werden spezifische Anforderungen abgeleitet, denen soziologische Handlungstheorien genügen sollten und nach denen sie beurteilt werden können. Neben gängigen Anforderungen wird die Bedeutung des heuristischen Wertes und der Modulierbarkeit soziologischer Handlungstheorien hervorgehoben. Danach sollten sich aus ihnen möglichst vielfältige Hypothesen gewinnen lassen und sie sollten sowohl stark vereinfachende als auch detaillierte und differenzierende Handlungserklärungen ermöglichen. Die Bedeutung dieser Kriterien ergibt sich unter anderem aus der Heterogenität soziologischer Fragestellungen, deren Schwerpunkt auf dem handelnden Zusammenwirken der Akteure oder aber auf den situativen Einflussgrößen sozialen Handelns liegen kann.

Kapitel 2 beinhaltet eine kritische Diskussion des RC-Ansatzes. Die Wahl dieses theoretischen Ausgangspunktes erfolgt aus zwei Gründen. Erstens genügt der RC-Ansatz im Unterschied zu den meisten anderen in der Soziologie vorgebrachten Handlungstheorien dem Kriterium der analytischen Präzision. Er bildet daher gleichsam den „state of the art" erklärender Handlungstheorien und zeigt, welche handlungsgenerierenden Phänomene bereits analytisch präzise erfasst werden können. Zweitens war er seit jeher ein kritischer Bezugspunkt für die Entwicklung soziologischer Handlungskonzepte. Im Unterschied zum Großteil der bisherigen Kritik am RC-Ansatz wird in dieser Arbeit die Sichtweise zurückgewiesen, der RC-Ansatz sei wissenschaftstheoretisch inakzeptabel oder führe zwangsläufig zu empirisch falschen Erklärungen. Die tatsächlichen Probleme bestehen hinsichtlich der Kriterien des heuristischen Wertes und der Modulierbarkeit. Vor allem wenn das Zusammenspiel von Institutionen, Interessen und Ideen bei der Erklärung sozialen Handelns im Vordergrund steht, gelangt man auf Basis seiner handlungstheoretischen Kernannahmen allein tendenziell entweder zu trivialen oder aber wenig theoriegeleiteten Erklärungen. Es wird daher dafür plädiert, eine komplexere, aber gleichwohl analytisch präzise Handlungstheorie zu entwickeln, die grundlegende Phänomene einzubeziehen erlaubt, welche prinzipiell für die Erklärung jedes Handelns von Belang und soziologisch anschlussfähig sind: die Definition der Situation und die variable Rationalität der Akteure. In den Kapiteln 3 und 4 werden frühere soziologische Ausarbeitungen der Konzepte der Definition der Situation und der variablen Rationalität dargestellt und diskutiert.[4] Darauf aufbauend wird in Kapitel 5 das Modell der Frame-Selektion entwickelt und gezeigt, wie es die soziologischen Einsichten in die Bedeutung der Definition der Situation und der variablen Rationalität der Akteure in eine präzise erklärende Handlungstheorie überführt. Zudem wird ein Überblick über bisherige empirische Anwendungen gegeben und vorgeführt, wie sich aus ihm empirisch prüfbare Hypothesen ableiten lassen.

Der zweite Teil der Arbeit enthält Anwendungen des Modells der Frame-Selektion. Leitend ist dabei die Überzeugung, dass Theoriediskussionen letztlich instrumentell für das Verständnis und die Erklärung empirischer Zusammenhänge sein sollten. Vor allem stellt ein solcher Fokus auf empirische Erklärungsprobleme ein zentrales Regulativ für die soziologische Theorieentwicklung dar. In den Kapiteln 6 und 7 wird das Modell der Frame-Selektion auf die Erklärung der Teilnahme an demokratischen Wahlen und der Rettung von Juden im Zweiten Weltkrieg angewendet. Beide Phänomene sind offensichtlich von großer gesellschaftlicher Relevanz: Die Teilnahme an Wahlen bildet den wichtigsten Akt politischer Partizipation in Demokratien (Brady, Verba und Schlozman 1995). Die uneigennützig motivierte Hilfe für Juden im nationalsozialistisch beherrschten Europa zählt zweifelsohne zu den außergewöhnlichsten Akten der Mitmenschlichkeit und des Widerstands gegen totalitäre Regime. Im Kontext dieser Arbeit ergeben sich zudem zwei weitere Gründe, welche die Betrachtung dieser beiden Erklärungsprobleme besonders lohnenswert erscheinen lassen.

---

[4]   Die Darstellung ist dabei auf soziologische handlungstheoretische Ansätze beschränkt. Eine detaillierte Diskussion der für das Modell zentralen sozialpsychologischen Theorien und Befunde ist in früheren Arbeiten zum Modell der Frame-Selektion zu finden (Esser 2001; Mayerl 2009: Kap. 2; Stocké 2002). Bei der hier durchgeführten Behandlung der soziologischen Ansätze ergeben sich teilweise Überschneidungen mit der Darstellung bei Esser (siehe insbesondere Esser 2001). Gleichwohl bestehen Unterschiede in einzelnen Einschätzungen und Schwerpunkten. Insbesondere wurde versucht, wichtige Autoren eingehender zu behandeln, die in den bisherigen Arbeiten zur Frame-Selektionstheorie nicht oder kaum betrachtet wurden (u.a. Pierre Bourdieu, Randall Collins und Amitai Etzioni).

Erstens sind beide Phänomene Gegenstand theoretischer Debatten zwischen dem RC-Ansatz und im weitesten Sinne normativen Ansätzen. Die Wahlteilnahme bildet das wohl prominenteste Beispiel der empirischen Kritik am RC-Ansatz (siehe u.a. Blais 2000; Boudon 1998, 2003; Friedman 1996; Green und Shapiro 1994). Ihre Rätselhaftigkeit erklärt sich aus der marginalen Bedeutung der einzelnen Stimme für den Wahlausgang, welche die individuelle Teilhabe an der Bereitstellung dieses öffentlichen Gutes erklärungsbedürftig macht (Downs 1957). Die Rettung von Juden im Zweiten Weltkrieg ist ein Fall altruistischen Handelns trotz teilweise extrem hoher Risiken für das eigene Leben und das der eigenen Familie. Ob sich ein derartiges Verhalten mit Hilfe des RC-Ansatzes erklären lässt, wird daher ebenfalls kontrovers diskutiert (siehe u.a. Elster 2000; Monroe 1991; Monroe, Barton und Klingemann 1991; Opp 1997, 1999; Varese und Yaish 2000). Auf Basis des Modells der Frame-Selektion lässt sich in beiden Fällen eine integrative Erklärung entwickeln, welche die theoretischen Debatten aufzulösen vermag und zusätzliche Hypothesen abzuleiten erlaubt.

Zweitens handelt es sich bei der Wahlteilnahme in den meisten konsolidierten Demokratien um eine Niedrigkostensituation, wohingegen die Rettung von Juden unter der Nazi-Herrschaft eine Hochkostensituation darstellte. Die beiden Fälle erlauben daher einen Test zentraler Hypothesen des Modells der Frame-Selektion unter unterschiedlichen Bedingungen. Dies gilt insbesondere für die Hypothese, dass stark aktivierte und verankerte Normen zu einem spontanen, anreizunabhängigen Handeln führen können. Wie die statistischen Analysen zeigen, lassen sich die auf Basis des Modells entwickelten Erklärungen empirisch stützen und ermöglichen ein tieferes Verständnis der beiden Phänomene.

In Kapitel 8 wird der Fokus von der Erklärung sozialen Handelns auf die Analyse von Interaktionssequenzen gerichtet. Anhand einfacher Beispiele wird gezeigt, wie das Modell der Frame-Selektion verwendet werden kann, um soziale Interaktionsprozesse zu analysieren. Auf diesem Weg lassen sich zudem eine Reihe möglicher prima-facie Einwände gegen das Modell der Frame-Selektion entkräften, wie sie insbesondere von Seiten interaktionistischer, praxistheoretischer oder systemtheoretischer Ansätze nahe liegen mögen. Die Schlussbemerkungen in Kapitel 9 befassen sich insbesondere mit dem Verhältnis zwischen dem Modell der Frame-Selektion und dem RC-Ansatz und zeigen Perspektiven für zukünftige Anwendungen und Weiterentwicklungen auf.

TEIL I:
Handlungstheoretische Grundlagen

1 Die Bedeutung der Handlungstheorie für soziologische Erklärungen

In diesem wissenschaftstheoretischen Kapitel geht es darum, die Bedeutung der Handlungstheorie für soziologische Erklärungen herauszuarbeiten und Kriterien für die Beurteilung soziologischer Handlungstheorien zu gewinnen. Dabei werden instrumentalistische Verständnisse der Handlungstheorie als unzureichend zurückgewiesen. Stattdessen wird, ausgehend von der Heterogenität soziologischer Fragestellungen, das Kriterium der Modulierbarkeit betont. Aus ihm folgt, dass deskriptive Genauigkeit und analytische Präzision für den Erklärungsanspruch soziologischer Handlungstheorien unabdingbar sind, obwohl diese beiden Kriterien bislang eher von unterschiedlichen Ansätzen gegeneinander ausgespielt wurden.

1.1 Die Bedeutung der Handlungstheorie im Makro-Mikro-Makro-Modell

In der explanativ ambitionierten Soziologie hat sich zunehmend die Sichtweise durchgesetzt, dass kollektive Phänomene aus dem handelnden Zusammenwirken von Akteuren zu erklären sind und dabei zu berücksichtigen ist, auf welche Weise das Handeln der Akteure durch die äußere, zu großen Teilen soziale Situation beeinflusst wird. Schematisch lässt sich dies durch das sog. Makro-Mikro-Makro-Modell veranschaulichen, das in Abbildung 1 dargestellt ist.

In den kollektivistischen Strömungen innerhalb der Soziologie hat es immer wieder Versuche gegeben, *ohne* eine derartige Bezugnahme auf Akteure als aktive Träger und Motoren sozialer Prozesse auszukommen und stattdessen Soziales direkt mit Sozialem zu erklären. Und in der Tat lässt sich eine Reihe ausgesprochen stabiler Zusammenhänge auf der Makro-Ebene sozialer Phänomene aufführen. Man denke etwa an die zunehmende Assimilation ethnischer Minderheiten in der Generationenabfolge, die Verselbständigung der Führung gegenüber den Mitgliedern von Organisationen, den Zusammenhang zwischen wirtschaftlicher Entwicklung und Demokratisierung autoritärer politischer Regime oder den zwischen Industriegesellschaft und dem Rückgang der Fertilität. Das Heranziehen derartiger „Makro-Gesetze" zur Erklärung einzelner Fälle stößt jedoch auf zwei Probleme. Erstens gibt es immer auch Ausnahmen von diesen Regelmäßigkeiten, die insofern keine allgemeinen, ohne Weiteres zur Erklärung einsetzbaren Gesetze darstellen. Unabhängig davon besteht zweitens das Problem, dass die Regelmäßigkeiten auf der Makro-Ebene sozialer Phänomene letztlich unverstanden bleiben, solange man nicht die verursachenden Mechanismen identifiziert und erklärt, *warum* beispielsweise wirtschaftliche Entwicklung die Chancen auf eine Demokratisierung autoritärer Regime erhöht. Durch ein derartiges tieferes Verständnis lassen sich dann wohlgemerkt auch die abweichenden Fälle erklären.

Abbildung 1: Das Makro-Mikro-Makro-Modell in der Terminologie von Esser (1999a) und Hedström und Swedberg (1998)

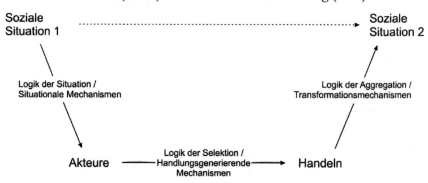

Das Makro-Mikro-Makro-Modell veranschaulicht, welche Teilschritte in der Soziologie notwendig sind, um zu mechanismischen Erklärungen zu gelangen. Auf der Mikro-Ebene wird das Handeln der Akteure erklärt. Aus der Beobachterperspektive betrachtet, selegieren diese eine bestimmte Handlungsalternative aus einer Menge möglicher Alternativen und man bezeichnet diesen Schritt daher auch als *Logik der Selektion*. Es wird angenommen, dass sich auf dieser Ebene, also für das Handeln menschlicher Akteure, durchaus allgemeine gesetzesartige Hypothesen aufstellen lassen. Dies geschieht in Form einer Handlungstheorie, die angibt, welches Handeln unter welchen Randbedingungen zu erwarten ist. Die Randbedingungen sind die von der Handlungstheorie angenommenen Determinanten des Handelns. Je nach verwendeter Handlungstheorie können dies z.b. bestimmte Situationsdeutungen, Wertorientierungen, seelische Konflikte, wahrgenommene Anreize, moralische Urteile oder internalisierte Normen sein.

Die Handlungserklärung folgt dem sog. Hempel-Oppenheim-Schema (kurz: H-O-Schema) der Erklärung (siehe z.B. Esser 1999b: 206). Dieses Schema erlaubt wissenschaftliche Erklärungen als logischen Schluss darzustellen, wobei das zu erklärende Phänomen (*Explanandum*) aus mindestens einem allgemeinen Gesetz und spezifischen Randbedingungen (den beiden Bestandteilen des *Explanans*) folgt (Hempel und Oppenheim 1948; Stegmüller 1975).[5] Man spricht daher auch von deduktiv-nomologischer Erklärung. Im Rahmen der Handlungserklärung lassen sich die zu erklärenden *spezifischen* Handlungen H_i aus der Handlungstheorie (RB $\rightarrow$ H) und den im Anwendungsfall vorliegenden Randbedingungen RB_i ableiten: $((RB \rightarrow H) \wedge RB_i) \rightarrow H_i$. Dass eine Polizistin einem um Nachsicht bittenden Falschparker einen Strafzettel verpasst (H_i), könnte man beispielsweise mit Hilfe einer Handlungstheorie erklären, die vorhersagt, dass Menschen immer die Handlungsalternative (H) ausführen, die die von ihnen bekleidete soziale Rolle (RB) vorschreibt – müsste dafür aber nachweisen, dass die soziale Rolle der Polizistin die Vergabe eines Strafzettels bei Falschparken fordert (RB_i).

Im ersten Schritt des Makro-Mikro-Makro-Modells, der sog. *Logik der Situation*, geht es darum, auf welche Weise die Akteure durch die Situation beeinflusst werden. In Form sog. Brückenhypothesen wird beschrieben, welche Ausprägungen die relevanten Determinanten des Handelns bei den verschiedenen Akteuren typischer Weise annehmen.[6] Auch wenn sich das

---

[5] Die *Gesetze* geben gemeinsam an, unter welchen Bedingungen x es zu Phänomenen des Typs y kommt. Sie lassen sich daher prinzipiell in der Form von wenn-dann-Aussagen darstellen. Da der Gesetzesbegriff außerhalb der Physik leicht falsche Konnotationen aufwirft, spreche ich im Folgenden auch von gesetzesartigen Hypothesen.

[6] Bei der Formulierung der Brückenhypothesen sind äußere Situationsmerkmale und innere Dispositionen der Akteure sowie deren Zusammenspiel zu berücksichtigen. Brückenhypothesen beschreiben also nicht ausschließlich, wie sich Elemente der sozialen Situation („Makro") auf Akteure („Mikro") auswirken. Vielmehr „überbrücken" sie in erster Linie die Kluft zwischen den abstrakten Randbedingungen der Handlungstheorie und den in einer Anwendung relevanten, sehr viel spezifischeren Einflussfaktoren (seien diese eher äußerer oder innerer Natur).

Handeln der Akteure vor allem aus ihren subjektiven Wahrnehmungen und Zuständen ergibt, werden diese doch systematisch durch äußere, häufig *soziale* Bedingungen beeinflusst. Die Beschreibung dieser sozialen Einflüsse ist der soziologisch bedeutsamste Bestandteil dieses Erklärungsschrittes.

Der abschließende dritte Schritt, die sog. *Logik der Aggregation*, beschreibt, welche aggregierten Folgen sich aus dem Handeln der Akteure ergeben. Die sog. Transformationsregeln geben an, wie sich das kollektive Phänomen – um dessen Erklärung es insgesamt geht – aus dem handelnden Zusammenwirken der relevanten Akteure ergibt. Ein leicht verständliches Beispiel ist die Erklärung der aus einer demokratischen Wahl resultierenden Sitzverteilung im Parlament. Wenn die Wahlentscheidungen der Bürger bekannt sind, ergibt sie sich aus dem Wahlsystem bzw. dem Verfahren, nach dem Stimmen in Sitze umgerechnet werden. Das Wahlverfahren ist in diesem Fall die Transformationsregel. Zusätzlich bedarf es noch sog. Transformationsbedingungen, die Anwendungsvoraussetzungen für die Transformationsregel spezifizieren. Im betrachteten Beispiel muss etwa vorausgesetzt werden, dass die Stimmen korrekt ausgezählt werden und das Wahlverfahren korrekt angewandt wird, also die faktische Geltung der Institution.[7]

Vor allem Autoren, die der mechanismischen Soziologie zugerechnet werden können, haben sich mit den Vorteilen und Prinzipien von Erklärungen im Makro-Mikro-Makro-Modell beschäftigt (siehe Schmid 2006).[8] Neben der Forderung, soziale Zusammenhänge reduktionistisch durch Einbezug der Akteursebene zu erklären, legen diese besonderen Wert auf die Konstruktion möglichst präziser und relativ abstrakter Erklärungsmodelle (Hedström und Swedberg 1998). Umso bemerkenswerter ist es, wenn Michael Schmid in seiner Diskussion der mechanismischen Soziologie zu dem Schluss gelangt, dass selbst unter diesen Autoren Unklarheit darüber herrscht, welchen *Adäquatheitsbedingungen* Erklärungen im Makro-Mikro-Makro-Modell genügen sollten (Schmid 2006: 27ff.). Dies ist problematisch, da somit Kriterien fehlen, um die Güte soziologischer Erklärungen beurtei-

---

[7] Wichtig ist, dass es *prinzipiell* immer möglich wäre, diese Transformationsbedingungen selbst wiederum als aggregierte Folge sozialen Handelns zu erklären. Aus erklärungsökonomischen Gründen können derartige Transformationsbedingungen nicht immer mit erklärt werden, und zwar vor allem deshalb nicht, weil es sich häufig um andere relevante Akteure und damit um ganz andere Wirkungszusammenhänge handelt.

[8] In Deutschland hat sich durch die Arbeiten Hartmut Essers auch der Begriff der *erklärenden* Soziologie, im angelsächsischen Raum der einer *analytischen* Soziologie (Hedström 2005; Hedström und Bearman 2009) etabliert.

len und Anforderungen an soziologische Handlungstheorien aufstellen zu können.

Eine nahe liegende Lösung dieses Problems besteht darin, die vergleichsweise klaren Adäquatheitsbedingungen des H-O-Schemas auf mechanismische Erklärungen zu übertragen. Danach muss das Explanandum prinzipiell logisch aus dem Explanans ableitbar sein und das Explanans muss mindestens eine gesetzesartige Hypothese enthalten, empirischen Informationsgehalt besitzen und wahr, also zumindest empirisch gut bestätigt sein (Hempel und Oppenheim 1948). Das Makro-Mikro-Makro-Modell ergänzt diese allgemeinen Anforderungen, indem es verlangt, als Gesetze keine „black box"-Beziehungen auf der Ebene *sozialer* Phänomene zu verwenden, sondern diese Regelmäßigkeiten über die Angabe der verursachenden Mechanismen zu erklären (u.a. Hedström 2005; Hedström und Swedberg 1998).[9]

Versteht man das H-O-Schema als Ableitung eines Explanandums aus mehr oder weniger allgemeinen gesetzesartigen Hypothesen und spezifischen Randbedingungen, so kann man es sogar als „building block" von soziologischen Erklärungen im Makro-Mikro-Makro-Modell ansehen. Denn nicht nur die Handlungserklärung, sondern auch die Logik der Situation und die Logik der Aggregation lassen sich als deduktive Erklärungsargumente nach Art des H-O-Schemas betrachten (siehe dazu Kroneberg 2008a). Die *Stellung* allgemeiner gesetzesartiger Hypothesen nehmen dabei die Brückenhypothesen bzw. die Transformationsregeln ein, auch wenn diese im Gegensatz zur Handlungstheorie zumeist von eher geringem Allgemeinheitsgrad sind.[10]

---

[9] Mechanismische Erklärungen lassen sich als komplexer *Spezialfall* des H-O-Schemas der Erklärung rekonstruieren, wobei sie dieses Schema durch zusätzliche Anforderungen für sozialwissenschaftliche Fragestellungen ausarbeiten (Opp 2004a). Ich wende mich somit gegen Vertreter der mechanismischen Soziologie (u.a. Hedström 2005; Hedström und Swedberg 1998), die aus der Ergänzungsbedürftigkeit des H-O-Schemas einen *prinzipiellen* Gegensatz zu mechanismischen Erklärungen konstruieren (ebenso Bunge 1999: 49ff.; Little 1998: 210f.; Opp 2004a).

[10] Die Brückenhypothesen ermöglichen von Merkmalen der Situation auf die Randbedingungen der Handlungstheorie zu schließen, welche das Explanandum der Logik der Situation bilden. Die Logik der Aggregation wurde bereits mehrfach als logischer Schluss betrachtet (Esser 2000b: 14ff.; Lindenberg 1977; Lindenberg und Wippler 1978). Hierbei spezifizieren die Transformationsregeln, wie sich kollektive Phänomene des betrachteten Typs aus dem Vorliegen von Transformationsbedingungen und ggf. vorliegenden Einzelhandlungen ergeben.

Auch wenn die grundlegenden Adäquatheitsbedingungen des H-O-Schemas übernommen werden können, ergeben sich ihm gegenüber einige wichtige Modifikationen oder zumindest andere Schwerpunktsetzungen. Insbesondere ruht die Hauptlast soziologischer Erklärungen im Makro-Mikro-Makro-Modell *nicht* auf einem einzigen und allgemeinen Gesetz. Den höchsten Allgemeinheitsgrad hat zweifelsohne die Handlungstheorie, die entsprechend auch als „nomologischer Kern" soziologischer Erklärungen bezeichnet wird (z.B. Esser 1999a: 120). Diese Redeweise sollte allerdings nicht missverstanden werden. *Erstens* besteht die Handlungstheorie typischerweise nicht aus *einem* Gesetz, sondern aus einem ganzen Aussagen*system*. Dieses enthält eine oder mehrere Selektionsregeln, die möglichst präzise und allgemein angeben, unter welchen Bedingungen eine bestimmte Handlungsalternative in die Tat umgesetzt wird. *Zweitens* wäre es eine Überbetonung der Handlungstheorie, würde man *alle* Argumente, beschreibenden Sätze, Annahmen und Hypothesen, die zusammen die Logik der Situation und die Logik der Aggregation ausmachen, zu Randbedingungen der Handlungstheorie degradieren. Die Brückenhypothesen und Transformationsregeln – also die Hypothesen über *soziale* Einflüsse und Prozesse – sind vielmehr soziologisch von primärem Interesse. Entsprechend sprechen etwa Hedström und Swedberg (1998) von „Situational Mechanisms" (den Brückenhypothesen), „Action-Formation Mechanisms" (der Handlungstheorie) und „Transformational Mechanisms" (den Transformationsregeln). Jedem dieser generierenden Mechanismen kommt im Rahmen des Makro-Mikro-Makro-Modells eine entscheidende, die „black box" sozialer Regelmäßigkeiten erhellende Bedeutung zu.

Schließlich gilt es zu betonen, dass das H-O-Schema der Erklärung mitsamt seinen Adäquatheitsbedingungen lediglich darstellt, wie das *Endergebnis* eines geglückten Erklärungsversuches unter *wissenschaftstheoretischen* Gesichtspunkten *idealerweise* aussehen würde. Etwas anderes sind natürlich die realen wissenschaftlichen Prozesse, in denen soziologische Erklärungen als Modelle entworfen, verworfen oder revidiert werden.[11] Diesen Prozessen kann das H-O-Schema nur als regulative Idee dienen. Aufgrund der fehlenden kausalen und untersuchungstechnischen Geschlossenheit sozialer Prozesse wird

---

[11] Ein Großteil der Kritik am H-O-Schema ist verfehlt, da sie dieses wissenschaftstheoretische Erklärungsideal dafür kritisiert, keine zutreffende Charakterisierung des wissenschaftlichen Prozesses zu geben, was eine vollkommen andere Zielsetzung wäre (siehe z.B. Gorski 2004).

es bei soziologischen Erklärungsproblemen kaum jemals zu einem vollständigen Erreichen des Erklärungsideals kommen. Erklärungen im Makro-Mikro-Makro-Modell enthalten daher als charakteristische Merkmale – mehr oder weniger explizit – ceteris-paribus-Bedingungen und vereinfachende Annahmen.[12]

Mit der Übertragung der Adäquatheitsbedingungen des H-O-Schemas ist die Grundlage geschaffen, um die Bedeutung der Handlungstheorie für Erklärungen im Makro-Mikro-Makro-Modell herauszuarbeiten. Die Handlungstheorie bildet den erklärenden Mechanismus innerhalb der Logik der Selektion und enthält die gesetzesartigen Hypothesen mit dem höchsten Allgemeinheitsgrad. Wie bereits erwähnt, sollte die *explanative* Bedeutung der Handlungstheorie für mechanismische Erklärungen gleichwohl nicht überbetont werden. Die Brückenhypothesen und Transformationsregeln sind häufig explanativ ebenso bedeutsam und soziologisch von primärem Interesse.

Diese Einschätzung wird von den meisten Vertretern einer erklärenden oder analytischen Soziologie geteilt, insbesondere auch von Vertretern des Rational-Choice-Ansatzes (*RC-Ansatz*). Allerdings führt diese Relativierung häufig zu einem instrumentalistischen Verständnis der Handlungstheorie. Danach reicht es für soziologische Erklärungszwecke aus, stark unrealistische Modelle menschlichen Handelns zu konstruieren, solange sich die realen Akteure so verhalten, „als ob" ihr Handeln den im Modell unterstellten Zusammenhängen folgen würde (siehe grundlegend Friedman 1953; kürzlich Lovett 2006). Diese Position ist nicht nur wissenschaftstheoretisch problematisch (siehe u.a. Brüderl 2004; Opp 1999), sondern auch mitverantwortlich für die Kritik, auf die ein Großteil von analytischen Arbeiten in der Soziologie stößt. Es sind vor allem zwei Argumente, die gegen ein instrumentalistisches Verständnis der Handlungstheorie sprechen. Das erste bezieht sich auf die explanative Bedeutung der Handlungstheorie, das zweite auf ihre heuristische Bedeutung.

---

[12] Dies betrifft vor allem die Brückenhypothesen und Transformationsregeln. Daher kann die Adäquatheitsbedingung wahrer Aussagen hier häufig nur annäherungsweise erreicht werden. Dies bedeutet zwar, dass in der Soziologie streng genommen meist nur unvollkommene Erklärungen realistisch sind, mindert aber nicht die Bedeutung des H-O-Schemas als regulative Idee. So vermag etwa das Wahrheitskriterium als regulative Idee die enge Verzahnung von Theoriebildung und empirischer Forschung zu fördern und instrumentalistische Auffassungen zurückzuweisen.

Erstens hängt die Gültigkeit mechanismischer Erklärungen von der Gültigkeit der drei Erklärungsschritte im Makro-Mikro-Makro-Modell ab. Dabei verlangen die Adäquatheitsbedingungen deduktiv-nomologischer Erklärungen die Wahrheit der gesetzesartigen Hypothesen. Auch wenn das Attribut „wahr" in einem nicht-naiven Wissenschaftsverständnis sicherlich prekär ist, so ist es doch als *regulative Idee* einer empirisch-analytischen Wissenschaft unabdingbar. Entsprechend kann ein Explanandum nicht als hinreichend erklärt gelten, wenn als Teil der Erklärung eine Handlungstheorie verwendet wird, deren zentrale Annahmen der empirischen Evidenz im Anwendungsfall zu widersprechen scheinen. Die Übereinstimmung zwischen Modellimplikationen und empirischen Daten auf der Aggregatebene ist dann eine bloße Korrelation.

Während falsche Annahmen und Hypothesen nicht Teil einer gültigen Erklärung sein können, sind abstrahierende Annahmen unvermeidlich und sogar willkommen. Abstrahierende Annahmen sind solche „über *vernachlässigbare* Sachverhalte, die aber der empirischen Prüfung zugänglich sind" (Kunz 1997: 150). Von Vernachlässigbarkeit lässt sich sinnvoll immer nur in Bezug auf ein bestimmtes Erklärungsproblem sprechen (Ylikoski 2011). Da es für die Beantwortung soziologischer Fragestellungen meist ausreicht, *typisches* Handeln (z.B. von Beschäftigten mit unterschiedlichen Arbeitsverträgen oder Wählern mit unterschiedlicher Kirchenbindung) zu erklären, können häufig viele Quellen interindividueller Variation vernachlässigt werden. Beispielsweise gibt es prinzipiell immer ebenso viele individuelle Lerngeschichten, wie es handelnde Individuen gibt, aber in soziologischen Erklärungen interessiert in der Regel nur das Gemeinsame oder Typische dieser Lernprozesse und häufig sogar nur deren typisches Ergebnis (z.B. eine bestimmte Präferenz oder Einstellung). Die Verwendung einer Handlungstheorie im Rahmen soziologischer Erklärungen ist also immer vom Operieren mit teilweise stark *abstrahierenden* Annahmen geprägt. Dies bedeutet jedoch keinesfalls, dass man ohne Weiteres von empirisch *falschen* Annahmen ausgehen darf, solange sich diese nur als instrumentalistisch nützlich erweisen. Soziologische Erklärungen verlangen empirisch gültige Handlungserklärungen.

Das zweite Argument gegen ein instrumentalistisches Verständnis der Handlungstheorie betrifft ihre oft unterschätzte *heuristische* Bedeutung. Im Makro-Mikro-Makro-Modell bestimmt die Handlungstheorie, welche Dimensionen sozialer Prozesse überhaupt erfasst werden können. So stellt sie innerhalb der Logik der Situation eine – mehr oder weniger informative – Heuristik zur Konstruktion von Brückenhypothesen bereit (Esser 1998; Lindenberg 1996). Diese übersetzen die Eigenschaften des sozialen Kontextes in die Randbedingungen der Handlungstheorie. Aus zwei Gründen ist es nicht konsistent möglich, den Kontext unabhängig von der verwendeten Handlungstheorie zu beschreiben.

Erstens kann man zwar bei gegebener Handlungstheorie prinzipiell beliebige Kontexteigenschaften berücksichtigen, aber die theoretische Explikation ihrer Handlungsrelevanz ist zwangsläufig auf die von ihr betrachteten Determinanten beschränkt. Diese Einschränkung schließt möglicherweise genau diejenigen Wirkungen der Kontexteigenschaften aus, die empirisch am bedeutsamsten sind. Geht man beispielsweise bei der Erklärung von Steuerhinterziehung von einer engen Rational-Choice-Theorie aus, nach der Akteure ausschließlich ihren materiellen Nutzen zu realisieren versuchen (siehe dazu Opp 1999), so können Kontexteigenschaften wie gesellschaftlich vorherrschende Legitimitätsvorstellungen und Wertorientierungen nur im Sinne externer Sanktionen (z.B. über die Wahrscheinlichkeit und das Ausmaß der Bestrafung) handlungsrelevant werden.

Das zweite Argument gegen die Unabhängigkeit der Kontextbeschreibung von der Handlungstheorie folgt aus dem methodologischen Individualismus. Dieser fordert, dass es *prinzipiell* möglich sein muss, jeden Makro-Kontext, der auf die Akteure einwirkt, selbst wieder (struktur-)individualistisch zu erklären. Selbst wenn man also im betrachteten Beispiel die genannten Brückenhypothesen akzeptiert, muss es prinzipiell möglich sein, die gesellschaftlichen Legitimitätsvorstellungen und Werte als Folge des handelnden Zusammenwirkens von Individuen zu rekonstruieren. Wie aber soll dies mit einer Handlungstheorie möglich sein, die nur egoistische Präferenzen zulässt, also die Möglichkeit eines subjektiven Legitimitätsglaubens oder einer normativen Bindung an nicht-egoistische Werte ausschließt?

Somit ist festzuhalten: Ein instrumentalistisches Verständnis der Rolle der Handlungstheorie wird ihrer explanativen und heuristischen Bedeutung für soziologische Erklärungen nicht gerecht. Es wäre jedoch ebenso leicht wie verfehlt, stattdessen für eine möglichst umfassende, differenzierende und empirisch gültige Handlungstheorie zu plädieren und von jeder soziologischen Erklärung die Anwendung solch einer Theorie zu verlangen. Ignoriert würde damit ein Spannungsverhältnis, das für die handlungstheoretisch fundierte Soziologie fundamental ist: Die gleichzeitige Notwendigkeit *realisti-*

scher Handlungserklärungen und oftmals stark *vereinfachender* Annahmen. Wie ich im folgenden Abschnitt argumentiere, ergibt sich aus diesem Spannungsverhältnis ein spezifisches Kriterium für soziologische Handlungstheorien: das der Modulierbarkeit.

1.2 Die Heterogenität soziologischer Explananda und das Kriterium der Modulierbarkeit

Unter erklärungspragmatischen Gesichtspunkten betrachtet, gibt es durchaus gewichtige Gründe, im Rahmen des Makro-Mikro-Makro-Modells auf möglichst einfache oder sparsame Handlungstheorien zurückzugreifen. Anders, so lautet das zentrale Argument, sei die soziologisch vor allem interessierende Logik der Aggregation kaum mehr handhabbar. Handlungstheorien, die zu viel Komplexität in der Generierung der Einzelhandlung erfassen, machten es letztlich unmöglich, das handelnde Zusammenwirken der Akteure präzise zu analysieren (Coleman 1990: 19; Hedström 2005: 35f.; Macy und Willer 2002: 162). Andererseits wurde im vorherigen Abschnitt argumentiert, dass sich bestimmte soziale Prozesse nur dann empirisch adäquat erklären lassen, wenn eine Handlungstheorie Verwendung findet, die hinreichend komplex ist, um die tatsächlichen kausalen Wirkungsbeziehungen abzubilden. Das sich hier auftuende Spannungsverhältnis ist eines der Kernprobleme für jede Methodologie des Makro-Mikro-Makro-Modells. Es lässt sich nur lösen, wenn man die Notwendigkeit analytischer Modellbildung und abstrahierender Annahmen *anerkennt, ohne* das pragmatische Kriterium der Einfachheit oder Sparsamkeit zu verabsolutieren. Wissenschaftstheoretisch liegt der Schlüssel zur Auflösung dieses Spannungsverhältnisses in der bereits oben angesprochenen Unterscheidung zwischen falschen und abstrahierenden Annahmen. Ziel sollte es sein, möglichst nur solche Abstraktionen vorzunehmen, die sich auf tatsächlich *vernachlässigbare* Sachverhalte beziehen. Dies ist, grob gesagt, dann der Fall, wenn der empirisch interessierende Kausalzusammenhang durch die Ausprägung dieser Sachverhalte nicht verzerrt wird.[13] In dieser Weise abstrahierende Annahmen sind prinzi-

---

[13] So existieren beispielsweise bei der Verwendung regressionsanalytischer Verfahren präzise Kriterien, die für eine unverzerrte Schätzung erfüllt sein müssen (Fox 1997; King, Keohane und Verba 1994: 63ff.). Generell können etwa Sachverhalte vernachlässigt werden,

piell empirisch überprüfbar (Kunz 1997: 150) und verstoßen somit nicht gegen eine realistische Erklärungskonzeption.

Für soziologische Handlungstheorien ergibt sich hieraus ein spezifisches Erfordernis. Sie sollten starke Vereinfachungen ebenso erlauben wie detaillierte und differenzierende Handlungserklärungen und dem Anwender ermöglichen, diese Distanz möglichst systematisch zu überbrücken. Diese spezifische Anforderung an soziologische Handlungstheorien kann als das *Kriterium der Modulierbarkeit* bezeichnet werden. Siegwart Lindenberg hat es in der Forderung auf den Punkt gebracht, dass ein Modell eine „collection of different versions" sein sollte, so dass „the highly simplified versions offer analytical power and the later versions offer more descriptive accuracy" (Lindenberg 1992: 6).

Die Zentralität dieses Kriteriums für soziologische Handlungstheorien ergibt sich noch aus einem anderen Sachverhalt: der Heterogenität soziologischer Fragestellungen. Erklärungsprobleme von soziologischem Interesse können auf unterschiedlichen Ebenen angesiedelt sein (Makro-, Meso- und Mikro-Ebenen) und in der empirischen Sozialforschung können je nach eingesetzter Methode sehr unterschiedliche Daten vorliegen, u.a. viele Beobachtungen an wenigen Fällen im Gegensatz zu wenigen Beobachtungen an vielen Fällen (King, Keohane und Verba 1994). Auch im Rahmen des Makro-Mikro-Makro-Modells können unterschiedliche Schwerpunkte gesetzt werden: Das Schwergewicht der Erklärung kann auf der Logik der Aggregation liegen, es kann aber auch auf der Logik der Situation liegen. Zwischen diesen beiden möglichen Schwerpunkten spannt sich ein Kontinuum, auf dem sich konkrete soziologische Erklärungen verorten lassen. Wenn es hauptsächlich um die Analyse eines komplexen sozialen Interaktions- und Aggregationsprozesses geht, ist es methodologisch angemessen, die verwendete Handlungstheorie möglichst stark zu vereinfachen, da häufig nur so die Interaktion *zwischen* den Akteuren analytisch in den Blick genommen werden kann(Coleman 1990: 19; Hedström 2005: 35f.; Macy und Willer 2002: 162). Wenn es hingegen hauptsächlich darum geht zu zeigen, auf welche Weise soziale Phänomene Wirkmächtigkeit für soziales Handeln erlangen, ist es methodologisch erforderlich, eine hinreichend komplexe und deskriptiv akkurate Handlungstheorie zu verwenden. Man denke beispiels-

---

die für alle betrachteten Untersuchungseinheiten konstant sind oder deren Einfluss lediglich zufällige, d.h. vom betrachteten Mechanismus unabhängige Fehler produziert.

weise an Durkheims Analyse der Objektivität soziologischer Tatbestände, also der Wirkung von Institutionen auf Akteure.

Diese Auffassung unterscheidet sich deutlich von derjenigen, die von Autoren wie James Coleman, Peter Hedström oder früher auch von Siegwart Lindenberg vertreten wurde. Danach ist die Handlungstheorie für die Soziologie nur von instrumenteller Bedeutung, da sie lediglich das Werkzeug der Erklärung bildet, während das eigentliche Erkenntnisinteresse Interaktions- und Aggregationsprozessen, also dem dritten Schritt im Makro-Mikro-Makro-Modell gilt. Diese Vorstellung von Soziologie entspricht allerdings eher einem Ideal als einer Beschreibung soziologischer Fragestellungen in der Forschungspraxis. Tatsächlich existiert eine große Zahl empirischer Arbeiten, in denen es vornehmlich um die Erklärung von individuellem Handeln geht (z.B. von Bildungsentscheidungen oder Wahlverhalten), auch wenn dieses die Grundlage für entsprechende kollektive Phänomene bildet (z.B. Bildungsungleichheit oder Sitzverteilungen im Parlament). Man kann nun diese Diskrepanz zwischen empirischer Forschung mit Individualdaten und dem analytischen Primat der Soziologie als grundsätzliche Fehlentwicklung kritisieren (Coleman 1986). Die hier vertretene Position ist eine andere: Sie akzeptiert die Heterogenität der Erkenntnisinteressen innerhalb der Soziologie und sieht Formen sozialen Handelns auch dann als legitimen Forschungsgegenstand an, wenn die Logik der Aggregation nur von geringer Bedeutung ist (ebenso bereits Opp 2004b: 256). Dies gilt insbesondere, wenn das betrachtete Handeln an Institutionen, Werten oder kaum artikulierbaren kulturellen Denkschemata orientiert oder durch Restriktionen sozialen Ursprungs geprägt ist.

Allerdings ist es mit dem Anerkennen beider Schwerpunkte nicht getan. Vor allem soll hier keinesfalls für ein Nebeneinander zweier „Forschungsprogramme" mit jeweils unterschiedlicher Handlungstheorie argumentiert werden. Erstens lassen sich soziologische Fragestellungen, wie bereits erwähnt, *nicht* einfach in zwei Gruppen aufteilen, von denen die eine die Logik der Situation und die andere die Logik der Aggregation in den Fokus rückt. Vielmehr haben wir es mit einem Kontinuum unterschiedlicher Schwerpunktsetzungen zu tun. Zweitens kann das Makro-Mikro-Makro-Modell nur dann als vereinheitlichender Bezugsrahmen der erklärenden Soziologie dienen, wenn es die Vielfalt inhaltlicher Schwerpunktsetzungen systematisch zu integrieren vermag (Kroneberg 2008a). Dies ist aber eben nur mit Hilfe einer Handlungstheorie möglich, die dem Kriterium der Modulierbarkeit genügt. Eine solche Handlungstheorie erlaubt beides: Hinreichend komplexe Konzeptualisierungen und Erklärungen sozialen Handelns zu entwickeln, wenn die Logik der Situation im Zentrum des Interesses steht, und andererseits über das systematische Einführen vereinfachender Annahmen sparsamere Handlungserklärungen zu konstruieren, wenn es hauptsächlich um die Logik der Aggregation geht.

1.3 Komplexität und analytische Präzision

Um dem Kriterium der Modulierbarkeit genügen zu können, müssen soziologische Handlungstheorien *hinreichend komplex* sein: Nur dann lassen sich in Anwendungen, in denen die Handlungsverursachung im Vordergrund steht, empirisch gültige und interessante Erklärungen entwickeln. Gleichzeitig müssen sie ein Mindestmaß an *analytischer Präzision* aufweisen, da nur dann ein systematisches Vereinfachen möglich ist. Anstatt anzuerkennen, dass beide Anforderungen konstitutiv für eine zufriedenstellende soziologische Handlungstheorie sind, wurden sie bisher von getrennten Ansätzen aufgegriffen und jeweils zu eigenen, aber verkürzten Vorstellungen von „Erklärungskraft" entwickelt:

1. Die erste Gruppe von Ansätzen versteht unter Erklärungskraft vor allem *Komplexität*, auch wenn dieses Verständnis selten expliziert wird. Danach hängt die Erklärungskraft einer Handlungstheorie davon ab, wie zutreffend und detailliert sie menschliches Handlungsvermögen zu beschreiben vermag. Hierzu zählt ein Großteil der pragmatistischen, phänomenologischen, symbolisch interaktionistischen und praxistheoretischen Ansätze. Sie werden im Folgenden vereinfachend als interpretative Ansätze oder auch als komplexitätserschließende Ansätze bezeichnet. Da diese bemüht sind, die essentiellen Bestandteile menschlicher Handlungsfähigkeit und ihre Zusammenhänge begrifflich herauszuarbeiten, weisen sie meist explizite Verbindungen zur Philosophie auf. Man denke etwa an Husserls Phänomenologie als Grundlage der sozialen Phänomenologie von Alfred Schütz und der Ethnomethodologie oder den Amerikanischen Pragmatismus als Grundlage des Symbolischen Interaktionismus und gegenwärtiger Praxistheorien (Emirbayer und Mische 1998; Joas 1992; Reckwitz 2004).

2. Die zweite Gruppe von Ansätzen versteht unter Erklärungskraft in erster Linie *analytische Präzision*. Ihnen geht es darum, möglichst präzise anzugeben, unter welchen allgemeinen Bedingungen welche Handlungsalternative resultiert. Kombiniert man derartige gesetzesartige Hypothesen mit entsprechenden Randbedingungen, so kann das zu erklärende Handeln logisch abgeleitet werden. Dies entspricht formal dem H-O-Schema der Erklärung. Zu dieser Gruppe von Ansätzen zählen der RC-Ansatz, aber auch alternative, z.b. lerntheoretische Modelle. Durch ihre Präzision sind diese Ansätze geeignet, komplexere Formen der Interaktion zwischen mehreren Akteuren mit Hilfe von formalen Modellen zu analysieren (Schmid 2004). Sie sind zudem – wenigstens prinzipiell – falsifizierbar und weisen daher stärkere Verbindungen zur Hypothesen prüfenden, quantitativen Sozialforschung auf (Blossfeld und Prein 1998; Goldthorpe 1996).

Das Bestehen und die „paradigmatische" Verfestigung derart unterschiedlicher Positionen hat das Aufkommen und Tradieren wechselseitiger Missverständnisse gefördert. So wird dem RC-Ansatz häufig vorgeworfen, die menschliche Fähigkeit zu zukunftsorientierten Wahlentscheidungen zu verabsolutieren, welche doch nur *ein* Element menschlichen Handlungsvermögens darstellt. Dies ist insofern ein Missverständnis, als Rational-Choice-Theorien in der Regel überhaupt nicht beanspruchen, psychologische Entscheidungsprozesse zu beschreiben (siehe dazu Kapitel 2). Umgekehrt wird aus Sicht des RC-Ansatzes häufig vorschnell der Schluss gezogen, die um deskriptive Genauigkeit bemühten Ansätze hätten aufgrund mangelnder analytischer Präzision zu einer erklärenden Soziologie nichts beizutragen. Vor allem aber hat der „Paradigmenstreit" eine konstruktive Verhältnisbestimmung zwischen den beiden Vorstellungen von Erklärungskraft verhindert. Die hier vertretene These, dass Komplexität und analytische Präzision in Wirklichkeit beide konstitutiv für die Erklärungskraft soziologischer Handlungstheorien sind, wird im Folgenden näher begründet.

Dazu sei kurz betrachtet, was es heißt, Handeln zu erklären. Handeln lässt sich generell als absichtsvolles Verhalten definieren (siehe Esser 1999b: 178f.). Das Vorliegen einer Absicht ist also konstitutiv für Handeln. Um eine bestimmte Handlung zu *erklären*, muss man die Einflussfaktoren identifizieren, die den Akteur zu seiner Absicht und somit letztlich zu seinem Handeln bewogen haben. Dazu zählen häufig auch die *Gründe* oder *Motive* des Akteurs. Mit Max Weber kann man auch vom *subjektiven Sinn* des Handelnden sprechen.[14] Da Gründe nicht von außen beobachtbar sind, müssen sich Sozialwissenschaftler bei der Erklärung des Handelns in den Akteur hineinversetzen und aus dessen Sicht die handlungsrelevanten Gründe und Motive zu rekonstruieren versuchen. Genau auf diesen Akt der Standpunktübernahme und des Nachvollziehens des subjektiven Sinns verweist das Konzept des Verstehens. Ohne Verstehen ist also in den allermeisten Fällen keine Erklärung des Handelns möglich.[15]

Dass es zu diesem Erfordernis des Verstehens in den Naturwissenschaften keine Entsprechung gibt, hat bekanntlich wiederholt zu letztlich fruchtlosem Methodenstreit innerhalb der Sozialwissenschaften geführt (siehe dazu Kelle 2007: Kap. 5). Mittlerweile hat sich allerdings die Meinung durchgesetzt, dass Handlungserklärungen trotz ihrer Eigenheiten als kausale Erklärungen angesehen werden können, dass hier also *Gründe als Ursachen* wirken (siehe etwa Bunge 1996: 139).[16] Daher ist es durchaus möglich, Handlungserklärungen innerhalb des generellen H-O-Schemas der Erklärung zu rekonstruieren (Esser 2010b; Kelle 2007: 123; Stegmüller 1975: 103ff.).

Dies mag soweit als einseitiges Plädoyer für die Erklärungskonzeption analytisch-modelltheoretischer Ansätze erscheinen. Tatsächlich aber eignet

---

[14] Weber hat Handeln darüber *definiert*, dass der Akteur mit seinem Verhalten einen „subjektiven Sinn" verbindet (Weber 1980: 1). Andreas Balog hat zu Recht darauf hingewiesen, dass dieser Begriff nicht ausreichend zwischen Absicht und Grund differenziert (Balog 1998: 34f.). Allerdings berücksichtigt Weber den Unterschied zwischen Absicht und Grund immerhin in seiner Unterscheidung zwischen aktuellem und motivationsmäßigem Verstehen (Weber 1980: 3f.).

[15] Diese Aussage ist deshalb auf die allermeisten Fälle eingeschränkt, weil eine Handlungserklärung auch ohne Sinnverstehen erreicht werden kann, sofern das Handeln nicht auf Motivationsprozesse zurückzuführen ist, die dem Akteur als Gründe bewusst sind, sondern Ergebnis un- oder vorbewusster Prozesse ist.

[16] Intensiv diskutiert werden in der Philosophie eine Reihe offener Anschlussfragen. So bemerkt etwa Julian Nida-Rümelin: „Die entscheidende Frage ist nicht, ob Gründe Ursachen sind, sondern ob Gründe naturalistische Ursachen sind oder solche Ursachen, die sich mit den begrifflichen Möglichkeiten der Naturwissenschaften vollständig beschreiben lassen." (Nida-Rümelin 2006: 33) Diese Anschlussfrage ist aber für die soziologische Handlungstheorie bis auf Weiteres nicht relevant, denn in den allermeisten soziologischen Forschungskontexten können die neurophysiologischen Korrelate von Gründen ohnehin nicht erhoben werden. Selbst wenn Gründe ausschließlich naturalistische Ursachen wären, gäbe es für die Soziologie daher keine Alternative zu einem (wenigstens teilweise) sinnverstehenden Erklären.

sich das H-O-Schema, um Stärken *und* Schwächen *sowohl* interpretativer *als auch* analytisch-modelltheoretischer Ansätze zu identifizieren. Dabei weisen erstere häufig ein Deduzierbarkeitsdefizit, letztere hingegen ein Verstehensdefizit auf. Das *Deduzierbarkeitsdefizit* interpretativer Ansätze wurzelt in der fehlenden Angabe präziser Kausalhypothesen und ist von Seiten der erklärenden Soziologie zu Recht moniert worden (u.a. Schmid 2004). Konzeptualisierungen – mögen sie auch noch so komplex und deskriptiv adäquat sein – sind noch keine Theorien, aus denen sich empirisch überprüfbare Hypothesen ableiten ließen. Ohne präzise und informationshaltige wenn-dann-Aussagen aber sind Erklärungen unmöglich.

Andererseits lässt sich mit Hilfe des deduktiv-nomologischen Schemas der Erklärung auch ein *Verstehensdefizit* analytisch-modelltheoretischer Arbeiten aufzeigen. Den häufig vage bleibenden Vorwürfen von Seiten interpretativer Ansätze kann so eine deutlich präzisere und schwerer wiegende Fassung verliehen werden. Legt man die Adäquatheitsbedingungen dieses Schemas als regulative Idee zu Grunde, so ist die Erklärungskraft unmittelbar abhängig von dem empirischen Gehalt und der empirischen Gültigkeit der verwendeten gesetzesartigen Hypothesen sowie der empirischen Gültigkeit der Randbedingungen. Vor allem die Randbedingungen von Handlungserklärungen enthalten Aussagen über das Vorliegen subjektiver Größen, wie etwa bestimmter Erwartungen, Präferenzen, Werthaltungen oder Identitäten. Gerade RC-Erklärungen wird häufig vorgeworfen, dass sie den subjektiven Sinn der Akteure nicht adäquat erfassen, z.B. wenn allen Akteuren eine Abwägung zwischen verschiedenen Anreizen unterstellt wird, obwohl dies empirisch nicht für alle Akteure in gleicher Weise zutrifft. In solchen Fällen kann die Kritik von Seiten interpretativer Ansätze durchaus berechtigt sein, und zwar wohlgemerkt gerade auch nach den Maßstäben der erklärenden Soziologie.

Nicht von ungefähr hat dies bereits Max Weber betont, der bekanntermaßen das Konzept einer verstehenden Erklärung vertreten hat. Weber stellt zwar fest, dass Handlungserklärungen, die ein Handeln als (zweck-) rational rekonstruieren würden, insofern vorteilhaft seien, als es dadurch als besonders nachvollziehbar („evident") erscheine. Unmissverständlich betont er aber die Priorität der empirischen Gültigkeit der Handlungserklärung:

„[…] eine sinnhaft noch so evidente Deutung kann als solche und um dieses Evidenzcharakters willen noch nicht beanspruchen: auch die kausal *gültige* Deutung zu sein. Sie ist stets an sich nur eine besonders evidente kausale *Hypothese.*" (Weber 1980: 4)

Anstatt von empirischer Gültigkeit spricht Weber auch von *Kausaladäquanz* (Weber 1980: 5).[17] Die Besonderheit bei Handlungserklärungen, die Gründe als Ursachen ausweisen, besteht darin, dass Kausaladäquanz nur über das Verstehen des subjektiven Sinns des Akteurs erreicht werden kann.

Handlungstheorien, die ein hohes Maß an *Komplexität* in der Betrachtung des Handelns ermöglichen, laufen nun weniger Gefahr, empirisch falsche Sinnzuschreibungen vorzunehmen. Sie sind von der Vorstellung geleitet, dass Handeln dann am besten „erklärt" oder verstanden werden kann, wenn man seine verschiedenen Dimensionen und Aspekte in ihren Wechselwirkungen möglichst zutreffend erfasst. Ihr Begriffsapparat ist meist entsprechend ausdifferenziert und ermöglicht relativ detaillierte Beschreibungen. Trotz dieser Eigenschaften sind Fehldeutungen selbstverständlich nicht ausgeschlossen (so wie es auch in analytisch-modelltheoretischen Arbeiten zu Mängeln in der analytischen Präzision kommen kann). Sie sind aber weitaus weniger wahrscheinlich, weil die komplexe Gegenstandserfassung derart im Zentrum steht und weil es in dieser Perspektive als vollkommen abwegig erscheint, deskriptive Genauigkeit oder empirische Gültigkeit für ein Mehr an Einfachheit oder Sparsamkeit zu opfern.

Dem Konzept des Verstehens in der Tradition interpretativer Ansätze bzw. dem Kriterium der Komplexität kommt also durchaus eine zentrale Bedeutung für gültige Handlungserklärungen zu. Das tendenzielle Verstehensdefizit analytisch-modelltheoretischer Arbeiten konnte innerhalb des H-

---

[17] Weber unterscheidet zwischen Kausaladäquanz und Sinnadäquanz (siehe dazu u.a. Eberle 1999). Sinnhaft adäquat ist ein Verhalten nach Weber insoweit, „als die Beziehung seiner Bestandteile von uns nach den durchschnittlichen Denk- und Gefühlsgewohnheiten als typischer (wir pflegen zu sagen: „richtiger") Sinnzusammenhang bejaht wird" (Weber 1980: 5). Wenn Weber hier von „Sinn" spricht, dann also nicht von subjektivem, sondern von objektivem Sinn – einem von außen angelegten Rationalitätsmaßstab. Eine tragfähige Konzeption von Handlungserklärung kommt ohne ein solches separates Sinn-Kriterium aus. Zu verlangen ist allein eine empirisch gültige Erfassung des subjektiven Sinns, welche bereits ein integraler Bestandteil von Kausaladäquanz im Sinne der „zutreffenden empirischen Erfassung der Handlung in der Akteursperspektive" ist (Eberle 1999: 116). Wie detailliert und weitgehend der subjektive Sinn erfasst werden sollte, ist abhängig von der Fragestellung und den verfügbaren Daten (ebenso Eberle 1999: 115ff.).

O-Schemas der Erklärung präzisiert werden und ist insofern ebenfalls ein *Erklärungs*defizit. Zwar ist das Deduzierbarkeitsdefizit interpretativer Ansätze insofern grundlegender, als es explizite und damit auch empirisch prüfbare Erklärungen von vornherein verhindert. Andererseits sollte das Verstehensdefizit für die erklärende Soziologie aufgrund des eigenen Anspruchs, wissenschaftstheoretisch adäquatere Erklärungen zu entwickeln, mindestens ebenso problematisch sein.

Die vorliegende Arbeit versucht daher, eine integrative Handlungstheorie zu entwickeln, die analytische Präzision mit hinreichender Komplexität verbindet. Um die dabei bestehenden Zielkonflikte zu explizieren und um Kriterien zur Beurteilung bisheriger Theorien und Konzepte zu erhalten, gehe ich im folgenden Abschnitt auf die Gesamtheit der Anforderungen ein, die an erklärende soziologische Handlungstheorien zu stellen sind.

1.4 Anforderungen an soziologische Handlungstheorien

Es lassen sich sieben zentrale Anforderungen an erklärende soziologische Handlungstheorien unterscheiden:

1. *Kausalität*: Eine erklärende Handlungstheorie muss Hypothesen über *kausale* Zusammenhänge enthalten. Die Theorie benennt die Determinanten des Handelns und ihr handlungsverursachendes Zusammenwirken. Nur dadurch vermag sie zu erklären, warum es zur Selektion bestimmter Handlungsalternativen kommt.
2. *Analytische Präzision*: Eine erklärende Handlungstheorie muss möglichst präzise angeben, welches Handeln unter welchen Bedingungen zu erwarten ist. Dies ermöglicht eine deduktive Ableitbarkeit von Hypothesen und ist zudem eine Vorbedingung, um die Handlungstheorie je nach Anwendung systematisch vereinfachen zu können.
3. *Informationsgehalt*: Der Informationsgehalt einer Hypothese ist bekanntlich umso größer, je weniger restriktiv ihre wenn-Komponente und je restriktiver ihre dann-Komponente ausfällt. Dies lässt sich auch auf Handlungstheorien übertragen, selbst wenn diese typischerweise ein ganzes System von Hypothesen umfassen. Zunächst sollte eine Handlungstheorie möglichst die Selektion einer *bestimmten* Alternative theoretisch erwarten lassen (dann-Komponente), da eine derart spezifische

Vorhersage (oder Retrodiktion) ein größeres Risiko des Scheiterns birgt. Hinsichtlich der wenn-Komponente ist der Informationsgehalt der Handlungstheorie umso größer, je stärker sie dem (Teil-)Kriterium der *Allgemeinheit* gerecht wird, je weniger also ihr Geltungsbereich von vornherein eingeschränkt ist.[18] Es gibt jedoch noch andere mögliche Arten von Restriktionen in den wenn-Komponenten einer Theorie. Generell gilt, dass der Informationsgehalt umso geringer ausfällt, je *komplexer* die Bedingungen sind, unter denen ein bestimmtes Handeln zu erwarten ist. Unter Umständen muss eine ganze Reihe von Determinanten in ihren Ausprägungen betrachtet werden, bevor eine spezifische Vorhersage abgeleitet werden kann. Dies ist ein Nachteil komplexerer Handlungstheorien.

4. *Testbarkeit*: Die Testbarkeit einer Theorie hängt nicht nur von ihrem Informationsgehalt, sondern auch von einer Reihe anwendungsbezogener Faktoren ab. Dazu zählt etwa, wie direkt die von der Theorie angenommenen Determinanten des Handelns operationalisiert werden können, z.B. durch experimentelle Manipulation oder im Rahmen von Umfragen.

5. *Empirische Gültigkeit*: Eine Theorie sollte nicht nur Informationsgehalt besitzen und prinzipiell testbar sein, sondern empirische Überprüfungen sollten sie zudem bestätigen. Auch wenn bekanntlich weder Wahrheit noch Falschheit von Theorien zweifelsfrei festgestellt werden können, ist es möglich, über wiederholte empirische Tests ein Bild von der empirischen Gültigkeit einer Handlungstheorie zu erhalten.

6. *Heuristischer Wert*: Aus einer soziologischen Handlungstheorie sollten sich möglichst vielfältige Hypothesen gewinnen lassen. Dadurch erhöht sich nicht nur ihre Testbarkeit, sondern sie wird auch eher ihrer heuristischen Bedeutung im Makro-Mikro-Makro-Modell gerecht. Das hypothesengenerierende Potential der Handlungstheorie entscheidet dar-

---

[18] Wie Esser feststellt, sollte die Handlungstheorie im Prinzip „[...] für alle Exemplare des homo sapiens, für alle historischen Epochen der Menschheitsgeschichte und für alle Varianten von Situationen zutreffen. Das muß in keiner Weise bedeuten, daß sich die Menschen alle gleich verhalten oder handeln müßten. Aber es wird angenommen, daß *alle* Variationen des Verhaltens oder Handelns auf Änderungen in den *Randbedingungen* der Handlungstheorie und eben *nicht* auf Unterschiede in der *Logik* der Selektion des Handelns zurückgehen." (Esser 1999b: 242)

über, welche Dimensionen sozialer Prozesse überhaupt erfasst werden können.

7. *Modulierbarkeit*: Das Kriterium der Modulierbarkeit folgt aus der Stellung der Handlungstheorie im Makro-Mikro-Makro-Modell und der Heterogenität soziologischer Explananda. Es ist umso stärker erfüllt, je eher eine Handlungstheorie sowohl stark vereinfachende als auch auf deskriptive Genauigkeit abzielende Handlungserklärungen erlaubt und je besser sie dem Anwender ermöglicht, diese Distanz systematisch zu überbrücken.

Die ersten fünf Kriterien gelten für wissenschaftliche Theorien generell. Das sechste und das siebte Kriterium beschreiben dagegen spezifische Anforderungen an soziologische Handlungstheorien. Eine methodologisch wichtige Frage ist die nach der relativen Bedeutung der verschiedenen Anforderungen und ihren Beziehungen zueinander. Zunächst sollte jede soziologische Handlungstheorie die Kriterien der Kausalität und der analytischen Präzision erfüllen sowie über genügend Informationsgehalt und Testbarkeit verfügen. Dies sind *Minimalanforderungen* an jede erklärende Theorie. Sie entscheiden daher darüber, ob eine Handlungstheorie überhaupt in den Kreis potentieller Kandidaten aufgenommen werden kann.[19] Innerhalb dieses Kreises erklärender Handlungstheorien findet die eigentliche Theoriekonkurrenz statt. Das zentrale Kriterium ist dabei die *empirische Gültigkeit*. Gerade gegenüber der analytisch-modelltheoretischen Tradition ist auf die Priorität dieses Kriteriums zu pochen. Insbesondere ist Einfachheit oder Sparsamkeit ein nachgelagertes Kriterium.

Das Kriterium der Einfachheit wird generell bei der Wahl zwischen konkurrierenden Theorien erst dann relevant, wenn keine eindeutige Entscheidung in puncto empirische Gültigkeit, Informationsgehalt und Testbarkeit möglich ist (Vollmer 1995: 101). Für soziologische Handlungstheorien gilt zusätzlich, dass die Einfachheit der Theorie in Konflikt geraten kann mit ihrer empirischen Gültigkeit, ihrem heuristischen Wert und ihrer Modulierbarkeit. Komplexere Variation im Handeln kann von zu einfachen

---

[19] Wie später noch deutlich werden wird, impliziert dies keinesfalls, dass „Theorien", die diese Kriterien nicht oder nicht ausreichend erfüllen, wissenschaftlich wertlos sind. Denn möglicherweise enthalten sie bedeutsame Konzepte, Annahmen und orientierende Feststellungen, die gewinnbringend in eine erklärende Handlungstheorie *eingearbeitet* werden können.

Handlungstheorien entweder schlichtweg nicht erklärt oder erst gar nicht in den Blick genommen werden. Es ist daher eher ein Nachteil, wenn eine Handlungstheorie bereits in ihrer vollen Fassung äußerst einfach oder sparsam ist. Solch eine Theorie lässt sich dann beim Auftreten von Anomalien kaum mehr von abstrahierenden Vereinfachungen befreien und genügt somit nicht dem Kriterium der Modulierbarkeit. Von zentraler Bedeutung ist das Sparsamkeitsgebot dagegen bei der Aufstellung von Handlungs*erklärungen*, also bei *Anwendungen* einer Handlungstheorie. Selbstverständlich sollten Erklärungen konkreter Fragestellungen immer so einfach gehalten werden wie möglich, d.h. solange die interessierende Variation im Handeln empirisch zutreffend erklärt werden kann.

Sowohl das Kriterium der empirischen Gültigkeit als auch die Kriterien des heuristischen Wertes und der Modulierbarkeit lassen sich mit komplexeren Handlungstheorien tendenziell eher erreichen. Andererseits stellt aber Komplexität ebenfalls kein eigenständiges Kriterium für die Beurteilung soziologischer Handlungstheorien dar. Komplexität ist kein Selbstzweck. Im Gegenteil: Der Informationsgehalt und die Testbarkeit einer Theorie nehmen mit ihrer Komplexität tendenziell ab, weil die wenn-Komponenten der zu prüfenden Hypothesen dadurch restriktiver werden bzw. eine größere Anzahl an Determinanten umfassen.

Vor allem sollte der Hinweis auf die Komplexität des menschlichen Handelns nicht als Ausrede dienen, es bei vagen Orientierungshypothesen und ausufernden Konzeptualisierungen zu belassen. Analytische Präzision ist nicht nur eine Minimalanforderung an erklärende Theorien, sondern befördert auch das Erreichen anderer Kriterien. Sie führt tendenziell zu einem höheren Informationsgehalt, da sie die Ableitung spezifischerer Hypothesen ermöglicht. Mit ihrer Präzision steigt auch die Testbarkeit einer Theorie: Einerseits, weil ein höherer Informationsgehalt automatisch eine höhere Testbarkeit impliziert, andererseits, weil sich präzisere Theorien tendenziell leichter operationalisieren lassen. Schließlich wurde bereits in den vorangehenden Unterkapiteln ausgeführt, dass ein Mehr an analytischer Präzision die Modulierbarkeit einer Handlungstheorie begünstigt, da sich so systematischere Vereinfachungen vornehmen lassen.

Abbildung 2: Anforderungen an soziologische Handlungstheorien und ihre Beziehungen

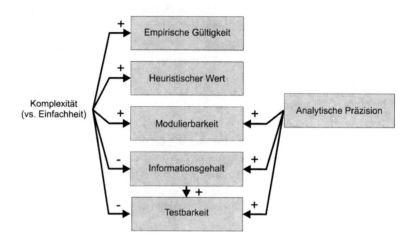

Die beschriebenen Beziehungen zwischen den verschiedenen Kriterien sind in Abbildung 2 zusammengefasst. Auch wenn die hier vorgenommene Diskussion an bisherige Arbeiten anknüpft (siehe vor allem Esser 1999b: 240ff.; Lindenberg 1992; Schmid 2004), gelangt sie zu teilweise anderen Schlussfolgerungen. Dies hat vor allem zwei Ursachen: Erstens wurde hier vor dem Hintergrund des Makro-Mikro-Makro-Modells und der Heterogenität soziologischer Fragestellungen die Bedeutung der Kriterien der Modulierbarkeit und des heuristischen Wertes aufgezeigt. Zweitens wurde ein instrumentalistisches Verständnis der Handlungstheorie unter Verweis auf die Zentralität des Kriteriums der empirischen Gültigkeit zurückgewiesen. Wie sich in den folgenden Kapiteln zeigen wird, ermöglicht dies eine Neubewertung der komplexitätserschließenden Tradition im Verhältnis zu analytisch-modelltheoretischen Ansätzen und ist insofern weichenstellend für das Ziel, eine integrative erklärende Handlungstheorie zu entwickeln.

Den Ausgangspunkt für die Entwicklung einer Handlungstheorie, die den genannten Anforderungen möglichst weitgehend zu genügen versucht, bildet der RC-Ansatz. Im Unterschied zu anderen in der Soziologie vorgebrachten Handlungstheorien genügt er dem Kriterium der *analytischen Präzision*. Da dieses zu den vorgelagerten Minimalanforderungen einer jeden erklärenden Handlungstheorie gezählt werden muss, ist es nahe liegend vom RC-Ansatz *auszugehen*. Dies bedeutet wohlgemerkt nicht, dass eine Integration anderer Ansätze *in* den oder *auf Basis* des RC-Ansatzes angestrebt wird (so etwa das explizite Anliegen von Lindenberg 1989a: 194). Der RC-Ansatz zeigt lediglich, welche handlungsleitenden oder -verursachenden Phänomene bereits analytisch präzise einbezogen werden können. Er bildet also gleichsam den „state of the art" erklärender Handlungstheorie, wie selbst prominente Kritiker einräumen (Bunge 1996: 385; Mayntz 2004: 135). Das Ziel dieser Arbeit ist es, mehr Phänomene in eine erklärende Handlungstheorien einzubeziehen, als dies der RC-Ansatz ermöglicht, und darüber zu einem integrativen Erklärungsansatz vorzustoßen. Auf Basis der eingeführten Kriterien wird im folgenden Kapitel eine Kritik am RC-Ansatz als handlungstheoretischem Programm formuliert, die auf die Bedeutung zentraler Einsichten der komplexitätserschließenden Ansätze verweist.

2 Der Rational-Choice-Ansatz (RC-Ansatz)

2.1 Grundannahmen des RC-Ansatzes

Der Rational-Choice-Ansatz (*RC-Ansatz*) bildet einen zentralen theoretischen Bezugspunkt dieser Arbeit. Die Bezeichnung RC-Ansatz wird im Folgenden als Sammelbegriff für eine Vielzahl von Theorien verwendet, die trotz ihrer Heterogenität gewisse Grundannahmen teilen. In einer ersten Annäherung kann man mit Karl-Dieter Opp (1999: 173) drei Kernannahmen des RC-Ansatzes unterscheiden (vgl. Bamberg, Davidov und Schmidt 2008: 143; Diekmann und Voss 2004: 15):

1. Präferenzen-Annahme: Handeln dient der Realisierung der Präferenzen (oder Ziele) des Akteurs.[20]
2. Restriktionen-Annahme: Handeln wird zudem durch Opportunitäten und Restriktionen beeinflusst. Darunter fällt alles, was die Fähigkeit eines Akteurs erhöht oder verringert, seine Präferenzen durch sein Verhalten zu realisieren.
3. Maximierungsannahme: Akteure wählen diejenige Handlungsalternative, durch die sie unter den gegebenen Restriktionen ihre Präferenzen am besten realisieren können.

In dieser Konzeptualisierung wird menschliches Handeln demnach als Ergebnis einer Wahl zwischen Alternativen *betrachtet* (Beobachterperspektive) und es werden bestimmte Anforderungen gestellt, so dass von einer rationa-

---

[20] Mit Akteur werden im Folgenden menschliche Individuen bezeichnet, d.h. die Frage, ob und wenn ja, inwieweit RC-Theorien auch auf „das Verhalten" kollektiver und korporativer Akteure anwendbar sind, wird außen vor gelassen. Eine gewisse Uneindeutigkeit besteht zudem hinsichtlich des Begriffs der (Entscheidungs-)Situation, der nicht raumanalog aufgefasst werden sollte (Luhmann 2009: 6). Er ergibt sich analytisch aus den Annahmen über die Alternativen, Zustände der Welt und möglichen Ergebnisse. Je nach Anwendungskontext kann die Situation einen mehr oder weniger ausgedehnten Zeitraum umfassen.

len Wahl gesprochen werden kann. Dies lässt sich weiter präzisieren, indem man in Anlehnung an Herbert Simon folgende grundlegende Elemente definiert (Simon 1955: 102): Ausgangspunkt ist eine Menge A an (Handlungs-)Alternativen sowie eine Menge X möglicher zukünftiger Ergebnisse oder Folgen, die sich aus der Wahl bestimmter Alternativen ergeben können. Entsprechend sind Annahmen darüber zu treffen, zu welchen Ergebnissen $x \in X_a$ ($X_a \subseteq X$) die Wahl einer Alternative a führen kann.[21] Die Bewertung der möglichen zukünftigen Ergebnisse lässt sich in Form einer Präferenzrelation beschreiben. Die Präferenzrelation muss vollständig und transitiv sein, so dass für alle möglichen Paare von Ergebnissen angegeben werden kann, welches Ergebnis dem anderen schwach vorgezogen wird, und dass aus „x_1 wird x_2 vorgezogen" und „x_2 wird x_3 vorgezogen" folgt, dass x_1 x_3 vorgezogen wird. Zumeist werden die Bewertungen des Akteurs in Form einer Nutzenfunktion u(x) dargestellt, die den Wert oder Nutzen der verschiedenen Ergebnisse $x \in X$ für den Akteur angibt.[22] Bei Entscheidungen unter Risiko treten zu den Bewertungen noch die Erwartungen des Akteurs als weiteres Grundelement hinzu. Diese beziehen sich darauf, mit welcher Wahrscheinlichkeit $p_a(x)$ die Wahl einer Alternative a zu einem bestimmten Ergebnis $x \in X_a$ führt.

Der nomologische Kern einer jeden RC-Theorie besteht in der Annahme, dass der Akteur auf Basis dieser situationalen Gegebenheiten, Bewertungen und Informationen/Erwartungen eine „möglichst gute" Alterna-

---

[21] Häufig hängen die Folgen zusätzlich noch von der Menge Ω sog. Zustände der Welt ab, die relevant für die Interessen eines Akteurs sind, aber außerhalb seiner Kontrolle liegen. Falls es sich um eine strategische Situation handelt, geht es (u.U. zusätzlich) darum, zu welchen Ergebnissen die Wahl einer Strategie in Kombination mit den von den anderen Akteuren gewählten Strategien führt.

[22] Dabei kann ein ordinales oder ein kardinales Nutzenkonzept zu Grunde liegen (siehe z.B. Varian 1999: 54ff.). Im ersteren Fall ist die Nutzenfunktion nur eine andere Darstellung für eine transitive und vollständige Präferenzrelation über die Menge möglicher Ergebnisse. Die Nutzenfunktion ist eine Abbildung der Präferenzrelation, insofern ein Ergebnis genau dann einen höheren Wert als ein anderes Ergebnis zugewiesen bekommt, wenn es diesem anderen strikt vorgezogen wird. Derartige Nutzenfunktionen können beliebig monoton transformiert werden. Kardinale Nutzenkonzepte hingegen beanspruchen nicht nur Informationen darüber anzugeben, welches Ergebnis einem anderen vorgezogen wird, sondern darüber hinaus auch noch den *Grad* der Bevorzugung angeben zu können. Die Größe der Nutzendifferenz zwischen zwei Ergebnissen hat also eine reale Interpretation und entsprechende Nutzenfunktionen können daher (wenn überhaupt) nur positiv linear transformiert werden.

tive a* auswählt (Diekmann und Voss 2004: 15). Welche Alternative dies ist, ergibt sich aus einer präzisen Entscheidungsregel, welche die Maximierungsannahme spezifiziert. In dieser Arbeit werden zumeist Entscheidungen *unter Risiko* betrachtet, für die eine ganze Familie von Entscheidungsregeln entwickelt worden ist. Diese nehmen an, dass ein Akteur den Nutzen, den er von einer bestimmten Folge hätte, mit der Erwartung gewichtet, dass die Wahl einer Alternative diese Folge tatsächlich nach sich zieht. Der Akteur betrachtet für jede Alternative die Summe ihrer bewerteten Folgen und gewichtet dabei jeden Nutzenterm mit einer entsprechenden Erwartung p über das Eintreffen der Folge. Auf diese Weise erhält man für jede Alternative A einen erwarteten Nutzen oder Erwartungsnutzen EU(A) (EU = „expected utility"). Im Rahmen derartiger EU-Theorien (siehe Schoemaker 1982) wird meist davon ausgegangen, dass ein Akteur die Alternative mit dem höchsten Erwartungsnutzen wählt.

Eine soziologisch besonders bedeutsame Variante des RC-Ansatzes ist die Spieltheorie, in der strategische Situationen betrachtet werden. In diesen stellen Akteure in Rechnung, dass das Ergebnis der eigenen Handlungswahl von den Handlungen anderer Akteure abhängt und dass alle Akteure diese strategische Interdependenz bei ihren Entscheidungen berücksichtigen (Mas-Colell, Whinston und Green 1995: 217). Um einigermaßen informationshaltige Vorhersagen treffen zu können, wird die Annahme individueller Rationalität in spieltheoretischen Lösungskonzepten durch zusätzliche Annahmen ergänzt. So geht etwa das bekannte Nash-Gleichgewicht (Nash 1950, 1951) davon aus, dass die Spieler *wechselseitig konsistente* Erwartungen hinsichtlich ihrer Strategie-Wahl haben, also voneinander *wissen*, wie sie sich verhalten werden (Osborne und Rubinstein 1994: 53). Ein Menge von Strategien bildet genau dann ein Nash-Gleichgewicht, wenn die Strategien aller Spieler wechselseitig beste Antworten *aufeinander* (also nicht bloß bezogen auf die jeweiligen Erwartungen der einzelnen Spieler) darstellen.

Die im RC-Ansatz entwickelten Entscheidungsregeln genügen den Kriterien der analytischen Präzision und der Kausalität, da sie spezifizieren, welches Handeln unter welchen kausalen Bedingungen zu erwarten ist. Ihr Informationsgehalt wird dadurch erhöht, dass ihre wenn-Komponenten einen hohen Allgemeinheitsgrad aufweisen: Die Entscheidungsregeln gelten prinzipiell für beliebige Individuen. An die Präferenzen der Akteure werden lediglich minimale Konsistenzanforderungen gestellt. Insbesondere wird im RC-Ansatz *nicht notwendigerweise* angenommen, dass Individuen ausschließlich materiell-egoistisch motiviert sind oder dass sie eine bewusste abwägende Wahl treffen. Allerdings werden die Entscheidungsregeln häufig um eine Reihe weiterer Annahmen ergänzt, die sich auf generelle Eigenschaften der Präferenzen und Erwartungen der Akteure beziehen.

2.2 Enge und weite RC-Theorien und die Zwickmühle der Kritik

Von der disziplinären Herkunft des RC-Ansatzes aus der Ökonomie zeugte lange Zeit eine Reihe charakteristischer Zusatzannahmen. Diese kennzeichnen, was man mit Opp (1999) als *enge* RC-Theorien oder enge Version des RC-Ansatzes bezeichnen und einer *weiten* Version gegenüberstellen kann (ähnlich Ferejohn 1991; Taylor 1996). Enge RC-Theorien gehen im Extremfall davon aus, dass die Akteure perfekt informiert sind und dass nur egoistische Präferenzen sowie ausschließlich „harte" und objektive Restriktionen (wie etwa Einkommen, Macht, Gefängnisstrafen) handlungsrelevant sind (Opp 1999: 174). Eine weitere Annahme bzw. methodologische Regel ist, dass das Verhalten der Akteure ausschließlich durch unterschiedliche Restriktionen zu erklären ist, da die Präferenzen als konstant anzusehen sind.

Durch diese Begrenzung der zugelassenen Erklärungsfaktoren benötigen enge RC-Theorien ein Minimum an empirischen Daten, erlauben die Ableitung eindeutiger Vorhersagen und sind in hohem Maße falsifizierbar. Dem steht aber ein entscheidender Nachteil gegenüber: Enge RC-Theorien sind empirisch häufig falsch, und zwar gerade (obgleich nicht nur) dann, wenn man sich soziologischen Anwendungsgebieten jenseits kapitalistischer Wirtschaftssysteme zuwendet. Wegen ihres begrenzten empirischen Erfolges sind enge RC-Theorien mehr und mehr durch *weite* RC-Theorien verdrängt worden. In weiten RC-Theorien werden eine, mehrere oder alle oben genannten restriktiven Annahmen aufgegeben. Innerhalb der Familie der EU-Theorien für Entscheidungen unter Risiko betraf diese Entwicklung sowohl die Nutzen- als auch die Wahrscheinlichkeitskonzepte (siehe Schoemaker 1982: 533ff.).

Anstatt die Nutzenterme mit objektiven Wahrscheinlichkeiten zu gewichten (Neumann und Morgenstern 1944), wurden zunehmend subjektive Erwartungen betrachtet (Savage 1954). Man spricht daher von SEU-Theorien (SEU = „*subjective* expected utility"). Die ursprüngliche SEU-Theorie von Savage (1954) geht davon aus, dass diese subjektiven Erwartungen der

Bayesianischen Regel folgen, also rational gebildet werden. Dadurch vermag sie eine axiomatische Messtheorie zu entwickeln, welche die Konstruktion von Erwartungsnutzenfunktionen ermöglicht. In soziologischen Anwendungen wurde dieses Erfordernis dagegen aufgegeben, so dass in der Soziologie unter SEU-Theorie zumeist nur noch eine werterwartungstheoretische Modellierung verstanden wird, die von subjektiven Erwartungen und Bewertungen ausgeht (Esser 1999b: 344; Opp 1983: 34ff.).

Besonders deutlich wird der Übergang von einer engen zu einer weiten Version des RC-Ansatzes hinsichtlich der in Erklärungen zugelassenen Präferenzen. Fallen gelassen wurde dabei nicht nur die Annahme einer rein materiell-egoistischen Motivation. Selbst die Annahme einer instrumentellen Rationalität wurde zur Disposition gestellt. Damit wird nicht mehr a priori davon ausgegangen, dass Akteure außerhalb der Handlung selbst liegende Ziele verfolgen. Neben oder an die Stelle derartiger Präferenzen über erwartete Konsequenzen können auch *nicht-instrumentelle* Handlungsgründe treten. Akteure mögen etwa eine bestimmte Art zu handeln präferieren, weil sie eine entsprechende Norm verinnerlicht haben. Man spricht in derartigen Fällen häufig auch vom Konsumnutzen einer Handlung (im Unterschied zum Investitionsnutzen in Bezug auf ein außerhalb von ihr liegendes Ziel) oder von psychischen Belohnungen oder Kosten (Yee 1997).

Ein klassisches Beispiel ist die Erklärung der Wahlteilnahme durch Riker und Ordeshook (1968). Aufgrund der Marginalität der einzelnen Stimme für den Wahlausgang haben enge RC-Theorien Schwierigkeiten, die Wahlteilnahme zu erklären. In der Modellierung von Riker und Ordeshook wird der Erwartungsnutzen der Wahlteilnahme durch einen Zusatzterm ergänzt. Dieser steht für diverse mögliche Quellen eines Konsumnutzens aus der Teilnahme, u.a. eben auch für eine Präferenz im Einklang mit der Wahlnorm zu handeln (Riker und Ordeshook 1968: 28f.). Im weiten RC-Ansatz wird der Einfluss internalisierter Normen also einfach durch einen zusätzlichen Nutzen- oder Kostenterm abgebildet.

Mit Hilfe von weiten RC-Theorien lassen sich eine Reihe von Erklärungsproblemen lösen, auf die enge RC-Theorien in einer Vielzahl von Anwendungsgebieten gestoßen sind. Weite RC-Theorien ermöglichen also einen Großteil der *empirischen* Kritik am RC-Ansatz zurückzuweisen. Der theoretischen Offenheit weiter RC-Theorien entspricht jedoch ein geringerer Informationsgehalt, da die relative Bedeutung der zusätzlich zugelassenen Erklärungsfaktoren zumeist nicht vorab festgelegt wird. An weiten RC-

Theorien hat sich daher eine teilweise vehemente *wissenschaftstheoretische* Kritik entzündet: Der RC-Ansatz verliere durch den Übergang zu weiten RC-Theorien seine Erklärungskraft und Falsifizierbarkeit (u.a. Barry 1970: 23; Bohman 1992). Über die beliebige Einführung von Nutzentermen könne letztlich jegliches Verhalten in Einklang mit der Maximierungsannahme gebracht werden (Bunge 1996: 370; Smelser 1992; Yee 1997: 1018).

Abbildung 3: Der RC-Ansatz in der Zwickmühle der Kritik

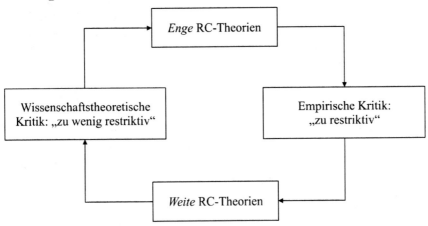

Bildlich gesprochen ist der RC-Ansatz in der Debatte um seine Grenzen somit in eine *Zwickmühle der Kritik* (Kroneberg 2006) geraten (siehe Abbildung 3): Enge RC-Theorien werden dafür kritisiert, dass sie relevante empirische Einflussgrößen aufgrund ihrer zu restriktiven Annahmen nicht erfassen und dadurch bestimmte Verhaltensweisen nicht erklären können. Eben dies ermöglichen weite RC-Theorien, indem sie restriktive Annahmen wie etwa die Annahme ausschließlich auf Konsequenzen bezogener Präferenzen aufgeben. Sie sehen sich aber der entgegengesetzten Kritik ausgesetzt, dass sie in ihren Annahmen zu wenig restriktiv und daher von geringem Informationsgehalt sind. Kurz: Wo die empirische Kritik die Aufgabe substantieller Vorannahmen nahe legt, verlangt die wissenschaftstheoretische Kritik deren Beibehaltung. Es scheint somit, als wären der Universalitätsanspruch des RC-Ansatzes und sein Anspruch auf Informationsgehalt und Testbarkeit nicht miteinander vereinbar.

2.3 Vermeintliche und tatsächliche Probleme des RC-Ansatzes

Die Fundamentalkritik, nach der der RC-Ansatz die vorgelagerten Minimalanforderungen des Informationsgehalts und der Testbarkeit nicht erfüllt (Bunge 1996: 370; Smelser 1992; Yee 1997: 1018), lässt sich zurückweisen. Dazu kann man etwa das rein technische Verständnis von Nutzenfunktionen als eine Abbildung von Präferenzen mit bestimmten Konsistenzeigenschaften heranziehen. Dieses Verständnis der Maximierungsannahme war *schon immer* vollkommen neutral gegenüber den Inhalten, auf die sich die Präferenzen beziehen. Gleichwohl besitzt es Informationsgehalt und ist prinzipiell falsifizierbar. So konnten Experimente zeigen, dass nicht alle Menschen in jeder Situation in der Lage sind, konsistente Präferenzen zu bilden (siehe u.a. Rabin und Thaler 2001; Starmer 2000).

Faktisch wird die Maximierungsannahme in den allermeisten *Anwendungen* des RC-Ansatzes jedoch keinem kritischen Test ausgesetzt. Auf eine empirische Konstruktion individueller Nutzenfunktionen wird in der Soziologie fast immer verzichtet, da die entsprechenden Messverfahren sehr aufwendig und im Rahmen der Umfrageforschung kaum valide durchführbar sind (Braun und Franzen 1995: 234; Opp 1998: 209). Direkte Tests von RC-Theorien mit Umfragedaten testen lediglich, ob die entsprechend spezifizierte RC-Theorie wichtige Determinanten des betrachteten Verhaltens *durchschnittlich* zutreffend erfasst (siehe Brüderl 2004: 167ff.). Auf diese Weise ist eine Widerlegung der Maximierungsannahme, also etwa das Aufzeigen inkonsistenter Präferenzen bei einzelnen Individuen, offensichtlich *nicht* mehr möglich. In soziologischen Anwendungen geht es aber auch nicht darum, das Handeln jedes einzelnen Individuums zu erklären (Opp 1998: 210). Das Erkenntnisinteresse bezieht sich vielmehr auf die *typischen* Determinanten des Handelns und typische *soziale* Unterschiede in ihren Ausprägungen. Die Existenz intransitiver, unvollständiger oder in anderer Hinsicht nicht modellkonformer Präferenzen ist daher unproblematisch, *solange* sie *nicht systematisch* mit den unterstellten typischen Determinanten des Handelns zusammenhängt. Letzteres ist die entscheidende Einschränkung: Im Kontext soziologischer Fragestellungen leistet eine Handlungstheorie empirisch gültige Erklärungen, solange sie wesentliche Determinanten des betrachteten Verhaltens und ihr Zusammenspiel *durchschnittlich* zutreffend erfasst – solange also andere Einflussquellen als zufällige Fehler betrachtet werden können. Es wird daher zu Recht häufig argumentiert, dass die Erklärungskraft von RC-Theorien nicht davon abhängt, dass *alle* betrachteten Akteure konsistente Präferenzen aufweisen (Kirchgässner 2008: 211).

Der erbrachte empirische Nachweis von systematischen Verletzungen der Maximierungsannahme belegt also einerseits ihren Informationsgehalt und ihre prinzipielle Testbarkeit. Andererseits folgt aus ihm keineswegs, dass das Festhalten an der Maximierungsannahme in soziologischen Anwendungen wissenschaftstheoretisch betrachtet *zwangsläufig* ungerechtfertigt ist. Diese doppelte Folgerung mag für Kritiker des RC-Ansatzes schwer zu akzeptieren sein. Sie kann aber dazu dienen, eine festgefahrene Diskussion in zweierlei Hinsicht konstruktiv zu wenden: Erstens kann das Festhalten an bestimmten RC-Modellen in soziologischen Anwendungen einer auch substantiell weiterführenden Kritik ausgesetzt werden – wenn sich nämlich empirisch zeigen lässt, dass sich von den Modellen vernachlässigte Wirkmechanismen nicht bloß in zufälligen Fehlern niederschlagen. Zweitens lenken die Vorwürfe des nicht vorhandenen Informationsgehaltes und der fehlenden Testbarkeit von den tatsächlichen Problemen des weiten RC-Ansatzes ab. Diese lassen sich eindeutiger belegen und verweisen auf die Notwendigkeit einer komplexeren erklärenden Handlungstheorie, welche zentrale soziologische Einsichten systematisch mit einbezieht.

Die tatsächlichen Probleme des RC-Ansatzes bestehen in dem geringen heuristischen Wert seiner *Kernannahmen* und deren mangelnder Modulierbarkeit. Dies wird deutlich, wenn man sich das typische Vorgehen bei soziologischen Anwendungen dieses Ansatzes vor Augen hält. Dabei müssen unter anderem Brückenhypothesen über die relevanten Anreize aufgestellt werden. Empirisch überprüft wird eine *Kombination* allgemeiner RC-Theorien und spezifizierender Brückenhypothesen. Wenn etwa Regressionsanalysen von Umfragedaten ergeben, dass die als relevant erachteten Anreize nicht im erwarteten Zusammenhang mit dem betrachteten Verhalten stehen, ist dies als vorläufige Widerlegung der aufgestellten RC-*Erklärung* zu werten. Die dahinter stehende allgemeine RC-*Theorie* wäre in der weiten Version des RC-Ansatzes dagegen erst dann als widerlegt anzusehen, wenn man keine *anderen Anreize* findet, die das betrachtete Verhalten erklären (Opp 1998: 206f.). Man kann also zunächst alternative RC-Erklärungen auf Basis der gleichen Theorie entwickeln, die von anderen Brückenhypothesen hinsichtlich der relevanten Anreize ausgehen. Dies muss nicht einmal ein nachgelagerter Schritt sein. Da der weite RC-Ansatz keine spezifischen Annahmen hinsichtlich der relevanten Anreize enthält, wird häufig eine ganze Reihe von

Anreizvariablen erhoben und auf ihre Vorhersagekraft hin untersucht. Diejenigen Anreizvariablen, von denen ein signifikanter Einfluss ausgeht, werden dann als Determinanten des zu erklärenden Handelns angesehen und bilden somit die von den Daten bestätigte RC-Erklärung (siehe z.B. Finkel und Muller 1998; Kühnel und Fuchs 1998). Die allgemeine RC-Theorie würde nur scheitern, wenn man *alle* potentiell wichtigen Anreize erhoben hätte und *keine* dieser Anreizvariablen einen theoretisch erwarteten Einfluss ausüben würde (Finkel 2008: 31; Opp 1998: 206f.).

An diesem Vorgehen wird erneut deutlich, dass der weite RC-Ansatz im Vergleich zur engen Version einen stark reduzierten Informationsgehalt aufweist. *Unabhängig davon* verweist das beschriebene Vorgehen aber auf ein anderes Problem des weiten RC-Ansatzes. Die Hypothese, dass Akteure im Rahmen ihrer Restriktionen gemäß ihren Präferenzen handeln, ist nahezu minimalistisch. Selbst Anhänger des RC-Ansatzes betonen immer wieder ihre „Inhaltsleere" (Bamberg, Davidov und Schmidt 2008; Kelle und Lüdemann 1998; Lindenberg 1996). Den größten Teil der Erklärungslast tragen im weiten RC-Ansatz daher die Brückenhypothesen über die relevanten Alternativen, Bewertungen und Erwartungen (Schulz-Schaeffer 2008a: 272). Dies kann dazu führen, dass die resultierenden Erklärungen relativ trivial sind – wie etwa die oben erwähnte „civic duty"-Erklärung der Wahlteilnahme (Riker und Ordeshook 1968). Oder aber die weiten RC-Erklärungen sind nicht mehr besonders theoriegeleitet. Dies gilt beispielsweise für die äußerst differenzierte Erklärung der Rettung von Juden im Zweiten Weltkrieg, die Opp (1997) entwickelt hat. Dabei argumentiert er unter anderem, dass ein direktes Hilfegesuch die Anreize zum Helfen möglicherweise derart „salient" gemacht habe, dass die Risiken des Helfens nicht in Erwägung gezogen worden seien. Das Problem derartiger Brückenhypothesen ist, dass sie sich nicht aus den Kernannahmen des weiten RC-Ansatzes gewinnen lassen – eben weil diese in hohem Maße inhaltsleer sind.[23] Daher können prinzipiell beliebige Anreizargumente aufgestellt und es kann eine prinzipiell beliebig große Menge an Anreizvariablen auf ihre Erklärungskraft hin untersucht werden. Gerade für einen Ansatz, der auszog, dem Treiben der „Variablensoziologie" (Esser 1996b) ein Ende zu bereiten, ist es aber höchst problematisch, wenn sich die Kritik zu dem Vorwurf berechtigt sieht, es würde „eine zusammengewürfelte

---

[23] Für einen nachträglichen Versuch siehe Opp 2010, dazu kritisch Esser und Kroneberg 2010.

Menge an Variablen auf ihre Brauchbarkeit anhand von Zusammenhangs-messungen untersucht" (Mensch 1996: 98).

Bezieht man diese Argumente auf die im vorherigen Kapitel eingeführten Anforderungen an erklärende Handlungstheorien, so erscheint das Problem der „Inhaltsleere" des weiten RC-Ansatzes als Problem des mangelnden *heuristischen Wertes*. Auf Basis seiner handlungstheoretischen Kernannahmen allein gelangt man tendenziell entweder zu trivialen oder aber wenig theoriegeleiteten Erklärungen. Dies ist vor allem dann problematisch, wenn es bei der betrachteten Fragestellung primär um Handlungserklärungen geht. Liegt der Schwerpunkt der Betrachtung dagegen auf der Logik der Aggregation, so genügt es häufig, einfach anzunehmen, dass Akteure bestimmte Präferenzen haben. Das Erkenntnisinteresse bezieht sich dann auf die Frage, auf welche Weise und zu welchem Ergebnis die Akteure in ihrem Handeln zusammenwirken, *gegeben, dass* sie bestimmte Präferenzen besitzen. Die Einfachheit – man könnte auch sagen: die extreme handlungstheoretische Bescheidenheit – des weiten RC-Ansatzes wird also erst dann zum Nachteil, wenn sich das Erkenntnisinteresse vorwiegend auf die Logik der Situation bezieht. Die Erklärung der Wahlbeteiligung oder von Altruismus in Hochkostensituationen sind solche Beispiele. Das Problem des geringen heuristischen Wertes ist somit gleichzeitig ein Problem der *mangelnden Modulierbarkeit*: Handlungstheorien, die in ihrer vollen Fassung derart sparsam sind wie etwa die meisten Varianten der EU-Theorie, können aus sich heraus kaum interessante theoriegeleitete Erklärungen generieren, wenn die Logik der Situation im Vordergrund steht.

In dieser Arbeit wird daher eine bereits in ihren Kernannahmen komplexere, aber gleichwohl analytisch präzise Handlungstheorie vorgeschlagen. Dies wird möglich, insofern zentrale Brückenhypothesen nicht aus relativ spezifischen Theorien folgen, sondern aus grundlegenden theoretischen Einsichten, die für die Erklärung jedes Handelns von Belang und soziologisch anschlussfähig sind. Die Phänomene, um deren Einbezug es geht, beziehen sich auf die Interaktion von Situationsmerkmalen und grundlegenden Dispositionen der Akteure. Sie markieren insofern Grenzen des RC-Ansatzes als *situationale* Handlungstheorie.

2.4 Grenzen des RC-Ansatzes als situationale Handlungstheorie

2.4.1 Die Bedeutung der Definition der Situation

Das Problem der empirischen Mannigfaltigkeit von Präferenzen, das im Übergang von engen zu weiten RC-Theorien zum Ausdruck kommt, ist bislang keiner allgemein anerkannten Lösung zugeführt worden.[24] Unabhängig davon stoßen die bisher innerhalb des RC-Ansatzes entwickelten Vorschläge zu einer theoriegeleiteten Gewinnung von Brückenhypothesen auf ein noch grundlegenderes Problem: das der *situationalen Flüchtigkeit* von Präferenzen und Erwartungen. Es geht über das der Vielfalt beobachtbarer Präferenzen und Erwartungen hinaus, da im Rahmen weiter RC-Theorien noch angenommen werden konnte, dass die Präferenzen der Akteure wenigstens innerhalb einer Situation als konstante Größen behandelt werden können. Neuere experimentelle Studien zeigen die Brüchigkeit dieser Annahme. Die Situation ist nicht das stabile, objektive Fundament, das bei der Analyse sozialen Handelns stillschweigend vorausgesetzt werden kann. Sie ist vielmehr eine Konstruktion der Akteure, die sie auf Basis ihres kulturellen Wissens und äußerer, durchaus auch sozialer Hinweise vornehmen. Aus diesem Grund können scheinbar geringfügige Änderungen in der Darstellung bestimmter Informationen zu Verhaltensänderungen führen, obwohl die Situation objektiv dieselbe zu bleiben scheint. Man bezeichnet dieses Phänomen auch als „Framing" bzw. in der Soziologie als „Definition der Situation".

Die Bedeutung von Framing-Effekten ist seit geraumer Zeit bekannt. Vor allem Kahneman und Tversky haben sie in mittlerweile klassischen Studien wie dem sog. „Asian disease problem" (Tversky und Kahneman 1981) aufgezeigt (siehe zu dieser und anderer experimenteller Evidenz die

---

[24] Ein bekannter Lösungsvorschlag ist das Konzept der sozialen Produktionsfunktionen von Siegwart Lindenberg (1984, 1989b, 1990). In diesem wird die Mannigfaltigkeit empirisch beobachtbarer Präferenzen auf einige *wenige Basispräferenzen* zurückgeführt und Handeln prinzipiell als indirekte *Produktion* zur Befriedigung dieser Basispräferenzen analysiert. Unter der Annahme, dass die Basispräferenzen relativ konstant sind, lassen sich die konkreten Präferenzen, also die vom Akteur verfolgten Ziele, durch die relativen Preise/Kosten dieser „Produktionsmittel" erklären (Lindenberg 1996: 137f.). Es existieren allerdings erhebliche Zweifel am explanativen und heuristischen Mehrgewinn dieser Strategie gegenüber einer primär empirischen Erhebung von Präferenzen (Kelle und Lüdemann 1995: 256; Opp und Friedrichs 1996: 551; Stachura 2009).

Arbeit von Stocké 2002). Eine Reihe neuerer Experimente verdeutlicht die Stärke derartiger Effekte im Kontext strategischer Situationen. Dazu werden bekannte soziale Dilemmata wie etwa das Gefangenendilemma betrachtet. Die Experimente zeigen, dass das Verhalten der Versuchspersonen teilweise stark durch die Bezeichnung der Situation oder implizite Hinweisreize beeinflusst wird, obwohl die objektive Spiel- und Auszahlungsstruktur vollkommen identisch bleibt (Kay und Ross 2003; Kay et al. 2004; Larrick und Blount 1997; Liberman, Samuels und Ross 2004).

Besonders anschaulich ist das Experiment von Liberman, Samuels und Ross (2004). In diesem spielten studentische Versuchspersonen von Angesicht zu Angesicht ein siebenfach wiederholtes Gefangenendilemma. In einer Gruppe wurde das Spiel „Wall Street Game" genannt, in der anderen „Community Game". Mit Ausnahme einer zweifachen Nennung der jeweiligen Situationsbezeichnung erhielten die Versuchspersonen identische Instruktionen. Sie wussten, dass das Spiel sieben Runden umfasst, und wurden nach jeder Runde über die Handlung ihres Gegenübers und damit über den erzielten Auszahlungsbetrag informiert.

Liberman und Kollegen ging es vor allem darum zu zeigen, dass Situationsmerkmale einen weitaus stärkeren Einfluss auf menschliches Verhalten ausüben als unsere Alltagstheorien dies vermuten lassen. So besteht die weit verbreitete Tendenz, einen Großteil des beobachtbaren Verhaltens als Ausdruck des Charakters oder der Persönlichkeit von Individuen zu interpretieren. Um die Vorhersagekraft der Situationsbezeichnungen einem besonders kritischen Test auszusetzen, wurden als Versuchspersonen nur solche Studenten ausgewählt, bei denen Wohnheimmitarbeiter mit großer Sicherheit entweder von Kooperation oder Defektion ausgingen (geschätzte Kooperations- bzw. Defektionswahrscheinlichkeit von mindestens 85 Prozent unter beiden Situationsbezeichnungen).

Wie in Abbildung 4 zu sehen ist, ergab das Experiment, dass die Situationsbezeichnung einen starken Effekt auf das Verhalten in der ersten Runde ausübte, wohingegen die Einschätzung als „kooperativ" im Gegensatz zu „nicht kooperativ" überhaupt keine Vorhersagekraft hatte. Dieses Muster blieb auch über die folgenden Runden des Spiels stabil. Diese starken Effekte der Situationsbezeichnung verweisen auf die Bedeutung der „Definition der Situation": Menschliche Akteure sind darauf angewiesen, sich ein drastisch vereinfachtes Bild von der Situation zu machen und greifen dafür auf bestimmte, sozial zu einem gewissen Grad geteilte Vorstellungen zurück.

Diese Vorstellungen aktivieren weitere Orientierungen, Wissensbestände, Bewertungen und Emotionen und leiten dadurch ihr Handeln. Die Bezeichnung „Wall Street Game" lässt egoistisches, gewinnmaximierendes Verhalten adäquat erscheinen und führt dazu, dass auch von anderen ein derartiges Verhalten erwartet wird. Die Bezeichnung „Community Game" verweist dagegen auf Solidaritäts- und Kooperationsnormen.

Abbildung 4: Kooperationsanteil in Abhängigkeit von der Situationsbezeichnung und der Reputation der Versuchspersonen (Liberman, Samuels und Ross 2004)

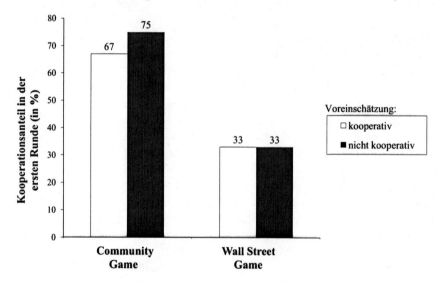

Eine Reihe anderer Experimente zeigt, dass derartige Framing-Effekte auch dann menschliches Verhalten nachhaltig prägen, wenn keine derart explizite Betitelung der gesamten Situation erfolgt. Sie wirken vielmehr häufig weitgehend unbewusst. So konnte etwa gezeigt werden, dass das Verhalten von Versuchspersonen in objektiv identischen Dilemma-Situationen stark variierte, je nachdem, ob die zur Wahl stehenden Handlungsalternativen als Akzeptieren bzw. Ablehnen eines Angebots oder aber als Erheben eines Anspruchs bezeichnet wurden (Larrick und Blount 1997). Wie mehrere Experimente von Kay und Kollegen (2004) belegen, können Framing-

Effekte sogar von der bloßen Präsenz bestimmter materieller Objekte ausgehen. So ließ sich das Verhalten im Ultimatum-Spiel stark durch Objekte beeinflussen, die auf einen Geschäftskontext hinweisen (z.B. schwarze Aktentasche im Raum im Unterschied zu schwarzem Rucksack). Es konnte nachgewiesen werden, dass dieser Einfluss den Versuchspersonen nicht bewusst war und durch die Aktivierung geschäftsbezogener Vorstellungen zustande kam.

Wichtig ist zu betonen, dass Framing-Effekte keine experimentell konstruierten Partikularphänomene darstellen, sondern auf allgemeine Prozesse verweisen, die *jeglichem* Handeln zu Grunde liegen. Um dies für den RC-Ansatz nachzuweisen, sei kurz der Teil der experimentellen Spieltheorie betrachtet, bei dem es *nicht* explizit um Framing-Effekte geht. Die Forschung auf diesem Gebiet hat eindeutig nachgewiesen, dass sich Menschen „generell" nicht wie rationale Egoisten verhalten (also ihre materiellen Auszahlungen maximieren), sondern (wenigstens auch) soziale Präferenzen haben, dass es ihnen also etwa um Gleichheit, Fairness, Reziprozität und Gruppensolidarität geht (Camerer 2003; Gintis 2000). Diese Evidenz hat im RC-Ansatz zu einer Reihe von Modellen geführt, die versuchen die Bedeutung sozialer Präferenzen durch erweiterte Nutzenfunktionen zu berücksichtigen (siehe Camerer 2003). Manche dieser Modelle beziehen die psychischen Kosten durch Neid oder Scham mit ein (Fehr und Schmidt 1999), andere die Abhängigkeit der Präferenzen von den Intentionen, die den jeweils anderen Akteuren zugeschrieben werden (Falk, Fehr und Fischbacher 2003; Falk und Fischbacher 2006). Wieder andere Nutzenfunktionen wären zu konstruieren, um abzubilden, dass sich Menschen tatsächlich wie rationale Egoisten verhalten, wenn sie in verschiedene Gruppen eingeteilt werden und gegen Mitglieder einer anderen Gruppe spielen (Shogren 1989).

Mit Hilfe der entwickelten Modelle sozialer Präferenzen ist der RC-Ansatz in der Lage, einen Großteil der Verhaltensregelmäßigkeiten zu erklären, die in spieltheoretischen Experimenten betrachtet werden. Dies ist zweifellos ein großer Schritt vorwärts. Allerdings stellt sich die Frage, unter welchen Bedingungen welches Modell eine zutreffende Handlungserklärung erlaubt. Diese Frage wird umso drängender, je größer die Zahl der unterschiedlichen Modelle wird und je heterogener die Präferenzen sind, die sie durch Nutzenfunktionen abzubilden versuchen. Sie lässt sich *nicht* immanent durch die Aufstellung einer weiteren Nutzenfunktion beantworten, denn sie bezieht sich auf den Prozess der „Definition der Situation", über den bestimmte Präferenzen erst aktiviert werden:

> „(...) experimental subjects bring their personal history with them into the laboratory. (…) by assigning a novel situation to one of a small number of pregiven *situational contexts*, and then deploying the behavioral repertoire – payoffs, probabilities, and actions – appropriate to that context. We may call this *choosing a frame* for interpreting the experimental situation." (Gintis 2000: 241)

Auch wenn vereinzelte Autoren, wie Herbert Gintis, seine Bedeutung erkannt haben, bleibt dieser Prozess in aller Regel als exogener, d.h. nicht weiter analysierter Faktor im Hintergrund. Modelle sozialer Präferenzen erklären Verhalten *ausgehend von* bestimmten Nutzenfunktionen. Letztere setzen eine weitgehende Interpretation der Situation durch die Akteure bereits voraus und können daher die Verhaltensvariation, die durch Framing-Effekte zustande kommt, nicht erklären (Bicchieri 2006).

Die Bedeutung dieser Variation ist spätestens durch die Ergebnisse eines groß angelegten interdisziplinären Projekts vollends offenbar geworden, in dem Verhalten im Gesellschaftsvergleich betrachtet wurde. In Zusammenarbeit mit Anthropologen haben führende Vertreter der experimentellen Spieltheorie grundlegende Experimente (Diktator-, Ultimatum-, Öffentliches-Gut-Spiel) in verschiedenen Stammes- bzw. kleinen Gesellschaften repliziert. Es ging in den Experimenten um reale und hohe Auszahlungen in der Größenordnung von ein bis zwei Tageslöhnen. Dabei zeigte sich eine ausgesprochen starke Variabilität im Verhalten zwischen den verschiedenen Gesellschaften (Henrich et al. 2001: 73). Im Gegensatz zu den bekannten Ergebnissen mit Studenten aus den USA oder Europa wurden beispielsweise in manchen Gesellschaften im Ultimatum-Spiel nicht nur unfaire, sondern auch hyper-faire (> 50%) Aufteilungsvorschläge abgelehnt (Henrich et al. 2001: 75).[25] Dabei scheinen die beobachteten Verhaltensunterschiede der Organisation des sozialen und ökonomischen Lebens in den jeweiligen Gesellschaften zu folgen (Henrich et al. 2001: 74). Eine Interpretationsmöglichkeit verweist daher auf gruppenspezifische, aber ansonsten relativ kon-

---

[25] Im Ultimatum-Spiel (Güth, Schmittberger und Schwarze 1982) macht ein Spieler seinem Gegenüber einen Vorschlag, wie ein fixer Betrag zwischen ihnen aufzuteilen ist. Nimmt das Gegenüber den Vorschlag an, so wird der Betrag entsprechend aufgeteilt. Lehnt er ab, so erhalten beide Spieler nichts.

stante und allgemeine Verhaltensdispositionen. Die oben angeführte direkte Evidenz zu Framing-Effekten *innerhalb* bestimmter Gesellschaften lässt sich so allerdings nicht erklären. Auch in der sozialpsychologischen kulturvergleichenden Forschung ist daher die Vorstellung einheitlicher und stabiler kultureller Unterschiede von einer Perspektive abgelöst worden, die Kultur als „situated cognition" begreift, also die Abhängigkeit chronischer Unterschiede von ihrer unterschiedlichen situationsabhängigen Aktivierung betont (Oyserman und Lee 2007, 2008). Es spricht daher vieles dafür, in den Ergebnissen der gesellschaftsvergleichenden experimentell-spieltheoretischen Forschung einen weiteren Beleg für die grundlegende Bedeutung der „Definition der Situation" zu sehen (Bicchieri 2006: 73f., 86). Auch wenn sich Anthropologen mit diesem Schluss leichter tun als Ökonomen, findet sich diese Interpretationsmöglichkeit in dem gemeinsamen Sammelband:

> „[...] our abstract game structures may cue one or more highly context specific behavioral rules [...]. According to this interpretation, our subjects were first identifying the kind of situation they were in, seeking analogs in their daily life, and then acting in an appropriate manner. In this case, individual differences result from the differing ways that individuals frame a given situation, not from generalized dispositional differences." (Henrich et al. 2004: 48)

Wenn diese Prozesse der Interpretation und der Aktivierung von Wissensbeständen aber von solch zentraler Bedeutung sind, dann reicht die Abbildung konsistenter Präferenzen über Nutzenfunktionen für eine erklärende Handlungstheorie schlichtweg nicht aus. Es bleibt somit zweierlei festzuhalten: Erstens verweisen die unter der Überschrift „Definition der Situation" gefassten Phänomene auf Mechanismen, die grundlegend für die Erklärung eines Großteils empirisch beobachtbarer und soziologisch interessanter Verhaltensunterschiede sind. Zweitens lassen sie sich nur berücksichtigen, indem man über die Kernkonzepte und -annahmen des RC-Ansatzes hinausgeht.

2.4.2 Die Bedeutung der variablen Rationalität der Akteure

Beides trifft auch auf eine weitere Klasse von Phänomenen zu, die im Folgenden als „variable Rationalität der Akteure" bezeichnet wird. In erster Annäherung bezieht sich diese Redeweise auf Verhaltensunterschiede, die dadurch zustande kommen, dass Akteure einem aus Beobachterperspektive objektiv bestehenden Selektionsproblem (z.B. einem Autokauf oder der Wahl eines Studiengangs) mehr oder weniger Aufmerksamkeit zuwenden können. Wenn Akteure etwa auf Basis von tief sitzenden Gewohnheiten, akzeptierten Normen oder starken Emotionen handeln, wenden sie alternativen Handlungsmöglichkeiten und möglichen Folgen ihres Handelns häufig keine Aufmerksamkeit zu. In anderen Fällen beziehen sie diese dagegen bewusst in ihre Entscheidungsfindung mit ein. Diese unterschiedlichen Prozesse führen deshalb häufig zu großen Verhaltensunterschieden, weil Akteure im Rahmen einer elaborierten Entscheidung andere Aspekte fokussieren bzw. Aspekte auf andere Weise berücksichtigen, als wenn diese unhinterfragt bleiben.

Dass diesbezüglich Unterschiede bestehen, wird mittlerweile durch neurophysiologische Studien belegt (siehe etwa De Martino et al. 2006). Beispielsweise konnte gezeigt werden, dass verschiedene Gehirnregionen unterschiedlich stark an Kaufentscheidungen beteiligt sind, je nachdem, ob sich unter den Produkten bekannte und emotional besetzte Markenartikel befinden oder nicht (Deppe et al. 2005; Hubert und Kennig 2008: 283ff.; Plassmann, Kennig und Ahlert 2006). Das Phänomen variabler Rationalität lehrt aber auch bereits die Alltagserfahrung und Introspektion, etwa wenn man im Nachhinein bereut, bestimmte Folgen nicht bedacht oder Alternativen nicht in Erwägung gezogen zu haben. Ich wende mich daher direkt experimenteller Evidenz zu, die sich auf die *Determinanten* der variablen Rationalität der Akteure bezieht. Ob ein Sachverhalt zum Gegenstand bewussten elaborierten Nachdenkens und Abwägens wird, hängt sowohl von Merkmalen der Akteure als auch von Merkmalen ihrer Situation ab. Die (sozial-)psychologische Forschung im Umkreis sog. dual-process-Theorien belegt die Bedeutung von *vier* Determinanten der Reflexion (Chaiken und Trope 1999; Fazio 1990; Strack und Deutsch 2004): Eine Reflexion ist umso wahrscheinlicher, je höher die Motivation und je besser die Gelegenheiten zur Reflexion sind, je geringer ihr Aufwand ist und je weniger Anzeichen dafür vorliegen, dass man auch ohne Reflexion des Sachverhalts auskommt.

Ein Beispiel eines experimentellen Belegs variabler Rationalität und der Bedeutung von Motivation und Gelegenheiten ist eine Studie von Sanbonmatsu und Fazio (1990). In ihrem Experiment wurden die Versuchspersonen aufgefordert, generelle Bewertungen zweier fiktiver Kaufhäuser vorzunehmen. Dazu wurden ihnen Aussagen vorgelegt, in denen unterschiedliche Abteilungen der Kaufhäuser (z.B. Bekleidung, Schmuck) beschrieben wurden. Die Beschreibung eines der Kaufhäuser war vorwiegend positiv, die des anderen vorwiegend negativ. Auf diese Weise sollte eine vergleichsweise positivere Einstellung gegenüber dem ersten Kaufhaus erzeugt werden. Die beiden Aussagen zu den Kamera-Abteilungen der Kaufhäuser widersprachen jedoch dem Gesamtbild, da das generell schlechter beschriebene Kaufhaus die bessere Kamera-Abteilung besaß. Nach einer Ablenkungsaufgabe wurden die Versuchspersonen gebeten, sich vorzustellen, sie müssten sich eine Kamera kaufen, und anzugeben, in welchem der beiden Kaufhäuser sie dies tun würden. Dabei konnten die Teilnehmer entweder ihrer generellen Einstellung gegenüber den beiden Kaufhäusern folgen oder aber versuchen, die spezifische Information über die Kamera-Abteilungen der beiden Kaufhäuser aus ihrem Gedächtnis abzurufen.

Sanbonmatsu und Fazio (1990) variierten sowohl den Zeitdruck als auch die Angst vor einem Fehlurteil, also die Gelegenheiten und die Motivation zur Reflexion. Versuchspersonen in der „Zeitdruck"-Bedingung blieben für ihre fiktive Kaufentscheidung nur 15 Sekunden. In der „Hohe Motivation"-Bedingung wurden die Versuchspersonen darauf hingewiesen, dass ihre Antwort später mit den Antworten der anderen Teilnehmer verglichen würde und sie ihre Entscheidung gegenüber diesen und den Experimentalleitern würden erklären müssen. Das Experiment ergab, dass sich Versuchspersonen in der „Kein Zeitdruck"-/„Hohe Motivation"-Gruppe im Vergleich zu den drei anderen Gruppen eher für das Kaufhaus mit der höherwertigen Kamera-Abteilung entschieden. Die Entscheidung basierte also nur dann auf einem reflektierten Modus der Informationsverarbeitung, wenn sowohl hinreichende Gelegenheiten als auch genügend Motivation für solch eine Entscheidungsfindung vorlagen.[26]

Trotz des fiktiven Charakters der Wahlsituation belegt das Experiment die variable Rationalität der Akteure und die Bedeutung der Reflexionsgelegenheiten und –motivation (siehe ebenso Schuette und Fazio 1995). Ein anderer, soziologisch besonders wichtiger Fall variabler Rationalität ist die

---

[26] Gemäß der Interpretation der Autoren folgten die Versuchspersonen ansonsten den erzeugten generellen Einstellungen (Sanbonmatsu und Fazio 1990: 618). Die Ergebnisse ihrer Analysen sprechen jedoch dafür, dass das Experiment nicht erfolgreich darin war, bei den Versuchspersonen eine Einstellung zu erzeugen. Versuchspersonen mit niedriger Reflexionsmotivation und unter Zeitdruck tendierten nicht dazu, im generell positiver beschriebenen Kaufhaus einkaufen zu gehen, sondern trafen weitgehend zufällige Entscheidungen.

Orientierung an sozialen Normen. Manchmal erfolgt diese kalkulierend, insofern Akteure das Risiko externer Sanktionen gegen die möglichen Vorteile einer Normverletzung abwägen. Ein solches Kalkül kann durchaus auch psychologische Anreize umfassen, wie die Kosten eines schlechten Gewissens oder das gute Gefühl, das normativ Richtige getan zu haben. In anderen Situationen wird stark internalisierten Normen dagegen unbedingt gefolgt, d.h. sie werden nicht gegen andere Anreize abgewogen. Auch derartiges Handeln muss nicht zwangsläufig der Annahme konsistener Präferenzen widersprechen und ist daher im RC-Ansatz *darstellbar*. Es ist aber auf Basis seiner Kernannahmen nur sehr begrenzt möglich, Verhaltensunterschiede zu *erklären*, die durch die variable Rationalität der Akteure zustande kommen, denn der RC-Ansatz *abstrahiert* weitgehend von den handlungsverursachenden Mechanismen, durch die eine Verhaltensabsicht zustande kommt.[27]

Die Variation in den Determinanten des Handelns, die sich aus den beiden beschriebenen Klassen von Phänomenen ergibt, lässt sich im RC-Ansatz nicht auf Basis seiner Kernannahmen, sondern lediglich von Fall zu Fall durch Brückenhypothesen berücksichtigen. Im Hinblick auf die Kriterien des heuristischen Werts und der Modulierbarkeit ist dies unbefriedigend. In dieser Arbeit wird daher für eine erklärende Handlungstheorie plädiert, welche die Definition der Situation und die variable Rationalität systematisch zu berücksichtigen erlaubt. Nicht zufällig existiert in der Soziologie bereits eine Reihe handlungstheoretischer Ansätze, die diese beiden Phänomene in den Vordergrund gerückt und ihre soziologische Relevanz deutlich gemacht haben. Ihre Darstellung im Hinblick auf diese Phänomene bildet den Gegenstand der beiden folgenden Kapitel.[28] Auf diesen Vorarbei-

---

[27] Die Erklärungslücke, die der RC-Ansatz durch sein hohes Abstraktionsniveau hinterlässt, vermögen auch solche Modelle nicht auszufüllen, die die *begrenzte* Rationalität menschlicher Akteure (Simon 1982) betonen. Diese sind zwar häufig präzise formalisiert, beziehen sich aber nicht auf die *variable* Rationalität der Akteure (siehe z.B. Gigerenzer und Selten 2002; Gigerenzer, Todd und Group 1999; Macy 1990, 1991; Macy und Flache 2002). Sie vermögen daher nicht zu beantworten, wann sich Akteure auf Basis zukunftsgerichteter abwägender Überlegungen entscheiden und wann sie stattdessen relativ spontan bestimmten Dispositionen, Regeln und Situationseinflüssen folgen.

[28] Obwohl soziologische Handlungskonzepte häufig eng mit bestimmten Sozialtheorien verknüpft sind, werden sie im Folgenden weitgehend isoliert betrachtet. Bereits aus der Erklärungslogik des Makro-Mikro-Makro-Modells folgt, dass Handlungstheorien getrennt von sozialtheoretischen Überlegungen oder spezifischen Anwendungen formuliert werden müssen. Nur dann können sie als allgemeine Grundlage soziologischer Erklärun-

ten aufbauend, wird dann das Modell der Frame-Selektion entwickelt, das beansprucht, die Orientierungshypothesen traditioneller soziologischer Ansätze in eine analytisch präzise, integrative Handlungstheorie zu überführen und dabei nicht zuletzt auch die Erklärungskraft des RC-Ansatzes zu bewahren.

---

gen dienen. Die in der Soziologie traditionell enge Verbindung zwischen Handlungs- und Sozialtheorie führt dagegen tendenziell dazu, jeder neuen Sozialtheorie eine neue Sichtweise menschlichen Handelns zu Grunde zu legen (zu den Problemen solcher sog. „Bastardtheorien" siehe Esser 2000a: 343ff.; Lindenberg 1991).

3 Die Definition der Situation in soziologischen Handlungstheorien

Das Konzept der Definition der Situation ist eines der einflussreichsten handlungstheoretischen Konzepte innerhalb der Soziologie. Eine Situation zu definieren heißt, ihr eine bestimmte Interpretation zu geben, also eine bestimmte Situationsdeutung vorzunehmen. Dabei gilt nach William Isaac Thomas berühmter Formulierung: „Wenn Menschen Situationen als real definieren, so sind auch ihre Folgen real." (Thomas 1965; Thomas und Thomas 1928). Das Thomas-Theorem verweist darauf, dass die Situationsdeutung (wie „objektiv" falsch sie auch immer erscheinen mag) reale Konsequenzen hat, und zwar dadurch, dass das Handeln von Akteuren auf ihrer Definition der Situation basiert. Dabei geht es nicht nur darum, dass Handeln innerhalb von Situationen immer auf *subjektiven* Einschätzungen fußt, also um die Einsicht, die im Rahmen des RC-Ansatzes durch die SEU-Theorie Berücksichtigung gefunden hat. Das soziologisch relevanteste Verständnis des Thomas-Theorems verweist vielmehr auf die Konstitution der Situation selbst, die erst durch Interpretations- und Konstruktionsleistungen seitens eines oder mehrerer Akteure zustande kommt (siehe Thomas und Znaniecki 1927: 68ff.). Hier zeigt sich eine Grundannahme des soziologischen Konstruktivismus: Es gibt keine Lohnverhandlungen, Geburtstage, Beerdigungen, Ehekrisen, Freundschaften oder Autounfälle als quasi natürliche Gegebenheiten, sondern dies sind alles Situationen (unterschiedlicher zeitlicher Ausdehnung und Beobachtbarkeit), die einen Großteil ihrer realen Konsequenzen den sozial geprägten Interpretationen verdanken, die Akteure den jeweiligen Geschehnissen geben.

Im Folgenden wird eine Reihe zentraler soziologischer Beiträge zur Ausarbeitung des Konzepts der Definition der Situation vorgestellt. Wie sich zeigt, unterscheiden sich diese vor allem darin, welche grundlegenden, die Situation „rahmenden" Orientierungen theoretisch in den Blick genommen werden und worin ihre Konsequenzen für das Handeln der Akteure gesehen werden.

3.1 Die normative Orientierung in Talcott Parsons' voluntaristischer Theorie des Handelns

Talcott Parsons' „The Structure of Social Action" (1937) stellt zweifelsohne eines der handlungstheoretischen Schlüsselwerke der Soziologie dar. Bekanntlich nimmt Parsons in diesem Werk eine systematische Exegese der heute (und nicht zuletzt durch die Parsonsche Rezeption) klassisch gewordenen Autoren Weber, Durkheim, Pareto und Marshall vor und stellt gerade auch unter handlungstheoretischem Blickwinkel die These auf, dass deren Arbeiten in zentralen Aspekten konvergiert hätten. Seine vor diesem Hintergrund entwickelte *voluntaristische Theorie des Handelns* war ein erster großer Syntheseversuch, der die handlungstheoretische Diskussion der folgenden Jahrzehnte nachhaltig geprägt hat. In deren Rahmen grenzten sich so unterschiedliche Ansätze wie der Symbolische Interaktionismus, der RC-Ansatz oder die phänomenologische Soziologie kritisch von Parsons und zunehmend auch untereinander ab (siehe dazu etwa Joas und Knöbl 2004; Schmid 2004).

Das Zentrum von Parsons' voluntaristischer Theorie des Handelns bildet der sog. „action frame of reference" (Parsons 1937: 43ff.). Dieser ist ein *begrifflicher* Bezugsrahmen für das Verständnis menschlichen Handelns, der beansprucht, die notwendigen Elemente zu identifizieren, die jedem Handeln – Parsons spricht analytisch auch vom „unit act" – zu Grunde liegen.[29] Zu diesen Elementen gehört zunächst der *Akteur* selbst, seine *Ziele* und die Handlungssituation, die sich unterteilen lässt in die dem Akteur verfügbaren *Mittel* des Handelns und die vom Akteur nicht kontrollierten *Bedingungen* des Handelns. Soweit entsprechen die von Parsons unterschiedenen Elemente den Grundbestandteilen zweckrationaler Handlungsmodelle. Bei Verwendung der Rationalitätsannahme ergibt sich das ökonomische oder utilitaristische Handlungsmodell: Der Akteur wählt unter den verfügbaren Mitteln dasjenige aus, das unter den gegebenen Bedingungen verspricht, seine Ziele am stärksten zu realisieren. Die These von Parsons ist nun, dass sich auf der Basis dieser Elemente allein noch kein tragfähiges Handlungsmodell aufstel-

---

[29] Aus der Perspektive einer erklärenden Soziologie war die darin angelegte Überbetonung begrifflichen Arbeitens freilich ein Kardinalfehler, der die handlungstheoretische Diskussion innerhalb der Soziologie bis heute prägt und von der Hypothesen testenden empirischen Sozialforschung abschneidet (siehe dazu noch die Zwischenbetrachtung im Anschluss an Kapitel 4.5).

len lässt. Dazu bedürfe es vielmehr eines weiteren Elements, der sog. *normativen Standards* bzw. einer entsprechenden *normativen Orientierung* des Akteurs.

Diese normative Orientierung nimmt in Parsons' voluntaristischer Theorie des Handelns die Stellung der Definition der Situation ein. Denn sie strukturiert die eigentliche Handlungswahl in zweifacher Weise vor. Erstens führt sie zu einer Eingrenzung der Handlungsmittel, da nicht alle Mittel oder Alternativen normativ zulässig sind. Dies ist unmittelbar einsichtig, insoweit Normen eine bestimmte Art zu handeln vorschreiben bzw. verbieten. Somit ist die Menge der im Einklang mit einer Norm stehenden Handlungen kleiner als die Menge aller prinzipiell offen stehenden Alternativen. Zweitens besteht der vorstrukturierende Einfluss der normativen Orientierung bereits auf der *vorgelagerten* Ebene der Handlungsziele. Die normative Orientierung bestimmt, welche Zustände Akteure überhaupt als erstrebenswerte Ziele ansehen.

Um diese beiden Einflussebenen auseinander zu halten, ist es sinnvoll, zwischen Normen und Werten zu unterscheiden (Parsons 1937: 400). Dann wird deutlich, dass die *primäre* Bedeutung normativer Standards in der Selektion erstrebenswerter Handlungsziele besteht (Schneider 2002: 100). Dass sich Akteure in ihrer Mittelwahl durch Normen einschränken lassen, liegt daran, dass sie entsprechende Werte bereits auf der Ebene der Handlungsziele als „an end in itself" (Parsons 1937: 75), also als selbstgenügsame Ziele ansehen. Da Werte relativ abstrakt sind, müssen sie, um in konkreten Situationen handlungswirksam zu werden, durch Normen spezifiziert werden, welche die Wahl der Handlungsmittel regeln. Nicht nur aus Sicht des RC-Ansatzes ist jedoch zunächst kritisch nachzufragen, weshalb Werte und Normen überhaupt solch eine starke Macht über die Akteure haben sollten. Die Antwort von Parsons verweist auf die Prozesse der Institutionalisierung und Internalisierung.

Parsons geht davon aus, dass Werte und Normen von den Akteuren normalerweise internalisiert werden: „The normal concrete individual is a morally disciplined personality. This means above all that the normative elements have become „internal", „subjective" to him. He becomes, in a sense „identified" with them." (Parsons 1937: 385f.) Prozesse der Internalisierung finden zum großen Teil bereits in der frühkindlichen Sozialisation statt, innerhalb derer die Antriebsenergien des Menschen (etwa durch seine Eltern) so umgeleitet werden, dass sie sich mit Werten verbinden. Der homo oeconomicus ist in dieser Perspektive niemals Realität, da Menschen von ihrer Geburt an immer schon in Sozialzusammenhänge eingebunden sind, die ihre Handlungsziele über Internalisierungsprozesse sozial verträglich gestalten.

Die Handlungswirksamkeit von Werten und Normen basiert zudem auf Prozessen der Institutionalisierung. Da nämlich verschiedene Werte in derselben Handlungssituation konträre Handlungsziele und -mittel nahe legen können, müssen Akteure wissen, in welcher Art von Situation sie welchem Wert bzw. welchen normativen Regeln folgen sollen. Dies ist auch äußerst wichtig für die Handlungskoordination zwischen mehreren Akteuren – und damit für die soziale Ordnung –, da diese davon abhängt, inwieweit Akteure wissen, welche Art des Handelns sie in einer bestimmten Situation voneinander *erwarten* können. Die Institutionalisierung von Werten leistet nun genau dies: Werte werden in Normen übersetzt und es wird gleichzeitig geregelt, in welchen Situationen welche Normen gelten. Als Folge der Spezialisierung gesellschaftlicher Wissensbestände geschieht dies zumeist in der Form sozialer Rollen, d.h. es wird ein gesamtes Bündel an normativen Regeln an das Innehaben einer bestimmten Position geknüpft (Berger und Luckmann 1980: 148ff.). Die Konformität mit der sozialen Rolle wird dann – neben Internalisierungsprozessen – auch durch externe Sanktionen garantiert.

Weit über Parsons hinaus gehört die Betonung von Prozessen der Internalisierung und der Institutionalisierung zu den Grundfesten der Soziologie (Berger und Luckmann 1980; Lepsius 1997; Popitz 1975; Schwinn 2001). Kritisch ist jedoch einzuwenden, dass der Verweis auf Internalisierung und Institutionalisierung handlungstheoretisch unzureichend ist. Erstens ist unklar, warum Akteure, die Werte und Normen internalisieren, überhaupt noch externer Sanktionen bedürfen. Daraus ergibt sich das von Siegwart Lindenberg beschriebene „sociologist's dilemma", entweder die Internalisierungsthese relativieren und dem ökonomischen Handlungsmodell einen zentralen Platz einräumen oder aber die soziologisch zentrale Bedeutung externer Sanktionen negieren zu müssen (Lindenberg 1983: 451). Zweitens bilden Werte und Normen kein vollkommen kohärentes System, das in jeder Situation eindeutig ein bestimmtes Handeln vorschreibt. Unter Umständen kommt es zu Konflikten zwischen widersprüchlichen normativen Anforderungen.

Derartige Fragen werden zentral, sobald man sich der Herausforderung stellt, soziales Handeln und seine Wirkungen kausal zu erklären. Parsons' begrifflicher Bezugsrahmen verweist lediglich darauf, dass jedes Handeln in einer bestimmten Hinsicht immer auch einer Orientierung an Werten und Normen bedarf. Selbst wenn man dieser These zustimmt, ist damit für das Ziel einer *erklärenden* Handlungstheorie noch relativ wenig gewonnen. Anstatt bei abstrakten orientierenden Feststellungen über die konstitutiven Elemente des Handelns stehen zu bleiben, wäre hierfür die Frage zu beantworten, unter welchen Bedingungen welches Handeln zu erwarten ist (Homans 1969). Mit Ausnahme des RC-Ansatzes wurde dies allerdings auch von den meisten anderen soziologischen Handlungstheorien nicht systematisch geleistet, selbst wenn diese in expliziter Abgrenzung zu Parsons' voluntaristischer Theorie des Handelns entwickelt wurden.

3.2 Die Ausarbeitung des Konzepts der Definition der Situation im interpretativen Paradigma

Das sog. interpretative Paradigma ist die eigentliche Geburtswiege des Konzepts der Definition der Situation. Ihm entstammt nicht nur das bereits genannte Thomas-Theorem, sondern Autoren, die gemeinhin zu diesem Paradigma gezählt werden, haben es auch am stärksten ausgearbeitet. Dies geschah in den 1950er und 1960er Jahren nicht zuletzt in kritischer Abgrenzung von Parsons' voluntaristischer Theorie des Handelns. An der interpretativen Kritik an Parsons sind in unserem Zusammenhang zwei Punkte hervorzuheben, die unmittelbar das Konzept der Definition der Situation betreffen.

Erstens verwies die Kritik darauf, dass gemeinsam geteilte Werte und Normen nicht einfach „immer schon da" sind, so dass sich Akteure bloß noch an ihnen zu orientieren brauchen (Garfinkel 1967: 68). Sie sind vielmehr endogenes und prinzipiell immer wieder neu herzustellendes Resultat der Interaktionen zwischen Anwesenden. Parsons' zu objektivierende Redeweise von Werten und Normen werde diesem flüssigen Charakter nicht gerecht. Sie versperre analytisch den Blick auf die Aushandlungsprozesse, aus denen ein situativer Konsens über Inhalt und Geltung von Werten und Normen hervorgehen kann (Blumer 1969: 73; Blumer 1981: 149; Strauss 1978).

Zweitens verwiesen Anhänger interpretativer Ansätze darauf, dass die Handlungskoordination zwischen Akteuren, auf der soziale Ordnung basiert, viel voraussetzungsreicher sei als von Parsons angenommen. Genauer gesagt sei die Vorstellung, dass Werte und Normen Handlungskoordination gewährleisten könnten, zumindest auf eklatante Weise unvollständig und müsse sowohl „nach hinten" als auch „nach vorne" ergänzt werden: Nach vorne, insofern Werte und selbst Normen häufig keine eindeutigen Handlungsanweisungen gäben, sondern vielmehr erst aktiv interpretiert und dabei der konkreten Situation angepasst werden müssten (Heritage 1984: 9f.; Turner 1962). Nach hinten, da sich Akteure in sozialen Situationen wechselseitig bestimmten Normalitäts- oder Wirklichkeitsvorstellungen versicherten, die noch grundlegender seien als eine Orientierung an Werten und Normen und eine Voraussetzung für diese darstellten.

Diese zweite Einsicht in ein noch tiefer liegendes Fundament sozialer Wirklichkeit war vor allem für die phänomenologische Soziologie von Alfred Schütz und den an diese anschließenden Ansatz der Ethnomethodologie konstitutiv (Cicourel 1973b; Garfinkel 1967). Nach Aaron Cicourel muss der Handelnde „mit Mechanismen oder Basisregeln ausgestattet sein, die es ihm erlauben, Situationshintergründe zu identifizieren, die zu einer „angemessenen" Bezugnahme auf Normen führen würden; die Normen wären dann Oberflächenregeln und nicht grundlegend [...]" (Cicourel 1973a: 167). Harold Garfinkels Krisenexperimente decken derartig grundlegende Regeln auf, indem alltägliche Interaktionen gezielt gestört werden (Garfinkel 1967: 42f.). Beispielsweise ließ sich zeigen, dass Kommunikationsteilnehmer implizit wechselseitig voneinander erwarten, dass explizite Mitteilungen durch relevantes Hintergrundwissen vervollständigt werden. Noch bevor man sich über normative Fragen innerhalb der Gesprächs- und Handlungssituation verständigen kann, muss vorausgesetzt werden können, dass sich alle Teilnehmer an diese Erwartung halten. Werden dagegen – wie in Garfinkels Experimenten – banal erscheinende Äußerungen (etwa die begrüßend gemeinte Frage: „Wie geht's?") als erläuterungs- und spezifizierungsbedürftig dargestellt, so reagieren Akteure verstört, verärgert und erleben das entsprechende Verhalten als „sinnlos". Das ausnahmslose Bemühen, die Situation über eine entsprechende Interpretation wieder zu normalisieren (z.B. „Dies ist wohl ein Scherz."), kann als Beleg der anthropologischen These gelten, dass menschliche Akteure auf eine gewisse sinnhafte Rahmung von Situationen angewiesen sind (siehe dazu Berger und Luckmann 1980: 49ff.).

Beide Aspekte – die notwendige Konkretisierung und Kontextualisierung von Werten und Normen sowie die noch tiefer ansetzende Konstitution sozialer Wirklichkeit über Basisregeln – erweitern die Möglichkeiten der soziologischen Handlungs- und Situationsanalyse. Prinzipiell können sich Akteure bzw. Situationen danach *unterscheiden*, ob und auf welche Weise bestimmte Werte und Normen konkretisiert und kontextualisiert werden (können) und welche grundlegenden Basisregeln Verwendung finden. Darin besteht die potentielle Relevanz dieser Phänomene für eine *erklärende* Handlungstheorie. Ihre soziologische Bedeutung erhalten sie unter anderem dadurch, dass Akteure die entsprechenden Orientierungsleistungen gewöhnlich in Interaktion mit anderen erbringen und dabei auf „Sinnsysteme" zurückgreifen, „die jedem Einzelnen in *ähnlicher* Form subjektive und situative Sinnzuschreibungen nahe legen" (Reckwitz 2004: 314, Hervorhebung nicht im Original). Diese situativen „Sinnzuschreibungen" und die dahinter stehenden „Sinnsysteme" verweisen auf das, was hier als „Definition der Situation" bezeichnet wird.

Interpretative Ansätze haben sich also in einem weitaus umfangreicheren Ausmaß mit der Frage auseinandergesetzt, welche Orientierungsleistungen Akteure in (sozialen) Situationen erbringen. So sind es denn auch diese Ansätze (und nicht Parsons' voluntaristische Theorie des Handelns), die das Konzept der Definition der Situation in hinreichend breiter Form entwickelt haben. Allerdings wird die Redeweise von der „Definition der Situation" dabei durchaus heterogen gebraucht. Vor allem lässt sich die Definition der Situation als Prozess (oder Ergebnis eines Prozesses) auf der individuellen oder sozialen Ebene betrachten.

Ich gehe zunächst auf die individuelle Ebene ein. Thomas zufolge ist eine Definition der Situation „an interpretation, or point of view, and eventually a policy and a behavior pattern" (Thomas 1937: 18). Eine Definition der Situation stellt also zunächst *eine spezifische Interpretation oder Sichtweise der Situation* dar. Die zu definierende oder objektive Situation ist dabei zunächst die Gesamtheit dessen, dem Akteure prinzipiell Aufmerksamkeit zuwenden können.[30] Die *subjektive–* und ebenso die intersubjektiv geteilte, also soziale –

---

[30] Sie umfasst daher nicht nur „äußere", sondern auch „innere" Bestandteile der Situation wie etwa die Stimmung oder die Identität des Akteurs. Diesen Bestandteilen kann ein Akteur ebenfalls Aufmerksamkeit zuweisen und sie in bestimmter Weise interpretieren. Die Begriffe „innere" und „äußere" sind dabei in Anführungszeichen gesetzt, weil dieser Abgrenzung selbst schon eine bestimmte Definition der Situation zu Grunde liegt. Prinzipiell ist die Abgrenzung der äußeren und der inneren Welt eine kontingente Konstruktion der Akteure, worauf etwa Joas in seiner Betonung des Körperschemas verweist (Joas 1992: 245ff.). Nichtsdestotrotz ist es allerdings häufig zweckmäßig, analytisch zwischen

Situation *konstituiert* sich erst durch Interpretations- und Konstruktionsleistungen seitens eines oder mehrerer Akteure (Thomas und Znaniecki 1927: 68ff.). Dabei greifen Individuen zumeist auf verfügbare Kategorien wie beispielsweise „Vorstellungsgespräch", „Bestechungsversuch" oder „Flirt" zurück.

Es ist nützlich, diese Kategorien, mit deren Hilfe Akteure Situationen definieren, als *Frames*, also als Rahmen, zu bezeichnen (Bateson 1996). Der Frame-Begriff verweist darauf, dass es sich bei diesen Kategorien um „Organisationsprinzipien" (Goffman 1977: 19) handelt. Frames strukturieren die weitere Wahrnehmung der Situation, in gewisser Weise analog zu Bilderrahmen, die eine Fläche in verschiedene Bereiche mit unterschiedlichem Sinn (Bild, Tapete) unterteilen (Bateson 1996: 254). Frames bestimmen damit, was in welcher Weise als (nicht) zu einer Situation gehörend wahrgenommen wird. Beispielsweise gehört der nackte Körper einer Frau *als* Objekt erotischer oder auch nur ästhetischer Wahrnehmung *nicht* zur Situation einer ärztlichen Untersuchung (Goffman 1974: 35f.). Frames haben also eine Selektionsfunktion, sie sind gleichzeitig exklusiv und inklusiv. Diese Selektionsfunktion bezieht sich auf das weitere Erleben des Akteurs (einschließlich seiner situationsspezifischen Emotionen) und – handlungstheoretisch entscheidend – auf sein Verhalten. Dies war im oben zitierten Verweis von Thomas auf eine „letztlich" folgende Verhaltenspolitik und ein entsprechendes Verhaltensmuster bereits angedeutet. Ralph H. Turner bringt diese Verhaltensrelevanz als ein zentraler Autor der interaktionistischen Rollentheorie wie folgt auf den Punkt:

> „In most situations in which people act toward one another they have in advance a firm understanding of how to act and of how other people will act. They share common and pre-established meanings of what is expected in the action of the participants, and accordingly each participant is able to guide his own behavior by such meanings." (Turner 1962: 35)

Die Beantwortung der Goffmanschen Frage „Was geht hier eigentlich vor?" (Goffman 1977: 35) mit Hilfe eines passenden Frames geht also mit der Aktivierung eines entsprechenden Handlungswissens einher. Dieses prägt sowohl das eigene Verhalten als auch die Erwartungen hinsichtlich des Ver-

---

äußeren und inneren Bestandteilen der Situation zu unterscheiden (siehe etwa Esser 1999c: 50ff.).

haltens anderer Situationsteilnehmer. Dass Frames Interaktionsordnungen bereithalten (Hitzler 1992: 452), impliziert indes nicht, dass diese das Handeln der Akteure eindeutig regeln oder gar unmittelbar bestimmen. Im interpretativen Paradigma wird vielmehr betont, dass sich Akteure über Prozesse der Reflexion und Interpretation mit sozialen Erwartungen auseinandersetzen und über Aushandlungsprozesse zu prinzipiell immer wieder neuen Kompromissen über den Sinn und die Handlungserfordernisse von Situationen gelangen. Entscheidend ist hierfür ihre Fähigkeit zur Perspektivenübernahme, deren Bedeutung vor allem von George Herbert Mead herausgearbeitet wurde (Mead 1968) und die wohlgemerkt Konsensbildung ebenso ermöglicht wie Täuschungen (Goffman 1977: 98ff.).

Damit sind wir bereits bei der Definition der Situation als sozialem Interaktionsprozess. Dieser wird im interpretativen Paradigma als *Prozess wechselseitigen Anzeigens und Interpretierens* gefasst. Neben der Fähigkeit zur Perspektivenübernahme hat Mead die Bedeutung *signifikanter Symbole* für diesen Prozess herausgearbeitet. Entsprechend untersucht der im Anschluss an ihn systematisierte Ansatz des Symbolischen Interaktionismus (Blumer 1973), wie sozial geteilte Situationsdefinitionen aus der *symbolvermittelten Interaktion* mehrerer Individuen entstehen. Welche Analysemöglichkeiten dies bietet, lässt sich bereits anhand einer einfachen Interaktion zwischen zwei Individuen skizzieren: Individuum 1 verhält sich in einer Weise, die bei Individuum 2 eine Reaktion auslöst, welche wiederum bei beiden Individuen ein bestimmtes Anschlussverhalten zur Folge hat. Zur Illustration sei ein männlicher Diskothek-Besucher betrachtet, der einem weiblichen Besucher drei Sekunden lang in die Augen schaut. Dadurch und insofern die Frau auf dieses Verhalten reagiert, etwa ihr Gegenüber anlächelt (oder auch abweisend reagiert), erlangt das auslösende Verhalten „Sinn". Denn die Reaktion der Frau bezieht sich nicht auf das In-die-Augen-Sehen an sich (welches auch rein zufälligen Ursprungs sein könnte), sondern auf seine „*Bedeutung als Anzeichen für ein zukünftig zu erwartendes Verhalten*" (Schneider 2002: 181). Mit anderen Worten *interpretiert* die Frau das Verhalten als *Geste*, etwa des Interesses an einer weiter gehenden Kontaktaufnahme. Insofern ihre Reaktion bei ihrem männlichen Gegenüber wiederum ein Anschlussverhalten zur Folge hat, ergibt sich eine soziale Definition der Situation (z.B. als Flirt), die nicht notwendigerweise bereits vorab in subjektiven Intentionen der Akteure angelegt war, sondern ein endogenes Resultat ihrer Interaktion darstellt.

Der Symbolische Interaktionismus zeigt somit die Notwendigkeit auf, den anfänglichen subjektiven Sinn von Interaktionsteilnehmern von der sozialen Definition der Situation analytisch zu unterscheiden, und regt dazu an zu untersuchen, inwiefern sich selbst ihr subjektiver Sinn erst aus der sozialen Interaktion ergibt. Andererseits dürfte außer Frage stehen, dass Akteure immer schon bestimmte Wissensbestände und entsprechende Deutungs- und Verhaltensdispositionen in soziale Interaktionsprozesse mitbringen. Daraus, dass diese Wissenselemente und Bewertungen der Akteure typischerweise hinreichend ähnlich sind, resultiert eine gewisse Regelmäßigkeit und Erwartbarkeit sozialer Interaktionen im Alltag.[31] Dies gilt nicht nur für Frames, also verfügbare Deutungsmuster für Situationen, sondern auch für die entsprechenden Situationsobjekte. So versteht etwa Mead unter signifikanten Symbolen (oder signifikanten Gesten) solche Verhaltenselemente, deren Sinn den Akteuren bewusst *verfügbar* ist und von ihnen gemeinsam *geteilt* wird. Erst dadurch sind Interaktionsteilnehmer in der Lage, die sich aus einer Geste ergebenden Möglichkeiten der Reaktion und weiterer Anschlusshandlungen zu antizipieren.

Zusammenfassend betrachtet enthält das interpretative Paradigma bereits die zentralen Elemente, die notwendig sind, um die Definition der Situation in eine erklärende Handlungstheorie einzubeziehen. Die Situationsdeutung eines Akteurs hängt danach von den Situationsobjekten, ihrer Bedeutung („Signifikanz") und den verfügbaren Frames ab, wobei zu den Situationsobjekten zuvorderst das Verhalten anderer Akteure zu zählen ist. Verhaltensrelevant wird die Definition der Situation über die Aktivierung entsprechender Handlungsdispositionen, Erwartungen, Bewertungen und Emotionen. Das interpretative Paradigma hat es allerdings versäumt, diese orientierenden Feststellungen in ein explizites Selektionsmodell, also eine erklärende Handlungstheorie zu überführen. Ein Hauptgrund für dieses Versäumnis besteht im Pochen auf paradigmatische Eigenständig- und Höherwertigkeit gegenüber konkurrierenden Ansätzen wie dem RC-Ansatz oder Parsons' voluntaristischer Theorie des Handelns. In Abgrenzung zu diesen wird häufig betont, dass der Ausgangspunkt des Symbolischen Interaktionismus *nicht* einzelne Akteure und deren Deutungen und Handlungen

---

[31] Dabei sind selbstverständlich immer auch neuartige Verhaltens- und Deutungselemente relevant und die Beteiligten nehmen eine aktive und teilweise durchaus auch „kreative" Haltung ein (Joas 1992). Diese Kreativität ist aber nur durch bzw. vor dem Hintergrund einer weitreichenden Erwartbarkeit sozialer Interaktionen möglich.

seien, sondern dass dieser *von vornherein* auf der Ebene der sozialen Interaktion ansetze (Joas und Knöbl 2004: 197). Wie in Kapitel 8 gezeigt wird, handelt es sich dabei insofern um einen künstlichen (jedenfalls keinen verschiedene Paradigmen begründenden) Gegensatz, als die Analysemöglichkeiten „interaktionistischer Ansätze" auch dann erhalten bleiben, wenn man Interaktionsprozesse im Makro-Mikro-Makro-Modell untersucht und dabei eine beim einzelnen Akteur ansetzende Handlungstheorie verwendet.[32]

Noch in einer anderen Hinsicht hat die interpretative Absetzbewegung gegenüber traditionelleren handlungstheoretischen Ansätzen erkenntnishindernde Folgen gehabt. Die von Weber und Parsons herausgearbeitete Bedeutung von Werten wird von interpretativen Autoren tendenziell, und häufig auch ganz explizit, zu Gunsten von Basisregeln, Frames, signifikanten Symbolen und situativen Interaktionsprozessen negiert. Wie der folgende Abschnitt zeigt, lassen sich die handlungstheoretischen Einsichten des interpretativen Paradigmas jedoch durchaus dazu verwenden, die handlungsleitende Bedeutung von Werten zu präzisieren. Ausgehend vom Konzept der Situationsdefinition wird es so möglich, die handlungstheoretischen Einsichten sehr verschiedener Ansätze zu integrieren.

3.3 Wertereflexion als Situationsdefinition bei Max Weber, Jürgen Habermas und Raymond Boudon

Als kollektive Vorstellungen des Wünschenswerten (Kluckhohn 1954: 395) sind Werte von großer gesellschaftlicher Bedeutung. So kann man weberianisch argumentieren, dass sich zentrale gesellschaftliche Handlungsbereiche

---

[32] Die Diskussion über den Primat der Interaktion gegenüber dem einzelnen Akteur ist für eine erklärende Soziologie ebenso fruchtlos wie die über ihren Primat gegenüber sozialen Regeln. Zwar gilt zweifellos: Der Einzelne wird grundlegend und „immer schon" durch soziale Interaktion geprägt und dies betrifft selbst seinen subjektiven Sinn in der Handlungssituation und seine Identität. Und ebenso: Soziale Regeln ergeben sich als situativer, immer wieder neu herzustellender Kompromiss aus dem Gruppenleben. Diese scheinbar tiefen Einsichten stellen aber lediglich bestimmte Erkenntnisinteressen und Orientierungshypothesen dar. Man kann genauso die umgekehrte Wirkrichtung oder eben die Wechselwirkungen zwischen der Interaktion und dem einzelnen Akteur oder sozialen Regeln in den Blick nehmen. Zudem *muss* jede konkrete soziologische Erklärung bestimmte Akteursmerkmale oder Regelelemente voraussetzen, auch wenn es prinzipiell immer möglich ist, diese selbst zum Explanandum zu machen.

– etwa Religion, Politik, Ökonomie oder Kunst – zuvorderst in den zu Grunde liegenden Wertideen unterscheiden (Schluchter 1988; Schwinn 2001; Weber 1978: 536ff.). Dass Werte in der Regel nicht unmittelbar das Alltagshandeln leiten, sondern nur indirekt über Prozesse der Interpretation und Institutionalisierung wirksam werden, ändert nichts an ihrer Bedeutung für die Differenzierungsstruktur moderner Gesellschaften. Zudem kann die theoretische Bezugnahme auf Werte in bestimmten Situationen durchaus zum verstehenden Erklären des Handelns beitragen. Anstatt dem Konzept der Werte jegliche handlungstheoretische Bedeutung abzusprechen, soll es daher in Beziehung zum Konzept der Situationsdefinition gesetzt werden. Anknüpfend an Webers Konzept der Wertrationalität wird zunächst dargestellt, wie sich die Reflexion über Werte als Spezialfall einer überlegten Situationsdefinition begreifen lässt. Anschließend wird gezeigt, dass diese Konzeptualisierung zentrale Argumentationsmuster von Habermas' Theorie des kommunikativen Handelns und Boudons „Cognitivist Model" erfasst.

Die orientierende Funktion von Werten und Normen hat bereits Parsons in seiner Redeweise von der normativen Orientierung zum Ausdruck gebracht. Auch Werte scheinen in gewisser Weise eine „Definition der Situation" zu leisten, denn sie beinhalten eine bestimmte Sichtweise auf eine Handlungssituation und „liefern abstrakte und generalisierte Orientierungen, die als Prämissen des Handelns fungieren" (Schwinn 2001: 349). Nichtsdestotrotz sind Werte von Situationsdeutungen zu unterscheiden. Ein Wert gibt keine *unmittelbare* Antwort auf die Goffmansche Frage „Welche Art von Situation liegt hier eigentlich vor?". Es ist beispielsweise nicht sinnvoll davon zu sprechen, dass ein Akteur eine Situation als „Menschenrechte" definiert. Die Werte, die als „Menschenrechte" bezeichnet werden, können aber den *Hintergrund* für Fragen der Situationsdeutung bilden, etwa inwieweit eine „Menschenrechtsverletzung" vorliegt (vgl. dasselbe Beispiel bei Stachura 2006: 439). Es kann bei der Definition der Situation aber auch *direkt* um den Wertbezug der aktuellen Situation gehen. Als Beispiel habe ich an anderer Stelle die Situation eines Vaters betrachtet, der als Unternehmer entscheiden muss, eine Führungsposition an seinen Sohn oder einen anderen, besser geeigneten Kandidaten zu vergeben (Kroneberg 2007). Hier geraten der Wert der familiären Solidarität und der Wert der Wirtschaftlichkeit in Konflikt. Wenn beide Werte für den Akteur hinreichend bedeutsam sind, wird sich ihm die Frage stellen, welcher Wert in der vorliegenden Situation gilt, also legitimerweise Geltung beansprucht. Genau dies ist aber eine Frage nach der angemessenen Definition der Situation.

Auf diesen Spezialfall, in dem es um den Wertbezug der Situation geht, hat bereits Max Weber verwiesen, und zwar bei seiner Beschreibung *wertrationalen* Handelns. Ein charakteristisches Merkmal dieses (Ideal-)Typs ist die „bewußte Herausarbeitung der letzten Richtpunkte des Handelns" (Weber 1980: 12). Mit den letzten Richtpunkten sind die *Werte* gemeint, die beim wertrationalen Handeln zunächst bewusst herausgearbeitet werden, bevor es zu einem an ihnen orientierten Handeln kommt. Weber lässt allerdings offen, was genau diese bewusste Herausarbeitung der Werte beinhaltet. Als Ergebnis einer neueren handlungstheoretischen Diskussion liegt jedoch eine systematische Analyse von Wertereflexionen vor, die explizit an Weber anschließt (Esser 2003; Greve 2003; Kroneberg 2007; Stachura 2006). Wie bereits erwähnt, geht es bei der Wertereflexion um die Frage, welcher Wert in der vorliegenden Situation gilt. In derartigen Fällen kann man daher von *wertbezogenen Frames* sprechen (Kroneberg 2007). Diese haben die Form „Situation, in der Wert X gilt". Dabei lassen sich generell zwei Fälle unterscheiden:

> „Im einfachsten Fall fragt sich der Akteur nur, ob ein bestimmter Wert in der Situation gilt (Frame 1) oder aber nicht (Frame 2). Der Wertbezug der zweiten Situationsdeutung bleibt in diesem Fall latent, d.h. der Frame wird vom Akteur nicht als Geltung eines alternativen Wertes spezifiziert. In manchen Fällen identifiziert der Akteur hingegen *mehrere* potentielle Wertbezüge der Situation und es lässt sich insofern mit Weber davon sprechen, dass verschiedene Werte in der Situation um „Geltung heischend" an den Akteur herantreten (Weber 1968: 123). Der Akteur entscheidet dann, *welchen* Eigenwert aus einer Reihe möglicher Wertbezüge er seinem Handeln zu Grunde legt." (Kroneberg 2007: 227)

Im zuvor betrachteten Beispiel identifiziert der Vater/Unternehmer mehrere Wertbezüge. Der Frame „Situation, in der der Wert der familiären Solidarität gilt" steht dem Frame „Situation, in der der Wert der Wirtschaftlichkeit gilt" gegenüber. Zusätzlich ist es natürlich möglich, dass der Akteur zu dem Schluss kommt, dass beide Werte gleichermaßen (oder beide nicht) gelten.

Da der Akteur innerhalb der Wertereflexion „wissen will, welche Wertbezüge die Situation bestimmen" (Stachura 2006: 447), bildet er *bewusst* eine Erwartung darüber aus, welcher Frame tatsächlich am besten auf die Situation passt, d.h. in diesem speziellen Fall: welcher Wert aktuell legitimerweise Geltung beansprucht. Dieser *Angemessenheitsglauben* setzt sich aus drei Kom-

74

ponenten zusammen, die gleichzeitig unterschiedliche inhaltliche Bezugspunkte der Wertereflexion bilden (Kroneberg 2007: 226ff.):

1. Der Akteur kann die Situation daraufhin untersuchen, ob bestimmte
   Merkmale vorliegen, welche die Geltung eines bestimmten Wertes anzeigen. Auch hier geht es also um signifikante Symbole und es wird bereits deutlich, warum die Wertereflexion als spezielle Definition der Situation angesehen werden kann. So könnte der Vater bzw. Unternehmer
   in unserem Beispiel etwa die Lebenssituation des Sohnes eingehender
   betrachten. Wenn dieser (im Unterschied zum alternativen Kandidaten)
   eine eigene Familie ernähren muss und durch den Bau eines Hauses Risiken eingegangen ist, mag dies dafür sprechen, dem Wert der familiären
   Solidarität eine besondere Geltung in der Situation zuzuschreiben.
2. Diese Signifikanz bestimmter Situationsmerkmale für die situative Geltung eines Wertes bildet einen zweiten möglichen Gegenstand der Wertereflexion. Dies ist eine eher theoretische Frage, welche das Vorliegen
   der Situationsmerkmale bereits voraussetzt. Selbst wenn der Sohn sich
   in einer Situation besonderer Bedürftigkeit befindet, ließe sich noch *hinterfragen*, ob der Wert familiärer Solidarität bei Bedürftigkeit in besonderem Maße gilt.
3. Schließlich kann der Akteur die Frage nach der situativen Wertgeltung
   auch als Anstoß nehmen, die Geltung der jeweiligen Werte an sich zu
   hinterfragen. Dann geht es um den subjektiven Wertglauben. So könnte
   im betrachteten Beispiel der Vater überlegen, ob er im Allgemeinen zu
   sehr dazu tendiert, den eigenen Betrieb über alles und gerade auch über
   die eigene Familie zu stellen.

Webers Rede von der „bewußten Herausarbeitung der letzten Richtpunkte
des Handelns" lässt sich also als Spezialfall einer reflektierten Definition der
Situation rekonstruieren, bei der es um die situative Geltung eines oder mehrerer Werte geht. Der dabei ausgebildete Angemessenheitsglauben, dass ein
bestimmter Wert situativ gilt, ist umso höher, je eindeutiger Situationsmerkmale vorliegen, welche die Relevanz des Wertes anzeigen, je stärker diese
Signifikanz ist und je stärker der subjektive Wertglauben des Akteurs ist.

Während Weber das Thema der Wertereflexion nur angedacht hat, stehen Situationsdefinitionen, bei denen es um normative Geltungsansprüche

geht, im Zentrum von Jürgen Habermas' Theorie des kommunikativen Handelns (Habermas 1981a, b):

„Der Begriff des kommunikativen Handelns schneidet aus der Situationsbewältigung vor allem zwei Aspekte heraus: den *teleologischen Aspekt* der Verwirklichung von Zwecken (oder der Durchführung eines Handlungsplans) und den *kommunikativen Aspekt* der Auslegung der Situation und der Erzielung eines Einverständnisses. Im kommunikativen Handeln verfolgen die Beteiligten ihre Pläne auf der Grundlage einer gemeinsamen Situationsdefinition einvernehmlich." (Habermas 1981b: 193)

Im Unterschied zu Weber rückt Habermas sprachlich vermittelte Interaktionen zwischen mehreren Beteiligten ins Zentrum seiner Betrachtung. Wie im Zitat deutlich wird, verlangt kommunikatives Handeln im Sinne von Habermas, dass die Beteiligten ein *Einverständnis* erzielen. Das bedeutet, dass sie einen von einem Sprecher erhobenen Geltungsanspruch intersubjektiv anerkennen (Habermas 1981b: 184). Nur wenn diese Bedingung erfüllt ist, kann die von den Interaktionspartnern gewünschte Handlungskoordination gelingen (Habermas 1981b: 194). Dabei lassen sich die im Rahmen einer Äußerung erhobenen Geltungsansprüche auf die subjektive, objektive und soziale Welt beziehen (Habermas 1981a: 376, 412ff.).

Als Beispiel sei wiederum der Vater betrachtet, der als Unternehmer entscheiden muss, eine Führungsposition an seinen Sohn oder einen anderen, besser geeigneten Kandidaten zu vergeben. Angenommen, er bespricht sein Dilemma mit seiner Frau und sagt zu ihr: „Ich denke, ich sollte unserem Sohn den Job geben, jetzt wo er sich mit dem Hausbau solche finanziellen Risiken aufgeladen hat." Diese Äußerung enthält u.a. folgende drei Geltungsansprüche: (1) Der Sohn befindet sich tatsächlich in einer finanziell riskanten Situation (Wahrheit in Bezug auf die objektive Welt). (2) Der Vater denkt wirklich, dass er ihm den Job geben solle – und benutzt seine Äußerung nicht etwa nur strategisch, um etwas über die Meinung seiner Frau zu erfahren (Wahrhaftigkeit in Bezug auf die subjektive Welt). (3) In der beschriebenen Situation ist es normativ geboten, dem Sohn den Job zu geben (normative Richtigkeit in Bezug auf die soziale Welt).

Im Weiteren betrachte ich den Fall, in dem der dominierende Geltungsaspekt, unter dem „der Sprecher seine Äußerung *vor allem* verstanden haben möchte" (Habermas 1981a: 414), der Anspruch auf *normative* Richtigkeit ist. Die für die Handlungskoordination zentrale Frage ist, wann es diesbezüglich zu einem *Einverständnis* kommt. Habermas unterscheidet zwei Arten von Bedingungen, die beide erfüllt sein müssen, damit ein Akteur einen kommunikativ erhobenen, normativen Geltungsanspruch akzeptiert (Habermas 1981a: 405f.).

Erstens muss dem Akteur hinreichend klar sein, zu welchen Handlungen er und die anderen Beteiligten sich verpflichten, wenn sie den Geltungsanspruch intersubjektiv anerkennen. Diese Bedingung verweist wiederum auf die Notwendigkeit der Interpretation und Konkretisierung normativer Geltungsansprüche. Zweitens muss der Akteur wissen, ob der normative Geltungsanspruch gerechtfertigt werden kann. Dabei gilt es zu unterscheiden „zwischen der *Gültigkeit* einer Handlung bzw. der zugrunde liegenden Norm, dem *Anspruch*, daß die Bedingungen für deren Gültigkeit erfüllt sind, und der *Einlösung* des erhobenen Geltungsanspruchs, d.h. der Begründung, daß die Bedingungen für die Gültigkeit einer Handlung bzw. der zugrunde liegenden Norm erfüllt sind" (Habermas 1981a: 406).

Die zweite Bedingung umfasst also drei Aspekte, auf die sich die Rechtfertigung eines normativen Geltungsanspruchs beziehen kann. In auffallender Weise stimmen diese mit den Komponenten des Angemessenheitsglaubens überein, die ich in meiner obigen Konzeptualisierung von Wertereflexionen unterschieden habe: Die „*Gültigkeit*" der Norm entspricht dem subjektiven Wertglauben und der „*Geltungsanspruch*" bezieht sich darauf, dass die Bedingungen für die Wertgeltung in der aktuellen Situation erfüllt sind, also auf die anderen beiden Komponenten des Angemessenheitsglaubens. Zur von Habermas genannten „*Einlösung*" des Geltungsanspruchs kommt es, wenn der Nachweis erbracht werden kann, dass die signifikanten Situationsmerkmale vorliegen und dass diese tatsächlich auf die Geltung eines bestimmten Wertes hinweisen.[33]

Dass sich Habermas' Ausführungen mit der im Anschluss an Weber vorgelegten Konzeptualisierung von Wertereflexionen decken, weist darauf hin, dass letztere die zentralen Bezugspunkte und Variationsquellen wertbezogener Situationsdefinitionen erfasst. Im Unterschied zu Weber hat Habermas Situationsdefinitionen hinsichtlich normativer Geltungsansprüche

---

[33] Nach Habermas ist es für das Einverständnis ausreichend, wenn ein Sprecher „die *Gewähr* dafür übernehmen kann, erforderlichenfalls überzeugende Gründe" angeben zu können, „die einer Kritik des Hörers am Geltungsanspruch standhalten" (Habermas 1981a: 406). Eine Wertereflexion und umfassende kommunikative Verständigung ist also nicht in jedem Fall notwendig.

ins Zentrum seiner Theorie des kommunikativen Handelns gerückt.[34] Aus der Perspektive einer erklärenden Handlungstheorie vollkommen ungenügend ist freilich die eklatante Vernachlässigung des Motivationsproblems (Reese-Schäfer 1997: 134ff.), also der Frage, ob und unter welchen Bedingungen Akteure überhaupt dazu motiviert sind, an einem Diskurs teilzunehmen und ihr Handeln nach einem erzielten Einverständnis zu richten.

Dieses Defizit wird auch von anderen Ansätzen geteilt, in denen angemessenheitsorientierte Reflexionen zwar zutreffend beschrieben, aber nicht in ihren Voraussetzungen und ihrer Reichweite näher spezifiziert werden. Dies gilt etwa für Raymond Boudons „Cognitivist Model" oder die von March und Olsen beschriebene „Logik der Angemessenheit" (Boudon 1996, 1998, 2001; Boudon und Betton 1999; March und Olsen 1989). Ausführliche Darstellungen und Einordnungen dieser Ansätze finden sich bereits bei Esser (2000d: 92ff.; 2001: 316ff.; 2003). Hier wird daher nur kurz auf Boudons Konzept eingegangen, da dieses zeigt, dass sich die herausgearbeiteten Charakteristika von Wertereflexionen auf reflektierte Situationsdefinitionen generell übertragen lassen.

Boudons Konzeption unterscheidet drei *Formen* der Rationalität. Instrumentalistischen Kosten-Nutzen-Kalkülen stellt er eine axiologische und eine kognitive Rationalität gegenüber und sieht darin jeweils unterschiedliche Arten, Handeln oder Überzeugungen zu begründen (Boudon 1996:

---

[34] Allerdings geht diese Theorie wohlgemerkt weit über den Teil der Argumentation hinaus, der hier kurz dargestellt wurde. Die meisten und für Habermas' Anliegen wohl auch gewichtigsten Bestandteile dieser Theorie sind für das Projekt einer erklärenden Handlungstheorie von vernachlässigbarer Bedeutung. Diese Bestandteile betreffen vor allem die unhaltbaren Letztbegründungsansprüche von Habermas' Diskursethik (Reese-Schäfer 1997: 111ff.; Schluchter 1988: 314ff.). Die für Habermas typische „merkwürdige Melange zwischen sozialwissenschaftlicher Faktizitätsorientierung und fundamentalistischem Realitätstranszendierungsanspruch" (Reese-Schäfer 1997: 118) wird u.a. direkt im Anschluss an die hier dargestellte Argumentation sichtbar. So scheint der Übergang zu den normativen Zielsetzungen der Theorie bereits durch, wenn Habermas die These aufstellt, dass verständigungsorientierte Äußerungen, mit denen ein kritisierbarer Geltungsanspruch verbunden ist, eine „bindende" und „rational motivierende Kraft" hätten (Habermas 1981a: 406). Im Begründungszusammenhang dieser Aussage ist auch die zentrale Behauptung einzuordnen, der zufolge verständigungsorientierter Sprachgebrauch der „*Originalmodus*" und strategischer Sprachgebrauch demgegenüber „parasitär" sei (Habermas 1981a: 388). Diese, unter großem Aufwand mit Hilfe der Sprechakttheorie begründete These hat sich in der kritischen Diskussion von Habermas' Theorie als unhaltbar erwiesen (für einen ausgezeichneten Überblick siehe Greve 1999).

123f.). Die *axiologische Rationalität* entspricht Webers Wertrationalität. Entsprechende Begründungen verweisen auf normative Standards, z.B. darauf, dass ein Handeln oder ein Urteil gut, gerecht oder legitim sei. *Kognitive Rationalität* kommt in Begründungen zum Ausdruck, die Handeln oder Urteile als wahr, wahrscheinlich, plausibel etc. auszeichnen. Boudons Modell zielt darauf ab, verstehend *zu erklären*, warum bestimmte Akteure dazu kommen, bestimmte derartige Überzeugungen zu entwickeln.

Die Erklärung erfolgt, indem allgemeinere *Prinzipien* identifiziert werden, aus deren Anwendung die konkreten Überzeugungen der Akteure im betrachteten empirischen Fall resultieren. Zur Veranschauchlichung sei ein auf Adam Smith zurückgehendes Beispiel betrachtet (Boudon 1996: 143; Boudon und Betton 1999: 370f.; Smith 1776: Kap. 10). Das Explanandum besteht in der (im 18. Jahrhundert) sozial geteilten Überzeugung, dass Bergleute einen höheren Lohn erhalten sollten als Soldaten. Dieses lässt sich laut Smith bzw. Boudon mit Hilfe des Reziprozitätsprinzips erklären. Wenn Löhne als Kompensationen für Leistungen angesehen werden, sollte bei gleichen Leistungen eine gleiche Entlohnung erfolgen. Hinsichtlich der Leistungen bzw. ihrer Kosten seien die Berufe des Bergmannes und des Soldaten aber annährend gleich: Sie erforderten ähnliche Ausbildungszeiten und -kosten und beinhalteten ähnlich hohe Risiken, zu denen vor allem das Risiko frühzeitigen Ablebens zähle. Ein zentraler Unterschied bestehe dagegen in der Bedeutung des Soldaten für die Verteidigung der Nation und der im Vergleich dazu sehr viel alltäglicheren, rein ökonomischen Funktion des Minenarbeiters:

–   This difference and others have the consequence that the death of the two men has a different social meaning. The miner's death will be identified as an accident, the death of the solider on the battlefield as a sacrifice.

–   Because of this difference in the social meaning of their respective activities, the soldier should be entitled to symbolic rewards, in terms of moral prestige, symbolic distinctions, funeral honors in case of death on the battlefield, etc.

–   For symmetric reasons, the miner is not entitled to the same symbolic rewards.

–   As the contribution of the two categories in terms notably of risk and investment is the same, the equilibrium between contribution and retribution can only be restored by making the salary of the miners higher.

– This system of reasons is responsible for our *feeling* that the miner *should* be paid a higher amount than the soldier." (Boudon 1996: 143; Boudon und Betton 1999: 370f.)

Welche Prinzipien – etwa das Reziprozitätsprinzip – auf welche Weise für Begründungen herangezogen werden, variiert zwischen Personen, sozialen Gruppen und Gesellschaften. Das Modell von Boudon ist daher eher als Forschungsheuristik anzusehen, die zu erklären hilft, wie ein bestimmter Angemessenheitsglauben zustande kommt. Bei einer konsequenten empirischen Vorgehensweise müsste die kausale Bedeutung der verschiedenen Argumente selbstverständlich erst nachgewiesen werden.

Das zitierte Beispiel ist in unserem Zusammenhang auch insofern interessant, als es *keine* Wertereflexion darstellt. Denn es geht offensichtlich nicht um die Frage, ob ein bestimmter bzw. welcher Wert in einer Situation gilt. „Bergleute sollten mehr verdienen als Soldaten" bzw. „Bergleute sollten *nicht* mehr verdienen als Soldaten" sind dennoch zwei konkurrierende Sichtweisen auf die Situation. Es geht also auch hier um ein Problem der Definition der Situation. Und auch hier lassen sich die drei Komponenten des Angemessenheitsglaubens als zentrale Bezugspunkte der Begründungsstrategie aufzeigen. So kann man erstens hinterfragen, ob das Reziprozitätsprinzip generell im Kontext von Entlohnungsfragen relevant ist. Dies wäre dann in der Tat eine Frage nach der Wertgeltung. Man kann zweitens überlegen, ob die symbolischen nicht-monetären Formen der Wertschätzung, die Soldaten, nicht aber Bergleute empfangen, tatsächlich in die Kompensation-Leistungs-Rechnung mit einzubeziehen sind. Diese Frage bezöge sich auf die Signifikanz bestimmter Situationsmerkmale für die Situationsdefinition. Schließlich kann man drittens beispielsweise in Frage stellen, ob und in welchem Ausmaß Soldaten tatsächlich diese Wertschätzung zuteil wird. Dies wäre die Frage nach dem Vorliegen der Situationsobjekte.

Die drei Komponenten des Angemessenheitsglaubens sind demnach nicht auf Wertereflexionen im engeren Sinne beschränkt, sondern geeignet, die Bezugspunkte reflektierter Situationsdefinitionen generell zu erfassen. Die Gemeinsamkeit derart angemessenheitsorientierter Reflexionen besteht darin, dass nach *guten Gründen* für eine bestimmte Sichtweise der Situation gesucht wird (Boudon und Betton 1999: 368). Dabei greifen Akteure auf grundlegendere, für den Moment unhinterfragte Situationsdefinitionen zurück, im betrachteten Beispiel etwa auf die Definition des Todes von Bergleuten als „Unfall", des von Soldaten dagegen als „Opfer". Bis auf Weiteres akzeptiert wird schließlich derjenige Frame, der als am stärksten begründet erscheint (Boudon und Betton 1999: 368).

Boudons Konzeption stellt eine wertvolle *Forschungsheuristik* dar, welche die Suche nach Brückenhypothesen anleiten kann, wenn es um die Erklärung des Ergebnisses reflektierter Situationsdefinitionen geht. Sie geht allerdings davon aus, dass Akteure rein angemessenheitsorientiert sind, und bedarf daher des ergänzenden Einbezugs affektiver Verzerrungen von Überzeugungsbildungsprozessen, etwa durch Wunschdenken. Generell mangelt es auch Boudons Konzeption an einer systematischen Behandlung des Motivationsproblems. Damit zusammen hängt die Vernachlässigung des Übergangs von der Reflexion zum Handeln, die bereits bei Weber und Habermas kritisiert wurde.

Die vorgenommene ausführliche Betrachtung von Wertereflexionen als Spezialfall reflektierter Situationsdefinitionen wird in Kapitel 5.3 aufgegriffen. Dort werden die gewonnenen Einsichten in ein *erklärendes* Selektionsmodell überführt, das die möglichen Bezugspunkte und Variationsquellen reflektierter Situationsdefinitionen präzisiert und auch die Folgeprozesse bis zum Handeln expliziert. Ein für das Ziel einer *integrativen* Handlungstheorie ebenso zentrales Resultat besteht in der Explikation der Beziehungen zwischen Situationsdefinitionen und Werten. Damit ist eine Brücke geschlagen zwischen den interpretativen Ansätzen, die das Konzept der Situationsdefinition entwickelt haben, und einer wichtigen Gruppe von Ansätzen, die eher auf die Bedeutung von Werten und Normen verweisen. Zu dieser zweiten Gruppe gehören nicht nur Weber und Parsons, sondern auch aktuelle Werte-Theorien, die aufgrund überzeugender Messverfahren in der quantitativen empirischen Sozialforschung äußerst einflussreich sind (Schwartz 1992, 2006).

3.4 Zur formalen Modellierung der Definition der Situation

Den Ausarbeitungen des Konzepts der Definition der Situation in den dargestellten soziologischen Ansätzen ist ein Mangel gemeinsam: Es fehlt ein präzises Selektionsmodell, das zur Handlungserklärung eingesetzt und aus dem empirisch prüfbare Hypothesen gewonnen werden können. Teilweise scheint es, als habe die (nur teilweise berechtigte) substantielle Kritik am RC-Ansatz auch einer Abkehr von den Kriterien der Kausalität, Präzision und Testbarkeit Vorschub geleistet, die zu den Minimalanforderungen erklärender Theorien zu zählen sind. Im RC-Ansatz waren diese Kriterien noch weitgehend erfüllt. Es überrascht daher nicht, dass die wichtigsten Versuche einer formalen Modellierung der Definition der Situation ausgehend vom RC-Ansatz unternommen wurden. In Kapitel 2.4 war allerdings bereits festgestellt worden, dass dessen Kernannahmen allein nicht geeignet sind, diesen Phänomenbereich in hinreichender Allgemeinheit sowie in seinem gesamten explanativen und heuristischen Potential zu erfassen. Die Erweiterungen des RC-Ansatzes zum Einbezug von Situationsdefinitionen sind denn auch umso überzeugender, je stärker sie über dessen Kernannahmen hinausgehen und neuartige Konzepte einführen.

Die Arbeiten von Kahneman und Tversky bildeten den Ausgangspunkt einer eingehenderen Beschäftigung mit Framing-Effekten im RC-Ansatz (Kahneman und Tversky 1979; Tversky und Kahneman 1986, 1992). Erstens konnten sie nachweisen, dass menschliches Entscheiden stark referenzpunktabhängig ist (Kahneman und Tversky 1984; Tversky und Kahneman 1991). Objektiv gleiche Auszahlungen (etwa in Geldeinheiten) werden danach unterschiedlich beurteilt, je nachdem, ob sie in Bezug auf einen Referenzpunkt als mögliche Gewinne oder mögliche Verluste erscheinen. Gemessen an einem solchen Referenzpunkt entsprechen mögliche Verluste einem größeren Nutzenunterschied als mögliche Gewinne von objektiv gleicher betragsmäßiger Größe. Im Rahmen ihrer Prospect Theory modellieren Kahneman und Tversky dieses Phänomen über eine spezifische Bewertungsfunktion, die im Verlustbereich konvex und relativ steil, im Gewinnbereich dagegen konkav und weniger steil ist. Aus dieser Modellierung lassen sich eine Reihe empirisch prüfbarer Hypothesen ableiten, u.a. dass Akteure weniger risikobereit sind, wenn es um mögliche Gewinne geht, als wenn es um mögliche Verluste geht. Eine zweite zentrale Einsicht besteht darin, dass der zu Grunde liegende Referenzpunkt stark mit anscheinend irrelevanten Unterschieden in der Darstellung der objektiv gleichen Informationen variiert (Tversky und Kahneman 1986). Kahneman und Tversky zeigten, dass sich die Lokalisierung des Referenzpunktes und damit die Definition der Situation als Verlust- oder Gewinn-Situation systematisch beeinflussen lassen, indem man unterschiedliche Aspekte objektiv gleicher Entscheidungsprobleme hervorhebt. Die Prospect Theory zeigt exemplarisch, wie sich empirische Erklärungsgewinne erzielen lassen, wenn man die Einsicht in die Bedeutung der Definition der Situation in formal präzise Modellierungen überführt. Als generelle Theorie der Situationsdefinition eignet sie sich jedoch nicht, da sie lediglich die Deutung einer Situation als „Gewinn-Situation" oder „Verlust-Situation" zu betrachten erlaubt.

Ein allgemeineres Framing-Modell hat Siegwart Lindenberg entwickelt (Lindenberg 1989a, 1993). In seinem *Diskriminationsmodell* bezieht sich der Begriff des Frames auf situative Ziele und entsprechende Kriterien, die es erlauben, mögliche Ergebnisse der Situation nach ihrem Grad der Zielverwirklichung zu ordnen (Lindenberg 1989a: 188). Durch diese enge Bindung des Frame-Konzepts an den Begriff der Ziele sichert Lindenberg seinem Modell ebenfalls eine hohe Anschlussfähigkeit an Rational-Choice-Theorien. Lindenberg ist jedoch darum bemüht, ein deskriptiv realistischeres Modell aufzustellen. So geht er erstens von der Grundannahme aus, „that the cognitive limitations (including the limited span of attention) are so severe that human beings will be able to *focus only on one main goal at a time*." (Lindenberg 1993: 20). Menschliche Akteure betrachten ihre Handlungsalternativen also nur unter *einem* Frame im obigen Sinne. Zwar wird analog zur SEU-Theorie angenommen, dass sie für jede Handlungsalternative einen Erwartungsnutzen ausbilden, aber die Bewertung der möglichen Handlungsergebnisse erfolgt nur hinsichtlich eines situativ dominanten Ziels.

Das Diskriminationsmodell sagt die Wahrscheinlichkeit vorher, mit der eine bestimmte Handlungsalternative gewählt wird. Diese ist umso höher, je höher der Erwartungsnutzen dieser Alternativen ist, und zwar gemessen am durchschnittlichen Erwartungsnutzen aller Alternativen. Diese Nutzendifferenz wird mit der *situativen Salienz* des dominanten Ziels oder Frames gewichtet, hinsichtlich dessen die Bewertung der Alternativen erfolgt.[35] Es gilt also: Je salienter das dominante Ziel ist, umso stärker folgt die Handlungswahl diesem Kriterium. Das Diskriminationsmodell geht weiter davon aus, dass die situative Salienz des dominanten Ziels von *Hintergrund*aspekten abhängt. Dies sind Aspekte, die nicht relevant für die Verwirklichung des dominanten

---

[35] Formal ergibt sich die Wahrscheinlichkeit P_i, mit der eine bestimmte Handlungsalternative i gewählt wird, als $P_i = \beta(g_i - U_0) + 1/n$, wobei g_i den Erwartungsnutzen der Handlungsalternative i bezeichnet, U_0 den Durchschnitt der Erwartungsnutzen aller Alternativen, β den Sensitivitätsparameter und n die Anzahl der Handlungsalternativen. Der zweite Summand $1/n$ besagt also, dass alle Handlungsalternativen tendenziell mit der gleichen Wahrscheinlichkeit gewählt werden, wenn der erste Summand jeder Alternative null approximiert. Dies ist der Fall, wenn sich die Alternativen kaum in ihrem Erwartungsnutzen unterscheiden ($(g_i - U_0) \sim 0$ für alle i) oder wenn der Sensitivitätsparameter β gegen 0 geht. In beiden Fällen resultiert eine geringe „Diskriminierung" zwischen den Alternativen.

Ziels sind. Veränderungen in den Hintergrundaspekten können dazu führen, dass die situative Salienz des dominanten Frames derart gering wird, dass der Akteur nicht mehr effektiv zwischen den Handlungsalternativen diskriminieren kann. In diesem Fall kommt es zu einem *Frame-Wechsel* hin zu einem anderen Ziel, das bislang nur zu den Hintergrundaspekten gehörte.

Lindenberg veranschaulicht dies anhand eines Richters, dessen dominantes Ziel darin besteht, Gerechtigkeit im Sinne des geltenden Rechts zu maximieren (siehe Lindenberg 1989a: 191f.). Vereinfachend sei angenommen, dieses Ziel würde nahe legen, einen Angeklagten zu verurteilen, und die einzige verbleibende Handlungsalternative sei ein Freispruch. Zu den Hintergrundaspekten zählen unter anderem Ziele wie die Maximierung sozialer Wertschätzung oder die Maximierung von Einkommen (Lindenberg 1989a: 192). Diese sind nicht dominant, haben aber einen indirekten und damit potentiell auch direkten Einfluss auf das Handeln: Wenn ein Richter etwa mit einem hohen Geldbetrag bestochen wird, um einen Freispruch zu erwirken, sinkt die situative Salienz des dominanten Ziels. Sofern die Indizienlage nicht allzu eindeutig ist, d.h. die Erwartungsnutzendifferenzen nach dem dominanten Ziel nicht allzu groß sind, wird die extrem verringerte Salienz dazu führen, dass der Richter mit nahezu gleicher Wahrscheinlichkeit den Angeklagten verurteilt oder aber freispricht (Lindenberg 1989a: 192). Aufgrund dieser geringen Diskriminierungsfähigkeit kommt es zu einem Frame-Wechsel und der Hintergrundaspekt „Maximierung von Einkommen" wird zum situativ dominanten Ziel. Die generelle Hypothese zum Frame-Wechsel ist also, dass bei einer nahezu vollständigen Angleichung der Wahlwahrscheinlichkeiten derjenige Hintergrundaspekt das neue dominante Ziel wird, der die situative Salienz des bisherigen Frames am stärksten reduziert hat (Lindenberg 1989a: 189).

Mit seinem Diskriminationsmodell hat Lindenberg ein Selektionsmodell aufgestellt, das sowohl den Einfluss der Situationsdefinition (im Sinne einer Zielorientierung) auf das Handeln als auch die Aktivierung des dominierenden Frames selbst spezifiziert.[36] Substantiell ist vor allem fragwürdig, ob die Diskriminierungsfähigkeit verschiedener Zielorientierungen empirisch tatsächlich so zentral ist, wie in dem Modell angenommen wird. So kann im

---

[36] Allerdings hat die Kritik eine Reihe von Schwächen in der Formalisierung identifiziert (siehe Lüdemann und Rothgang 1996). So wird beispielsweise die funktionale Beziehung zwischen den Hintergrundaspekten und der situativen Salienz des dominanten Ziels formal nicht näher spezifiziert (eine vollständigere Formalisierung entwickelt Braun 1997).

betrachteten Beispiel des Richters die Konfrontation mit einem verlockenden Bestechungsangebot sicherlich einen Wechsel seiner Zielorientierung zur Folge haben. Diese Hypothese würde wohl von nahezu allen anderen Framing-Ansätzen geteilt. Spezifisch an Lindenbergs Modell ist hingegen die Annahme, der Frame-Wechsel käme *indirekt* zustande. Zumindest formal beeinflusst das Bestechungsangebot *zunächst* die Wahrscheinlichkeiten der Handlungswahl nach dem bislang dominanten Ziel (der Gerechtigkeitsmaximierung). Diese würden angeglichen und der Akteur würde das dominante Ziel letztlich *deswegen* wechseln, weil er dadurch wieder zwischen den Handlungsalternativen diskriminieren kann.

Es fehlen bislang sowohl theoretische Argumente als auch empirische Belege dafür, dass Frame-Wechsel kausal in dieser spezifischen Weise mit der begrenzten Rationalität von Akteuren zusammenhängen. Andererseits bildet gerade diese Hypothese letztlich den am stärksten explizierten, informationshaltigen Kern des Diskriminationsmodells: Welche von verschiedenen Zielorientierungen situativ dominiert, hängt kausal von deren Diskriminierungsfähigkeit ab. Die ebenfalls testbar scheinende Annahme, nach der immer *nur eine* Zielorientierung dominiert, wird dagegen durch den Verweis auf Hintergrundziele wieder stark zurückgenommen. Es wäre auch offensichtlich unrealistisch, von einer derart extrem begrenzten Rationalität auszugehen (Lüdemann und Rothgang 1996: 280; Prisching 1993).

Ein weiteres Problem des Diskriminationsmodells besteht in der Begrenztheit seines Frame-Konzepts. Mit der Definition von Frames als Zielorientierungen werden gerade diejenigen *grundlegenderen* Orientierungsleistungen der Akteure ausgeblendet, die durch das Konzept der Situationsdefinition im interpretativen Paradigma und anderen Ansätzen erfasst werden (Lüdemann und Rothgang 1996: 285f.). Wenn beispielsweise eine Ehe als „intakt", „brüchig" oder „gescheitert" definiert wird, sind dies keine Zielorientierungen, sondern Situationsdeutungen, die mehr oder weniger stark mit bestimmten Zielorientierungen einhergehen können. Auch betrifft der strukturierende Einfluss von Situationsdefinitionen nicht nur die Bewertungen von Handlungsalternativen, sondern auch die Erwartungen der Akteure. In neueren Arbeiten wird dies auch von Lindenberg stärker thematisiert. Dabei nimmt er die Konzeption der hier vertretenen Handlungstheorie auf, nach der Framing-Prozesse vor allem über die Aktivierung mentaler Modelle verhaltenswirksam werden (Lindenberg 2008). Die Entwicklung eines erklärenden Selektionsmodells unterbleibt jedoch.

Die Prospect Theory und das Diskriminationsmodell sind formale Selektionsmodelle, die beanspruchen, informationshaltige Hypothesen über die Definition der Situation und ihren Einfluss auf das Handeln aufzustellen. Daneben existieren Ansätze, die lediglich einen allgemeinen formalen Bezugsrahmen entwickeln, um Phänomene der Definition der Situation einbeziehen zu können. Ein solcher Bezugsrahmen beinhaltet selbst noch keine informationshaltigen Hypothesen. Ihm kommt vor allem eine heuristische und systematisierende Funktion bei der Konstruktion formaler Modellierungen zu.

Dies gilt etwa für den von George A. Akerlof und Rachel E. Kranton vorgelegten Ansatz. Die Autoren bleiben dabei dem ökonomischen Programm treu, Verhalten bzw. die ihm zu Grunde liegenden Präferenzen über Nutzenfunktionen darzustellen (Akerlof und Kranton 2000). Sie erweitern die Nutzenfunktion allerdings auf eine Weise, die es ihnen erlaubt, die *Identität* der Akteure zu integrieren und endogenisieren. Formal hängt der Nutzen eines Akteurs j von seinen eigenen Handlungen a_j ab sowie von den Handlungen der anderen relevanten Akteure a_{-j} (wobei die fettgedruckten Buchstaben auf Vektoren verweisen). Dies entspricht soweit dem konventionellen RC-Ansatz, wie er etwa der traditionellen Spieltheorie zu Grunde liegt: Die Kombination der gewählten Handlungen spannt einen Ergebnisraum auf, bezüglich dessen die Akteure konsistente Präferenzen besitzen. Die Erweiterung von Akerlof und Kranton besteht darin, den Nutzen U_j zusätzlich von der Identität I_j (oder dem Selbstbild) des Akteurs j abhängig zu machen:

$$U_j = U_j(a_j, a_{-j}, I_j)$$

Akerlof und Kranton spezifizieren, auf welche Weise der Nutzen eines Akteurs von seiner Identität abhängen kann. Der Term I_j wird entsprechend mit dahinter stehenden Faktoren verbunden:

$$I_j = I_j(a_j, a_{-j}; c_j, \varepsilon_j, P)$$

Der Term c_j bezeichnet die *sozialen Kategorien*, die einem Akteur j zugewiesen werden. Diese Kategorien beinhalten bestimmte *Vorschriften* P. Jeder Akteur j besitzt nun *individuelle Merkmale* ε_j, welche dem durch die Vorschriften P ausgedrückten Ideal einer sozialen Kategorie mehr oder weniger nahe kommen können. Gleiches gilt für die Handlungen des Akteurs und die der

86

anderen Akteure: Auch diese können den Vorschriften **P** mehr oder weniger entsprechen. Die Identität eines Akteurs j ist also eine Funktion der eben beschriebenen Faktoren.

Dieser formale Bezugsrahmen erweitert die Analysemöglichkeiten des traditionellen RC-Ansatzes gewaltig. Vor allem erlaubt er und regt dazu an, die grundlegende soziologische Einsicht in die Bedeutung der Definition der Situation einzubeziehen (Akerlof und Kranton 2000: 731). Akerlof und Kranton illustrieren, wie man über eine Spezifikation der Nutzen- und Identitätsfunktion zu Erklärungsmodellen bestimmter Phänomene, beispielsweise Geschlechterdiskriminierung oder Armut, gelangen kann (für eine umfangreichere Anwendung siehe Dickson und Scheve 2006). Die so spezifizierten Modelle besitzen dann auch empirisch informationshaltige Implikationen.

Für viele Anwendungen ist solch ein formaler Bezugsrahmen ausreichend, als erklärende Handlungstheorie dagegen nicht. So wird nicht generell formuliert, unter welchen Bedingungen Akteure welche Identität aktivieren oder wann sie sich eher an bestimmte Vorschriften sozialer Kategorien halten bzw. wann sie eher gegenläufigen Anreizen folgen. Der Bezugsrahmen von Akerlof und Kranton greift diesbezüglich zwar wichtige Einsichten aus dem interpretativen Paradigma auf: dass es zentral auf die Übereinstimmung zwischen „individuellen Merkmalen" (allgemein: signifikanten Symbolen) und „sozialen Kategorien" (allgemein: Frames) ankommt oder dass „Vorschriften" sowohl die Definition der Situation als auch das erwartete Handeln strukturieren. Die damit angedeuteten allgemeinen Mechanismen werden aber *handlungstheoretisch* nicht ausreichend expliziert. Das Arbeiten mit einem derartigen formalen Bezugsrahmen ist daher nur zufriedenstellend, wenn die handlungstheoretischen Mechanismen nicht im Zentrum einer Anwendung stehen.

Einen weiteren, in seiner Zielsetzung durchaus ähnlichen Bezugsrahmen hat Thomas Kron im Anschluss an Uwe Schimank (2000) entwickelt. An zentraler Stelle sieht dieser fünf verschiedene Akteurstypen vor: homo oeconomicus, homo sociologicus, Identitätsbehaupter, emotional man und homo politicus (siehe Kron 2005, 2006). Als Heuristik sollen diese Akteurstypen ebenfalls bei der Aufstellung von Nutzenfunktionen helfen. Vor allem entsprechen ihnen typisch unterschiedliche Zielorientierungen. Diese können in verschiedenen Mischungsverhältnissen in die nutzentheoretisch modellierte Wahl zwischen Handlungsalternativen eingehen.[37] Verglichen mit dem Ansatz von Akerlof und Kranton, der von inhaltlich beliebig definierbaren Identitäten ausgeht, wirkt eine derartige Typenunterscheidung zweifelsohne standardisierender auf Anwendungen. Sie bedeutet aber auch einen Verlust an Flexibilität und wirft vor allem die Frage nach der Begründbarkeit der prinzipiell beliebig erweiterbaren Typenreihe auf (Etzrodt 2007). Ähnliches gilt für die von Lindenberg entwickelte Hierarchie von Zielorientierungen (siehe Lindenberg 2001). Welche dieser Heuristiken sich in der Forschungspraxis am stärksten zur Konstruktion von Brückenhypothesen bewährt, bleibt abzuwarten.

Die behandelten formalen Modelle zeigen, dass sich auch die als „Definition der Situation" bezeichneten Phänomene präzise modellieren lassen.[38] Um zu einer integrativen und erklärenden Handlungstheorie zu gelangen, sollte das Konzept der Situationsdefinition jedoch in hinreichender Breite erhalten bleiben, anstatt es auf bestimmte Aspekte wie „Identitäten", „Verlust- und Gewinn-Frames" oder Zielorientierungen zu verkürzen. Auch die theoretische Erklärung der Situationsdefinition und des Handelns muss breiter ansetzen bzw. expliziter durchgeführt werden, als dies die dargestellten Ansätze erlauben. Wie sich zeigt, besteht ein Schlüssel hierzu in der Berücksichtigung einer zweiten Klasse von Phänomenen, die von diesen völlig ausgeblendet wird: der variablen Rationalität der Akteure. Im folgenden Kapitel werden wiederum zunächst zentrale soziologische Ansätze dargestellt, die dieses Konzept entfalten und seine soziologische Relevanz deutlich gemacht haben. Erst dann wird das Modell der Frame-Selektion dargestellt, das sowohl die Definition der Situation als auch die variable Rationalität der Akteure einer formalen Modellierung zuführt.

---

[37] Krons Bezugsrahmen enthält darüber hinaus noch eine Reihe weiterer Vorschläge. So bezieht er Ambiguität bei den Erwartungen der Akteure mit ein und schwächt die Maximierungsannahme durch die Einführung eines Zufallsterms ab. Vor allem Krons Vorschlag, Ambiguität im RC-Ansatz mit Hilfe von Fuzzy-Logik zu modellieren, erweitert die üblichen Modellierungstechniken.

[38] Dies gilt auch für Modelle der stärker psychologisch fundierten experimentellen Spieltheorie (Geanakoplos, Pearce und Stacchetti 1989). Diese ermöglichen, den Einfluss von Frames auf Erwartungen und, darüber vermittelt, auch auf Präferenzen abzubilden (Dufwenberg, Gächter und Hennig-Schmidt 2006). Auch das Modell von Bicchieri folgt dieser nutzentheoretischen Konstruktionsweise (Bicchieri 2006).

4 Variable Rationalität in soziologischen Handlungstheorien

Annahmen über den Grad der Rationalität von Handlungen stellen ein zentrales Merkmal dar, hinsichtlich dessen sich handlungstheoretisch fundierte Ansätze in der Soziologie unterscheiden lassen (Alexander 1988: 307). Wie schon bei der Betonung der Vorstrukturierung des Handelns durch die Definition der Situation des Akteurs treten auch hier nahezu alle soziologischen Ansätze in explizite Opposition zum ökonomischen Handlungsmodell. Bei der Definition der Situation ging es diesen Ansätzen darum aufzuzeigen, dass jede Wahl zwischen Handlungsalternativen Ausdruck vorstrukturierender Orientierungsleistungen ist und diese als Bedingung ihrer Möglichkeit voraussetzt. Im jetzt zu besprechenden Zusammenhang wird dagegen die Rationalität der Wahlentscheidungen selbst zum Thema gemacht und häufig in Frage gestellt.

Dabei wurde und wird den ökonomischen Handlungsmodellen nicht selten ein Rationalitätsbegriff unterstellt, den diese mehrheitlich überhaupt nicht vertreten. Dies gilt jedenfalls für RC-Theorien, die mit der Annahme der Nutzenmaximierung lediglich die Konsistenz von Präferenzen in der Handlungssituation behaupten und vollkommen ausblenden, wie die Präferenzordnungen zustande kommen oder welche Wirkungsmechanismen dem Handeln zu Grunde liegen.

Trotz dieses Missverständnisses hat die soziologische Kritik am RC-Ansatz auch in dieser Hinsicht wichtige Resultate zu Tage gefördert. Wie ich im Folgenden zeige, hat sich in vielen prominenten Ansätzen die zentrale Einsicht durchgesetzt, dass von einer variablen Rationalität von Akteuren ausgegangen werden sollte, und zwar in dem Sinne, dass menschlichem Handeln meist unterschiedliche Grade und Formen von Rationalität zu Grunde liegen. Auch wenn diese Betrachtungsweise nicht notwendigerweise im *Widerspruch* zu ökonomischen Handlungsmodellen steht, so geht sie doch erheblich über diese hinaus und stellt einen wichtigen Grundpfeiler für eine integrative erklärende Handlungstheorie dar.

4.1 Max Webers Typen sozialen Handelns

Mit seiner Unterscheidung von vier Typen sozialen Handelns hat Max Weber die Entwicklung handlungstheoretischer Konzepte in der Soziologie bis heute nachhaltig geprägt. Dies gilt gerade auch für die Kernannahme der variablen Rationalität der Akteure. Sie ist für Webers Unterscheidung zumindest insoweit konstitutiv, als hier zwei „rationale" Handlungstypen – das zweck- und wertrationale Handeln – weniger bewussten oder reflektierten Handlungstypen gegenübergestellt werden. Die weniger rationalen Handlungstypen sind das traditionale (besser: gewohnheitsmäßige) Handeln, das auf eingelebter Gewohnheit basiert, sowie das affektuelle Handeln, welches „durch aktuelle Affekte und Gefühlslagen" bedingt ist (Weber 1980: 12). Von geringerer Rationalität kann hier insofern gesprochen werden, als rein gewohnheitsmäßiges oder affektuelles Handeln nicht auf Basis einer Reflexion erfolgt. Der Akteur entscheidet nicht bewusst zwischen alternativen Handlungsmöglichkeiten, sondern folgt derjenigen, welche routinisiert ist oder durch den aktuellen Affekt nahe gelegt wird.

Tabelle 1: Eine vereinfachende Rekonstruktion der Handlungstypologie von Max Weber (nach Schluchter 1998: 259)

	Gegenstand rationaler Kontrolle:			
Handlungstypus:	Mittel	Zweck	Wert	Folge
zweckrational	+	+	+	+
wertrational	+	+	+	-
affektuell	+	+	-	-
traditional	+	-	-	-

Auch die Binnendifferenzierungen zwischen zweck- und wertrationalem Handeln sowie zwischen traditionalem und affektuellem Handeln ist im Sinne unterschiedlicher Rationalitätsgrade interpretiert worden (siehe Tabelle 1). Danach ist der zweckrationale Handlungstyp derjenige mit dem höchsten Rationalitätsgrad, da der Akteur hier die Mittel, Zwecke, Werte und Folgen des Handelns systematisch mit einbezieht (Schluchter 1998: 259). Wertrationales Handeln ist im Vergleich dazu weniger rational, da der Akteur hierbei die Folgen des Handelns ausblendet. Beim affektuellen Handeln werden *zusätzlich* die Werte unberücksichtigt gelassen und beim traditionalen Handeln schließlich sogar die Zwecke des Handelns.

Dieser auf Wolfgang Schluchter zurückgehende Versuch einer Rekonstruktion der Weberschen Handlungstypologie ist aufgrund seiner Eleganz äußerst einflussreich gewesen (siehe etwa Esser 1999b: 225; Habermas 1981a: 381). Weniger beachtet wurde, dass Schluchter selbst an gleicher Stelle anfügt, dass diese Rekonstruktion der Weberschen Unterscheidung nicht gerecht wird. Erstens geht Weber spätestens seit seinen „Soziologischen Grundbegriffen" von einer *Gleichrangigkeit* von zweck- und wertrationalem Handeln aus (Schluchter 2005: 23). Dagegen stellt die beschriebene Rekonstruktion wertrationales Handeln – über das Kriterium der (Nicht-) Berücksichtigung von Folgen – als *weniger rationale* Form des Handelns dar. Zweitens legt sie eine falsche Zuordnung sog. *verantwortungsethischen* Handelns nahe. Grundlegend ist hier die berühmte Unterscheidung zwischen Gesinnungs- und Verantwortungsethik. Gesinnungsethisches Handeln verlangt lediglich, eine Handlung zu wählen, der eine gute Absicht zu Grunde liegt. Dagegen handelt ein Akteur verantwortungsethisch, insofern er eine Handlung wählt, die auch in ihren zu erwartenden Konsequenzen den Wert so weit wie möglich realisiert (Schluchter 1988: 251ff.; Weber 1968: 505). Im Vergleich dieser beiden Typen stellt verantwortungsethisches Handeln also die rationalere Form der Wertverwirklichung dar, da der Akteur hier die wertbezogenen Folgen systematisch mit einbezieht. Insofern verantwortungsethisches Handeln eine besonders rationale Form der Wertbefolgung ist, sollte man es dem wertrationalen Handlungstypus zuschlagen. Genau dies wird aber unmöglich, wenn man Webers Typen des Handelns in der oben beschriebenen Art und Weise rekonstruiert, in der nur zweckrationales Handeln an Folgen orientiert ist (Schluchter 1998: 259f.).

Schluchter hat daher eine komplexere Rekonstruktion der Weberschen Handlungstypologie entwickelt (Schluchter 1998: 260ff.). In dieser unterscheidet er, Webers Wertlehre aufgreifend, unter anderem zwischen einer Erfolgs- und einer Eigenwertorientierung. Dieser Unterschied ist analytisch unabhängig vom Rationalisierungsgrad von Handlungen, also von der Anzahl der kontrollierten Handlungsaspekte (Mittel, Zwecke, Werte, Folgen).

Eigenwertorientiertes Handeln kann ausschließlich an absoluten Werten orientiert sein oder auch Folgen mit einbeziehen. Diese beiden eigenwertorientierten Handlungstypen entsprechen dem gesinnungsethischen und dem verantwortungsethischen Handeln. Im *gesinnungsethischen* Fall sieht der Akteur von jeglichen Folgen ab. In den seltenen Fällen, in denen ein Wert eindeutig ein bestimmtes Handeln fordert, führt er dieses unhinterfragt aus. Ansonsten überlegt er, welches Handeln dem Wert am stärksten entspricht. *Verantwortungsethischem* Handeln liegt dagegen immer eine Abwägung zu Grunde, innerhalb derer der Akteur (im idealtypischen Fall) ausschließlich wertbezogene Folgen mit einbezieht. Diesen Untertypen *wert*rationalen Handelns kann man das zweckrationale Handeln gegenüberstellen, das dadurch gekennzeichnet ist, dass der Akteur erfolgsorientiert und unter Berücksichtigung auch nicht-wertbezogener Folgen entscheidet.[39]

Das Interesse an Webers Typen des Handelns ist keineswegs rein theoriegeschichtlicher Natur. Vielmehr knüpft an ihnen noch heute in Form des weberianischen Forschungsprogramms eine bedeutsame handlungstheoretische Richtung an (Bienfait et al. 2003; Schluchter 2005; Schwinn 2001; Stachura 2006, 2009). Der bleibende Einfluss der Handlungstypen ist wenigstens teilweise darauf zurückzuführen, dass sie soziologisch bedeutsame Komplexität in der Handlungsverursachung abzubilden erlauben. Dies gilt vor allem für die Einsicht, dass Akteure in ihrem Handeln manchmal bewusst die möglichen Folgen abwägen, in anderen Fällen aber diese Folgen unbewusst aufgrund aktueller Affekte oder eingelebter Gewohnheit oder aber bewusst aufgrund entsprechender Werthaltungen ausblenden. Zudem wurde deutlich, dass Weber nicht nur verschiedene Grade der Rationalität unterschieden hat, sondern auch unterschiedliche Formen der Rationalität,

---

[39] Den beiden Untertypen wertrationalen Handelns stelle ich also nur *einen* zweckrationalen Handlungstyp gegenüber. Dies ist eine Abweichung gegenüber Schluchters Vorschlag, der nicht nur erfolgsorientiertes, sondern auch eigenwertorientiertes zweckrationales Handeln vorsieht (Schluchter 1998: 262ff.). Letzteres wäre ein Untertyp zweckrationalen Handelns, in dem der Akteur nicht an Folgen orientiert ist, sondern Entscheidungen zwischen Zwecken ausschließlich auf Basis absoluter Werte trifft. Dies stünde jedoch im Widerspruch zu Webers eigener Definition zweckrationalen Handelns. Ich schlage daher vor, diesen Begriff für Handlungen zu reservieren, die die absolute Wertgeltung aufgeben und systematisch die Folgen des Handelns mit abwägen. Folgen ausblendendes, auf absoluten Werten basierendes Handeln ist hingegen immer eigenwertorientiert.

92

nämlich erfolgsorientiertes rationales Handeln und eigenwertorientiertes rationales Handeln.[40]

Eine soziologisch zufriedenstellende integrative Handlungstheorie sollte es erlauben, die von Weber unterschiedenen Typen des Handelns zu rekonstruieren. Allerdings bedeutet dies keinesfalls, dass man Webers Handlungstypen ins Zentrum solch einer Theorie stellen sollte. Vielmehr sind diese für eine erklärende Handlungstheorie mit Sicherheit ungenügend. Erstens mangelt es ihnen an einer systematischen Herleitung. Es sei daran erinnert, dass Weber selbst explizit nicht beanspruchte, „eine irgendwie erschöpfende Klassifikation der Typen des Handelns zu geben" (Weber 1980: 13), und bei ihrer Aufstellung eher von seinem substantiellen Interesse an gesellschaftlichen Rationalisierungsprozessen geleitet war.[41] Zweitens müsste eine *erklärende* Handlungstheorie beantworten, wann Akteure erfolgsorientiert und wann sie eigenwertorientiert oder wann sie affektuell und wann gewohnheitsmäßig handeln. Sobald man die Ebene der Idealtypen verlässt, stellt sich zudem die Frage, wie diese empirisch selten in reiner Form auftretenden Orientierungen zusammenwirken (Hempel 1965; Norkus 2001: 314). Mit dieser Frage hat man sich aber bereits von einem rein typologischen oder idealtypischen Vorgehen verabschiedet.

4.2 Die These der Ausblendung von Kosten-Nutzen-Erwägungen bei Emile Durkheim, Randall Collins, Jon Elster und Amitai Etzioni

Wie bereits betont, beinhaltet Webers Abgrenzung zweckrationalen Handelns von affektuellem, traditionalem und wertrationalem Handeln die wichtige Einsicht, dass Akteure unter (nicht hinreichend spezifizierten) Umständen die möglichen Folgen des Handelns ausblenden, es also zu keiner Kosten-Nutzen-Abwägung kommt. Generell kann man diese Vorstellung als eine Kernthese soziologischer Handlungskonzepte ansehen. In diesem Ab-

---

[40] Dies wurde neuerdings unter anderem von Raymond Boudon in seinem Konzept der „kognitiven Rationalität" aufgegriffen, auf das bereits bei der Diskussion wertbasierter Situationsdefinitionen eingegangen wurde.

[41] Auch Schluchter widmet sich in seinen neuesten Arbeiten weniger dem Anliegen eine wirkliche Handlungs*typologie* zu rekonstruieren, sondern belässt es bei einer sehr einfachen, direkt an Webers eigene Ausführungen anknüpfenden Rekonstruktion der vier Typen des Handelns (Schluchter 2006: 267f.).

schnitt gehe ich kurz auf einige weitere, besonders einflussreiche Varianten dieser These ein.

Bereits vor Weber hat *Emile Durkheim* darauf hingewiesen, dass normative Überzeugungen zu einer Ausblendung von Anreizüberlegungen führen können. Ganz explizit betont er dies etwa, wenn er im Rahmen seiner Religionssoziologie Phänomene „moralischer Autorität" beschreibt. Eine nahezu zwanghafte Wirkung habe eine Vorstellung, wenn sie „mit einer derartigen Kraft begabt ist", dass sie „automatisch Handlungen hervorruft oder verhindert, *von denen man überhaupt nicht mehr bedenkt, ob sie nützlich oder schädlich sind"* (Durkheim 1981: 286, Hervorhebung im Original). Durkheim illustriert dies am Beispiel von Personen, denen moralische Autorität zugeschrieben wird. Der Meinung derartiger Personen würden wir folgen, ohne „die Vor- oder Nachteile der Einstellung, die uns vorgeschrieben oder empfohlen sind", zu betrachten. Wenn eine solche Person einen Befehl gäbe und dies mit einer starken „Intensität des Geisteszustands" tue, entstünde ein „moralischer Zwang" dem Befehl Folge zu leisten, welcher „jeden Gedanken an Überlegung und an Berechnung" ausschließe (Durkheim 1981: 286). Durkheim spricht auch von einem „innerlichen und rein geistigen Druck" (Durkheim 1981: 286), es geht ihm hier also nicht um externe soziale Sanktionen. Allerdings entwickelt er nicht systematisch, in Abhängigkeit von welchen Faktoren die Wirksamkeit dieses moralischen Zwangs variiert.[42] So zentral diese Vorstellung für seine Soziologie ist, bleibt sie doch handlungstheoretisch unterentwickelt.

In jüngster Zeit hat *Randall Collins* eine mikrosoziologische Theorie entwickelt, die Durkheims Erkenntnisse zur Bedeutung von „Ritualen" mit Elementen interpretativer Ansätze verbindet (Collins 2004). Auch Collins geht in seiner Theorie der Interaktionsrituale davon aus, dass individuelle Akteure einem Zwang unterliegen können: Situationen könnten Kontrolle über das Handeln von Akteuren ausüben. Dies gelte insbesondere für erfolgreiche Interaktionsrituale wie etwa Sportveranstaltungen, Rockkonzerte

---

[42] Dies wird an der beschriebenen Stelle deutlich, wenn Durkheim die These aufstellt, dass diese Macht kollektiver Vorstellungen „selbst jene fühlen, die jene Überzeugungen nicht teilen", dann aber nicht etwa auf die Bedeutung sozialer Sanktionen verweist, sondern auf eine „einfache Ausstrahlung geistiger Energie, die in ihr liegt" (Durkheim 1981: 287). Hier wie auch an anderen Stellen seines Werkes führt die an der Physik angelehnte Metaphorik eher zur Verdunklung und hat – gerade im Kontext der Redeweise vom Zwang sozialer Tatbestände – einer zu großen Teilen unberechtigten Lesart von Durkheim als Kollektivist Vorschub geleistet.

oder hitzige Diskussionsrunden. Diese würden bei Individuen starke „emotionale Energie" hervorrufen, wodurch es zu einer Ausblendung von Kosten-Nutzen-Überlegungen kommen würde:

> „Social sources of EE [emotional energy; CK] directly energize behavior; the strongest energizing situation exerts the strongest pull. Subjectively, individuals do not experience such situations as controlling them; because they are being filled with energy, they feel that they control. [...] But they need not exercise any conscious calculation over the costs and benefits of various alternatives. When EE is strong, they see immediately what they want to do." (Collins 2004: 181f.)

Der letzte Satz des Zitats enthält wiederum die bereits bei Weber und Durkheim zu findende Hypothese einer Ausblendung von Anreizen. Dieses Ausblenden wird Collins zufolge letztlich durch Emotionen verursacht. Die Erklärungskraft seiner Theorie der Interaktionsrituale besteht darin aufzuzeigen, in Abhängigkeit von welchen Faktoren Interaktionsrituale in der Lage sind, emotionale Energie und andere Ergebnisse (z.B. geteilte Symbole oder Moralvorstellungen) zu produzieren.

Handlungstheoretisch entwickelt Collins dagegen keine Hypothesen über das Zusammenwirken verschiedener Einflussfaktoren. Stattdessen geht er von der Annahme aus, dass Individuen emotionale Energie maximieren, so dass alle Wirkungszusammenhänge auf die Kurzformel „Maximierung von emotionaler Energie" heruntergebrochen werden. Dies verhindert die Entwicklung eines handlungstheoretischen Modells variabler Rationalität. Es ist jedoch zweifelhaft, ob diese handlungstheoretische Kurzformel eine für soziologische Erklärungen ausreichend breite Mikrofundierung darstellt. Dass dies wohl nicht so ist und selbst Collins die Sichtweise, dass emotionale Energie das primäre Konstrukt auf der Ebene der Akteure ist, nicht konsistent durchzuhalten vermag, zeigen unter anderem folgende Ausführungen:

> „Between interactions, EE [emotional energy; CK] is carried in the individual's stock of symbols, in the cognitive part of the brain; it is an emotional mapping of the various kinds of interactions that those symbols can be used in, or that can be thought about through symbols. Thus emotional energy is specific to particular kinds of situations; it is a readiness for action, that manifests itself in taking the initiative in particular sorts of social relationships with particular persons." (Collins 2004: 118)

95

Hier wird offensichtlich, dass letztlich auch Collins wieder auf die handlungstheoretischen Konstrukte Bezug nehmen muss, die bereits im Kapitel zur Definition der Situation dargestellt worden sind: Individuen verfügen kognitiv über eine Menge an Symbolen und dies ist letztlich Wissen über typische Situationen einschließlich entsprechenden Handlungswissens. Die expansive und damit tendenziell aufweichende Redeweise von emotionaler Energie („emotional mapping", „EE is carried in" etc.) kann nicht darüber hinwegtäuschen, dass man ohne diese Konzepte nicht auskommt und man sie ebenso ins Zentrum der Handlungstheorie rücken könnte. Freilich sollte auch nicht umgekehrt vernachlässigt werden, dass die Verankerung, die Aktivierung und der Einsatz von Situations- und Handlungswissen eine emotionale Dimension besitzen. Hinsichtlich emotionaler Motivationsaspekte und deren Rückbindung an soziale Situationen beinhaltet die Theorie von Collins denn auch wichtige Einsichten.

Ein weiterer Autor, der die These der Ausblendung von Kosten-Nutzen-Überlegungen vertritt, ist Jon Elster. Elster geht es darum, die autonome Wirkungsweise sozialer Normen und deren Nicht-Reduzierbarkeit auf Interessensphänomene aufzuzeigen. Dieser Ausgangspunkt ist ein auffallender Unterschied zu Collins' Fokus auf emotionale Energie. Er stimmt eher mit dem von Weber überein, der den Grund für die Folgenausblendung beim wertrationalen Handeln ja im *„bewußten* Glauben an den [...] *unbedingten* Eigenwert eines bestimmten Sichverhaltens rein als solchen und *unabhängig vom Erfolg"* sah (Weber 1980: 12). Ganz ähnlich definiert Elster soziale Normen und grenzt normgeleitetes Handeln von einem Verständnis rationalen Handelns ab, das stark an Webers Definition von Zweckrationalität erinnert:

> „Rational action is concerned with outcomes. Rationality says, 'If you want to achieve Y, do X'. By contrast, I define social norms by the feature that they are *not outcome-oriented.* [...] The imperatives expressed in social norms either are unconditional, or, if conditional, are not future-oriented." (Elster 1989: 98)

Trotz dieses im Vergleich zu Collins weitaus traditionelleren Ausgangspunktes gelangt Elster zu einer ganz ähnlichen Einschätzung der zentralen Bedeutung von Emotionen für die autonome Wirkungsweise sozialer Normen. Besonders anschaulich ist in diesem Zusammenhang seine Formulierung vom „grip on the mind":

„Social norms have a *grip on the mind* that is due to the strong emotions their violations can trigger. I believe that the emotive aspect of norms is a more fundamental feature than the more frequently cited cognitive aspects." (Elster 1989: 100)

Im Gegensatz zu Weber, der emotionale und wertbasierte Motivationsbestandteile in Form unterschiedlicher Idealtypen analytisch getrennt hat, verweist Elster somit wie Collins auf Emotionen als einen zentralen Mechanismus normbasierten Handelns. Elster beschäftigt sich zudem ausführlich mit Versuchen die Entstehung und Wirkungsweise sozialer Normen im RC-Ansatz zu erklären bzw. abzubilden. In diesem Kontext präzisiert Elster seine Kritik am RC-Ansatz, indem er auf das sog. *Axiom von Archimedes* verweist. Dieses besagt, „that some kind of „trade-off" will always be possible" (Borch 1968: 21; siehe auch Elster 1979: 126f.). Elster zufolge ist dieses Axiom nicht allgemeingültig, da soziale Normen häufig unbedingt geltende Imperative beinhalten und daher abwägungsresistent seien.

Fast zeitgleich mit Elster hat sich schließlich Amitai Etzioni in seinem Buch „The Moral Dimension" (Etzioni 1988) entschieden gegen den traditionellen RC-Ansatz gewendet und die handlungstheoretische Bedeutung normativer und emotionaler Faktoren betont. Etzioni spricht von normativ-affektiven Faktoren oder kurz von N/A-Faktoren und stellt diese logisch-empirischen oder L/E-Faktoren gegenüber. Die letztere Bezeichnung erklärt sich aus Etzionis Definition von Rationalität, nach der rational handelnde Akteure auf Basis empirischer Evidenz und logischen Schlussfolgerns diejenigen Mittel wählen, die ihren Zielen am zuträglichsten sind (Etzioni 1988: 91). Der Kern von Etzionis handlungstheoretischem Beitrag besteht in der Unterscheidung verschiedener Wirkungsweisen, in denen normativ-affektive Faktoren das Handeln von Akteuren prägen. Die von Etzioni als *Exklusion* bezeichnete Wirkungsweise entspricht der These einer Ausblendung von Anreizen, wie sie bereits bei Durkheim, Weber, Elster und Collins nachgewiesen wurde:

> „Excluded options are not considered by the actors; they are blocked from conscious deliberation [...] only one course of action or means is deemed appropriate. [...] When N/A fully excludes L/E considerations, actors choose a course of action without exploring alternatives, because they sense it is the right way to proceed." (Etzioni 1988: 96)

Als Beispiele nennt Etzioni Situationen der Hilfeleistung oder impulsives Kaufverhalten. In manchen Situationen kommt es dagegen nur zu einer partiellen Exklusion von Handlungsalternativen durch normativ-affektive Faktoren, so dass innerhalb der Menge wahrgenommener Alternativen wieder unter rationalen Gesichtspunkten gewählt wird. Bei Bildungs- oder Berufswahlentscheidungen würden etwa bestimmte Möglichkeiten erst gar nicht in Erwägung gezogen, ohne dass damit nur noch eine einzige Alternative übrig bliebe. Neben der (vollkommenen oder partiellen) Exklusion erläutert Etzioni noch zwei weitere Wirkungsweisen normativ-affektiver Faktoren.

Mit *Infusion* bezeichnet Etzioni den Einfluss normativ-affektiver Faktoren auf den Prozess der Auswahl zwischen mehreren Handlungsalternativen (Etzioni 1988: 98ff.). Dies gelte zum einen für die Bewertung der verschiedenen Alternativen, in die häufig normativ-affektive Faktoren eingingen. Hier wird allerdings nicht hinreichend klar, inwiefern sich dieser Einfluss von der Vorstellung von Präferenzen oder Zielen im RC-Ansatz unterscheidet. Die zweite von Etzioni genannte Form der Infusion bezieht sich auf das normativ oder affektuell verursachte Überspringen und vorzeitige Abbrechen bestimmter Schritte des Entscheidungsprozesses.

Schließlich können normativ-affektive Faktoren *legitimierte Zonen der Indifferenz* festlegen (Etzioni 1988: 101f.). Das heißt, sie legen die Grenzen fest, innerhalb derer auf Basis empirischer Evidenz und logischen Schlussfolgerns entschieden wird. Beispiele wären etwa moderne Vorstellungen eines rationalen Konsums („Stiftung Warentest", u.ä.) oder die normativen Anforderungen an das Verhalten von Unternehmern. Hier greift Etzioni ein altes, u.a. bei Durkheim und Parsons zu findendes Argument auf, demzufolge selbst offenbar rationales eigeninteressiertes Handeln erst durch ein normatives Fundament ermöglicht wird.

Auch Etzioni geht es also darum, ausgehend von einer bestimmten Konzeption (zweck-)rationalen Handelns, die Grenzen einer derartigen Sichtweise offen zu legen. Alle in diesem Abschnitt besprochenen Autoren wenden sich – mehr oder weniger explizit – gegen „das ökonomische Handlungsmodell". Es verwundert daher nicht, dass die These einer Ausblendung von Kosten-Nutzen-Erwägungen in wechselndem terminologischem Gewand immer wieder auftaucht – zusammen mit der Forderung nach einer Handlungstheorie, die diese Begrenztheit überwindet (ebenso beispielsweise auch Wikström 2004, 2006). Durchgesetzt hat sich indes keine dieser Gegenkonzeptionen.[43]

Ein wichtiger Grund für diesen mangelnden Theoriefortschritt besteht im Versäumnis, ein konkurrenzfähiges Selektionsmodell aufzustellen, welches die beschriebenen Einsichten präzisiert und explanativ nutzbar macht. Es reicht nicht zu wiederholen und zu illustrieren, dass die Ausblendung von Kosten-Nutzen-Erwägungen und andere ähnliche Phänomene existieren. Es muss vielmehr eine Handlungstheorie entwickelt werden, die Hypothesen darüber abzuleiten erlaubt, unter welchen Bedingungen und mit welchen Konsequenzen derartige Phänomene auftreten. Wie im folgenden Abschnitt gezeigt wird, stellen die handlungstheoretischen Arbeiten von Alfred Schütz eine der wichtigsten Vorarbeiten zur Entwicklung einer solchen Theorie dar.

4.3 Variable Rationalität in der Theorie des Alltagshandelns von Alfred Schütz

Auch die verschiedenen Autoren, die dem interpretativen Paradigma zugerechnet werden können, gehen von der Annahme variabler Rationalität aus. Beispielsweise betont Anselm Strauss in einer Grundannahme seiner interaktionistischen Theorie des Handelns, dass Handlungen nicht notwendigerweise rational sind (Strauss 1993: 30), und führt in einer weiteren Annahme die Grundunterscheidung zwischen Routine-Interaktionen und problematischen Interaktionen ein (Strauss 1993: 43). Diese Unterscheidung geht auf Alfred Schütz zurück, der innerhalb der Soziologie wohl am systematischsten die variable Rationalität der Akteure zum Gegenstand theoretischer Überlegungen gemacht hat. Wie schon die im vorherigen Kapitel dargestellten Autoren betont Schütz die weitgehende Abwesenheit abwägender Reflexion im Verhalten. Im Gegensatz zu ihnen führt er dies jedoch nicht auf die Bedeutung von Werten oder Moralvorstellungen zurück. In für das in-

---

[43] In einem kürzlich erschienenen Diskussionsforum zum 20jährigen Erscheinen von Etzionis „The Moral Dimension" bemerkt etwa Jens Beckert, dass selbst die Wirtschaftssoziologie Etzionis Ansatz nicht gefolgt ist (Beckert 2008), und ein anderer Beitrag setzt sich bezeichnenderweise mit der Frage auseinander, ob nicht bereits Parsons in „The Structure of Social Action" von 1937 Gleiches in anderer Terminologie ausgeführt habe (Lehman 2008).

terpretative Paradigma typischer Manier konzentriert sich Schütz vielmehr zunächst auf das Verstehen alltäglichen Handelns (welches bei Weber als traditionaler bzw. *gewohnheits*mäßiger Handlungstypus theoretisch eher eine Randstellung einnahm).

Nach Schütz bilden die Erfahrungen im Alltag normalerweise „eine Kette von Selbstverständlichkeiten" (Schütz und Luckmann 1979: 32). Und dies gilt wohlgemerkt, obwohl jede Situation *prinzipiell* neu ist. Der Grund ist, dass Akteure mit einem weitgehend impliziten und hinreichend abstrahierenden Wissensvorrat ausgestattet sind, den sie verwenden, um aktuelle Erfahrungen einzuordnen. Der Wissensvorrat besteht also aus „Typisierungen" – d.h. mentalen Schemata oder Modellen –, welche dem Akteur eine Fraglosigkeit der Wahrnehmung und des Handelns ermöglichen, *ohne* dass dazu eine Eins-zu-eins-Identität von aktueller und vergangener Erfahrung erforderlich ist.[44] Dies geschieht auf Basis eines grundsätzlichen Vertrauens in die relative Konstanz der Welt und damit in die grundsätzliche Wiederholbarkeit früherer erfolgreicher Handlungen. Eine Terminologie von Edmund Husserl aufgreifend, spricht Schütz auch von den Idealisierungen des „Und So Weiter" und des „Ich Kann Immer Wieder" (siehe u.a. Schütz und Luckmann 1979: 29, 42, 65f.).

Die implizite Verwendung derartiger Idealisierungen erklärt sich daraus, dass der Erfahrungsvorrat der Akteure „zur Lösung praktischer Probleme" dient (Schütz und Luckmann 1979: 36). Prinzipiell könnten sich Akteure zwar unbegrenzt über die Beschaffenheit der Welt Gedanken machen. Faktisch tun sie dies jedoch nur, soweit dies zur Bewältigung ihrer Situation notwendig erscheint (Schütz und Luckmann 1979: 149, 151). „[F]ür die Bewältigung der *aktuellen* Situation", also zum Lösen praktischer Probleme bzw. zum Erreichen der aktuellen Handlungsziele können die allermeisten Sachverhalte unthematisiert bleiben (Schütz und Luckmann 1979: 151, Hervorhebung im Original). Wenn ein Akteur beispielsweise einen Gegenstand in einem Supermarkt kaufen möchte, ist es für die Abwicklung des Kaufvorganges bis auf Weiteres irrelevant, ob der Kassierer im Supermarkt gut oder schlecht gelaunt ist oder ob er die Unterschrift des Kunden wirklich

---

[44] Dieser Punkt verweist erneut darauf, dass auch das unhinterfragte Alltagshandeln ständige, wenn auch meist unbewusste Orientierungsleistungen des Akteurs verlangt: „Das bloß durch die Neuigkeit jeder aktuellen Erfahrung gegebene Fragliche wird im routinemäßigen Ablauf der Ereignisse in der natürlichen Einstellung routinemäßig in Fraglosigkeit überführt." (Schütz und Luckmann 1979: 32)

prüft oder nur so tut. Dies sind dann sog. *offene* Möglichkeiten. Unter Umständen werden ehemals fraglose Situationsbestandteile jedoch problematisch und zum Gegenstand bewusster Auslegungsprozesse – aus offenen werden dann sog. *problematische* Möglichkeiten. In dieser Unterscheidung kommt die Annahme variabler Rationalität zum Ausdruck: Unhinterfragt verwendete Typisierungen einerseits, bewusste Auslegung problematischer Situationsbestandteile andererseits.

In zweierlei Hinsicht ist die Theorie des Alltagshandelns von Schütz von wegweisender Bedeutung für das in dieser Arbeit vorgestellte Selektionsmodell. Erstens hat Schütz detailliert beschrieben, auf welche Weise sowohl die Definition der Situation als auch das Handeln (Schütz spricht meist von der „Bestimmung" und der „Bewältigung" der Situation) als reflektierte Wahlentscheidungen zwischen problematischen Möglichkeiten *oder* als fraglose Anwendung von Typisierungen und „Rezepten" vonstatten gehen können. Zweitens hat er darüber hinaus bereits die *Bedingungen* thematisiert, unter denen der eine oder der andere Fall zu erwarten ist. Die analytische Trennung zwischen Situationsdefinition und Handeln einerseits und automatischer und reflektierender Informationsverarbeitung andererseits ist beispielsweise im folgenden Zitat ersichtlich:

> „In der natürlichen Einstellung dient der lebensweltliche Wissensvorrat vor allem dazu, aktuelle Situationen zu bestimmen *und* zu bewältigen. Wie die Analyse [...] gezeigt hat, involviert dies entweder die *routinemäßige* Anwendung des aus vergangenen Erfahrungen sedimentierten Gewohnheitswissens oder auch die *Auslegung* und Wiederauslegung vergangener Erfahrungen und Situationen. Der aktuelle Wissensvorrat wirkt folglich *entweder* als *„automatisches"* Verhaltensmuster *oder* als ein explizites Interpretationsschema." (Schütz und Luckmann 1979: 286f., Hervorhebungen nicht im Original)

Die automatische Anwendung von Typisierungen aus dem aktuellen Wissensvorrat ist bereits oben skizziert worden. Den reflektierenden Prozess der Auslegung der Situation beschreibt Schütz nun als angemessenheitsorientiertes Abwägen relativer Glaubwürdigkeiten. Es handelt sich dabei um einen Prozess der Ausbildung eines Angemessenheitsglaubens, ganz so wie er bereits in Kapitel 3.3 im Kontext von Wertreflexionen spezifiziert wurde:

> „Nach Abwägen der relativen Glaubwürdigkeiten und eventuell nach weiterer Auslegung und Bestimmung der in der Situation involvierten Erfahrungsobjek-

te und Relationen wird eine Entscheidung getroffen, die die Glaubwürdigkeit des einen Elements bestätigt, die des anderen aufhebt oder ein neues Wissenselement ausbildet, das den früheren seinem Sinn nach übergeordnet ist und eine zur Lösung der Situation ausreichende Glaubwürdigkeitsstufe hat. Auf diese Weise wird der in der Situation zutage getretene Widerspruch zwischen Wissenselementen in Widerspruchslosigkeit überführt." (Schütz und Luckmann 1979: 193)

Hinsichtlich des Handelns spricht Schütz auch von der fraglosen Anwendung von „Gebrauchsanweisungen" und „Rezepten" (Schütz 1972: 58). Häufig (etwa aufgrund „routinemäßiger" Passung oder stark „auferlegten" Interesses) kommt es zum Handeln, *ohne* dass es „eine dem Handelnden deutlich bewußte, in der Erinnerung normalerweise wieder faßbare Wahl zwischen inhaltlich verschiedenen Entwürfen" gibt (Schütz und Luckmann 1984: 51). Vielmehr setzt die Handlung „wie von selbst" ein, sofern sie nicht bewusst unterdrückt wird. Nur in Situationen des Zweifels kommt es auch hinsichtlich des Handelns zum reflektierenden Abwägen zwischen problematischen Möglichkeiten (Schütz und Luckmann 1984: 55ff.). Im Anschluss an die Definition der Situation kann der Akteur also vor problematischen Handlungsalternativen stehen oder nicht.

Wie bereits erwähnt, besteht die zweite entscheidende Leistung von Schütz darin, bereits Hypothesen darüber aufgestellt zu haben, unter welchen Bedingungen Akteure einen Situationsbestandteil nicht mehr als fraglos gegeben, sondern als problematisch ansehen, wann also aus einer „Routine-Situation" eine „problematische Situation" wird (Schütz und Luckmann 1979: 150). Dies geschieht immer dann, wenn „eine aktuelle Erfahrung nicht schlicht in einen im Wissensvorrat vorhandenen Typus – und zwar auf der situationsrelevanten Ebene der Typ-Bestimmtheit – ,hineinpasst'," (Schütz und Luckmann 1979: 246). Diese *mangelnde Passung* kann sich ergeben, wenn „keine routinemäßige Deckung" zwischen Situationsbestandteil und Wissenselement zustande kommt, wenn das Wissenselement zu unbestimmt ist, um das Handeln in der aktuellen Situation hinreichend anzuleiten, oder wenn sich zwei Wissenselemente in der aktuellen Situation als widersprüchlich herausstellen (ebd.). Mit dieser zentralen Einflussgröße verweist Schütz bereits auf eine der vier Determinanten der Reflexion, welche durch die experimentelle Forschung im Umkreis der (sozial-)psychologischen dual-process-Theorien belegt wurden und auf die bereits in Kapitel 2.4 hingewiesen wurde (Chaiken und Trope 1999; Strack und Deutsch 2004): Wenn die

Passung eines Wissenselementes auf Bestandteile der aktuellen Situation hoch ist, besteht tendenziell kein Anlass für eine Reflexion.

Auch die Motivation als zweite Determinante der Reflexion wird von Schütz berücksichtigt, insofern er darauf verweist, dass „sowohl thematische als auch interpretative Relevanz unlöslich mit Motivationsrelevanz verknüpft ist" (Schütz und Luckmann 1979: 254). Es kommt daher darauf an, wie „*motivationsmäßig* wichtig" eine „interpretative Entscheidung" für den Akteur ist, in welchem Ausmaß sie also „für sein Verhalten, für sein Handeln, letztlich für seine Lebensführung relevant ist." (Schütz und Luckmann 1979: 255). Den übrigen zwei Determinanten, den Gelegenheiten zur Reflexion und ihrem Aufwand, hat Schütz dagegen deutlich weniger Aufmerksamkeit geschenkt. Es lassen sich jedoch auch hier bei genauerem Hinsehen vereinzelte Hinweise finden (siehe bereits Esser 2001: 151).

So führt Schütz an einer Stelle aus, dass Akteure „normalerweise handeln müssen und nicht reflektieren können, um den Forderungen des Augenblicks zu genügen" (Schütz 1972: 32), was auf die Bedeutung der situativ variablen *Gelegenheiten* zur Reflexion verweist. Und in seinem bekannten Aufsatz zum Fremden betont Schütz, dass das Wissen der Handelnden „ein Wissen von vertrauenswerten *Rezepten* [ist], um damit die soziale Welt auszulegen und um mit Dingen und Menschen umzugehen, damit die besten Resultate in jeder Situation *mit einem Minimum von Anstrengung* und bei Vermeidung unerwünschter Konsequenzen erlangt werden können". (Schütz 1972: 58, Hervorhebung nicht im Original). Diese Stelle verweist nicht nur wiederum auf die Motivation zur Reflexion („Vermeidung unerwünschter Konsequenzen"), sondern auch auf die generelle Tendenz, Anstrengungen soweit wie möglich zu vermeiden. Vor allem Peter L. Berger und Thomas Luckmann haben, wichtige Einsichten der deutschen philosophischen Anthropologie aufgreifend (Gehlen 1974), diesen Aspekt systematisch eingearbeitet (Berger und Luckmann 1980). Danach befreien Institutionen Akteure von der „Bürde der Entscheidung" (Berger und Luckmann 1980: 57) und ermöglichen ihnen eine „Routinegewißheit", durch die sie „Zeit und Kraft […] für ihre gesamte seelische Ökonomie" sparen (Berger und Luckmann 1980: 61).

Wenn man verschiedene Stellen im Gesamtwerk von Schütz verbindet und die an ihn anschließende Wissenssoziologie mit einbezieht, findet man also durchaus Hinweise auf alle vier Determinanten der Reflexion, die in der (sozial-)psychologischen Forschung mittlerweile auch experimentell gut belegt sind.[45]

Zusammenfassend betrachtet hat Schütz damit sicherlich die umfassendste theoretische Behandlung der variablen Rationalität der Akteure vorgelegt und dabei wohlgemerkt auch die Definition der Situation systematisch mit einbezogen. Allerdings ging es Schütz weniger um eine *erklärende* Handlungstheorie als um eine sog. Konstitutionsanalyse der Lebenswelt und der Strukturen des Alltagshandelns.[46] Seine begrifflichen phänomenologischen Ausführungen gehen dabei noch deutlich über die hier vorgenommene selektive Darstellung hinaus (siehe etwa die Darstellungen bei Esser 2001; Schneider 2002). Aus der Perspektive der erklärenden Soziologie defizitär bleibt jedoch die mangelnde Präzisierung des *Zusammenwirkens* der verschiedenen Einflussgrößen. Auch wenn die Theorie von Schütz bereits wichtige Orientierungshypothesen bereithält, fehlt die Aufstellung eines Selektionsmodells, aus dem sich empirisch prüfbare Kausalhypothesen ableiten lassen könnten. Bevor ich derartige formale Modelle variabler Rationalität betrachte, wende ich mich im folgenden Abschnitt kulturtheoretischen Perspektiven zu, die im Zuge des „cultural turn" in den Sozialwissenschaften an Popularität gewonnen haben. Auch wenn sie teilweise einen anderen geistesgeschichtlichen Hintergrund als die Theorie von Schütz haben (Joas und Knöbl 2004: 188f.), stimmen sie doch in vielerlei Hinsicht mit seinen Ausführungen überein.

4.4 *Der kulturtheoretische Erklärungsansatz von Pierre Bourdieu*

Die Arbeiten von interpretativen Autoren wie Blumer, Cicourel, Garfinkel, Goffman oder Schütz haben zu einer „Verschiebung vom *homo sociologicus* zu einem kulturtheoretischen, wissensorientierten Verständnis menschlichen

---

[45] Damit korrigiere ich meine am Rande einer Diskussion mit Christian Etzrodt geäußerte Einschätzung, bei Schütz fehlten die vier mittlerweile erforschten Determinanten der Reflexion (Kroneberg 2008b: 268, FN 5). Für das von Etzrodt im Anschluss an Schütz aufgestellte „Alternativmodell" behält diese Einschätzung allerdings ihre Gültigkeit (ebd.).

[46] Mit dem Begriff der Lebenswelt wird bei Schütz „jener Wirklichkeitsbereich" bezeichnet, „den der wache und normale Erwachsene in der Einstellung des gesunden Menschenverstandes als schlicht gegeben vorfindet. Mit schlicht gegeben bezeichnen wir alles, was wir als fraglos erleben, jeden Sachverhalt, der uns bis auf weiteres unproblematisch ist." (Schütz und Luckmann 1979: 25)

Handelns" geführt (Reckwitz 2004: 306). Diese kulturtheoretische Perspektive wurde in unterschiedliche Richtungen weiter ausgearbeitet (für einen ausführlichen Überblick siehe Reckwitz 2000). Teile dieser Entwicklungen sind ausgesprochen einflussreich und für die in dieser Arbeit entwickelte Handlungstheorie von besonderer Bedeutung. Dazu zählt zuvorderst Pierre Bourdieus Konzept des Habitus.[47]

Ähnlich wie die bereits dargestellten interpretativen Ansätze und im Gegensatz zur Betonung von Werten und Interessen bei Weber oder auch noch Parsons legen kultur- und praxistheoretische Ansätze ihren Schwerpunkt auf subtiler wirkende und häufig auch *vorreflexive* Prädispositionen. Pierre Bourdieus handlungstheoretische Ausführungen sind in besonderem Maße durch diese Schwerpunktsetzung geprägt. Zentral ist hierbei sein Konzept des Habitus. Dieser ist ein „Erzeugungsprinzip", das den Wahrnehmungen, Bewertungen und Handlungsmustern eines Akteurs zu Grunde liegt. Als solches besteht der Habitus nicht aus einzelnen konkreten Gewohnheiten (,habits'), sondern ist ein viel tiefer liegendes, nicht direkt beobachtbares Dispositionssystem. Als theoretisches Konstrukt hat es für Bourdieu „unter anderem die Funktion, die stilistische Einheitlichkeit zu erklären, die die Praktiken und Güter eines einzelnen Akteurs oder einer Klasse von Akteuren miteinander verbindet" (Bourdieu 1998: 21). Ein Beispiel für solch eine stilistische Einheitlichkeit wären etwa der Bildungseifer, Ernst und Fleiß und der dadurch entstehende Eindruck der Angestrengtheit, wie sie Bourdieu dem französischen Kleinbürgertum der 60er Jahre zugeschrieben hat (Bourdieu 1987a: 500ff.).

Da Kleinbürger sozialen Aufstieg anstrebten (im Gegensatz zur Arbeiterklasse hätten sie dabei nämlich eine durchaus beachtliche Erfolgswahrscheinlichkeit), ohne in frühester Kindheit mit dem notwendigen (,,hoch"-) kulturellen Wissen ausgestattet worden zu sein, versuchten sie diesen Mangel im Rahmen von Bildungseinrichtungen auszugleichen. Im Unterschied zum frühkindlichen, spielerischen Umgang mit Kulturgegenständen im Bildungsbürgertum und der Vertrautheit und Gewissheit, die dieser Umgang mit sich bringt, machten sich Kleinbürger fast zwangsläufig die Ernsthaftigkeit und relative methodische Strenge zu eigen, mit der Kulturgegenstände in Bildungseinrichtungen behandelt und besprochen würden. Dies umfasse vor

---

[47] Die folgende Diskussion von Bourdieus Erklärungsansatz ist dabei wiederum selektiv, weil an der hier verfolgten Zielsetzung einer integrativen und erklärenden Handlungstheorie orientiert.

allem auch die Orientierung auf eine sachliche Korrektheit von kulturbezogenen Urteilen, wodurch eine tendenziell „gierig-bemühte wie naiv-ernsthafte Fixierung" auf legitime Kultur entstehe (Bourdieu 1987a: 513).

In dieser Weise disponiert der Habitus den Kleinbürger zu bestimmten Wahrnehmungen und Bewertungen („Geschmack"), aber auch zu bestimmten Praktiken, also Handlungsmustern. Dies gilt Bourdieu zufolge nicht nur für den Bereich des Umgangs mit Kulturgegenständen. Vielmehr kommt es zu einer *Generalisierung* dieser Denk-, Wahrnehmungs- und Handlungsweisen, die sich entsprechend auch in anderen Situationen und institutionellen Kontexten zeigen. So tendierten etwa Kleinbürger dazu, eher nur ein Kind zu bekommen, um durch diese Zurückhaltung den eigenen Aufstieg in der Nachfolgegeneration absichern oder möglichst viele Ressourcen in deren weiteren Aufstieg investieren zu können (Bourdieu 1987a: 529f.).

Selbstverständlich ist es eine empirische Frage, in welchem Ausmaß diese „stilistische Einheitlichkeit" tatsächlich besteht und wie stark sie an die Klassenlage von Akteuren rückgebunden ist. Hier geht es nur um Bourdieus zu Grunde liegende Handlungstheorie. Für deren Einschätzung ist es wichtig festzustellen, dass Bourdieu nicht den Fehler macht, das Konzept des Habitus zu reifizieren. So nimmt er *nicht* an, dass es *den einen* Habitus gibt, der das Handeln eines Akteurs strukturiert. Vielmehr lassen sich Variationen in den Denk-, Wahrnehmungs- und Handlungsschemata *analytisch* auf verschiedenen Ebenen voneinander abgrenzen. Entsprechend kann man nicht nur den Habitus unterschiedlicher sozialer Klassen in den Blick nehmen, sondern auch den verschiedener Klassenfraktionen (z.B. Handwerker, Landwirte, Intellektuelle oder Techniker), Generationen oder gar den von Individuen, in den dann auch ihre Persönlichkeit eingeht. Insofern folgt Bourdieu in diesem Punkt der Einsicht der erklärenden Soziologie, dass theoretische Konstrukte je nach der vorliegenden Fragestellung spezifiziert werden müssen und sollten.

In seinen handlungstheoretischen Ausführungen betont Bourdieu immer wieder, wie weitgehend Handeln durch den Habitus strukturiert wird. Nicht zuletzt in Konfrontation zum RC-Ansatz hebt er hervor, dass selbst aus der Beobachterperspektive rational erscheinendes Handeln in Wirklichkeit auf weitgehend unbewusst wirkende und langfristig ausgebildete Dispositionssysteme zurückzuführen sei. Die typischerweise zu beobachtende Angepassheit des Handelns an die objektiven Möglichkeiten bestehe, „ohne daß doch die Handlungssubjekte das geringste Kalkül angestellt oder auch nur, mehr oder minder bewußt, eine Einschätzung der Erfolgsaussichten vorgenommen haben müßten." (Bourdieu 1976: 167). Wie an vielen anderen Stellen ist Bourdieu hier sichtlich bemüht, die Bedeutung zukunftsgerichteter, bewusst gebildeter Erwartungen zu relativieren.

Bourdieu wurde daher wiederholt ein handlungstheoretischer Determinismus vorgeworfen, da er das Verhalten zu eng an den Habitus und damit letztlich die Klassenlage binde (Celikates 2006; Janning 1991: 168f.; Reckwitz 2000: 308ff.; Reckwitz 2003: 297). Demgegenüber ist jedoch zu betonen, dass der Habitus nicht unmittelbar zu bestimmten Handlungen (oder Gedanken, Wahrnehmungen und Bewertungen) führt. Aus ihm ergibt sich lediglich eine *Disposition* zu bestimmten Arten zu handeln. Wie genau ein Akteur handelt, ergibt sich unter anderem aus dem jeweiligen Kontext (,Feld') und den Eigenschaften der spezifischen Situation sowie daraus, wie er den verbleibenden Spielraum ausgestaltet (Bourdieu und Wacquant 1996: 115). Der Habitus eines Akteurs schränkt seine Art zu handeln also einerseits durchaus ein und disponiert zu bestimmten Handlungsformen, lässt ihm aber andererseits innerhalb dieser Grenzen und Konditionierungen einen prinzipiell unbegrenzten Spielraum. Entsprechend stellt Bourdieu fest, der Habitus böte eine „konditionierte und bedingte Freiheit", die „der unvorhergesehenen Neuschöpfung ebenso fern [steht] wie der simplen mechanischen Reproduktion ursprünglicher Konditionierungen." (Bourdieu 1987b: 103). Diese Gleichzeitigkeit von Begrenztheit und Indeterminiertheit zu erfassen, stellt zweifelsohne eine große Herausforderung für jede Handlungstheorie dar. Sie verweist zudem bereits auf die variable Rationalität der Akteure, insofern deren Handeln *in bestimmter Hinsicht* unhinterfragt durch den Habitus geprägt ist, *in anderer Hinsicht* aber durchaus reflexiv und kreativ ist.[48] In Reaktion auf seine Kritiker hat Bourdieu sogar explizit zugestanden, dass es neben dem Habitus noch weitere Erzeugungsprinzipien gibt:

„Der Habitus ist ein Produktionsprinzip von Praktiken unter anderen, und obwohl er sicher häufiger eingesetzt wird als jedes andere – „wir sind" heißt es bei Leibniz, „in Dreiviertel unserer Handlungen Automaten" –, ist doch nicht auszuschließen, daß unter gewissen Umständen – insbesondere in Krisensitua-

---

[48] Wie in Kapitel 5 gezeigt wird, lässt sich dies im MFS darstellen, wenn man zwischen Skript- und Handlungsselektion trennt und die Unterscheidung eines automatisch-spontanen und eines reflexiv-kalkulierenden Modus der Selektion relational (d.h. analytisch) interpretiert.

tionen, in denen die unmittelbare Angepaßtheit von Habitus und Feld auseinanderbricht – andere Prinzipien, so das bewußte und rationale Kalkül, an seine Stelle treten." (Bourdieu 1989: 397)

Auch Bourdieu bestreitet also nicht die Existenz verschiedener Erzeugungsprinzipien, die hier als variable Rationalität der Akteure bezeichnet wird. Er hat dieser Variation und ihren Determinanten jedoch keine theoretische Aufmerksamkeit geschenkt. Es bleibt dadurch unklar, wann genau das bewusste rationale Kalkül empirisch relevant wird und in welcher Weise es handlungsleitend wirkt (König 2003: 109). In diesem Punkt besitzt Bourdieus Werk ein eklatantes handlungstheoretisches Defizit und fällt weit hinter die Theorie des Alltagshandelns von Schütz zurück. Dennoch stellt es einen wichtigen Beitrag zur Entwicklung einer Handlungstheorie dar, welche die variable Rationalität der Akteure systematisch berücksichtigt: Vor allem in Form seines Habitus-Konzepts hat Bourdieu aufgezeigt, auf welche Weise Verhalten durch spontan oder vorreflexiv wirkende Wahrnehmungs-, Bewertungs- und Handlungsschemata geprägt sein kann und welche soziologische Relevanz, etwa für die Erklärung sozialer Ungleichheit, derartigen Phänomenen zukommt.

Generell besteht der Hauptbeitrag praxistheoretischer Kulturtheorien für die Entwicklung einer erklärenden Handlungstheorie in einem vertieften Verständnis der Wirkungsweise inkorporierter und vorbewusster kultureller Dispositionssysteme. Akteure schöpfen in ihrem Handeln aus einem kulturellen Repertoire an (mehr oder weniger) sozial geteilten Gewohnheiten, Fähigkeiten und Ausdrucksformen, um immer wieder neue Handlungsstrategien zu entwerfen (Swidler 1986). Um das explanative Potential dieser Vorstellungen zu realisieren, bedarf es jedoch einer stärker analytischen Spezifikation der beschriebenen Wirkungszusammenhänge. Dies gilt insbesondere für die Fragen, wie genau kulturelle Repertoires dazu führen, dass Akteure in bestimmter Weise handeln, und wie die verbleibenden Handlungsspielräume ausgenutzt werden. Beide lassen sich nur beantworten, indem man die variable Rationalität der Akteure noch expliziter zum Thema macht und dabei den entscheidenden Schritt zu einer selektionstheoretischen Spezifikation wagt.

4.5 Zur formalen Modellierung variabler Rationalität

Im Rahmen des RC-Ansatzes wurde früh mit der Entwicklung formaler Modelle begonnen, welche erklären helfen sollten, warum menschliches Entscheidungshandeln selten den wirtschaftswissenschaftlichen Lehrbüchern folgt, sondern vielmehr durch eine mitunter extrem begrenzte Rationalität gekennzeichnet ist. Ausgehend von den frühen Arbeiten von Herbert Simon bestand die Lösung zunächst darin, die Beschaffungs- und Verarbeitungskosten von Informationen mit einzubeziehen und ihren Grenzerträgen gegenüberzustellen (Riker und Ordeshook 1973; Simon 1955; Stigler 1961; Stigler und Becker 1977). Phänomene begrenzter Rationalität erscheinen dann nicht als Widerspruch zur Maximierungsannahme, sondern im Gegenteil als deren Ausdruck (Riker und Ordeshook 1973: 23). Da sowohl Kosten als auch Grenzerträge zusätzlicher Informationen von Fall zu Fall variieren können, lässt sich zudem erklären, warum und in Abhängigkeit von welchen Faktoren die Rationalität menschlichen Entscheidungsverhaltens variiert.

Eine Darstellung verschiedener, in ihren Implikationen weitgehend übereinstimmender Modelle gibt Esser (1999b: Kap. 8). Im Folgenden beschränke ich mich auf das besonders umfassende und erklärungsstarke Modell von Ronald A. Heiner (1983, 1985, 1988). Ausgangspunkt ist ein Verhaltensrepertoire, das eine Menge A an Handlungsalternativen umfasst, und eine spezifische Handlung a, die nicht Teil dieser Menge ist. Die Frage ist nun, unter welchen Umständen es sich für einen Akteur lohnt, über die begrenzte Auswahl, die das Verhaltensrepertoire bietet, hinaus auch noch die Alternative a mit einzubeziehen. Die variable Rationalität besteht hier also in der Anzahl der betrachteten Alternativen, wobei sich über eine entsprechende Definition der Menge A beliebige Punkte auf dem Kontinuum der Anzahl einbezogener Alternativen betrachten lassen. Das Modell von Heiner konzeptualisiert den Einbezug einer zusätzlichen Handlungsalternative in die Wahlentscheidung selbst als (vorgeschaltete) Selektion. Dadurch wird es möglich, diese Meta-Selektion selbst wiederum nutzentheoretisch zu erklären.

Aus der Wahl der Handlung resultiert ein Gewinn g_a, wenn sie tatsächlich die optimale Alternative darstellt, und ein Verlust l_a, wenn dies nicht so ist. Gewinn und Verlust werden dabei als Differenz zum Ertrag bei einer Auswahl nur aus der Alternativenmenge A gemessen. Die Wahrscheinlichkeit, dass Bedingungen vorliegen, unter denen die Handlung a optimal ist (genauer: zu mindestens so hohen Erträgen führt wie jede Alternative aus der Menge A), wird mit π_a bezeichnet. Wäre ein Akteur immer dazu in der Lage, die optimale Alternative zu identifizieren, so wäre mit der Handlung a insgesamt ein Erwartungsnutzen $\pi_a g_a + (1 - \pi_a)l_a$ verbunden – im Vergleich zu der begrenzten Auswahl auf Basis von A. Das Modell von Heiner geht aber davon aus, dass Akteuren auch Fehler unterlaufen können, die Reflexion also nicht immer gelingt. Die bedingten Wahrscheinlichkeiten, dass sich der Akteur für die Handlung a entscheidet, wenn sie optimal bzw. nicht optimal ist, werden als r_a bzw. w_a notiert. Entsprechend ist der zusätzliche Erwartungsnutzen aus dem Einbezug der Handlung a gleich

$$\Delta EU(a) = r_a \pi_a g_a + w_a(1 - \pi_a)l_a.$$

Der Einbezug der zusätzlichen Handlung a – also ein Mehr an Rationalität – lohnt sich, wenn der zusätzliche erwartete Gewinn $r_a \pi_a g_a$ den erwarteten Verlust $w_a(1 - \pi_a)l_a$ übersteigt. Diese Ungleichung lässt sich zu der von Heiner betrachteten Reliabilitätsbedingung umformen:

$$\frac{r_a}{w_a} > \frac{l_a}{g_a} \cdot \frac{1 - \pi_a}{\pi_a}$$

Der Quotient auf der linken Seite der Ungleichung kann als Reliabilität, d.h. als Zuverlässigkeit interpretiert werden, mit der ein Akteur die Handlung a unter den „richtigen" Zuständen der Welt wählt anstatt unter den falschen (Heiner 1985: 391). Wenn Akteure keine Fehler machen ($r_a = 1$ und $w_a = 0$), lohnt es sich immer die zusätzliche Handlungsalternative a mit einzubeziehen: Die konventionelle Entscheidungstheorie nimmt an, dass dieser Grenzfall für alle objektiv möglichen Handlungsalternativen a zutrifft (Heiner 1985: 392). Sie ist im Modell von Heiner insofern als Spezialfall enthalten. Dieser ist jedoch angesichts der Komplexität empirischer Handlungssituationen nicht besonders realistisch.

In seinen weiteren Analysen zeigt Heiner auf, wie sich aus einem derartigen Modell variabler Rationalität informationshaltige Hypothesen ableiten lassen, die zum Verständnis sozialer Phänomene beitragen (Heiner 1983: 567ff.; Heiner 1985). Dabei disaggregiert er die sich unter Unsicherheit ergebende Fehlerwahrscheinlichkeit in zwei zusammenwirkende Aspekte: die

Imperfektheit der verfügbaren Information und die Imperfektheit in der *Verarbeitung* der verfügbaren Information (Heiner 1985: 393f.). Eine zentrale Implikation des Modells besagt, dass *detailliertere* Informationen unter Umständen eher zu einer *Begrenzung* der Alternativenmenge führen, da sie die Fehleranfälligkeit von in ihrer Informationsverarbeitung imperfekten Akteuren erhöht. Es sind gerade die Komplexität und Unsicherheit als Merkmale von Handlungssituationen, die dazu führen, dass Akteure auf Basis von Regeln (Routinen, Instinkten, Normen u.ä.) handeln, und die somit zur Vorhersagbarkeit menschlichen Handelns beitragen.

Für eine Beurteilung von Heiners Modell ist es sinnvoll danach zu fragen, ob bzw. inwieweit es die vier empirisch belegten Determinanten der Reflexion zu berücksichtigen vermag. Explizit einbezogen werden vor allem die Gelegenheiten und die Motivation zur Reflexion. Bessere Gelegenheiten zur Reflexion lassen sich im Modell durch einen höheren Wert des Reliabilitätsquotienten r_a/w_a abbilden. Je besser die Gelegenheiten sind, desto weniger Fehler macht der Akteur. Dies hängt sowohl von seinen Kompetenzen als auch von der Komplexität und weiteren Eigenschaften der Entscheidungssituation ab (Heiner 1985: 393f.). Die Motivation zur Reflexion steigt mit dem Gewinn (g_a), den die zusätzliche Handlungsalternative verspricht, und sinkt mit dem Verlust (l_a), der durch ihre Wahl entstehen könnte. Leicht ergänzen bzw. berücksichtigen ließe sich auch der Reflexionsaufwand als dritte Determinante der Reflexion. Da Gewinn und Verlust im Vergleich zum Ertrag bei einer Auswahl nur aus der Alternativenmenge A gemessen werden, geht in diese Größen auch der Reflexionsaufwand als Kosten einer erweiterten Auswahl ein. Schließlich verweist die Wahrscheinlichkeit ($1 - \pi_a$) auf die vierte Determinante der Reflexion. Diese ist umso höher, je stärkere Anzeichen dafür bestehen, dass eine Handlung aus der begrenzten Alternativenmenge A bereits optimal ist, es also der zusätzlichen Handlung a nicht bedarf.

Das Modell vermag demnach alle vier Determinanten der Reflexion zu berücksichtigen. Zudem ist es Heiner – wie bereits zuvor einer Reihe anderer Autoren (Riker und Ordeshook 1973; Stigler 1961; Stigler und Becker 1977) – gelungen, ein präzises Selektionsmodell zu entwickeln, das erklärt, wann Akteure mehr oder weniger rational entscheiden. Damit ist der entscheidende Schritt zu einer erklärenden Handlungstheorie getan, welcher bei den soziologischen Ausarbeitungen des Konzepts der variablen Rationalität unterblieben ist.

Ein Grundproblem informationsökonomischer Ansätze besteht jedoch darin, dass sie den wirklichen Entscheidungsprozessen bzw. der substantiellen Interpretation von Modellparametern zu wenig Aufmerksamkeit schenken. Dadurch werden wichtige Aspekte vernachlässigt und es entstehen theoriearchitektonische Probleme wie das eines unendlichen Regresses. Wie von Kritikern bereits früh betont wurde, ist es nicht möglich, rational zu entscheiden, ob man sich rational entscheiden bzw. reflektieren solle (Stiglitz 1985: 23; Winter 1964: 264). Erstens sind dazu Informationen notwendig, die bereits einen Beginn der Reflexionstätigkeit voraussetzen (Collins 1993: 66). Zweitens könnte man auch die Entscheidung über das Entscheiden wieder zum Gegensatz einer Entscheidung dritter Ordnung machen und dies ließe sich ad infinitum fortsetzen (Kappelhoff 2004: 80; Schneider 2006). Die in den Formeln des Modells von Heiner und ähnlicher Modelle ausgedrückten Zusammenhänge können daher *nicht* im Sinne eines Nutzen-Kosten-*Kalküls* unter bewusster Ausbildung zukunftsbezogener Erwartungen interpretiert werden.

Gegen diese Kritik könnte man einwenden, dass im RC-Ansatz eine derart psychologische Interpretation gewöhnlich ohnehin nicht vertreten werde. Durch den Verzicht auf eine nähere substantielle Interpretation gehen jedoch wichtige Aspekte und Einsichten verloren, die von sozialpsychologischen und soziologischen Arbeiten herausgearbeitet worden sind. Nicht zuletzt deshalb hat Herbert Simon in seinen späteren Beiträgen die psychologischen, der variablen Rationalität zu Grunde liegenden Mechanismen in den Vordergrund gerückt (Simon 1993). In deren Zentrum stehen die unkontrollierte Aktivierung mentaler Modelle durch die Wiedererkennung musterartiger symbolischer Hinweisreize und die darauf folgende, oftmals ebenfalls unreflektierte und emotionale Auslösung von Verhaltensprogrammen.

Eine derartige realistischere Interpretation macht deutlich, dass die Anzeichen dafür, dass man auch ohne Reflexion eines bestimmten Sachverhalts auskommt, *keine* rein kognitive Erwartung darüber sind, ob ein begrenztes Verhaltensrepertoire ausreicht. Vielmehr geht es um die *Aktivierung* einer bestimmten Disposition oder eines ganzen Programms, die unter Umständen mit starken Emotionen einhergeht – etwa wenn Interaktionsteilnehmer mutwillig eine als geltend empfundene Norm zu verletzen scheinen. Eine starke Aktivierung mag dem Organismus durchaus als reliables Signal dafür dienen, dass eine ganz bestimmte bekannte Reaktionsweise jetzt höchst situationsrelevant und problemlösend ist. Diese Funktionalität sollte jedoch

112

deutlich von der Zielorientierung zukunftsbezogener Erwartungen und reflektierter Entscheidungen abgegrenzt werden. Andernfalls entsteht zwangsläufig ein zu kognitivistisches und dadurch empirisch inadäquates Bild der handlungsgenerierenden Mechanismen. Man verliert damit insbesondere die Fähigkeit, jene Fälle variabler Rationalität explanativ zu berücksichtigen, die von soziologischen Autoren wie Durkheim, Elster oder Collins hervorgehoben wurden. In diesen erfolgt die Begrenzung der berücksichtigten Handlungsalternativen aufgrund stark verankerter normativer Überzeugungen, die mit entsprechenden Emotionen verknüpft sind. Die *Gründe* der Akteure sind dabei ebenfalls häufig normativer Natur (Boudon 1996, 2003) und haben nichts mit der Funktionalität einer Begrenzung des Verhaltensrepertoires zu tun.

Für das Ziel einer integrativen erklärenden Handlungstheorie bleibt somit Folgendes festzuhalten: Erstens sollte der Idee, den Grad der Rationalität als Ergebnis einer Meta-Selektion zu erklären, gefolgt werden, um auf diese Weise zu einer präzisen selektionstheoretischen Spezifikation zu gelangen. Zweitens sollte die substantielle Interpretation dieser Meta-Selektion mit Bedacht erfolgen. Vor allem sollten ihre Parameter im Sinne der empirisch belegten Determinanten der variablen Rationalität interpretiert werden können. Erst darüber wird es drittens möglich, das Konzept der variablen Rationalität mit dem der Definition der Situation zu verknüpfen, wobei die situative Aktivierung von mentalen Modellen und Verhaltensprogrammen das entscheidende Bindeglied bildet.

Zwischenbetrachtung: Die Vielfalt soziologischer Handlungskonzepte und das Ziel einer erklärenden integrativen Handlungstheorie

Angesichts der Liste der diskutierten Autoren kann man die Definition der Situation und die variable Rationalität der Akteure mit gutem Recht als Kernkonzepte der soziologischen handlungstheoretischen Tradition bezeichnen. Die Darstellung ergibt allerdings nicht nur das Bild gemeinsamer Grundthemen, sondern auch das einer ausgesprochenen Vielfalt in der verwendeten Terminologie und den betrachteten Aspekten. Dies wirft die Frage auf, wie mit dieser Vielfalt theoretisch umzugehen ist. Das Ziel des im folgenden Kapitel dargestellten Modells der Frame-Selektion besteht darin, die Orientierungshypothesen traditioneller soziologischer Ansätze in eine analytisch präzise, erklärende Handlungstheorie zu überführen. Dieser Anspruch unterscheidet es von Syntheseversuchen, die kein erklärendes Selektionsmodell, sondern lediglich integrative Konzeptualisierungen entwickeln.

Beispielsweise hat bereits Jeffrey C. Alexander betont, dass die verschiedenen mikrosoziologischen Ansätze jeweils nur begrenzte Sichtweisen menschlichen Handelns bereitstellen und es einer Synthese rationalistischer und nicht-rationalistischer Theorien bedarf (Alexander 1988: 308). Er versucht die verschiedenen Theorieelemente als analytische Dimensionen einer umfassenderen Konzeptualisierung zu integrieren, die an Parsons' unit act angelehnt ist. Damit entwickelt Alexander lediglich „a more complex way of conceptualizing the basic components of contingent action" (Alexander 1988: 312), nicht jedoch ein erklärendes Selektionsmodell, aus dem sich empirisch prüfbare Hypothesen ableiten ließen.

Gleiches gilt für den Syntheseversuch von Mustafa Emirbayer und Ann Mische, die die vielleicht komplexeste Konzeptualisierung menschlichen Handelns in der Soziologie vorgelegt haben (Emirbayer und Mische 1998). In deren Zentrum steht die Vorstellung eines Dreiklangs der Handlungswirksamkeit („*chordal triad of agency*"). Damit ist gemeint, dass jedes Handeln drei zeitliche Bezüge aufweist, nämlich auf die Vergangenheit, die Zukunft und die Gegenwart hin orientiert ist (Emirbayer und Mische 1998: 971). Emirbayer und Mische bezeichnen diese zeitlichen Orientierungen als das iterationale, das projektive und das praktisch-evaluative Element der Handlungswirksamkeit. Empirisch variabel sei, welcher dieser Bezüge bei einem konkreten Handeln dominiere. Ihre Konzeptualisierung sieht weiter vor, dass jede dieser Orientierungen die jeweils anderen als „Untertöne" enthält (Emirbayer und Mische 1998: 972). Schließlich charakterisieren sie die drei Orientierungen jeweils über drei „dominante Töne". Beispielsweise umfasst die iterationale, vergangenheitsbezogene Orientierung die Prozesse der selektiven Aufmerksamkeit, der Wiedererkennung von Typen und der kategorialen Einordnung (Emirbayer und Mische 1998: 979). Jede der zeitlichen Orientierungen weist demnach „ihre eigene interne Klangstruktur" auf, die aus ihren drei dominanten Tönen und den zwei, auf die anderen zeitlichen Orientierungen verweisenden Untertönen besteht (Emirbayer und Mische 1998: 972).

Die Konzeptualisierung von Emirbayer und Mische besitzt zweifelsohne ausufernde Züge (siehe dazu selbst Emirbayer und Mische 1998: 972, FN 8). Die Entwicklung derartiger Konzeptualisierungen ist die Konsequenz eines Theorieverständnisses, das die Hauptaufgabe der soziologischen Handlungstheorie darin sieht, menschliches Handlungsvermögen möglichst zutreffend und detailliert zu beschreiben. Dieses wurde bereits in Kapitel 1.3 als typisch für *komplexitätserschließende Ansätze* beschrieben. In dieser metatheoretischen Perspektive werden Theoriediskussionen zu einer Konkurrenz der Konzeptualisierungen, der tieferen oder angemesseneren Erfassung des Gegenstands. Bezeichnenderweise trägt der Aufsatz von Emirbayer und Mische den Titel „What is Agency?" und „Was ist Handeln?" gilt etwa Joas und Knöbl (2004) als eine der Hauptfragen der Sozialtheorie. Die Möglichkeit, bestimmte Fragen (z.B. die nach der in anderen Ansätzen stillschweigend vorausgesetzten Körperkontrolle der Akteure) zu stellen, wird dabei häufig als Argument für die *Höherwertigkeit* der eigenen Konzeptualisierung und damit des eigenen Ansatzes vorgebracht. Dies ist insofern problematisch, als die Güte von Konzeptualisierungen immer nur in Bezug auf ein Erklärungsproblem beurteilt werden kann. Zudem führt eine durch „Was ist"-Fragen geleitete Theorieentwicklung zu einem weiteren Problem. Es existiert keine Stoppregel für die Komplexitätssteigerung in der Gegenstandserfassung. Das Ergebnis sind eine Vervielfachung der betrachteten Teilaspekte und der begrifflichen Struktur sowie immer prinzipieller werdende Problematisierungen ehemals sehr einsichtig wirkender Annahmen. Dadurch leistet diese Form der „Theorie"-Entwicklung kaum einen Beitrag für das Aufstellen und empirische Überprüfen von Kausalhypothesen. Im Gegenteil: Das Aufstellen theoretischer Modelle wird mit der fortschreitenden Komplexität der Gegenstandserfassung immer schwieriger.

Aus der Perspektive der erklärenden Soziologie muss der Vielfalt soziologischer Handlungskonzepte daher anders begegnet werden. Der erste Schritt besteht darin, zu erkennen bzw. anzuerkennen, dass verschiedene Ansätze von unterschiedlichen Aspekten des Gegenstands *abstrahieren* (Schneider 2002: 298ff.). Insoweit sie dies tun, beschäftigen sie sich mit unterschiedlichen Fragen und es macht wenig Sinn, über die Höherwertigkeit ihres „handlungstheoretischen Vokabulars" (Reckwitz 2004) zu diskutieren. Vielmehr sollte es zweitens darum gehen, die Beziehungen zwischen den verwendeten Konzepten offen zu legen. Idealerweise können dadurch Ansatzpunkte für eine theoretische Integration innerhalb einer umfassenderen *und* erklärenden Handlungstheorie identifiziert werden.

Hinsichtlich der Konzepte der Definition der Situation und der variablen Rationalität der Akteure wurden in den vorherigen Kapiteln einige derartige Integrationsmöglichkeiten herausgearbeitet. Ein wichtiger Fall ist das Konzept der Werte, das bei Weber, Durkheim und Parsons eine zentrale Stellung einnimmt, von interpretativen, kultur- oder praxistheoretischen Ansätzen dagegen als inadäquat kritisiert wird. Beispielsweise bringt Collins diese Kritik unter Bezugnahme auf Weber und Parsons wie folgt zum Ausdruck:

> „We are told of something called „legitimacy", and of „values", floating somewhere in the conceptual sky beyond the heads of real people in ordinary situations." (Collins 2004: 103)

Kritisiert wird hier offensichtlich vor allem die *Abstraktionshöhe* der verwendeten Konzepte. Es ist jedoch durchaus möglich, die mit Werten oder Legitimität bezeichneten Phänomene in spezifische Kognitionen und damit verbundene Emotionen zu übersetzen (Collins 2004: 102). So wurde in Kapitel 3 aufgezeigt, welche Beziehungen zwischen dem Konzept der Werte und zentralen Konzepten interpretativer Ansätze bestehen. Danach lassen sich Reflexionen über Werte als Spezialfall überlegter, symbolvermittelter

Situationsdefinitionen begreifen, in denen es darum geht, welcher Wert in der aktuellen Situation zu Recht Geltung beansprucht. Obgleich Wertereflexionen im Alltag eher selten sind, haben fast alle Situationen einen latenten Wertbezug. Akteure sind sich dieses Wertbezugs zwar meist nicht bewusst. Werte bleiben aber handlungsleitend, sofern sie über Prozesse der Institutionalisierung und Internalisierung die Form von situativ aktivierbaren Handlungsdispositionen annehmen. Das Konzept der Werte ist demnach nicht generell unnütz, sondern bedarf der Verknüpfung mit handlungsnäheren Konzepten. Eine integrative erklärende Handlungstheorie sollte erlauben, diese Beziehungen im Rahmen eines Selektionsmodells zu spezifizieren und damit explanativ nutzbar zu machen.

Die bisherige Darstellung erlaubt noch weitere derartige Beziehungen aufzudecken. Zumindest hinsichtlich der beiden hier interessierenden Konzepte spiegelt ein Großteil der Unterschiede zwischen den verschiedenen Ansätzen in erster Linie unterschiedliche Abstraktionsniveaus wider. Dabei sind Parsons' voluntaristische Theorie des Handelns und der RC-Ansatz die abstraktesten Ansätze. Parsons richtet sein Hauptaugenmerk darauf, dass *jedes* Handeln einer normativen Orientierung bedarf und durch diese geprägt ist. Im RC-Ansatz wird umgekehrt betont, dass *jedes* Handeln als Ausdruck konsistener Präferenzen sowie von Restriktionen und Erwartungen analysiert werden kann. Beide Sichtweisen sind insofern äußerst abstrakt, als Unterschiede in den genaueren handlungsgenerierenden Mechanismen ausgeblendet werden. Bei Parsons geschieht dies vor dem Hintergrund eines rein konzeptuell bleibenden Interesses an den notwendigen Bestandteilen menschlichen Handelns. Im RC-Ansatz zeigt sich darin die Bevorzugung eines möglichst sparsamen Handlungsmodells, das ohne Betrachtung psychologischer Entscheidungsprozesse auskommt.

Auf einem niedrigeren Abstraktionsniveau bewegen sich die handlungstheoretischen Ausführungen von Max Weber und Alfred Schütz. Mit seinen Handlungstypen fokussiert Weber von vornherein auf Unterschiede in der Handlungsverursachung. Diese beziehen sich teilweise auf die variable Rationalität der Akteure (traditionales und affektuelles im Gegensatz zu zweck- und wertrationalem Handeln), teilweise auf die Bedeutung einer vorgängigen, überlegten Situationsdefinition (wertrationales im Gegensatz zu zweckrationalem Handeln). Auch Schütz berücksichtigt Situationsdeutungen und unterschiedliche Arten der Informationsverarbeitung als Variationsquellen menschlichen Handelns. Anstatt bei Typen des Handelns stehen zu bleiben,

117

beantwortet seine Theorie des Alltagshandelns, unter welchen Bedingungen das unhinterfragte Befolgen von Routinen bewussten Auslegungsprozessen weicht. Zudem beschreiben er und andere Autoren des interpretativen Paradigmas genauer, wie Akteure zu einer Definition der Situation gelangen und welche Bedeutung dabei signifikanten Symbolen zukommt. Die Theorie von Schütz leistet damit die am weitesten gehenden Vorarbeiten für eine erklärende Handlungstheorie, welche die Definition der Situation und die variable Rationalität der Akteure berücksichtigt.[49]

Die von soziologischen Ansätzen betrachtete Komplexität in der Handlungsverursachung wurde bislang nur teilweise in analytisch präzise Selektionsmodelle überführt. Die in den Kapiteln 3.4 und 4.5 dargestellten Modelle sind zwar in vielerlei Hinsicht wegweisend. Ihre Reichweite bleibt aber unter anderem dadurch begrenzt, dass sie ausschließlich auf die Definition der Situation *oder* Bedingungen und Konsequenzen variabler Rationalität fokussieren. Das Modell der Frame-Selektion stellt eine integrative Handlungstheorie dar, die beide Phänomene und ihre Verbindungen berücksichtigt. Obwohl sie substantiell über die Kernannahmen des RC-Ansatzes hinausgeht, bleibt sie seinem von analytischer Präzision geprägten Erklärungsideal verpflichtet.

---

[49] Auf einem ähnlichen Abstraktionsniveau wie Weber und Schütz operieren einige weitere der behandelten Ansätze. Sie beschränken sich auf eine eingehendere Analyse bestimmter Aspekte, z.B. der Bedingungen für die Anerkennung von Geltungsansprüchen (Boudon, Habermas) oder der Ausblendung von Kosten-Nutzen-Überlegungen aufgrund starker Emotionen (Collins, Elster). Dagegen kann man neuere praxistheoretische Ansätze auf einem noch *niedrigeren* Abstraktionsniveau verorten. Die meisten der von ihnen hervorgehobenen Phänomene dürften sich ebenfalls in die hier entwickelte Handlungstheorie integrieren lassen. Dies gilt etwa für die Bedeutung präreflexiver Handlungsdispositionen (Bourdieu 1987b; Swidler 1986) oder den konstitutiven Situationsbezug menschlichen Handelns (Joas 1992: 235).

5 Das Modell der Frame-Selektion (MFS)

Das Modell der Frame-Selektion (MFS) greift die soziologischen Einsichten in die Bedeutung der Definition der Situation und der variablen Rationalität auf und überführt sie in eine erklärende Handlungstheorie. Da diese Konzepte durchaus facettenreich und mehrdeutig sind, wird im folgenden Abschnitt zunächst eine Reihe von Spezifizierungen vorgenommen. Gleichzeitig werden die Grundgedanken der Frame-Selektionstheorie dargestellt, wie sie von Hartmut Esser entwickelt worden sind (Esser 1996a, 2001). Dabei zeigt sich, auf welche Weise das Modell an die in den vorherigen Kapiteln dargestellten Ansätze anschließt und deren zentrale Argumente zu integrieren erlaubt. Erst danach wird das MFS formal entwickelt.

5.1 Grundlegende Konzepte des MFS

Frames, Skripte, Handeln

Thomas beschreibt die Definition einer Situation als „an interpretation, or point of view, and eventually a policy and a behavior pattern" (Thomas 1937: 18). Es ist jedoch analytisch geboten, die *Folgen* einer Situationsdefinition nicht bereits in die Definition des Konzepts mit aufzunehmen. Nur dann wird die Frage, inwieweit mit einer bestimmten Situationsdefinition eine Handlungsrichtlinie und ein Verhaltensmuster verknüpft sind, der theoretischen und empirischen Analyse zugänglich. Das MFS trennt daher zwischen drei substantiellen Selektionen: Der Selektion eines Frames, eines Skripts und einer Handlungsalternative.

Einer Situation eine bestimmte Interpretation zu geben, heißt sie in bestimmter Weise zu rahmen bzw. sie mit Hilfe eines entsprechenden Frames zu interpretieren. Frames sind also Situationsdeutungen und beantworten als solche die Frage „Was geht hier eigentlich vor?" (Goffman 1977: 35). Dabei kann zunächst offen gelassen werden, ob der Akteur sich diese Frage bewusst stellt oder ob er die Situation vor- oder unbewusst interpretiert. In jedem Fall verlangt jegliches Handeln ein Mindestmaß an Situationsverständnis, welches immer auch eine Orientierungsleistung des Akteurs darstellt.

Das MFS ermöglicht den Einfluss der Situationsdeutung beim verstehenden Erklären des Handelns zu berücksichtigen. Damit wird wohlgemerkt nicht verlangt, die gesamte Definition der Situation des Akteurs zu rekonstruieren. Dies wäre eine nicht zu bewältigende Aufgabe, da jede Situation *„unbeschränkt auslegbar"* ist (Schütz und Luckmann 1979: 149):

> „Jede Situation hat einen unendlichen inneren und äußeren Horizont; sie ist nach ihren Beziehungen zu anderen Situationen, Erfahrungen usw. auslegbar, auf ihre Vorgeschichte und ihre Zukunft hin. Zugleich ist sie unbeschränkt auf die sie konstituierenden Einzelheiten zerlegbar und interpretierbar." (Schütz und Luckmann 1979: 149)

Es ist daher prinzipiell unmöglich, alle unbewussten und bewussten Annahmen zu rekonstruieren, die ein Akteur in einer bestimmten Situation seinem Handeln zu Grunde legt. Von der grundsätzlichen Unmöglichkeit dieses Unterfangens abgesehen, wäre bereits sein Versuch verfehlt. Denn dem MFS geht es nicht um eine essentialistische Betrachtung des Phänomens „Situationsdefinition", sondern um das Ziel, soziologisch interessante *Variation* im Verhalten zu erklären. Zunächst muss daher in Form einer möglichst klaren Fragestellung bestimmt werden, um welche Variation es geht. Ausgehend davon sind Hypothesen darüber zu entwickeln, ob und inwiefern die interessierende Variation im Handeln auf bestimmte, typische Unterschiede in der Situationsdefinition zurückzuführen ist. Frames (und Gleiches gilt auch für Skripte und Handlungsalternativen) sind folglich *analytisch* durch den soziologischen Beobachter abzugrenzen. Dies gilt auch, wenn sich das Erkenntnisinteresse unmittelbar auf die Erklärung unterschiedlicher Situationsdeutungen bezieht (z.B. Meulemann und Hellwig 2001).

Gerade aufgrund dieses analytischen Gebrauchs des Frame-Konzepts ist eine Minimaldefinition zu befürworten, nach der ein Frame eine bestimmte Deutung einer Situation bzw. eines Merkmals einer Situation darstellt. Insofern solch eine Deutung immer impliziert, die Partikularität der vorliegenden Situation mit schon Bekanntem in Bezug zu setzen, ist es nützlich, den kognitionspsychologischen Begriff des *Schemas* oder *mentalen Modells*

120

zu verwenden (Augoustinos und Walker 1995: 32; Moskowitz 2005: 162f.).[50] Entsprechend werden Frames im MFS häufig auch als mentale Modelle der Situation bezeichnet (Esser 2001: 262). Es ist allerdings erneut zu betonen, dass Frames analytisch abzugrenzen sind und sich daher auch auf einzelne Situationsmerkmale beziehen können (vgl. Strauss und Quinn 1997: 52).

Im MFS werden individuelle Situationsdefinitionen als *Selektion* aus einer Alternativenmenge konzeptualisiert.[51] Dies ist unabdingbar, um dem Anspruch einer erklärenden Handlungstheorie gerecht zu werden. Denn nur so kann erklärt werden, *warum* ein Akteur eine Situation auf eine *bestimmte* Weise, also „so *und nicht anders*" definiert hat. Dies gilt auch für die Beantwortung der anschließenden Frage, warum ein Akteur ein bestimmtes Skript (oder kein Skript) aktiviert.

Für die meisten Situationen verfügen Akteure über typische Handlungsdispositionen oder ganze Handlungsprogramme, welche im MFS als Skripte bezeichnet werden. Es sind mentale Modelle des Handelns innerhalb definierter Situationen (Esser 2001: 263). Sie setzen also eine gewisse Situationsdeutung immer schon voraus. Skripte können sich auf zeitlich mehr oder weniger ausgedehntes Verhalten beziehen, auf individuelles Handeln ebenso wie auf geordnete Abläufe sozialen Handelns (z.B. das Anzünden einer Zigarette oder die Teilnahme an einem Gottesdienst). Der aus der Kognitionspsychologie stammende Begriff des Skripts (Abelson 1976, 1981; Schank und Abelson 1977) wird im MFS damit bewusst weit gefasst. Er erlaubt die Betrachtung verschiedener Arten von Normen, Konventionen, Routinen und anderer kultureller und emotionaler Verhaltensprogramme (Elster 1989: 100ff.). Wichtig ist, dass Skripte als Handlungsdispositionen

---

[50] Augoustinos und Walker definieren den Schema-Begriff als „a mental structure which contains general expectations and knowledge of the world. This may include general expectations about people, social roles, events, and how to behave in certain situations" (Augoustinos und Walker 1995: 32). Das MFS fokussiert auf zwei Arten solcher Schemata: mentale Modelle der Situation und solche des Handelns. Ergänzend zur zitierten Definition ist zu beachten, dass ihre mentale Verankerung nicht rein kognitiver Natur ist, sondern eine emotionale Komponente besitzt.

[51] Damit wird keinesfalls behauptet, dass alle Interaktionsteilnehmer bereits klar umrissene und feste Deutungsalternativen in soziale Situationen „mitbringen" und es in diesen nur noch um die Frage geht, welche von ihnen zur Situationsdefinition verwendet werden sollte. Dies würde aus der Perspektive interpretativer Ansätze zu Recht als inadäquat erscheinen. Die in Anwendungen zu spezifizierenden Selektionsmengen werden im MFS vielmehr ganz explizit als analytische Konstruktionen des soziologischen Beobachters aufgefasst.

oder -programme nicht nur Handlungs*wissen* umfassen, sondern um Ziele herum organisiert sind (Schank und Abelson 1977: 15) bzw. eine motivationsmäßige Bindung („commitment") beinhalten (Abelson 1981: 719).

Nachdem ein Akteur die vorliegende Situation definiert und möglicherweise ein entsprechendes Skript aktiviert hat, beantwortet er die Frage „Was werde ich tun?". Dies kann auf Basis des zuvor aktivierten Skripts geschehen. Nicht immer folgen Akteure aber in ihrem Handeln den sozialen Erwartungen, Routinen oder emotionalen Verhaltensprogrammen. Zudem existiert kein Skript, das das Handeln in jeglicher Hinsicht eindeutig regeln würde. Skripte enthalten vielmehr Leerstellen, die der Akteur auf Basis situativer Erwägungen ausfüllen muss (Abelson 1981). Die Handlungsselektion ist daher ein dritter, analytisch eigenständiger Schritt.

Die in den vorherigen Kapiteln unter der Überschrift „Definition der Situation" beschriebenen Phänomene lassen sich im MFS über die Frame- und Skript-Selektion berücksichtigen. Auf diese Weise vermag es handlungstheoretische Einsichten verschiedener soziologischer Ansätze zu integrieren.[52] Beispielsweise lässt sich Bourdieus Konzept des Habitus im MFS rekonstruieren, indem man die Bewertungs- und Wahrnehmungsschemata als Frames und die Handlungsschemata als Skripte begreift. Ein anderes Beispiel ist die – gegen Parsons' Konzeption vorgebrachte – Einsicht interpretativer Ansätze, dass Normen erst handlungsleitend werden können, nachdem grundlegendere Orientierungs- und Interpretationsleistungen erbracht worden sind. Hier zeigt sich auch der analytische Mehrgewinn einer Unterscheidung von Frames und Skripten: Wenn Interesse an einer tieferen Analyse der Voraussetzungen des Handelns besteht, können durch diese Konstrukte unterschiedlich grundlegende Orientierungsleistungen erfasst werden.

Die individuellen und situativen Merkmale, die das MFS in den Fokus rückt, sind denn auch unmittelbar soziologisch anschlussfähig. Beispielsweise unterscheiden sich Akteure infolge unterschiedlicher Sozialisationsprozesse darin, über welche Frames und Skripte sie verfügen und wie stark diese mental verankert sind. Frames und Skripte bilden den „lebensweltlichen Wissensvorrat" (Alfred Schütz) eines Akteurs und stehen somit für die Prägung seiner Identität durch den gesellschaftlich-kulturellen Kontext

---

[52] Dies gilt, obwohl die vom MFS verwendeten Konstrukte terminologisch stärker an Theorien aus der kognitiven Sozialpsychologie und der kulturellen Anthropologie angelehnt sind. Wie im Folgenden gezeigt wird, besitzen diese Theorien ein explanatives Potential, das es für die Soziologie nutzbar zu machen gilt (DiMaggio 1997).

(Mead 1968). Auch die situative Aktivierung der mentalen Modelle ist zu großen Teilen sozial bestimmt. So zeigen sich Akteure oft wechselseitig das Gelten einer bestimmten Situationsdefinition an (Blumer 1973: 90ff.). Eine Übereinstimmung zwischen der subjektiven Definition der Situation und den Situationsdefinitionen der jeweils anderen Akteure ist zudem gerade in sozialen Situationen eine Grundvoraussetzung für gemeinsames Handeln (Blumer 1973: 97f.; Stryker 1981: 17) und somit für die Befriedigung der eigenen Interessen (Schütz und Luckmann 1979: 302ff.). Akteure besitzen daher ein praktisches Interesse daran, möglichst zutreffend zu erfassen, in welcher Art von Situationen sie sich befinden und welches Handeln von ihnen erwartet wird (March und Olsen 1989: 22f.; Schütz und Luckmann 1979: 193, 201f.). Auch wenn sie letztlich subjektive Vorgänge der Orientierung beschreiben, sind die Definition der Situation und die Aktivierung eines Handlungsprogramms durch einen Akteur in vielfacher Hinsicht ein Resultat sozialer Prozesse.

Automatisch-spontaner und reflexiv-kalkulierender Modus der Selektion
Empirisch können die Frame-, Skript- und Handlungsselektionen jeweils mehr oder weniger kontrolliert und reflektiert durchgeführt werden. Darin kommt die variable Rationalität der Akteure zum Ausdruck. Das MFS unterscheidet zwei Modi der Informationsverarbeitung: Einen automatisch-spontanen Modus (as-Modus) und einen reflexiv-kalkulierenden Modus (rc-Modus) der Selektion. Im rc-Modus trifft der Akteur eine elaborierte Entscheidung unter systematischer Berücksichtigung und Abwägung einzelner Informationen und zu erwartender Folgen. Im as-Modus erfolgt die Selektion dagegen unhinterfragt oder unbedingt. Es wird eine bestimmte Alternative selegiert, die auf Basis mentaler Modelle und unmittelbar wahrnehmbarer Situationsobjekte am stärksten aktiviert ist. Wiederum sind einige Erläuterungen notwendig, um möglichen Fehlinterpretationen der Gegenüberstellung von as- und rc-Modus entgegen zu wirken. Erstens behauptet das MFS *nicht*, dass die beiden Modi zwei unterschiedlichen Systemen im menschlichen Gehirn entsprechen. Für die Psychologie und die Hirnforschung sind Fragen nach den neurophysiologischen Korrelaten äußerst relevant (Osman 2004). Für soziologische Fragestellungen kann die idealtypische Modi-Unterscheidung dagegen verwendet werden, ohne sich in derartigen Fragen festlegen zu müssen. Zweitens ist zu beachten, dass nahezu jedes Handeln automatische *und* reflektierte Komponenten aufweist (Emirbayer und Mi-

sche 1998). Dies wird in sozialpsychologischen dual-process-Theorien (u.a. Fazio 1990) ebenso betont wie in soziologischen Arbeiten. So weist etwa Schütz immer wieder darauf hin, dass ein stabiler unhinterfragter Sinnhorizont überhaupt erst die Problematisierung einzelner Situationselemente ermöglicht (Schütz und Luckmann 1979). Auch im rc-Modus zeigen die Akteure also keine Hyperrationalität und können niemals *alles* in Frage stellen.[53] Dem MFS geht es entsprechend *nicht* darum, konkretes, empirisch beobachtbares Verhalten als automatisch-spontan oder reflektiert zu klassifizieren. Es wird vielmehr analytisch danach gefragt, in *welcher Hinsicht* Akteure eine Selektion unhinterfragt oder unbedingt durchführen. Leitend ist dabei immer die Fragestellung, die bestimmt, welche Variation im Verhalten zwischen typischen Akteuren und/oder Situationen man erklären möchte.

Es wäre daher falsch, den as- und rc-Modus als *Endpunkte* eines Kontinuums verschiedener Modi oder Heuristiken anzusehen, das angibt, wie elaboriert die Informationsverarbeitung in der aktuellen Situation ist (Payne, Bettman und Johnson 1988).[54] Stattdessen wird hier eine analytische Interpretation der Modus-Unterscheidung bevorzugt, die sich an beliebigen

---

[53] Umgekehrt erlaubt der as-Modus keinesfalls nur einfache Stimulus-Response-Mechanismen abzubilden. Dass eine bestimmte Situationsdeutung oder Handlungsalternative in der Handlungssituation als alternativlos gesehen wird, kann beispielsweise das Ergebnis einer Festlegung in Folge eines elaborierten moralischen Diskurses zu einem früheren Zeitpunkt sein.

[54] Diese Sichtweise ist zwar durchaus plausibel, bringt aber eine Reihe von Problemen mit sich. Erstens stellt ein Großteil situationsspezifischer „Heuristiken" keine Modi der Informationsverarbeitung dar. Vielmehr wären sie im MFS als Skripte zu konzeptualisieren. Ein bekanntes Beispiel ist die Blickheuristik, nach der Menschen zumeist verfahren, wenn sie einen durch die Luft fliegenden Ball zu fangen versuchen (Gigerenzer 2004: 63). Diese sieht vor, dass man den Ball fixiert, zu laufen beginnt und seine Laufgeschwindigkeit so anpasst, dass der Blickwinkel konstant bleibt. Zweitens ist fragwürdig, ob sich verschiedene Modi in der Tat entlang eines Kontinuums der Elaboration und Anstrengung anordnen ließen. Man kann beispielsweise die Menge der betrachteten Alternativen oder die Menge der herangezogenen Kriterien begrenzen, womit man bereits bei zwei Dimensionen wäre. Drittens sollte man die *psychologische* Abgrenzung zwischen automatischen und kontrollierten Prozessen im MFS nicht eins-zu-eins übernehmen, auch wenn dessen zwei Modi begrifflich an diese Unterscheidung angelehnt sind. Viele Handlungen, die man in soziologischen Anwendungen des MFS als Handlungen im as-Modus betrachten würde (z.B. das traditionelle Befolgen der Wahlnorm), sind nicht automatisiert im engeren Sinne (wie z.B. das Bedienen eines Fahrrads). Anstatt den as- und rc-Modus theoretisch als Extrempole zu definieren und damit den Großteil sozialen Handelns faktisch auszuschließen, sollte man sie daher als analytisches Gegensatzpaar einsetzen.

Punkten eines solchen Kontinuums anwenden lässt (ebenso Heiner 1983). Zur Veranschaulichung seien zwei Kategorien von Wohnungssuchenden betrachtet (vgl. das Beispiel in Etzioni 1988: 97f.): Die erste Kategorie sucht nur innerhalb des eigenen Viertels, wohingegen für die andere Kategorie auch Wohnungen des angrenzenden Viertels in Frage kommen. Beide Kategorien betrachten *mehrere* Handlungsoptionen innerhalb einer *begrenzten* Alternativenmenge. „Essentialistisch" könnte man daher schlussfolgern, beide Suchstrategien entsprächen weder dem as- noch dem rc-Modus. Analytisch lässt sich dagegen danach fragen, warum für bestimmte Akteure eine Wohnung im angrenzenden Viertel nicht in Frage kommt (as-Modus), während andere Akteure diese in Erwägung ziehen (rc-Modus). Man kann das Skript, eine Wohnung nur im eigenen Viertel zu suchen, im as-Modus befolgen und gleichzeitig darüber nachdenken, welche Wohnung genau man innerhalb des eigenen Viertels wählt (da dieses Skript diesbezüglich eine Leerstelle aufweist). Über eine gezielte inhaltliche Spezifikation des Skripts, um dessen automatisch-spontanes Befolgen es geht, lassen sich also unterschiedliche Grade der Rationalität im MFS betrachten – ohne weitere Modi der Informationsverarbeitung einführen zu müssen.

Die Unterscheidung des as- und des rc-Modus erscheint für die allermeisten soziologischen Fragestellungen als ausreichend. Wie dargestellt wurde, gehört die Kontrastierung eines rationalen, in einer bewussten Wahl gründenden Handelns und eines unhinterfragten Handelns schon zu den Grundzügen klassischer soziologischer Handlungskonzepte (Schütz und Luckmann 1979; Weber 1980). Zudem arbeiten selbst die dual-process-Theorien der Sozialpsychologie mit einer derartigen Gegenüberstellung (Chaiken und Trope 1999).

Modus-Selektion

Die Unterscheidung verschiedener Arten, Typen oder Dimensionen des Handelns ist ein charakteristisches Merkmal soziologischer Handlungskonzepte. Für empirische Erklärungszwecke reichen derartige Unterscheidungen jedoch nicht aus. Sie provozieren vielmehr die Frage, wann das Handeln der Akteure der einen oder der anderen Gesetzmäßigkeit folgt, wann welche Dimensionen relevant sind und wie sie zusammenwirken (Hempel 1965; Norkus 2001: 314).[55] Dies gilt auch für die hier eingeführte Unterscheidung

---

[55] Handlungstypen können durchaus bereits zur Erklärung verwendet werden. Gert Albert bezeichnet sie daher zu Recht als „ceteris paribus-Gesetze" (Albert 2005: 398). Allerdings

von as- und rc-Modus. Der Modus der Selektion wird im MFS daher selbst zum Erklärungsgegenstand. Ausgangspunkt ist wiederum der Gedanke, dass man die Anwendung eines bestimmten Modus der Informationsverarbeitung als Ergebnis einer Selektion betrachten kann.

Die sog. *Modus-Selektion* bestimmt, ob ein Akteur die Frame-, Skript- und Handlungsselektion jeweils im as- oder im rc-Modus durchführt (und ist insofern eine Meta-Selektion). Sie ist durch einen Zielkonflikt gekennzeichnet, da der rc-Modus dem Handelnden zwar eine genauere Analyse ermöglicht, aber andererseits mit Reflexionskosten in Form verbrauchter Zeit und Energie verbunden ist. Um die Lösung dieses Selektionsproblems durch den menschlichen Organismus abzubilden, wird im MFS eine entscheidungstheoretische Darstellung verwendet. Allerdings handelt es sich bei der Modus-Selektion substantiell um einen *vorbewussten* Vorgang der Zuweisung von Aufmerksamkeit, der sich weitgehend der Kontrolle durch den Akteur entzieht und lediglich in *Analogie* zu einer bewussten Entscheidung modelliert wird. Für diese Vorgehensweise sprechen vor allem zwei Argumente. Erstens kommt der Modus-Selektion im MFS die Aufgabe zu, möglichst präzise anzugeben, wie die sozialpsychologisch erforschten Determinanten des Modus empirisch zusammenwirken. Sich dabei ad hoc auf irgendeine funktionale Verbindung festzulegen, wäre ähnlich unbefriedigend, wie die Faktoren theoretisch unverbunden nebeneinander stehen zu lassen. Schon in Ermangelung anderer Alternativen liegt es daher nahe, auf eine weithin bekannte Selektionstheorie zurückzugreifen. Für eine entscheidungstheoretische Herleitung spricht zweitens zusätzlich, dass das selektive Einschalten einer stärker elaborierten Informationsverarbeitung ohne Frage eine Selektionsleistung des menschlichen Organismus ist. Zu einem gewissen Grad ist jede Reflexion aufwendig. Aufgrund knapper Zeit und Energie sollte es daher nur dann zu ihr kommen, wenn Anzeichen dafür vorliegen, dass sie notwendig und möglich ist und dass relativ viel auf dem Spiel steht (vgl. Roth 1995: 207ff.).

Die Spezifikation der Modus-Selektion im MFS basiert auf Erkenntnissen der sozialpsychologischen dual-process-Theorien, die durch zahlreiche experimentelle Studien gewonnen wurden (Chaiken und Trope 1999; Mayerl 2009: Kap. 2; Stocké 2002). Danach sind vier Variablen ausschlaggebend für

---

ist eine Theorie erklärungskräftiger, die angibt, unter welchen Bedingungen welcher Idealtyp des Handelns zu erwarten ist, und die zudem erklärt, welches Handeln unter nicht-idealtypischen Bedingungen auftritt (Hempel 1965).

den Modus der Informationsverarbeitung: Motivation, Opportunitäten, Aufwand und Aktivierung. Der reflexiv-kalkulierende Modus ist umso wahrscheinlicher, je größer die *Motivation* zur Reflexion ist und je eher die individuellen Fähigkeiten und situativen Anforderungen eine Reflexion zulassen (*Opportunitäten*) (Fazio 1990). Die Motivation ist vor allem deshalb wichtig, weil der elaboriertere Modus immer einen höheren *Aufwand* in Form von Zeit und Energie mit sich bringt. Solange keine hohe Motivation zur Reflexion vorliegt, werden Situationsdeutung, Skript-Aktivierung und Handlungsselektion daher eher spontan vorgenommen. Dies verlangt aber eine ausreichend starke mentale *Aktivierung* einer Alternative. Die Stärke der Aktivierung signalisiert dem Akteur ihre situative Relevanz und Anwendbarkeit.

Diese Aktivierung ist theoretisch besonders interessant, da sie die Definition der Situation und die variable Rationalität miteinander verbindet: Beide Phänomene gründen zu großen Teilen auf mentalen Strukturen und der Stärke ihrer Aktivierung. Ein weiteres Verbindungsglied ergibt sich daraus, dass auch die Determinanten der Modus-Selektion durch das Vorliegen von Situationsobjekten beinflusst sind, die beispielsweise hohe Reflexionskosten oder die Geltung der spontan aktivierten Alternative anzeigen.

In Abbildung 5 sind die Komponenten des MFS graphisch dargestellt. Die Pfeile stehen dabei für kausale Beziehungen zwischen den verschiedenen Selektionen, die im Folgenden näher erläutert werden. Da der Modus bestimmt, auf welche Art und Weise die „inhaltlichen" Selektionen vor sich gehen, geht den Frame-, Skript- und Handlungsselektionen jeweils eine zugehörige Modus-Selektion voraus. Bereits an dieser Stelle ist zu betonen, dass die in der Abbildung dargestellten Komponenten lediglich analytische *Möglichkeiten* darstellen. Für alle Komponenten gilt, dass sie nicht in jeder Anwendung des MFS relevant und umsetzbar sind. Indem es verschiedene Ansatzpunkte für gegebenenfalls starke Vereinfachungen von vornherein vorsieht, genügt das MFS dem in Kapitel 1 betonten Kriterium der Modulierbarkeit.

Abbildung 5: Die im MFS betrachteten Selektionen
(nach Kroneberg 2005: 348)

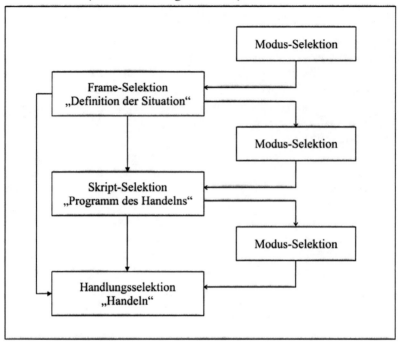

Nachdem nun die Grundlagen für das Verständnis des MFS gelegt worden sind, wird das Modell im Folgenden formal entwickelt. In einem ersten Schritt werden die Prozesse der Definition der Situation (Frame-Selektion), der Aktivierung eines Handlungsprogramms (Skript-Selektion) sowie der Bildung einer Handlungsintention (Handlungsselektion) betrachtet. Dabei wird jeweils zwischen dem automatisch-spontanen und dem reflexiv-kalkulierenden Modus der Informationsverarbeitung unterschieden. Im zweiten Schritt wird die Modus-Selektion dargestellt, die bestimmt, in welchem Modus die Frame-, Skript- und Handlungsselektionen erfolgen.

5.2 Frame-, Skript- und Handlungsselektion im as-Modus

Das MFS betrachtet Frames und Skripte als analytisch abgegrenzte Einheiten innerhalb eines Netzwerks gelernter Assoziationen.[56] Frames und Skripte sind untereinander verbunden und können sowohl über diese Verknüpfungen als auch durch externe Situationseinflüsse aktiviert werden. Abbildung 6 gibt einen schematischen Überblick über die Faktoren, welche die Selektionen eines Frames, eines Skripts und einer Handlung im as-Modus bestimmen und verortet die Parameter, die im Folgenden eingeführt werden.

Abbildung 6: Bestandteile der automatisch-spontanen Aktivierung von Frames, Skripten und Handlungsalternativen

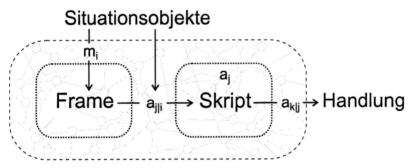

Generell gilt für den as-Modus, dass immer diejenige Alternative selegiert wird, die mental am stärksten aktiviert ist. Das Selektionsgewicht der Alternativen wird daher auch als Aktivierungsgewicht bezeichnet und mit AW („activation weight') abgekürzt. Die Determinanten des Aktivierungsgewichts werden nun nacheinander für die Frame-, Skript- und Handlungsselektion beschrieben.

Die **Frame-Selektion** im as-Modus folgt dem Grad der unmittelbar erfahrenen Passung eines Frames zu einer aktuell vorliegenden Situation. Dieser Passungsgrad wird als *Match* bezeichnet. Er ist hoch, wenn ein Akteur bestimmte Situationsobjekte deutlich wahrnimmt, wenn ihm diese signifi-

---

[56] Die Formalisierung des as-Modus im MFS stimmt in ihrer Grundintuition insbesondere mit der Logik konnektionistischer Computermodelle menschlichen Verhaltens überein (siehe Strauss und Quinn 1997: 52).

kanten Symbole das Vorliegen einer bestimmten Situation anzeigen und wenn der entsprechende Frame mental stark verankert ist (vgl. Esser 1996a: 19; Esser 2001: 270). Entsprechend ist der Match eines Frames i bestimmt durch den Grad der generellen Verfügbarkeit des Frames ($a_i \in [0,1]$), den Grad des Vorliegens der für den Frame signifikanten Objekte in der aktuellen Situation ($o_i \in [0,1]$) und die Stärke der mentalen Verknüpfung zwischen den Objekten und dem Frame ($l_i \in [0,1]$).[57]

- *Generelle Verfügbarkeit* des Frames (availability a_i): Die generelle Verfügbarkeit eines Frames entspricht der Stärke seiner mentalen Verankerung. Über diesen Parameter vermag das MFS zu berücksichtigen, dass sich Akteure in ihrer generellen Disposition, bestimmte Situationsdeutungen vorzunehmen, unterscheiden. Diese Unterschiede gründen unter anderem auf unterschiedlichen Erfahrungen im Lebensverlauf, die wiederum systematisch mit der Sozialisation in verschiedenen sozialen Kontexten variieren.

- *Vorliegen signifikanter Situationsobjekte* (objects o_i): Unter Situationsobjekten werden jegliche Bestandteile der Situation verstanden. Dazu zählen etwa Gegenstände ebenso wie Gesten oder Äußerungen anderer Situationsteilnehmer. Der Parameter o_i bezieht sich prinzipiell auf die Gesamtheit der Situationsobjekte, deren Vorliegen für die Passung eines Frames relevant ist. Der Grad ihres Vorliegens lässt sich selbstverständlich nicht ohne Einführung weiterer Operationalisierungen bzw. Messannahmen quantifizieren. Hier geht es zunächst nur darum, einen theoretisch wichtigen Sachverhalt im Modell zu berücksichtigen: *Situationen* können sich systematisch danach unterscheiden, in welchem Ausmaß ihre Bestandteile die Passung eines bestimmten Frames anzeigen.

- *Mentale Verknüpfung* zwischen den Objekten und dem Frame (link l_i): Dieser Parameter bezieht sich wiederum auf ein Merkmal des Akteurs. Die kognitive Repräsentation eines Situationstyps umfasst Repräsentationen typischer Situationsobjekte. Genau auf dieser mentalen Verknüpfung basiert der Match-Mechanismus. Die Verknüpfung kann da-

---

[57] Einem Vorschlag Essers folgend kann man bei Bedarf zusätzlich berücksichtigen, dass sich die Passung aller Frames um einen Faktor $(1 - d)$ reduziert, falls die Wahrnehmung der Situationsobjekte durch interne oder externe Einflüsse ($d \in [0,1]$) gestört ist (Esser 2001: 270).

bei mehr oder weniger stark ausgeprägt sein. Die Frage „Wie signifikant sind bestimmte Situationsobjekte für einen Frame?" lässt sich unabhängig vom Grad des Vorliegens der Objekte in der aktuellen Situation und unabhängig von der generellen Verfügbarkeit des Frames stellen. Geht man von einem bestimmten Frame und vorliegenden Situationsobjekten aus, so hat die Stärke dieser Signifikanz- oder Symbolisierungsbeziehung einen eigenständigen Einfluss auf den Match. Wie signifikant ein bestimmtes Situationsobjekt (z.B. „20 Sekunden Schweigen unter Gesprächsteilnehmern") für einen Frame (z.B. „Missglückte Kommunikation") ist, variiert häufig systematisch zwischen Kulturen, Gesellschaften, sozialen Milieus und sozialen Beziehungen. Es handelt sich also um eine Variationsquelle von soziologischem Interesse.

Das Selektionsgewicht $AW(F_i)$ eines Frames F_i entspricht seinem Match m_i, der sich multiplikativ aus den drei genannten Komponenten zusammensetzt:

$$AW(F_i) = m_i = o_i \cdot l_i \cdot a_i \qquad (5.1)$$

Eine Definition der Situation im as-Modus hängt dem MFS zufolge ausschließlich vom Match der zugänglichen Frames ab: Es wird der Frame mit der höchsten Passung zur vorliegenden Situation selegiert, also der Frame mit dem *maximalen Match* m_i.

Bei der **Skript-Selektion** ist zu beachten, dass sie immer vor dem Hintergrund einer bestimmten Definition der Situation (Frame i) stattfindet. Das Aktivierungsgewicht eines Skripts im as-Modus ergibt sich aus drei Komponenten: Der generellen Verfügbarkeit des Skripts ($a_j \in [0,1]$), seiner Zugänglichkeit ($a_{j|i} \in [0,1]$) und dem Match des vorher aktivierten Frames ($m_i \in [0,1]$). Je stärker diese Faktoren jeweils ausgeprägt sind, umso eher wird das entsprechende Skript selegiert. Die Interpretation dieser einzelnen Komponenten ist wie folgt:

- *Generelle Verfügbarkeit* des Skripts (availability a_j): Dieser Parameter bezeichnet die Stärke der mentalen Verankerung eines Skripts als Handlungsdisposition. Wenn es sich bei dem Skript um eine Norm handelt, entspricht dies dem Grad ihrer Internalisierung. Bei einer Routine kann man von der Stärke der Habitualisierung sprechen. Die mentale Verankerung beinhaltet also weit mehr als (implizites oder explizites) Handlungswissen. Beispielsweise geht es nicht nur darum, ob ein Akteur eine bestimmte Norm kennt, sondern darum, wie stark er sie internalisiert hat. Die Verankerung als Handlungsdisposition bedeutet in diesem Fall, dass das Skript mit Emotionen verknüpft oder aufgeladen ist, wobei Konformität positiv und Zuwiderhandeln negativ belegt ist. Im Unterschied zu den beiden folgenden Komponenten stellt die generelle Verfügbarkeit eines Skripts ein mittelfristig stabiles Merkmal des Akteurs dar, das er in die Situation mitbringt.

- *Zugänglichkeit* des Skripts (accessibility $a_{j|i}$): Die Zugänglichkeit eines Skripts ergibt sich vor allem aus zwei Einflussquellen. *Erstens* sind Skripte kognitiv innerhalb assoziativer Netzwerke mit Repräsentationen entsprechender Situationen (Frames) verbunden. Je stärker die Assoziation zwischen einem Frame und einem Skript ist, umso größer ist die Zugänglichkeit des Skripts im Zuge einer Aktivierung des Frames. Neben dieser ‚spreading activation'-Komponente (Collins und Loftus 1975) ist die Zugänglichkeit eines Skripts auch noch von externen Einflüssen abhängig. So können Skripte *zweitens* auch direkt durch Situationsobjekte aktiviert werden.[58] Dies macht sich etwa die sozialpsychologische Forschung zunutze, die durch experimentelle Priming-Techniken die Zugänglichkeit bestimmter Normen erhöht.[59]

---

[58] In früheren Arbeiten blieb diese zweite Komponente unberücksichtigt (Kroneberg 2005, 2007). Es wäre jedoch unrealistisch, anzunehmen, dass die Zugänglichkeit eines Skripts *ausschließlich intern* mit der Stärke der mentalen Verknüpfung zum aktivierten Frame variiert. Die zweite, externe Einflussquelle ist analog zum Match eines Frames zu sehen. Eine analoge Aufgliederung in entsprechende Parameter wäre leicht möglich, wird aber der Einfachheit halber nicht als integraler Bestandteil des MFS eingeführt. In aller Regel reicht es, Brückenhypothesen über den Effekt beider Einflüsse auf die Zugänglichkeit zu formulieren.

[59] Mayerl (2009) wendet ein, dass die Verfügbarkeit und Zugänglichkeit eines Skripts zu eng zusammenhängen, um empirisch getrennt zu werden, und man sie daher auch theoretisch nicht unterscheiden sollte. „Denn wenn ein Skript zugänglich ist, ist es auch verfügbar, und ist es nicht zugänglich, dann ist es unerheblich, ob es auch verfügbar ist oder nicht, da es ohnehin nicht prozessiert wird." (Mayerl 2009: 239) Diesem Zitat ist zwar zuzustimmen, nicht jedoch den von Mayerl gezogenen Konsequenzen (siehe Higgins 1996: 134). Ein Skript kann bei konstanter Zugänglichkeit unterschiedlich stark aktiviert sein, je nachdem *wie stark* es verfügbar/verankert ist. Gerade auch wenn Unterschiede zwischen sozialen Milieus, Kulturen etc. betrachtet werden, stellen Verfügbarkeit und Zugänglichkeit zwei deutlich unterscheidbare Variationsquellen dar (Higgins 1996: 134). Beispielsweise sind (durchschnittliche) inter-kulturelle Unterschiede in der Verfügbarkeit eines

- *Match* des aktivierten Frames (m_i): Die Aktivierung von Skripten ist generell geringer, je unsicherer sich der Akteur darüber ist, in welcher Situation er sich befindet. Dies folgt direkt aus den vorausgehenden Überlegungen: Da Skripte situationsspezifisch sind, hängt die Stärke ihrer Aktivierung auch von der Eindeutigkeit der Situationsdefinition ab. Die Wahrscheinlichkeit einer Aktivierung verringert sich für *alle* zugänglichen Skripte umso stärker, je niedriger der Match des aktivierten Frames ist. Dabei ist zu beachten, dass sich die Stärke des Matches im Zuge der Frame-Selektion geändert haben kann. Falls es zu einer Frame-Selektion im rc-Modus gekommen ist, entspricht der hier relevante Wert des Matches der auf diese Weise bewusst gebildeten Erwartung. Da die Situation in diesem Fall systematisch daraufhin untersucht wurde, welcher Frame objektiv gilt, dürfte der neue Wert des Matches häufig von der spontanen Passung beim Eintritt in die Situation abweichen.

Im Anschluss an eine bestimmte Definition der Situation (Frame i) wird ein Skript S_j also umso eher selegiert, je stärker es mental verankert ist (generelle Verfügbarkeit $a_j \in [0,1]$), je stärker es mit dem Frame i und vorliegenden Situationsobjekten verbunden ist (Zugänglichkeit $a_{j|i} \in [0,1]$) und je eindeutiger der Frame i selegiert wurde (Match m_i). Das Selektionsgewicht eines Skripts S_j im as-Modus ergibt sich als Produkt dieser Komponenten:

$$AW(S_j \mid F_i) = m_i \cdot a_{j|i} \cdot a_j \tag{5.2}$$

Das Skript mit dem größten Aktivierungsgewicht wird selegiert. In der multiplikativen Verknüpfung kommt u.a. zum Ausdruck, dass in einer bestimmten Situation ein Skript, das sich auf eine vollkommen andere Situation bezieht ($a_{j|i} = 0$), auf keinen Fall aktiviert wird, unabhängig davon, wie stark es mental verankert ist (a_j). Im Sinne von Schütz gehört das Skript einem anderen „Wirklichkeitsbereich geschlossener Sinnstruktur" an und ist daher bis auf Weiteres thematisch irrelevant (Schütz und Luckmann 1979: 232).

Kommt es zu einer **Handlungsselektion** im as-Modus, so versucht der Akteur das zuvor aktivierte Skript auszuführen. Dies ist jedoch nur möglich, wenn das Skript die betrachtete Handlungswahl hinreichend regelt. Daher ist für die Selektion des Handelns im as-Modus ein weiterer Parame-

---

Ehrenkodex von Unterschieden in seiner Zugänglichkeit zu trennen, die sowohl kulturell als auch situativ variieren.

ter relevant: der Grad der Regelung einer Handlungswahl durch das Skript ($a_{k|j} \in$ [0,1]). Wenn ein Skript hinsichtlich einer bestimmten Handlung eine Leerstelle aufweist ($a_{k|j} = 0$), ist eine Handlungsselektion im as-Modus nicht möglich – selbst im Falle eines sehr stark aktivierten Skripts ($AW(S_j|F_i) = 1$). Zudem hängt die Aktivierung der vom Skript nahe gelegten Handlungsalternative davon ab, wie stark das Skript selbst aktiviert ist (und damit von allen bislang eingeführten Parametern). Unsicherheit über die vorliegende Situation und das adäquate Skript führt also zu einer Reduzierung der spontanen Aktivierung. Dabei muss wieder berücksichtigt werden, dass das Aktivierungsgewicht des Skripts unter Umständen das Ergebnis eines vorangehenden Reflexionsprozesses (Frame- und/oder Skript-Selektion im rc-Modus) widerspiegelt.

Das Selektionsgewicht für die Handlungsalternative A_k im as-Modus lautet somit

$$AW(A_k|F_i,S_j) = AW(S_j|F_i) \cdot a_{k|j}. \tag{5.3}$$

Ein skriptkonformes Handeln ergibt sich demnach automatisch-spontan bei einer eindeutigen Definition der Situation und einem zugehörigen, mental stark verankerten Skript, das die Handlungswahl (in der analytisch interessierenden Hinsicht) ausreichend regelt. Typische Beispiele sind das Befolgen von Alltagsroutinen oder emotionale Reaktionen.

Der as-Modus entspricht einem Prozess der automatischen Mustererkennung und Schemaaktivierung (Simon 1993; Vanberg 2002). Die sich ausbreitende Aktivierung führt von wahrgenommenen Situationsobjekten und dem selegierten Frame zu einem bestimmten Skript und einer bestimmten Handlungsalternative. Ausschlaggebend sind jeweils die Eindeutigkeit der Hinweisreize, die mentale Verankerung der entsprechenden Strukturen und die Stärke ihrer Verknüpfung. Dieser Aktivierungsprozess ist nicht rein kognitiv zu verstehen, sondern besitzt eine motivationale Dimension (Bargh et al. 2001). Skripte sind Handlungsprogramme, die sich in vergangenen Situationen bewährt haben bzw. vom Akteur als mit seinen Wert- und Zielvorstellungen übereinstimmend erlebt wurden. Die Aktivierung von Skripten löst daher entsprechende motivationale Handlungstendenzen aus, und dies selbst dann, wenn sich der Akteur dieses Zielverfolgens nicht bewusst ist (Bargh et al. 2001: 1015). Der Aktivierungsprozess kann jedoch unterbrochen werden, wenn die Aktivierung an einem Übergang zu schwach wird (siehe zu den genauen Bedingungen noch Kapitel 5.4). Dann kommt es zu einer Frame-, Skript- oder Handlungsselektion im rc-Modus.

5.3 Frame-, Skript- und Handlungsselektion im rc-Modus

Der rc-Modus ist dadurch gekennzeichnet, dass der Akteur verschiedene Alternativen miteinander vergleicht und in einem Reflexionsprozess zu einer Entscheidung gelangt. Abgesehen von dieser wichtigen Gemeinsamkeit können sich Selektionen im rc-Modus erheblich in ihren Bestimmungsfaktoren unterscheiden. Trotz dieser inhaltlichen Heterogenität können sie in aller Regel mit Hilfe einer der Entscheidungsregeln formalisiert werden, die im RC-Ansatz entwickelt worden sind. Dabei bietet sich der Einfachheit halber zunächst eine Darstellung mit Hilfe der Wert-Erwartungstheorie bzw. SEU-Theorie an.[60] Eine Analyse der Frame-, Skript- oder Handlungsselektion verlangt dann für jede Alternative die relevanten Erwartungen und Bewertungen zu identifizieren (die sich auf Zustände der Welt beziehen, die hier mit dem Laufindex $m = 1, \dots, M$ unterschieden werden) und entsprechende SEU-Gewichte aufzustellen:

$$SEU(\,.\,) = \sum p_m U_m, \tag{5.4}$$

wobei $SEU(\,.\,)$ entweder $SEU(F_i)$, $SEU(S_j | F_i)$ oder $SEU(A_k | F_i, S_j)$ entspricht, je nachdem ob sich die Gleichung auf das SEU-Gewicht eines Frames F_i, eines Skriptes S_j oder einer Handlungsalternative A_k bezieht.

Eine **Frame-Selektion** im rc-Modus beinhaltet ein *bewusstes Nachdenken* über die Situation und ein Überprüfen *verschiedener* möglicher Situationsdeutungen. Dabei versucht der Akteur seine Unsicherheit über den Charakter der Situation aufzulösen und zu einer möglichst angemessenen Situationsdefinition zu gelangen. Insoweit geht es allein darum, wie stark verschiedene Frames auf die Situation passen. Diese Passung wird im MFS als *Angemessenheitsglauben* ($p_i \in [0,1]$) bezeichnet. Im Unterschied zum spontanen Match

---

[60] Hier, wie in der soziologischen Rezeption generell (Diekmann und Voss 2004: 16ff.), wird relativ lose von SEU-Theorie gesprochen, um zu betonen, dass die zu Grunde gelegte Wert-Erwartungstheorie von *subjektiven* Erwartungen ausgeht. Insbesondere die messtheoretischen Bestandteile der ursprünglich auf Savage zurückgehenden SEU-Theorie lassen sich soziologisch selten gewinnbringend einsetzen.

eines Frames, der vom Akteur *unmittelbar erfahren* wird, handelt es sich hierbei auch subjektiv um eine *Erwartung*. Der Akteur bildet sie für jeden in Betracht gezogenen Frame bewusst aus und in sie gehen somit auch bewusst prozessierte Informationen ein. Um diesen grundlegenden Unterschied zum as-Modus zu betonen, formalisiert das MFS Frame-Selektionen im rc-Modus mit Hilfe der SEU-Theorie. Der Angemessenheitsglauben entspricht der Erwartung, die fragliche Situation durch die Selektion des Frames F_i zutreffend zu interpretieren. Die relevanten Zustände der Welt beziehen sich daher auf die *tatsächliche Geltung* der betrachteten Frames: „Frame 1 gilt", „Frame 2 gilt" etc.[61]

Trotz des substantiellen Unterschieds zum as-Modus ist der *Bezug* der Erwartungsbildung bei einer reflektierten Definition der Situation derselbe wie im automatisch-spontanen Modus. Denn es wird ja genau das problematisch, was dort unhinterfragt die Situationsdefinition bestimmt: die Passung zwischen mentalem Modell der Situation und Situationsmerkmalen (vgl. Schütz und Luckmann 1979: 148ff.). Der bewusst gebildete Angemessenheitsglauben p_i setzt sich entsprechend aus denselben Komponenten zusammen wie der Match m_i im automatisch-spontanen Modus. Der Akteur kann im rc-Modus also das Vorliegen der Situationsobjekte (o_i^{rc}), die Signifikanz dieser Objekte für einen Frame (v_i^{rc}) sowie die Sinnhaftigkeit des Frames selbst (a_i^{rc}) problematisieren. Der Angemessenheitsglauben p_i entspricht dem Produkt dieser Größen:

$$p_i = o_i^{rc} \cdot v_i^{rc} \cdot a_i^{rc} \tag{5.5}$$

---

[61] Aufgrund dieses inhaltlichen Bezugs zur Alternativenmenge der Frames (i = 1, …, N) ist es unnötig, für die Zustände der Welt einen separaten Laufindex (j = 1,…, J) einzuführen. Der Angemessenheitsglauben wird daher im Folgenden nicht mit p_j, sondern mit p_i bezeichnet. Dieser Sachverhalt hat in einer Diskussion mit Christian Etzrodt zu Verwirrung geführt (Etzrodt 2007, 2008; Kroneberg 2008b). In dieser habe ich deutlich zu machen versucht, dass man auch in diesem Spezialfall getrennte Laufindizes verwenden *könnte*. Die Formalisierung von Frame-Selektionen im rc-Modus widerspricht in diesem Aspekt also keinesfalls der SEU-Theorie. Diese Verständnishilfe hat in der Rezeption durch Etzrodt jedoch zur Konstruktion einer abwegigen Entscheidungsmatrix geführt (Etzrodt 2008: 273). Dabei wurde vernachlässigt, dass sich eine angemessene Situationsdefinition selbstverständlich nur dann ergibt, wenn der Akteur den Frame wählt, der tatsächlich gilt. In der Entscheidungsmatrix ist der Nutzen $\overline{U}_{Sinn}$ daher nur auf der Hauptdiagonalen einzutragen, auf der gewählter und geltender Frame übereinstimmen (vgl. Etzrodt 2008: 273).

Die Reflexion über die Angemessenheit der betrachteten Frames kommt in entsprechenden Werten des jeweiligen Angemessenheitsglaubens p_i zum Ausdruck. Dies ist ein Fall „kognitiver Rationalität" (Boudon 1996) und entspricht der „Logik der Angemessenheit" im Sinne von March und Olsen (1989). Es geht soweit ausschließlich um die Angemessenheit der betrachteten Frames.

Gleichwohl verfolgt der Akteur mit der Ausbildung dieser Erwartungen natürlich ein generelles Interesse, d.h. es existiert eine Motivation für diese Deutungsarbeit: das *generalisierte* und gewöhnlich implizit bleibende Interesse an einer zutreffenden und auch sozial angemessenen Sicht der Situation. Man kann es auch als „ideelle[s] Interesse nach einer Sinnordnung der Welt" (Stachura 2006: 449-450) bezeichnen. Im Rahmen der SEU-Theorie lässt es sich formal durch einen über alle Alternativen konstanten und daher thematisch nicht relevanten Nutzenterm repräsentieren. Bezeichnet man diese Konstante mit $\overline{U}_{Sinn}$, so lässt sich jedem Frame i ein Erwartungsnutzen $p_i \cdot \overline{U}_{Sinn}$ zuordnen:

$$SEU(\text{Frame i}) = p_i \cdot \overline{U}_{Sinn} = o_i^{rc} \cdot v_i^{rc} \cdot a_i^{rc} \cdot \overline{U}_{Sinn} \qquad (5.6)$$

Sofern die Definition der Situation in dieser Weise rein angemessenheitsorientiert erfolgt, spielt das konstante ideelle Interesse für die Frame-Selektion *keine* systematische Rolle: Die Akteure sind nur damit beschäftigt, gute Gründe zu entwickeln, um letztlich den tatsächlich *angemessenen* Frame zu erkennen. Da $\overline{U}_{Sinn}$ konstant ist, wird derjenige Frame gewählt, für den sich der stärkste Angemessenheitsglauben (p_i) ergibt.

Ganz so rein angemessenheitsorientiert geht es jedoch nicht immer zu, wenn Menschen Situationen deuten. Wie die Literatur zu „wishful thinking" zeigt (siehe Babad und Katz 1991), tendieren Akteure häufig dazu, solche Interpretationen zu begünstigen, deren Wahrheit für sie besonders zuträglich wäre. Die Theorie der Laienepistemologie oder laienhaften Erkenntnissuche von Kruglanski stellt dem Bedürfnis nach Angemessenheit (need for validity) daher generell das Bedürfnis nach bestimmten Ergebnissen (need for specific outcomes) gegenüber (Kruglanski 1989, 1990). Durch das letztere Bedürfnis gelangen Akteure unter Umständen auch dann zu spezifischen, ihren Wünschen entsprechenden Festlegungen, wenn es angemessenere Alternativen gibt. Ein Beispiel für derartiges Wunschdenken ist der starke und robuste Einfluss der Parteipräferenz auf die Vorhersage des Wahlergebnisses (Babad 1995; Babad, Hill und O'Driscoll 1992): Anhänger einer Partei deuten die Situation eher als auf einen Sieg der präferierten Partei hinweisend.[62]

Ein derartiger Einfluss von Wünschen und Ängsten auf reflektierte Frame-Selektionen lässt sich darstellen, indem man die vorangehende Gleichung durch zusätzliche, spezifische Nutzen- und Kostenterme erweitert (z.B. SEU(Frame i) = $p_i \cdot \overline{U}_{Sinn} + U_k$ oder SEU(Frame i) = $p_i \cdot \overline{U}_{Sinn} - C_k$). Darin kommt substantiell zum Ausdruck, dass die Deutung einer fraglich gewordenen Situation häufig eine durchaus *emotionale* Angelegenheit ist (siehe auch Esser 2006b). Es wäre falsch davon auszugehen, dass Akteure immer ausschließlich „nach Abwägen der Indizienwerte" eine Entscheidung nach „bestem Wissen und Gewissen" treffen (Schütz und Luckmann 1979:: 201f.; ebenso Etzrodt 2007: 376). Die Modellierung der Frame-Selektion mit Hilfe der SEU-Theorie hat also auch den Vorteil, die Darstellung der Vielzahl von Fällen zu erlauben, in denen die Situationsdefinition *nicht rein* angemessenheitsorientiert erfolgt, sondern in denen die Wünsche und Ängste von Akteuren ihre Definition der Situation beeinflussen.[63]

Die eben vorgenommene Charakterisierung reflektierter Frame-Selektionen als generell angemessenheitsorientiert, aber durchaus durch Emotionen beeinflussbar, trifft auch auf die **Skript-Selektion** im rc-Modus zu. Hier beschäftigt sich der Akteur allerdings bewusst mit einer spezifischeren Frage: „*Welches* Verhalten ist in einer derartigen Situation angemessen oder

---

[62] Ein weiteres Beispiel sind etwa Eltern, die es trotz relativ schlechter Schulleistungen ihres Kindes „einfach nicht wahrhaben wollen", dass ihr Kind nicht für den Besuch eines Gymnasiums geeignet ist. Für diese mag das Eingeständnis bzw. der Frame „Mein Kind ist nicht gymnasiumstauglich" mit hohen psychischen Kosten verbunden sein. Sie werden daher unter Umständen selbst gegen widerstreitende Evidenz zu dem Schluss kommen, ihr Kind sei für das Gymnasium geeignet. Dies kann beispielsweise mit hohen Bildungsaspirationen der Eltern und ihrer Einbettung in entsprechende Bezugsgruppen zusammenhängen.

[63] Zu beachten ist, dass in derartigen Fällen die Stärke des Interesses an einer zutreffenden Sicht der Situation, also der Wert von $\overline{U}_{Sinn}$, durchaus relevant wird: Er gibt an, wie einflussreich der Angemessenheitsglauben relativ zu den anderen Einflussfaktoren ist. Diese relative Einflussstärke ist ein Merkmal, von dem angenommen werden kann, dass es systematisch zwischen verschiedenen Personengruppen sowie zwischen Situationstypen *variiert*. Seine Konstanz bezieht sich also nur auf die betrachteten Frames (und ist nicht interindividuell oder inter-situational zu verstehen).

sozial erwartet?" (March und Olsen 1989). Wie diese Formulierung schon zeigt, sind der typische Fall von reflektierten Skript-Selektionen Norm- oder Regelkonflikte, also Situationen, deren normative Anforderungen durch Ambiguität oder Widersprüche gekennzeichnet sind (Hechter und Opp 2001; March und Olsen 1989: 24f.).

Andere Arten von Skripten können dagegen kaum Gegenstand einer reflektierten Auswahl werden. Dazu zählen rein emotionale Verhaltensprogramme (z.b. Fluchtverhalten), die als Programm nur automatisch als Reaktion auf emotional hoch aufgeladene Hinweisreize ausgelöst werden. Ein weiterer, soziologisch relevanterer Fall sind inkorporierte, weitgehend unbewusst wirkende kulturelle Verhaltensdispositionen im Sinne Bourdieus (z.B. eine bestimmte Art des Redens). Diese können häufig deshalb nicht zu einem Gegenstand einer reflektierten Auswahl werden, weil ihr Inhalt für die Akteure nicht einmal verbalisierbar ist und weil der as-Modus für ihr reibungsloses Operieren konstitutiv ist.

Noch in einer anderen Hinsicht ist die Bedeutung von Skript-Selektionen im rc-Modus einzuschränken: Häufig stellen diese keinen eigenständigen empirischen Vorgang dar, sondern münden direkt in eine reflektierte Handlungsselektion. Ein Akteur, der darüber nachdenkt, welches Handlungsprogramm auf die Situation passt, tut dies in der Regel vor dem Hintergrund eines praktischen Interesses: Wenn eine befriedigende Handlungswahl in der Situation möglich erscheint, *ohne* zunächst über die Geltung verschiedener Skripte zu reflektieren, wird er sich nach erfolgter Situationsdefinition sofort der reflektierten Handlungsselektion widmen. Gleiches gilt, wenn der Akteur über kein potentiell relevant erscheinendes Skript verfügt.

Es gibt jedoch Anwendungen, in denen es sinnvoll ist, reflektierte Skript-Selektionen als eigenständigen Vorgang anzusehen. Ein empirisch besonders wichtiger Fall sind etwa Regelkonflikte innerhalb von Organisationen, wie sie im Neuen Institutionalismus betrachtet werden (DiMaggio und Powell 1991; March und Olsen 1989). In Organisationen kann es häufig zu Unklarheiten darüber kommen, welches Vorgehen in einer konkreten Situation Anwendung finden sollte:

„The number and variety of alternative rules assure that one of the primary factors affecting behavior is the process by which some of those rules, rather than others, are evoked in a particular situation." (March und Olsen 1989: 24)

Wegen der weitreichenden, den folgenden Handlungsverlauf entscheidend prägenden Rolle institutioneller Skripte wenden Akteure dieser Frage der Regelgeltung häufig eigene Aufmerksamkeit zu, noch bevor sie sich der eigentlichen, aktuell anstehenden Handlungsselektion widmen. Ein anderes Beispiel sind Akteure, die mit konkurrierenden Auslegungen eines religiösen Wertes konfrontiert sind. So können innerhalb einer Religion gesinnungs- und verantwortungsethische Auffassungen, wie man zur Erlösung gelangt, nebeneinander bestehen (Schluchter 1988: 251ff.; Weber 1968: 505).

Die Formalisierung von Skript-Selektionen im rc-Modus ist identisch mit der von Frame-Selektionen. Das SEU-Gewicht eines Skripts S_j ergibt sich aus dem entsprechenden Angemessenheitsglauben p_j, der mit $\overline{U}_{Sinn}$ multiplikativ verknüpft ist, sowie möglichen zusätzlichen, spezifischen Kosten- oder Nutzentermen.

Wenden wir uns schließlich der **Handlungsselektion** im rc-Modus zu. Sie ist im Unterschied zur Frame- und Skript-Selektion häufig dadurch gekennzeichnet, dass der Akteur *explizit unterschiedliche* Konsequenzen der verschiedenen Alternativen, ihre Bewertung und subjektiven Eintrittswahrscheinlichkeiten in Betracht zieht. Für die auch formale Spezifikation dieser Selektion kann auf diverse Entscheidungsregeln zurückgegriffen werden, die im RC-Ansatz entwickelt worden sind. Worauf es allein ankommt, ist die empirische Geltung der diesbezüglichen Brückenhypothesen. Diese können empirisch oder mit Hilfe spezifischer Theorien gewonnen werden. Als Ausgangspunkt bietet sich häufig wiederum eine Modellierung mit Hilfe der SEU-Theorie an. Der Akteur wählt dann diejenige Alternative, die seinen subjektiv erwarteten Nutzen maximiert. Alternativ können aber auch Entscheidungsregeln unterstellt werden, die den Annahmen spieltheoretischer Gleichgewichtskonzepte entsprechen.

Generell nimmt das MFS an, dass auch Handlungsselektionen im rc-Modus durch die Definition der Situation vorstrukturiert und beeinflusst werden. Frames und Skripte aktivieren spezifische Wissensbestände, Ziele, Wertorientierungen und Emotionen, die sich sowohl auf die Erwartungen als auch auf die betrachteten Konsequenzen und Bewertungen auswirken können. Zudem können Frames und Skripte den wahrgenommenen Alternativenraum und die Erwartungen der Akteure beeinflussen. Bei einer Modellierung mit Hilfe der SEU-Theorie lässt sich dies formal dadurch ausdrücken, dass man die Menge der Handlungsalternativen A, die Erwartungen p sowie die Bewertungen U jeweils als Funktion des selegierten Frames und Skripts darstellt:[64]

$$SEU(A_k | F_i, S_j) = \sum p_m(., F_i, S_j) U_m(., F_i, S_j) \text{ für alle } A_k \in A(., F_i, S_j) \qquad (5.7)$$

Das MFS erfüllt hier die gleiche Funktion eines sensitivierenden Modellierungsrahmens wie der Vorschlag von Akerlof und Kranton (2000) (siehe Kapitel 3.4). An die Stelle der Identität in der erweiterten Nutzenfunktion dieses Ansatzes treten im MFS der selegierte Frame und ein möglicherweise selegiertes Skript. In Anwendungen des MFS müssen diese Einflüsse näher spezifiziert werden. Da das MFS den Prozess der Situationsdefinition ohnehin in den Blick nimmt, sollte es leichter fallen, derartige Einflüsse zu erkennen und bei der Modellierung von Handlungsselektionen im rc-Modus zu berücksichtigen.

Ein Beispiel für eine entsprechende Ausgestaltung von Handlungsselektionen im rc-Modus ist die Prospect Theory von Kahneman und Tversky (1979) (siehe Kapitel 3.4). Sie kann im Rahmen des MFS zur Ausgestaltung der Handlungsselektion im rc-Modus verwendet werden, *sofern* Unterschiede im Handeln erklärt werden sollen, die durch die Selektion eines Gewinn- oder Verlust-Frames zustande kommen. Ein anderes Beispiel wäre die Theorie von Falk und Fischbacher (2006), die eingesetzt werden könnte, wenn durch die Situationsdefinition Reziprozitätsnormen relevant werden. Dies sind relativ spezifische Theorien, die in ihrem begrenzten Gegenstandsbereich aber äußerst erklärungskräftig sind. Aus Sicht des MFS sind sie zwar ergänzungsbedürftig, da in ihnen u.a. die Möglichkeit und Bedingungen unhinterfragter oder unbedingter Befolgung von Normen zu kurz kommen. Sie sind aber äußerst wertvoll, um *in bestimmten Situationen* Handlungsselektionen *im rc-Modus* zu erklären.

Für die Spezifikation von Handlungsselektionen im rc-Modus kann also mitunter auf existierende RC-Theorien zurückgegriffen werden. Um Missverständnisse zu vermeiden, ist es jedoch äußerst wichtig zu beachten, wie diese Modellierungen *im MFS* substantiell zu interpretieren sind. Das MFS

---

[64] Die Punkte in den Klammern verweisen darauf, dass diese Größen selbstverständlich auch von anderen, hier nicht näher spezifizierten Faktoren abhängen. Standardmäßig ist etwa anzunehmen, dass die Höhe der Erwartungen von ihrem Ausgangsniveau und neuer Information abhängt, die Alternativenmenge von grundlegenden Restriktionen und der Nutzen von bestimmten Zuständen der Welt.

interpretiert die entsprechenden Gleichungen psychologisch, nämlich als Modellierung eines *reflektierten* Entscheidungsprozesses. Dies ist ein Unterschied zum RC-Ansatz, der diese als gleichermaßen gültig für unbewusste oder spontane Handlungsselektionen ansieht. Ansonsten übernimmt das MFS jedoch die im RC-Ansatz vorherrschende technische Interpretation von Nutzenfunktionen als *Ausdruck von Präferenzen*. Im Unterschied zu einer weit verbreiteten soziologischen Fehlinterpretation gilt es hier nochmals zu betonen, dass der Nutzenbegriff nicht für eine bestimmte Klasse „erfolgsorientierter" oder „zweckrationaler" Motive steht.

Die SEU-Theorie kann daher im MFS auch zur Formalisierung einer rein wertbasierten reflektierten Handlungswahl verwendet werden: Der Akteur zieht dann ausschließlich Nutzenargumente in Betracht, die angeben, wie stark eine Handlung in ihren Eigenschaften und/oder Konsequenzen einen bestimmten Wert realisiert. Die Nutzenwerte spiegeln also lediglich wider, dass der Akteur die Wertverwirklichung positiv bewertet. Im RC-Ansatz sind derartige Modellierungen häufig zu Recht als ad hoc kritisiert worden. Im MFS dagegen lässt sich diese extreme Einschränkung der betrachteten Nutzenargumente als Ergebnis der vorangehenden Frame-, Skript- und Modus-Selektionen des Akteurs erklären (siehe dazu bereits ausführlich Kroneberg 2007).

Werte mit unbedingtem Geltungsanspruch fordern, dass der Akteur bei seiner Handlungswahl wertfremde Anreize ausblendet und *ausschließlich* auf Wertverwirklichung abzielt. Diese Forderung kann im MFS als Skript konzeptualisiert werden, obgleich Werte über diese Forderung hinaus meist zu unspezifisch sind, um Handlungswahlen zu regeln (siehe bereits Kapitel 3.3). Hinsichtlich des Ausblendens anderer Anreize folgt der betrachtete Akteur diesem Skript automatisch-spontan (denn in *dieser* Hinsicht ist der Regelungsgrad der Handlungswahl durch das Skript sehr hoch). Hinsichtlich der dann immer noch in Frage kommenden Handlungen führt er jedoch eine Handlungsselektion im rc-Modus durch (denn in *dieser* Hinsicht ist der Regelungsgrad der Handlungswahl durch das Skript zu gering). Dies ist eben jene Gleichzeitigkeit von Unbedingtheit und Kalkulation, die Max Weber für den Fall wertrationalen Handelns beschrieben hat.[65] Die ebenfalls in Kapitel 3.3

---

[65] Auf den ersten Blick mag diese Konzeptualisierung widersprüchlich erscheinen, da sie annimmt, dass eine Handlungsselektion einerseits im as-Modus, andererseits im rc-Modus durchgeführt wird. Dies verkennt aber, dass die Unterscheidungen des MFS nicht essentialistisch, sondern analytisch zu verstehen sind. Der Zweck der analytischen Unter-

diskutierte Unterscheidung zwischen gesinnungsethischem und verantwortungsethischem Handeln entspricht inhaltlich unterschiedlichen Skripten – je nachdem, ob der Wert normativ fordert, bei seiner Verwirklichung von jeglichen Folgen abzusehen oder nicht (Kroneberg 2007).

Das Beispiel wertrationalen Handelns illustriert den bereits angesprochenen allgemeinen Sachverhalt: Skripte beeinflussen die Handlungsselektion keinesfalls nur dann, wenn diese im as-Modus abläuft. Ein Akteur, der sein Handeln unhinterfragt oder unbedingt (also im as-Modus) an einem Skript ausrichtet, wird dies unter Umständen auch dann noch tun, wenn er vor einer Handlungswahl steht, die vom Skript nicht ausreichend geregelt wird. Er muss diese Handlungswahl zwar reflektiert, also im rc-Modus treffen, aber er schließt dabei alle jene Handlungsalternativen automatisch-spontan aus, die dem Skript eindeutig widersprechen.[66] Wie bereits erwähnt, beinhaltet die Verankerung von Skripten eine motivationsmäßige Bindung (Abelson 1981: 719; Schank und Abelson 1977: 15). Der Akteur verfolgt die mit einem stark verankerten Skript verbundenen Ziele daher auch dann, wenn es eine Leerstelle aufweist. Dies gilt freilich nur, solange er nicht auf Situationsobjekte stößt, die Anlass dazu geben, die Angemessenheit der zu Grunde gelegten Situationsdefinition oder des Skripts in Frage zu stellen (Frame- bzw. Skript-Selektion im rc-Modus).

---

scheidungen einer erklärenden Handlungstheorie besteht darin, Variation im Handeln zu erklären (siehe dazu bereits Kapitel 1). Im soeben betrachteten Fall sind dies einerseits Unterschiede zwischen Akteuren, die wertbasiert handeln (as-Modus), und solchen, die dies nicht tun (rc-Modus). Andererseits werden Unterschiede *innerhalb* der ersten Gruppe wertbasiert handelnder Akteure betrachtet. Diese beziehen sich auf die Auswahl einer wertkonformen Handlungsalternative. Diese zweite Quelle von Variation ist über eine Spezifikation der Handlungsselektion im rc-Modus zu erklären, obwohl diese Teilgruppe von Akteuren im Vergleich zu *nicht* rein wertbasiert handelnden Akteuren automatisch-spontan nur prinzipiell wertkonforme Alternativen in Betracht zieht. Ob man eine Handlungsselektion dem rc-Modus oder dem as-Modus zuweist, hängt also davon ab, welche Akteursgruppen man miteinander vergleicht bzw. welche Unterschiede im Handeln man betrachtet.

66 Dies ist genau das Phänomen, das Etzioni als „exclusion" bezeichnet (siehe Kapitel 4.2). In Lindenbergs neueren Arbeiten entspricht es einer Handlungswahl vor dem Hintergrund eines „normative goal-frames" (siehe u.a. Lindenberg 2008). Auch die in Bourdieus Arbeiten betonte Gleichzeitigkeit von Schemata-Strukturierung und Innovation, wie sie im „praktischen Sinn" zum Ausdruck kommt, lässt sich auf diese Weise im MFS reformulieren.

Frame-, Skript- und Handlungsselektionen im rc-Modus sind also dadurch gekennzeichnet, dass der Akteur eine überlegte Entscheidung zwischen mehreren wahrgenommenen Alternativen trifft. Gerade bei der Frame- und Skript-Selektion kann dabei die bewusste Ausbildung eines Angemessenheitsglaubens (also von Erwartungen) im Vordergrund stehen. Es ist aber auch möglich, dass sich ein Akteur durch Emotionen bzw. Interessen zu einer bestimmten Sichtweise verleiten lässt, obwohl eine angemessenere Alternative existiert. Handlungsselektionen im rc-Modus können vollends durch Kosten- und Nutzenabwägungen geprägt sein. Der Einfluss der Situationsdefinition und des aktivierten Skripts kann aber auch hier so stark sein, dass Erwartungen und Bewertungen entscheidend geprägt sind und bestimmte Handlungsalternativen erst gar nicht in Erwägung gezogen werden.

Das MFS lässt derartige Einflüsse erwarten und macht es möglich sie systematisch zu betrachten. Es enthält aber – vor einer weiteren Spezifikation in konkreten Anwendungen – keine empirisch testbaren Hypothesen darüber, *wie genau* diese Einflüsse aussehen. In diesem Punkt entfällt die Hauptlast der Erklärung daher auf Brückenhypothesen, die empirisch oder mit Hilfe spezifischerer Theorien gewonnen werden können. Nichtsdestotrotz ist das MFS weit mehr als ein Modellierungsrahmen. Die informationshaltigen Hypothesen des MFS beziehen sich unter anderem auf die Bedingungen, unter denen Akteure unhinterfragt oder unbedingt eine bestimmte Alternative selegieren (as-Modus), anstatt eine größere Zahl an Alternativen, Informationen und Anreizen reflektierend zu betrachten (rc-Modus). Diese Hypothesen können aus der Modus-Selektion gewonnen werden, welche den Gegenstand des folgenden Abschnitts bildet.

5.4 Die Modus-Selektion

Der Modus der Informationsverarbeitung entscheidet mit darüber, welche Einflussfaktoren die Frame-, Skript- und Handlungsselektion bestimmen. Um zu erklären, wie ein Akteur eine Situation definiert, welches Verhaltensprogramm er aktiviert und wie er letztlich handelt, ist es daher elementar, die *Bedingungen* zu kennen, unter denen der eine oder der andere Modus zu erwarten ist. Diese Zusammenhänge sind Gegenstand der Modus-Selektion, wobei der Frame-, Skript- und Handlungsselektion jeweils eine Modus-Selektion analytisch vorgelagert ist (siehe bereits Abbildung 5). Die Modus-

Selektion wird entscheidungstheoretisch mit Hilfe der SEU-Theorie *hergeleitet*, wobei sich die Modellierung an Erkenntnissen der sozialpsychologischen dual-process-Theorien orientiert. Wie bereits erwähnt, handelt es sich bei der Modus-Selektion um einen *vorbewussten* Prozess, der bestimmt, ob ein Akteur einem Sachverhalt Aufmerksamkeit zuweist oder nicht. An *dieser* Stelle wird nur deshalb auf die SEU-Theorie zurückgegriffen, weil sie erlaubt, den Zusammenhang zwischen Motivation, Aufwand, Opportunitäten und Aktivierung systematisch herzuleiten und dabei die Intuition eines angepassten Einsatzes von Reflexion zu berücksichtigen.[67]

Die Alternativen der Modus-Selektion sind der automatisch-spontane und der reflekiert-kalkulierende Modus der Informationsverarbeitung. Welche Auszahlungen ein Akteur im as-Modus und im rc-Modus jeweils erwarten kann, hängt von zwei externen Situationsmerkmalen ab: (a) Ob ausreichende Gelegenheiten zur Reflexion bestehen oder nicht und (b) ob die Alternative, die spontan aktiviert werden kann, tatsächlich optimal ist oder nicht. Beides weiß der Akteur nicht mit Sicherheit. Aufgrund vergangener Erfahrungen und unmittelbar wahrgenommener Situationsmerkmale verfügt der Akteur jedoch über subjektive Einschätzungen dieser objektiven Gegebenheiten: (a) Die *wahrgenommenen* Reflexionsopportunitäten p ($\in$ [0,1]) entsprechen der subjektiven Wahrscheinlichkeit, dass eine Reflexion erfolgreich durchgeführt werden kann. (b) Das Aktivierungsgewicht der automatisch aktivierbaren Alternative AW(.) entspricht der subjektiven Wahrscheinlichkeit, dass diese Alternative tatsächlich optimal ist: Eine starke spontane Aktivierung signalisiert, dass es ausreichend oder sogar wichtig ist, dieser am stärksten aktivierten Alternative zu folgen. Je nachdem, ob die Frame-, Skript- oder Handlungsselektion betrachtet wird, ist dieses Aktivierungsgewicht gleich m_i, $AW(S_j | F_i)$ oder $AW(A_k | F_i, S_j)$. Die Modus-Selektion ist ansonsten für die Frame-, Skript- und Handlungsselektion formal identisch. Ihre weitere Herleitung erfolgt daher der Einfachheit halber nur für die Frame-Selektion.

---

[67] Dies bedeutet wohlgemerkt *nicht*, dass das MFS einem instrumentalistischen Theorieverständnis folgen würde. Wenn Experimente zeigen sollten, dass die vier Determinanten anders zusammenwirken, als es die Spezifikation der Modus-Selektion impliziert, wäre diese falsifiziert und müsste modifiziert werden.

Tabelle 2: Die Entscheidungsmatrix der Modus-Selektion

	Zustände der Welt mit subjektiven Auftrittswahrscheinlichkeiten			
Alternativen	Reflexionsopp. ausreichend; F_i gilt $p \cdot m_i$	Reflexionsopp. ausreichend; F_j gilt $p \cdot (1 - m_i)$	Reflexionsopp. nicht ausreichend; F_i gilt $(1 - p) \cdot m_i$	Reflexionsopp. nicht ausreichend; F_j gilt $(1 - p) \cdot (1 - m_i)$
rc-Modus	$U_i - C$	$U_{rc} - C$	$U_i - C$	$- C_f - C$
as-Modus	U_i	$- C_f$	U_i	$- C_f$

Anmerkungen: p = Reflexionsopportunitäten, m_i = Match des Frames i, U_i = mit dem Frame i assoziierter Nutzen, U_{rc} = mit dem rc-Modus assoziierter Nutzen, C = Reflexionskosten, C_f = Kosten einer unangemessenen Selektion. Alle Parameter stehen für subjektive Größen, deren Werte sich allein aus unmittelbar wahrnehmbaren Situationsmerkmalen und Akteurseigenschaften ergeben.

Es sei mit F_i der Frame mit dem höchsten Match in der aktuellen Situation bezeichnet. Die Höhe des Matches m_i zeigt an, wie stark der Frame auf die aktuelle Situation passt. Im Rahmen der entscheidungstheoretischen Herleitung kann m_i daher als die (subjektive) Wahrscheinlichkeit bezeichnet werden, dass dieser Ausgangsframe gilt. Die Gegenwahrscheinlichkeit $(1 - m_i)$ entspricht somit dem Geltungsspielraum alternativer Frames. Einen alternativen Frame F_j kann der Akteur nur dann zur Situationsdefinition heranziehen, wenn er die Geltung des Ausgangsframes bewusst in Frage stellt, also die Situation im rc-Modus definiert.

Aus der Kombination der beiden Situationsmerkmale ergeben sich vier mögliche *Zustände der Welt* (Eisenführ und Weber 2003: 35f.; Savage 1954: 8ff.). Tabelle 2 gibt an, welche Auszahlungen in diesen jeweils zu erwarten sind, wenn der rc- oder der as-Modus selegiert werden (Kroneberg 2005: 354). Bei der Selektion des rc-Modus fallen immer Reflexionskosten C in Form von Zeit und Energie an. Unter drei der vier möglichen Zustände der Welt zahlt sich dieser Aufwand aber nicht aus: Wenn die Reflexionsopportunitäten ausreichen, aber ohnehin der Ausgangsframe F_i gilt, der auch spontan zugänglich ist, erkennt der Akteur im rc-Modus, dass eine Reflexion gar nicht nötig gewesen wäre (Spalte 2 in Tabelle 2). Wenn die Reflexionsopportunitäten nicht ausreichen, ist es dem Akteur ohnehin unmöglich, die Geltung eines alternativen Frames festzustellen. Der Akteur kann in seiner Situationdefinition nur dem auch spontan zugänglichen Ausgangsframe folgen. Für den Fall, dass dieser objektiv gilt, ist eine mit dem Frame assoziierte Auszahlung in Höhe von U_i angesetzt (Spalte 4). Wenn er nicht gilt, wird der Akteur die Situation falsch definieren und es fallen die Kosten C_f einer unangemessenen Situationsdefinition an (Spalte 5). Der rc-Modus lohnt sich nur, wenn ein zum Ausgangsframe alternativer Frame j gilt und der Akteur dies aufgrund ausreichender Reflexionsopportunitäten auch feststellen kann (Spalte 3). In diesem Fall ermöglicht die reflexive Durchdringung der Situation einen spezifischen Nutzen U_{rc}.

Gewichtet man die in den vier Zuständen der Welt realisierbaren Auszahlungen mit der Wahrscheinlichkeit dieser Zustände und addiert sie zeilenweise auf, so erhält man die SEU-Gewichte der beiden Modi:

$$SEU(as) = m_i U_i - (1 - m_i) C_f \tag{5.8}$$
$$SEU(rc) = pm_i(U_i - C) + p(1 - m_i)(U_{rc} - C) + (1 - p)m_i(U_i - C) +$$
$$(1 - p)(1 - m_i)(- C - C_f)$$
$$= p(1 - m_i)U_{rc} + (1 - p)(1 - m_i)(- C_f) + m_i U_i - C \tag{5.9}$$

Entsprechend der üblichen Entscheidungsregel kommt es genau dann zur Reflexion, wenn $SEU(rc)$ größer als $SEU(as)$ ist. Aus einfachen Äquivalenzumformungen dieser Ungleichheit ergibt sich die folgende Reflexionsbedingung:

$$p(1 - m_i)(U_{rc} + C_f) > C \tag{5.10}$$

Diese Ungleichung hat eine anschauliche Interpretation: Ein Akteur wird genau dann über unterschiedliche mögliche Situationsdefinitionen reflektieren, wenn der Nutzen dieser Aktivität die Reflexionskosten C übersteigt. Dass der Ausdruck auf der linken Seite der Ungleichung den Nutzen einer Reflexion gegenüber einer automatisch-spontanen Situationsdefinition wiedergibt, ist leicht ersichtlich: Wenn ausreichende Reflexionsopportunitäten bestehen (p) und tatsächlich ein alternativer Frame j gilt $(1 - m_i)$, kann der Akteur erstens den Nutzen einer angemessenen Definition der Situation

(U_{rc}) realisieren und zweitens die Kosten einer unangemessenen Situationsdefinition (C_f) vermeiden.

Die Summe ($U_{rc} + C_f$) entspricht den Opportunitätskosten einer falschen Entscheidung im as-Modus. In den sozialpsychologischen dual-process-Theorien wird dies als „Motivation", „perceived costliness of a judgemental mistake" oder „fear of invalidity" bezeichnet (Fazio 1990: 92). Um die Notation zu vereinfachen, definieren wir diese Reflexionsmotivation als $U \equiv U_{rc} + C_f$. Auch ansonsten reproduziert die entscheidungstheoretische Modellierung die Erkenntnisse der kognitiven Sozialpsychologie: Akteure machen umso eher von einem elaborierteren, aber auch aufwendigeren Modus der Informationsverarbeitung Gebrauch, je mehr auf dem Spiel steht, je weniger eindeutig die Situation ist, je günstiger die Gelegenheiten zur Reflexion und je niedriger die Reflexionskosten sind.

Diese Ergebnisse gelten ebenso für die Modus-Selektionen, die der Skript- und Handlungsselektion vorausgehen. Man muss lediglich in den Gleichungen 5.8, 5.9 und 5.10 den Match m_i durch das höchste Aktivierungsgewicht $AW(S_j|F_i)$ bzw. $AW(A_k|F_i,S_j)$ ersetzen. Die Aktivierungsgewichte von Frame, Skript bzw. Handlungsalternative sind soziologisch unmittelbar anschlussfähige Konstrukte: Sie beziehen sich auf Faktoren wie die Klarheit der Situationsdefinition, die Existenz konkurrierender Normen und Routinen oder den Grad ihrer Verinnerlichung. Auch die anderen Determinanten der Modus-Selektion lassen sich bei der Handlungserklärung in den Fokus der Betrachtung rücken. So variieren die Reflexionskosten C u.a. mit dem Informationsbedarf, der vor allem mit dem Vorwissen des Akteurs und der Komplexität der Situation variieren dürfte (Mayerl 2009: 205, 233; Quandt und Ohr 2004). Die Motivation zur Reflexion U ist umso höher, je stärker Situationsmerkmale signalisieren, dass „viel auf dem Spiel steht". Daneben kann die Motivation auch durch ein inter-individuell unterschiedlich stark ausgeprägtes generelles Bedürfnis nach Kognition beeinflusst sein (zum sog. „Need for Cognition" siehe Cacioppo und Petty 1982; Cacioppo et al. 1996; Petty und Cacioppo 1984; Petty, Cacioppo und Goldmann 1981). Schließlich variieren die wahrgenommenen Reflexionsopportunitäten p in Abhängigkeit von Faktoren wie Zeitdruck, Mehrfachbelastung oder individueller Verarbeitungskapazität. Generell gilt es zu beachten, dass sich die Werte aller Parameter der Modus-Selektion *allein* aus dem Zusammenspiel von Akteurseigenschaften und unmittelbar wahrnehmbaren Situationsmerkmalen ergeben.[68]

Aus dem Ergebnis der Modus-Selektion lassen sich bereits eine Reihe interessanter Schlussfolgerungen ziehen. Ein für soziologische Anwendungen besonders wichtiges Resultat erhält man, wenn man nicht die Reflexionsbedingung, sondern umgekehrt die Bedingung für den as-Modus, SEU(as) ≥ SEU(rc), betrachtet. Löst man diese Ungleichung nach den Aktivierungsgewichten auf, so erhält man die folgenden Bedingungen für den as-Modus bei der Frame-, Skript- und Handlungsselektion:

$$m_i \qquad \geq \ 1 - C/(pU) \qquad\qquad (5.11a)$$

$$AW(S_i \,|\, F_i) \qquad \geq \ 1 - C/(pU) \qquad\qquad (5.11b)$$

$$AW(A_k \,|\, F_i, S_i) \quad \geq \ 1 - C/(pU) \qquad\qquad (5.11c)$$

Auf Basis dieser Ungleichungen wird im folgenden Abschnitt eine Reihe von Hypothesen abgeleitet. Wie ein Vergleich der Ungleichungen verdeutlicht, werden die Voraussetzungen dafür, dass der Akteur im automatisch-spontanen Modus verbleibt, von Selektion zu Selektion größer. Dafür sei der Schwellenwert 1 − C/(pU) konstant gehalten. Betrachtet werden nur die linken Seiten der Ungleichungen, also die oben in ihren Komponenten dargestellten spontanen Aktivierungsgewichte (siehe die Gleichungen 5.11a, 5.11b und 5.11c). Damit es zur *Frame*-Selektion im as-Modus kommen kann, müssen die Situationsobjekte die Geltung eines bestimmten Frames relativ eindeutig anzeigen. Für eine *Skript*-Selektion im as-Modus ist *zusätzlich* erforderlich, dass der Akteur über ein Skript verfügt, das relativ stark mental verankert und zugänglich ist. Eine *Handlungs*selektion im as-Modus verlangt schließlich *zusätzlich*, dass das Skript die Handlungswahl relativ stark regelt. Eine uneindeutige Definition der Situation und eine Unsicherheit über das sozial erwartete Handeln wirken sich also auch auf das Handeln aus, und zwar in einer verringerten Disposition einfach einem der Situationsdefinition entsprechenden Skript zu folgen (vgl. Esser 2001: 291). Zudem lässt sich schlussfolgern, dass grundlegendere Orientierungen im Alltagsleben seltener

---

[68] Der Einwand, die Modus-Selektion setze die Kenntnis von Parametern voraus, die erst nach der Selektion des rc-Modus bekannt seien (Collins 1993: 66; Etzrodt 2000: 774f.; Witt 1993: 285), ist daher unberechtigt. Auch geht das Modell *nicht* davon aus, dass Akteure bewusst komplizierte Berechnungen durchführen (Opp 2004b: 260). Formalisiert wird vielmehr gerade die *begrenzte* Rationalität der Akteure.

149

zum Gegenstand bewusster Reflexion werden als die eigentliche Handlungswahl.

Eine weitere zentrale Folgerung betrifft den Spezialfall, in dem das Aktivierungsgewicht maximal, also gleich 1 ist. Wie sich zeigen lässt, ist dann die Ungleichung $AW(.) \geq 1 - C/(pU)$ immer erfüllt: Da die Parameter C und U per definitionem strikt größer als null sind, ist der Schwellenwert $1 - C/(pU)$ auf das Intervall $]-\infty, 1[$ beschränkt. Wenn $AW(.)$ gleich 1 ist, wird der Schwellenwert also immer überschritten. Über diesen Spezialfall lässt sich die „Unbedingtheit" im Handeln oder in bestimmten Situationsdeutungen darstellen, deren Bedeutung in klassischen soziologischen Handlungskonzepten betont wird (siehe Kapitel 4.2 sowie bereits Esser 2000c). Eine *maximale* Verankerung und situative Zugänglichkeit von Frames, Normen oder Routinen führt bereits für sich genommen dazu, dass diesen mentalen Modellen automatisch-spontan gefolgt wird.

Im Gegensatz zu jüngerer Kritik am MFS (Mayerl 2009; Rössel 2005: 170ff.) gilt es allerdings zu beachten, dass damit die Bedeutung der anderen Determinanten der Modus-Selektion keinesfalls negiert wird. Eine maximale Aktivierung (z.B. ein perfekter Match bei der Frame-Selektion) ist ein extremes Szenario. Auch wenn bisherige Arbeiten ausschließlich diese Unbedingtheit in den Fokus gerückt haben (z.B. Esser 2000c), lassen sich ähnliche Szenarien auch für die anderen Parameter betrachten. Beispielsweise führt eine *extrem* starke Motivation zur Reflexion sicher zum Wechsel in den rc-Modus: Über eine weitere Umformung der Reflexionsbedingung erhält man $pU > C/(1 - AW(.))$. Wenn ausreichende Reflexionsopportunitäten (p) bestehen und die Motivation (U) *gegen unendlich* geht, ist diese Bedingung selbst dann erfüllt, wenn die Reflexionskosten hoch sind und die Ausgangsalternative sehr stark aktiviert ist. Die Kritik, dass im MFS keine „motivationale Exit-Option aus dem automatisch-spontanen Modus besteht" (Mayerl 2009: 226), ist somit zurückzuweisen.

Diese ersten Schlussfolgerungen deuten bereits an, dass sich aus der Modus-Selektion eine Reihe interessanter Hypothesen gewinnen lässt. Für empirische Anwendungen des MFS reicht es wohlgemerkt aus, das *Ergebnis* der Herleitung der Modus-Selektion zu betrachten. Die Details der Herleitung selbst dürften dagegen soziologisch kaum von Interesse sein. Der folgende Abschnitt widmet sich ausführlich der Ableitung empirisch überprüfbarer Hypothesen aus dem MFS.

5.5 Hypothesengewinnung auf Basis des MFS

Das MFS besitzt eine Vielzahl empirisch überprüfbarer Implikationen. Es sagt vorher, welche Faktoren für bestimmte Selektionen relevant sind, und legt sich darüber hinaus auch auf eine bestimmte Art des Zusammenwirkens fest. Beispielsweise geht das Modell davon aus, dass die Komponenten des Matches, der die spontane Aktivierung von Situationsdeutungen bestimmt, multiplikativ verknüpft sind. Diese Hypothese eines interaktiven Zusammenwirkens von signifikanten Situationsobjekten und mentaler Verfügbarkeit wird empirisch von sozialpsychologischen Studien belegt (Bargh et al. 1986; Higgins und Brendl 1995). In den Punkten, in denen das MFS (sozial-)psychologische Forschungsergebnisse aufgreift, kann es bereits als empirisch bewährt gelten.

Im Folgenden gehe ich nur auf eine Auswahl von Hypothesen ein, die sich aus dem MFS gewinnen lassen. Diese beziehen sich auf die Bedingtheit von Anreizeffekten und werden teilweise in den folgenden empirischen Anwendungen überprüft. Durch die Berücksichtigung zweier Modi der Selektion lenkt das MFS den Blick auf bestimmte Formen der Heterogenität (man könnte auch sagen: Komplexität) in der Handlungsverursachung. Häufig hängt eine Selektion im rc-Modus von anderen Faktoren ab als eine Selektion im as-Modus oder zumindest von zusätzlichen. So werden innerhalb einer reflektierten Definition der Situation andere Informationen relevant als beim spontanen Match zwischen Frame und Situationsobjekten. Bei einer überlegten Handlungsselektion wiederum werden häufig Folgen in Betracht gezogen, die im as-Modus völlig ausgeblendet werden. In Anwendungen ist mit Hilfe von Brückenhypothesen zu spezifizieren, welche Faktoren eine betrachtete Selektion beeinflussen, je nachdem in welchem der beiden Modi sie erfolgt. Bei der Aufstellung solcher Brückenhypothesen kann auf bereichsspezifische Theorien, Resultate empirischer Forschung oder sonstiges empirisches Hintergrundwissen zurückgegriffen werden.

Der Ausgangspunkt jeder Anwendung des MFS sind also Brückenhypothesen über die modus- und selektionsabhängige Relevanz bestimmter Faktoren (mentale Modelle, Symbole, Anreize, Normen, Informationen etc.). Ausgehend davon, lässt sich das explanative Potential des Modells realisieren, indem man die Bedingungen betrachtet, unter denen die verschiedenen Faktoren wirksam werden. Diese Bedingungen und die Art und Weise ihres Zusammenwirkens sind in der Modus-Selektion spezifiziert.

Aus ihr lassen sich die wichtigsten Hypothesen des MFS gewinnen. Wie dies möglich ist, zeige ich im Folgenden anhand der Handlungsselektion. Die Art der Hypothesenableitung lässt sich aber ohne Weiteres auf die Frame- und Skript-Selektion übertragen.

Die den Modus der Handlungsselektion bestimmende Modus-Selektion gibt an, unter welchen Bedingungen der Akteur unter Ausblendung anderer Anreize und Alternativen einem Skript folgt (as-Modus) und wann er im Gegensatz dazu gerade dadurch zu einer Entscheidung gelangt, dass er zwischen diesen abwägt (rc-Modus).[69] Wie gezeigt wurde, lautet die Bedingung für den as-Modus:

$$AW(A_k \mid F_i, S_j) \geq 1 - C/(pU).$$

Es kommt also zur Selektion der vom Skript S_j nahe gelegten Handlung A_k im as-Modus, solange deren automatisch-spontane Aktivierung, $AW(A_k \mid F_i, S_j)$, mindestens so groß wie der Schwellenwert auf der rechten Seite der Ungleichung ist. Wie hoch dieser Schwellenwert ist, hängt von den Reflexionskosten (C), den Reflexionsopportunitäten (p) und der Reflexionsmotivation (U) ab. Der Einfachheit halber werden diese Einflussfaktoren zunächst nicht weiter betrachtet. Ich bezeichne den Schwellenwert $1 - C/(pU)$ daher abkürzend als τ und nehme an, dass er im Intervall $(0,1)$ liegt.[70] Die vorherige Ungleichung wird dann zu

$$AW(A_k \mid F_i, S_j) \geq \tau.$$

---

[69] Der Einfachheit halber wird also im Weiteren angenommen, dass ein Akteur im rc-Modus Anreize berücksichtigt, die bei einer Handlungsselektion im as-Modus keine Rolle spielen. Der Spezialfall rein wertrationalen Handelns im rc-Modus wird also nicht betrachtet.

[70] Die Parameter C, p und U können per definitionem nur positive Werte annehmen. Der Schwellenwert $1 - C/(pU)$ ist daher auf das Intervall $(-\infty, 1)$ beschränkt. Im Intervall $(0,1)$ liegt er, wenn gilt: $C < pU$. Im Folgenden wird also substantiell angenommen, dass die Reflexionskosten kleiner sind als die mit den Reflexionsopportunitäten gewichtete Motivation. Andernfalls käme es *immer* zum as-Modus, und zwar unabhängig von der Verfügbarkeit und Aktivierung eines mentalen Modells AW(.). Für die meisten soziologischen Anwendungen ist dies ein unrealistisches Szenario. In speziellen Situationen – etwa Massenpaniken – mögen die Reflexionskosten jedoch derartig hoch sein, dass Akteure selbst dann spontan auf Hinweisreize reagieren, wenn diese vergleichsweise schwach sind.

Ist diese Bedingung erfüllt, so kommt es zur Handlungsselektion im as-Modus. Wenn $AW(A_k|F_i,S_j)$, also das automatisch-spontane Selektionsgewicht der durch das selektierte Skript am stärksten aktivierten Handlungsalternative, hinreichend groß ist, führt der Akteur diese Handlungsalternative aus, und zwar *unabhängig* von anderen Anreizen oder Alternativen. Dies impliziert die folgende Hypothese:

Hypothese 1: Je größer das automatisch-spontane Selektionsgewicht der durch das selektierte Skript am stärksten aktivierten Handlungsalternative ist, umso geringer ist tendenziell der Einfluss anderer Anreize und Alternativen auf die Handlungsselektion. Wenn dieses Selektionsgewicht maximal ist, sollte kein (statistisch signifikanter) Einfluss anderer Anreize und Alternativen mehr feststellbar sein.[71]

Aus dieser Hypothese lassen sich spezifischere Hypothesen gewinnen, die empirisch getestet werden können. Wie dargelegt, ist das Selektionsgewicht der automatisch-spontan zugänglichen Handlungsalternative umso höher, (1.) je eindeutiger die Situation definiert werden konnte, (2.) je stärker diese Situationsdefinition und Situationsmerkmale ein bestimmtes Skript aktivieren, (3.) je stärker dieses Skript mental verankert ist und (4.) je eindeutiger dieses Skript eine bestimmte Handlungsalternative nahe legt. Kombiniert man diese Annahmen des MFS mit der Hypothese 1, so ergeben sich vier spezifischere Hypothesen:

Hypothese 1.1: Angenommen, ein Frame ist bei einem Akteur mit einem stark verankerten Skript verbunden, das die Handlungswahl hinreichend regelt. Dann gilt: *Je eindeutiger die Situation gemäß diesem Frame definiert werden kann, desto geringer ist tendenziell der Einfluss anderer Anreize und Alternativen auf die Handlungsselektion.*

---

[71] Der im ersten Teil der Hypothese aufgestellte Zusammenhang gilt nur „tendenziell", weil der Schwellenwert τ zwischen Individuen und Situation variiert und, zumindest mit Umfragedaten, nicht exakt bestimmt werden kann. Der zweite Teil der Hypothese lässt sich hingegen unabhängig von τ vorhersagen, da es für $AW(.) = 1$ immer zum as-Modus kommt. Vom Einfluss „anderer" Anreize ist die Rede, weil verinnerlichte Normen – aus der Perspektive des weiten RC-Ansatzes – auch als ein Anreiz unter anderen betrachtet werden könnten.

Hypothese 1.2: Angenommen, ein Akteur hat eine Situation hinreichend definiert und verfügt über ein stark verankertes Skript, das die Handlungswahl hinreichend regelt. Dann gilt: *Je stärker dieses Skript in der Situation (d.h. auf Basis der Situationsdefinition und externer Hinweisreize) aktiviert wird, desto geringer ist tendenziell der Einfluss anderer Anreize und Alternativen auf die Handlungsselektion.*

Hypothese 1.3: Angenommen, ein Akteur hat in einer hinreichend definierten Situation ein Skript aktiviert, das die Handlungswahl hinreichend regelt. Dann gilt: *Je stärker dieses Skript mental verankert ist, desto geringer ist tendenziell der Einfluss anderer Anreize und Alternativen auf die Handlungsselektion.*

Hypothese 1.4: Angenommen, ein Akteur hat in einer hinreichend definierten Situation ein mental stark verankertes Skript aktiviert. Dann gilt: *Je stärker dieses Skript die Handlungswahl regelt, desto geringer ist tendenziell der Einfluss anderer Anreize und Alternativen auf die Handlungsselektion.*

Die den Hypothesen jeweils vorangestellten Annahmen ergeben sich aus der *multiplikativen* Verknüpfung der vier Bestandteile des Aktivierungsgewichts. Ist einer dieser Faktoren zu niedrig ausgeprägt, so wird sich der vom MFS vorhergesagte Zusammenhang nicht oder nur sehr schwer beobachten lassen. Im Extremfall einer Ausprägung von null wird das gesamte Selektionsgewicht ebenfalls null, unabhängig davon, wie die anderen Faktoren ausgeprägt sind. Dies ist auch substantiell unmittelbar einleuchtend. Beispielsweise ist es offensichtlich irrelevant, wie stark ein bestimmtes Skript mental verankert ist, wenn dieses überhaupt nicht als situationsrelevant eingeschätzt wird (vgl. Hypothese 1.3). Ebenso spielt es keine Rolle, wie stark ein Skript die Handlungswahl regelt, wenn dieses überhaupt nicht verinnerlicht ist (vgl. Hypothese 1.4). Dass die aufgestellten Zusammenhangshypothesen nur unter den vorangestellten Bedingungen gelten, führt keinesfalls zu einer Immunisierung der Theorie. Eine hinreichend starke Ausprägung der jeweiligen Faktoren lässt sich häufig bereits auf der Basis von Plausibilitätsüberlegungen begründen. Die entsprechenden Annahmen gehen in die Menge der expliziten Brückenhypothesen ein und sind damit kritisierbar und prinzipiell empirisch prüfbar.

Statistisch lassen die abgeleiteten Hypothesen sog. Interaktionseffekte erwarten: Der Einfluss anderer Anreize ist unterschiedlich stark, je nachdem wie die vier Bestandteile des automatisch-spontanen Aktivierungsgewichts ausgeprägt sind.[72] Beispielsweise geht das MFS davon aus, dass stark internalisierte Normen (unter den in Hypothese 1.3 genannten Bedingungen) in der Lage sind, die Wirkung anderer Anreize zu unterdrücken. RC-Theorien, die allen Akteuren ein bestimmtes Nutzenkalkül unterstellen, lassen dagegen erwarten, dass internalisierte Normen lediglich einen Anreiz unter anderen darstellen und daher den subjektiv erwarteten Nutzen einer Handlungsalternative in derselben *additiven* Art und Weise erhöhen wie andere Anreize. Die Kontrastierung dieser konkurrierenden Hypothesen bezieht sich auf die kontinuierliche *Disposition* zur Ausführung eines Verhaltens, ist aber auch auf die Intention oder das gezeigte Verhalten selbst übertragbar.[73] Die statistische Überprüfung der MFS-Hypothesen ist an eine Reihe von Voraussetzungen geknüpft. Unter anderem verlangt sie die empirische Messung von Anreizen und ist nur dann aussagekräftig, wenn mindestens ein erklärungsstarker Anreiz identifiziert werden kann.[74]

In dieser Arbeit wird das MFS empirisch auf die Erklärung der Wahlteilnahme und der Rettung von Juden im Zweiten Weltkrieg angewendet. Zuvor werden in den nächsten beiden Abschnitten lerntheoretische Erwei-

---

[72] Weitere Hypothesen lassen sich gewinnen, indem man zwei Bestandteile des Aktivierungsgewichts *simultan* variiert. Auf diese Weise lässt sich danach fragen, wie die abschwächende Zweifach-Interaktion zwischen einem Bestandteil (z.B. der Skript-Verankerung) und der Wirkung reflektierter Anreize mit der Ausprägung eines anderen Bestandteils (z.B. der Klarheit der Situationsdefinition) variiert. Ein Zusatzkapitel zur Ableitung derartiger Dreifach-Interaktionshypothesen (Kroneberg 2011a) ist vom Autor erhältlich und auf den Internetseiten des Verlags hinterlegt.

[73] Empirisch liegen meist (dichotome oder ordinale) Messungen von Intentionen oder gezeigtem Verhalten vor, die die Verwendung nicht-linearer Regressionsmodelle notwendig machen. In diesen sagt das MFS sog. *variablenspezifische* Interaktionseffekte vorher, die mit Hilfe von Produkttermen zu schätzen und zu beurteilen sind (Nagler 1994). Diese sind nicht zu verwechseln mit den *modellinhärenten* Interaktionseffekten, die sich auf die Wahrscheinlichkeit eines Verhaltens beziehen und zwischen allen unabhängigen Variablen bestehen. Die Anwendung von Methoden, die diese Unterscheidung nicht berücksichtigen (Ai und Norton 2003), ist daher zu vermeiden. Ausführlich diskutiert werden die Beziehungen zwischen theoretischer und statistischer Modellierung in einem Zusatzkapitel (Kroneberg 2011b), das vom Autor erhältlich und auf den Internetseiten des Verlags hinterlegt ist.

[74] Wie Monte-Carlo-Simulationen zur statistischen Prüfbarkeit der MFS-Hypothesen zeigen, liegt ansonsten keine ausreichende Teststärke vor. Diese Analysen sind Teil des methodischen Zusatzkapitels (Kroneberg 2011b), das vom Autor erhältlich und auf den Internetseiten des Verlags hinterlegt ist.

terungsmöglichkeiten dargestellt und ein Überblick über bisherige empirische Anwendungen des MFS gegeben.

5.6 Der Prozess der Enkodierung

Gegenstand des MFS als Handlungstheorie ist der Prozess der *Dekodierung*. Konfrontiert mit einer Situation versuchen Akteure unter Rückgriff auf ihre Wissensbestände und Verhaltensprogramme Problemlösungen zu erarbeiten. Davon analytisch zu unterscheiden ist der Prozess der *Enkodierung*, in dem diese Programme auf- und abgebaut, verstärkt und abgeschwächt werden (Strauss und Quinn 1997: 103; Vanberg 2000, 2002). In bestimmten Anwendungen kann es interessant sein, diesen Prozess der Enkodierung mit einzubeziehen. Diesbezügliche Theorien, Modelle und Hypothesen lassen sich systematisch mit dem MFS verknüpfen. Welche Analysemöglichkeiten sich daraus ergeben und wie die Schnittstellen ausgearbeitet werden können, wird im Folgenden kurz veranschaulicht.

Die im vorherigen Abschnitt abgeleiteten Hypothesen spezifizieren Bedingungen, unter denen Akteure gegenüber einer Vielzahl von Anreizen immun sind, da sie automatisch-spontan einem stark verankerten Skript folgen. Dies gilt jedoch zunächst nur für die betrachtete Situation, also einen zeitlich begrenzten Ausschnitt. Bezieht man den Prozess der Enkodierung mit ein, so lassen sich kurz- und langfristige Einflüsse unterscheiden und weiter gehende Hypothesen aufstellen. In *kurzfristiger* Perspektive sagt das MFS vorher, dass automatisch-spontane Situationsdefinitionen und Handeln unabhängig von rein materiellen Anreizen sind. Ein Einfluss materieller Anreize ist nur möglich, wenn diese symbolisch oder kulturell wirken, hängt also vom Inhalt zugänglicher Frames und Skripte ab.

Als Beispiel sei betrachtet, wie eine Frau die Qualität ihrer Ehe einschätzt (Frame-Selektion). Das MFS lässt erwarten, dass sich ein Arbeitsplatzverlust des Ehepartners nur dann auf die wahrgenommene Qualität der Ehe auswirkt, wenn ein bestimmter Lebensstandard einen integralen Teil ihres Eheverständnisses darstellt (Roussell 1980). Andernfalls wird ein Arbeitsplatzverlust *nicht* dazu führen, dass sie die Definition der Ehe als „funktionierende Ehegemeinschaft" in Frage stellt. Die ökonomische Situation des Mannes stellt dann kein für den Frame relevantes Situationsobjekt dar und die Stabilität der Ehe ist – von Seiten der Frau – *kurzfristig unabhängig* von Einkommensfluktuationen.

Langfristig können jedoch auch Veränderungen rein materieller Anreize eine ehemals „unbedingte" Definition der Situation beeinflussen. So ist es durchaus wahrscheinlich, dass sich ein Absinken des Lebensstandards langfristig auch bei solchen Ehen auswirkt, deren Rahmung (aufgrund eines bestimmten Eheverständnisses) zunächst unabhängig von Einkommensfluktuationen war. Wenn der Ehemann über Monate hinweg keine neue Arbeit findet und die materielle Lebensqualität dadurch spürbar gesunken ist, kann sich bei der Ehefrau mehr und mehr die Verankerung des Frames „Wir sind eine funktionierende Ehegemeinschaft" abschwächen. Darüber kann es zur Reflexion kommen, in deren Rahmen sich die bis dahin im Hintergrund gebliebenen Veränderungen des Ehe-Gewinns auswirken. Über den Prozess der *Enkodierung*, der die Verankerung und den Inhalt von Frames und Skripten bestimmt (Strauss und Quinn 1997: 103; Vanberg 2000: 25ff.), können also auch kurzfristig unbedingte Situationsdefinitionen (oder ein skriptkonformes Handeln) langfristig untergraben werden (Esser 1999b: 358).[75]

Auf diese Weise kann erklärt werden, warum sich Auszahlungsänderungen empirisch oft erst mit *Zeitverzögerungen* auf die Definition der Situation und das Handeln auswirken. Dieses als Hysteresis-Effekt bezeichnete Phänomen wurde bereits von Marx aufgeführt und wird von Bourdieu verwendet, um den Unterschied seines Habitus-Konzepts zu RC-Theorien herauszuarbeiten (Bourdieu 1987b: 114ff.). Auch wenn der Habitus eine an bestimmte Voraussetzungen angepasste und insofern „rationale" Strategie darstellt, beruht er doch nicht auf einer reflektierten Kosten-Nutzen-Abwägung. Dies zeigt sich gerade an seiner kurz- und mittelfristigen Trägheit gegenüber veränderten Anreizen. Ebenso zentral war dieses Argument in der US-amerikanischen Diskussion über die „culture of poverty" (Hannerz 1969: 193f.; Lewis 1968). Erweitert um lerntheoretische Hypothesen vermag das MFS diese Grundeinsicht soziologischer Theoriebildung zu bewahren

---

[75] Wenn Opp (2010) die vermeintliche Gegenthese zum MFS vertritt, auch im as-Modus seien Kosten und Nutzen relevant, mangelt es genau an dieser Differenzierung zwischen kurz- und langfristigen Einflüssen bzw. an der Unterscheidung zwischen den Prozessen der Dekodierung und der Enkodierung.

und erweist sich somit auch in dieser Hinsicht als geeignete Mikrofundierung soziologischer Analysen.[76]

Auf Basis der Konzeption von Frames und Skripten als Netzwerke gelernter Assoziationen lässt sich die mögliche Verknüpfung des MFS mit lerntheoretischen Überlegungen weiter präzisieren. Frames und Skripte bestehen als mentale Strukturen aus aufeinander bezogenen Elementen, die assoziativ sowohl miteinander als auch mit bestimmten Situationsobjekten, Werten und Emotionen verbunden sind (siehe dazu Collins und Loftus 1975; Strauss und Quinn 1997). Es kann angenommen werden, dass die Stärke ihrer mentalen Verankerung davon abhängt, inwieweit sie in der Vergangenheit emotional als zuträglich erlebt wurden (vgl. Homans 1974: Kap. 2). So dürfte etwa die mentale Verankerung eines Frames (a_i) umso größer sein, je häufiger seine Selektion mit positiven Emotionen einherging. Dasselbe kann für die Enkodierung signifikanter Objekte angenommen werden. Über diese Prozesse assoziativen Lernens kann der innerhalb eines Frames erfahrene Nutzen *langfristig* die Höhe seiner Verankerung und darüber auch seine Passung beeinflussen.

Für eine Formalisierung dieser Prozesse bietet sich das lerntheoretische Modell von Macy und Flache (2002) an. Dieses spezifiziert, wie sich eine Verhaltensdisposition in Abhängigkeit vom erlebten Stimulus abschwächt oder verstärkt (siehe Macy und Flache 2002: 7231). Die Veränderung ist umso stärker, je größer der Stimulus und eine konstante Lernrate sind. Der Stimulus wiederum ergibt sich aus der Differenz zwischen der erfahrenen Auszahlung und einem sich endogen anpassenden Anspruchsniveau. Das Modell von Macy und Flache erklärt Verhalten rein adaptiv bzw. vergangenheitsgesteuert und betrachtet entsprechend direkt die Wahrscheinlichkeit, eine bestimmte Handlung auszuführen. In der Übertragung auf das MFS träte an deren Stelle beispielsweise die Verankerung eines Frames, da sich die Verstärkungsprozesse zunächst nur auf die Verankerung, die Verknüpfung und den Inhalt der Frames und Skripte auswirken. Direkt betrof-

---

[76] Entscheidend ist hierfür wiederum die Annahme variabler Rationalität bzw. die theoretisch zugelassene Möglichkeit spontaner, anreizunabhängiger Skript-Befolgung. Dagegen ist die Hypothese eines Hysteresis-Effekts kaum begründbar, wenn man Routinen als Ergebnisse eines fortwährenden Nutzenkalküls zu rekonstruieren versucht: „[…] even if behaviours become a habit individuals may continually ‚recalculate' to make sure that the behavioural consequences taken into account have not changed and, thus, that their habit is the best behavioural choice for them." (Friedrichs und Opp 2002: 403)

fen ist somit zunächst nur die automatisch-spontane Aktivierung mentaler Modelle. Ob diesen spontan gefolgt wird oder es doch zu zukunftsbezogenen reflektierten Abwägungsprozessen kommt, hängt von weiteren situativen und akteursspezifischen Einflüssen ab.[77]

Besonders interessant sind die Fälle, in denen adaptive Verstärkungsprozesse letztlich zu einem Modus-Wechsel führen. Ein Infragestellen ehemals unhinterfragter Situationsdeutungen und Handlungsprogramme ist dabei ebenso möglich wie das zunehmend selbstverständliche Weiterverfolgen eines zunächst immer wieder abgewogenen Handelns, z.B. beim Entstehen von Vertrauen (vgl. Lahno 2002; Williamson 1993). Insgesamt ergibt sich somit die Option auf eine weitaus realistischere bzw. vollständigere Modellierung von Prozessen der De- und Enkodierung.[78] Im Kontext der meisten soziologischen Anwendungen reicht es jedoch aus, auf Basis des MFS den Prozess der Dekodierung zu betrachten bzw. mit einfachen lerntheoretischen Anschlusshypothesen zu arbeiten. Häufig wird dies auch durch die Begrenztheit der verfügbaren Daten erzwungen, welche den Einbezug individueller Lerngeschichten unmöglich macht.

5.7 Bisherige Anwendungen des Modells

Eine Reihe von Studien veranschaulicht bereits die empirischen Anwendungsmöglichkeiten des MFS in diversen soziologischen Forschungsfeldern. Empirische Anwendungen der früheren Fassung des Modells bzw. der Frame-Selektionstheorie von Esser existieren unter anderem zur Erklärung von Scheidungen (Esser 2002a, b), Entscheidungen in experimentellen Dilemma-Szenarien (Stocké 2002), von Befragtenverhalten (Stocké 2004) sowie von Ost-West-Unterschieden in der Wahlbeteiligung (Becker 2004). Zudem

---

[77] Die in Kapitel 2.4 diagnostizierte begrenzte Reichweite rein vergangenheitsgesteuerter Lernmodelle ließe sich durch die Verknüpfung mit dem MFS somit überwinden. Realistischerweise müsste man bei einer Anwendung verschiedene Anspruchsniveaus je nach mentalem Modell zulassen, um etwa berücksichtigen zu können, dass das Anspruchsniveau innerhalb des Frames „intakte Ehe" höher ist als innerhalb des Frames „defekte Ehe".

[78] Die Verbindung des MFS mit dem Modell von Macy und Flache macht zudem deutlich, dass das MFS auch in einem komplementären Verhältnis zum lerntheoretischen Ansatz von Homans steht. Wie sich leicht zeigen ließe, lassen sich dessen zentrale Propositionen aus ihrem Modell auch formal ableiten (siehe Homans 1974: Kap. 2).

wurde sie theoretisch zur Erklärung ethnischer Konflikte (Esser 1999a), kollektiven Handelns (Schnabel 2006), der Wahlentscheidung (Behnke 2001) sowie des Verhaltens in Niedrigkostensituationen (Quandt und Ohr 2004) angewendet. Die dargestellte aktuelle Fassung des MFS (Kroneberg 2005) hat zu einer Reihe weiterer Anwendungen und Tests geführt. Diese beziehen sich auf die Erklärung von Bildungsentscheidungen (Kroneberg, Stocké und Yaish 2006), der Wahlteilnahme (Kroneberg 2006), von Fertilität (Eckhard 2010; Nauck 2007), von Kriminalität (Eifler 2009; Kroneberg, Heintze und Mehlkop 2010; Pollich 2010), der Stabilität von Partnerschaften (Arránz Becker und Hill 2010; Hunkler und Kneip 2008, 2010), von Spendenverhalten (Mayerl 2009, 2010) und von Umweltverhalten (Best 2009).

Bisherige Anwendungen des MFS lassen sich in zwei Gruppen unterteilen. In einer ersten Gruppe wird versucht, zentrale Konstrukte des MFS möglichst direkt zu messen und ausgewählte Hypothesen zu testen. Zweitens existieren Anwendungen, in denen das MFS zwar nicht getestet, aber als handlungstheoretische Mikrofundierung genutzt wird. Ich diskutiere zunächst die erste Gruppe von Arbeiten. In deren Zentrum stehen häufig die Hypothesen, denen zufolge eine bestimmte, stark auferlegte Definition der Situation bzw. ein stark verankertes Skript dazu führen kann, dass andernfalls relevante Anreize bei der Situationswahrnehmung und beim Handeln ausgeblendet werden (Hypothesen 1.1 und 1.3 in Kapitel 5.5).[79]

Beispielsweise vermag Stocké statistisch zu zeigen, dass instrumentelle Anreize zu sozial erwünschtem Antwortverhalten in Umfragen ihre Erklärungskraft in dem Maße verlieren, in dem die Befragten eine kooperative und konformistische Befragtenrolle einnehmen, d.h., in der Umfragesituation ein Skript aktivieren, welches „eine bedingungslose Unterstützung der aktuellen Umfrage durch möglichst korrekte Antworten" impliziert (Stocké

---

[79] In seiner Studie zu Spendenverhalten analysiert Mayerl, auf welche Weise die *Zugänglichkeit* einer Einstellung (operationalisiert über die Häufigkeit von Gesprächen über das Thema Spenden in den letzten 12 Monaten) und die Reflexionsmotivation die Zusammenhänge zwischen Einstellung und Intention sowie zwischen Einstellung und Verhalten beeinflussen (Mayerl 2010). Dabei wird dem MFS in der hier vertretenen Fassung fälschlicher Weise unterstellt, es sage einen starken Effekt der Zugänglichkeit vorher, der unabhängig von der Höhe der Reflexionsmotivation sei. Tatsächlich geht das MFS davon aus, dass gerade in einer Hochkostensituation eine Einstellung nicht nur stark zugänglich, sondern zusätzlich auch sehr stark verankert sein muss, um unhinterfragtes Handeln zu bewirken (siehe Hypothese 1.2 in Kapitel 5.5). Mögliche Indikatoren der Verankerung findet man in Mayerls Analyse jedoch lediglich unter den Kontrollvariablen.

2004: 306). Ähnliche Zusammenhänge ließen sich auch in den anderen Anwendungen auffinden. So können hohe elterliche Bildungsaspirationen die Wahl der Schulform beim Übergang in die Sekundarstufe I weitgehend unabhängig von den schulischen Leistungen des eigenen Kindes werden lassen (Kroneberg, Stocké und Yaish 2006). Ebenso scheint ein ausgeprägtes Umweltbewusstsein zumindest tendenziell den Einfluss der Verhaltenskosten auf die Teilnahme am Recycling zu reduzieren (Best 2009).

In der Anwendung von Eckhard gelingt der Nachweis, dass der bekannte negative Zusammenhang zwischen dem Bildungsabschluss von Frauen und ihrer Familiengründungsrate verschwindet, wenn eine familienorientierte Rahmung der eigenen Partnerschaft vorliegt (Eckhard 2010). Das Abitur – im Unterschied zu niedrigeren Abschlüssen – dient dabei als Indikator höherer Opportunitätskosten der Familiengründung. Dagegen besteht der negative Effekt andauernder Ausbildungsphasen auf die Familiengründung auch bei familienorientierter Rahmung der Partnerschaft. Dies spricht dafür, dass eine derartige Rahmung zwar eine Familiengründung unbedingt vorsieht, aber ebenso eine verantwortungsvolle Planung des Zeitpunktes dieser Entscheidung. Ihr Aufschub bis zum Abschluss von Ausbildungsphasen erscheint demnach weniger als Anreizeffekt, denn als Ausdruck von Angemessenheitsvorstellungen und normativen Überzeugungen.

Die aus dem MFS ableitbare Hypothese einer Moderatorwirkung internalisierter Normen auf die Verhaltensrelevanz von Anreizen wird zudem von empirischen Studien bestätigt, die das MFS nicht als theoretische Grundlage verwenden (siehe z.B. Wagner 1995). Vor allem in der Kriminologie wurde diese Hypothese schon früh im Kontext der Abschreckungsforschung formuliert (Grasmick und McLaughlin 1978; Zimring und Hawkins 1968) und konnte vielfach belegt werden (siehe Kroneberg, Heintze und Mehlkop 2010). Auch in diesem Forschungsgebiet ermöglicht das MFS eine systematischere Ableitung bisheriger und Gewinnung zusätzlicher Hypothesen (Kroneberg, Heintze und Mehlkop 2010). So lässt sich etwa die Definition der Situation über das Konzept der Neutralisierungen einbeziehen (aus der Perspektive des MFS siehe Eifler 2009; allgemein siehe u.a. Sykes und Matza 1957). Sobald gute Gründe bestehen, die Geltung von Normen in der Handlungssituation zu hinterfragen, verlieren diese tendenziell ihre abschirmende Wirkung hinsichtlich devianter Alternativen (Kroneberg, Heintze und Mehlkop 2010; Paternoster und Simpson 1996).

Wie direkt die Hypothesen des MFS getestet werden können und welche weiteren Einsichten seine Anwendung ermöglicht, hängt zuvorderst von den verfügbaren Daten ab. Bemerkenswerte Fortschritte bei der Operationalisierung zentraler Konstrukte wurden etwa im familiensoziologischen Anwendungsbereich gemacht. Im Unterschied zu den ersten Anwendungen, in denen nur relativ indirekte Indikatoren eingesetzt werden konnten (Esser 2002a, b), entwickeln neuere familiensoziologische Arbeiten weitaus differenziertere Operationalisierungen.

So verwenden Hunkler und Kneip (2008, 2010) in ihrer Analyse der Partnerschaftsstabilität eine direkte Messung der Rahmung der Beziehung als unauflösliche Institution. Zudem operationalisieren sie zwei weitere Komponenten der Situationsdefinition im MFS: das Vorliegen bestimmter Situationsobjekte und ihre Signifikanz für die Situationsdefinition. Konkret wurde erhoben, inwiefern bestimmte Ereignisse aufgetreten sind (Alkohol-, Tabletten- oder andere Drogenprobleme, Fremdgehen sowie körperliche Gewalt) und inwieweit diese jeweils von den Befragten persönlich als ernsthaftes Beziehungsproblem angesehen werden.

In seiner bereits erwähnten Studie operationalisiert Eckhard (2010) die Deutung der Paarbeziehung als familienorientierte Partnerschaft über das Vorliegen dreier Merkmale. Die Befragten sehen ihre Partnerschaft erstens als intakt und zweitens als sehr enge gefühlsmäßige Bindung an. Zudem stimmen sie drittens der Aussage, dass Sexualität eine große Rolle in ihrer Paarbeziehung spielt, *nicht* voll zu. Nur über das Kriterium der relativierten Bedeutung der Sexualität lassen sich familienorientierte von partnerorientierten Beziehungskonzepten abgrenzen, die im Zuge der Entmonopolisierung traditioneller Leitbilder entstanden sind. In partnerorientierten Beziehungen steht die emotionale Bindung zwischen den Partnern im Vordergrund, *ohne* dass notwendigerweise von einer dauerhaften gemeinsamen Zukunft und einer gemeinsamen Familiengründung ausgegangen würde. Nur durch diese differenzierte Operationalisierung vermag Eckhard den oben berichteten Interaktionseffekt nachzuweisen.

Eine zweite Gruppe von Anwendungen testet das MFS nicht direkt, verwendet es aber als handlungstheoretische Mikrofundierung. Sie erlauben sein Potential für Anwendungen einzuschätzen, in denen das primäre soziologische Erkentnisinteresse größeren sozialen Zusammenhängen gilt. Ein Beispiel einer derartigen Anwendung des MFS ist die Erklärung von Ost-West-Unterschieden in der Wahlbeteiligung, die Rolf Becker entwickelt hat

162

(Becker 2004). Becker nimmt an, dass sich ostdeutsche Wähler aufgrund ihrer anderen politischen Sozialisation häufiger im rc-Modus für oder gegen eine Teilnahme an Wahlen entscheiden. Ihre Entscheidung hängt dabei unter anderem von der Überzeugung ab, über die Wahlbeteiligung politischen Einfluss ausüben zu können. Diese Einflusserwartung ist eine Anreizvariable, die nur oder hauptsächlich im rc-Modus relevant wird. Der Zusammenhang zwischen der Einflusserwartung und dem Teilnahmeverhalten sollte bei ostdeutschen Wählern daher stärker sein als bei westdeutschen Wählern, von denen Becker annimmt, dass sie sich eher im as-Modus für oder gegen die Wahlteilnahme entscheiden. Die Erklärung basiert hier also auf einer Brückenhypothese, der zufolge der Modus der Wahlteilnahme systematisch zwischen ost- und westdeutschen Wahlberechtigten variiert (Becker 2004: 324).

Ein weiteres Beispiel stellt Bernhard Naucks komparative Studie zu Fertilitätsentscheidungen dar (Nauck 2007). Unter Zuhilfenahme des MFS gelingt es Nauck, eine integrative Erklärung von Fertilitätsentscheidungen zu entwickeln, die ökonomische Anreize ebenso berücksichtigt wie die kulturelle Rahmung und Regelung des generativen Verhaltens. Rational-Choice-Theorien der Fertilität betonen vor allem die in modernen Gesellschaften generell gestiegenen Kosten von Kindern sowie ihren zurückgegangenen Arbeits- und Versicherungsnutzen. Objektive Anreizstrukturen allein vermögen jedoch weder die enorme Variation im generativen Verhalten *zwischen* verschiedenen Gesellschaften vollständig zu erklären, noch seine nur langsame und relativ inelastische Veränderung in der Generationenfolge (Nauck 2007: 4). Die von Nauck entwickelte MFS-Erklärung geht davon aus, dass Fertilitätsentscheidungen aufgrund ihrer gesellschaftlichen Bedeutung stark kulturell gerahmt und normativ geregelt sind und dass die entsprechenden Skripte bestimmte Standards sowohl für die ideale Anzahl der Kinder als auch für die zeitliche Positionierung der Elternschaft im Lebensverlauf beinhalten (vgl. McQuillan 2004: 49f.). Naucks theoretische Argumentation lässt u.a. erwarten, dass der Einfluss von Anreiz- und Opportunitätsstrukturen auf Fertilitätsentscheidungen *vor* dem demografischen Übergang und *nach* seinem Ende relativ gering sein sollte: In diesen Perioden ist die kulturell-normative Regelung des Fertilitätsverhaltens weitgehend stabil und die Akteure folgen daher unhinterfragt den entsprechenden, stark verankerten Skripten (vgl. Swidler 1986). Empirisch überprüft Nauck diese Hypothesen anhand eines zehn Gesellschaften umfassenden Datensatzes, der direkte Indikatoren der relevanten Anreize enthält. Die Analysen stimmen größtenteils mit der entwickelten MFS-Erklärung überein und zeigen, dass die individuell variierenden Anreize in Gesellschaften, die sich im demografischen Übergang befinden (Türkei, China, Israel), einen weitaus stärkeren Einfluss ausüben als in Gesellschaften, in denen der Fertilitätsrückgang mehr oder weniger abgeschlossen ist (Deutschland, Tschechien).

In den dargestellten Anwendungen des MFS besteht sein soziologischer Mehrwert vor allem in der Ermöglichung differenzierter und anscheinend auch empirisch zutreffender Analysen situationaler und handlungsgenerierender Mechanismen. Das MFS erlaubt, die Bedeutung der Definition der Situation und unhinterfragter Selektionen systematisch mit der Handlungswirksamkeit abwägender Nutzenkalküle zu verbinden und dadurch zu soziologisch gehaltvolleren Brückenhypothesen zu gelangen. Dies gilt auch für die in dieser Arbeit durchgeführten empirischen Analysen. Im zweiten Teil dieser Arbeit widme ich mich der Erklärung zweier prominenter Rätsel des Handelns: der Wahlteilnahme und der Rettung von Juden im Zweiten Weltkrieg (Kapitel 6 und 7). Ein weiteres Kapitel zeigt schließlich das Potential des MFS für Arbeiten auf, deren Schwerpunkt auf der Logik der Aggregation liegt.

TEIL II:
Anwendungen

6 Wahlteilnahme in Demokratien

Die Wahlteilnahme wurde sowohl als einfachster als auch als wichtigster Akt politischer Partizipation in Demokratien bezeichnet (Aldrich 1993; Brady, Verba und Schlozman 1995). Es verwundert daher wenig, dass das anfängliche Unvermögen des RC-Ansatzes, dieses politische Handeln zu erklären, seit jeher das prominenteste Beispiel der empirischen Kritik am RC-Ansatz bildet. Die klassische RC-Analyse von Downs ergab, dass sich ein rationaler Entscheider nicht an Wahlen in Elektoraten substantieller Größe beteiligen sollte, da seine Stimme mit an Sicherheit grenzender Wahrscheinlichkeit für den Wahlausgang bedeutungslos ist (Downs 1957). Im Widerspruch dieser Folgerung zur empirisch vorfindbaren Wahlbeteiligung besteht das sog. *Wahlparadoxon*. Wie kein anderes hat es die Theorieentwicklung im Rahmen des RC-Ansatzes stimuliert und zu einer Reihe von Erweiterungen des Downschen Wählerkalküls geführt. Diese Entwicklung wird im folgenden Kapitel selektiv nachvollzogen. Dabei zeigt sich deutlich die bereits im Kapitel 2.2 analysierte Abfolge von engen RC-Theorien, empirischer Kritik, weiten RC-Theorien und wissenschaftstheoretischer Kritik. Die resultierende Zwickmühle der Kritik hat teilweise sogar wieder zu einer Abkehr von empirisch eigentlich gut bestätigten weiten RC-Theorien der Wahlteilnahme geführt (Becker 2001, 2002; Jankowski 2002).

Die Anwendung des MFS auf die Erklärung der Wahlteilnahme weist einen Ausweg aus dieser theoretischen Pattsituation. Sie ermöglicht die bisherigen Gegenpositionen zu integrieren und führt zu neuen, empirisch prüfbaren Hypothesen. Erste Hinweise auf die Gültigkeit der entwickelten MFS-Erklärung der Wahlteilnahme ergeben sich bereits aus einigen früheren empirischen Studien. Einen umfassenderen direkten Test der MFS-Interaktionshypothesen leisten aber erst die in dieser Arbeit durchgeführten Sekundäranalysen (siehe allerdings bereits Kroneberg 2006).

6.1 Die Erklärung der Wahlteilnahme im RC-Ansatz

6.1.1 Das Wahlparadoxon

Die erste systematische und mittlerweile klassische Behandlung der Wahlentscheidung im Rahmen des RC-Ansatzes geht auf Anthony Downs „Ökonomische Theorie der Demokratie" zurück (Downs 1957). Downs modellierte die Wahlteilnahme erstmals als Ergebnis einer rationalen Entscheidung i.S. einer Maximierung des erwarteten Nutzens aus verschiedenen Alternativen: der Wahl der Partei A, der Wahl der Partei B und der Nichtwahl. Der erwartete Nutzen aus der Wahl der am stärksten präferierten Partei A lässt sich wie folgt ausdrücken:

$$EU(A) = pB - C$$

Der Parameter C (= Costs) bezeichnet die Kosten der Wahlteilnahme. Der Wähler muss Zeit aufwenden, sich registrieren zu lassen, zum Wahllokal zu gehen und den Wahlakt zu tätigen. Des Weiteren entstehen Informationskosten im Vorfeld der Wahl. Da Zeit eine knappe Ressource ist, entgeht dem Wähler der Nutzen aus anderen Aktivitäten, für die er die Zeit stattdessen verwenden könnte. Die Kosten der Wahlteilnahme sind in erster Linie derartige Opportunitätskosten. Es kann also angenommen werden, dass $C > 0$ ist. Der Parameter B (= Benefits) steht für das sog. Parteiendifferential. Es bezeichnet die Nutzendifferenz, die ein Wähler von der Regierungsübernahme seiner Erstpräferenz Partei A im Vergleich zur Partei B erwartet (Pappi 2002: 632). Wenn es für den Wähler keinen Unterschied macht, welche Partei an die Regierung kommt, hat er keinen Grund sich an der Wahl zu beteiligen (Blais 2000: 1). B wäre in diesem Fall gleich null und es würden durch die Wahlteilnahme bloß Kosten entstehen. Für die Entscheidung des Wählers kommt es auf den *erwarteten* Ertrag aus der eigenen Beteiligung an. Dafür muss B noch mit der Wahrscheinlichkeit p gewichtet werden, dass der Wähler *durch seine Stimme* den Wahlsieg der Partei A herbeiführt. Wenn nämlich die Partei A die Wahl auch ohne die Stimme dieses Wählers gewinnt oder verliert, gibt es für ihn wiederum keinen Grund, an der Wahl teilzunehmen. Ein Wähler wird sich nach dem obigen Modell also nur unter der Voraussetzung an der Wahl beteiligen, dass er mit einer ausreichend hohen Wahrscheinlichkeit *dezisiv* ist, d.h. seine Stimme den Ausschlag gibt.

Im Falle relativer Mehrheitswahl bezeichnet p die Wahrscheinlichkeit, dass die beiden Parteien ohne die Stimme des betrachteten Wählers genau gleich viele Stimmen erhalten oder dass die Erstpräferenz ohne die Stimme des betrachteten Wählers genau eine Stimme weniger als die alternative Partei erhält. Im ersten Zustand der Welt kann der betrachtete Wähler durch die Wahl seiner Erstpräferenz dieser zum Sieg verhelfen, im zweiten ihre Niederlage verhindern. Unabhängig davon, auf welche Weise man die Eintrittswahrscheinlichkeiten dieser beiden Zustände der Welt berechnet (vgl. Mueller 2003: 304f.), gilt, dass sie bei jedem Elektorat substantieller Größe infinitesimal klein sind.

Wenn die Wahlteilnahme auch nur mit geringsten Kosten verbunden ist, werden diese größer als der erwartete Ertrag sein (C > pB) und das Modell sagt daher voraus, dass sich ein rationaler Wähler nicht an einer Wahl in einem großen Elektorat beteiligen wird. Dies widerspricht offensichtlich dem empirischen Fakt, dass sich in westlichen Demokratien bei Wahlen auf nationaler Ebene regelmäßig mehr als die Hälfte der Wahlberechtigten beteiligen (Blais 2000: 2; Klein 2002: 35). Aus der Perspektive des Modells von Downs spricht man daher vom Wahl- oder Wählerparadoxon („paradox of voting"). Innerhalb des RC-Ansatzes wurde eine Vielzahl von Lösungsvorschlägen für das Wahlparadoxon entwickelt (siehe etwa die Darstellungen bei Geys 2006; Mensch 1999). Aus diesen greife ich im Folgenden besonders prominente Theorien heraus, wobei zuerst enge RC-Theorien und dann weite RC-Theorien der Wahlteilnahme dargestellt und diskutiert werden.

6.1.2 Minimax Regret und spieltheoretische Ansätze

Zwei prominente Versuche, das Wahlparadoxon mit Hilfe enger RC-Theorien zu lösen, sind das Modell von Ferejohn und Fiorina sowie spieltheoretische Ansätze. Ferejohn und Fiorina (1974) umgehen das Problem der infinitesimal geringen Wahrscheinlichkeit, dezisiv zu sein, indem sie von einer Entscheidung *unter Unsicherheit* ausgehen, also annehmen, dass die Wähler nicht in der Lage sind, den entscheidungsrelevanten Ereignissen subjektive Wahrscheinlichkeiten zuzuweisen. Als Entscheidungsregel wird die Minimierung des maximal möglichen Bedauerns („minimax regret") unterstellt. Das größte Bedauern entstünde für viele Wähler genau dann, wenn sie nicht zur Wahl gingen und sich im Nachhinein herausstellen würde, dass ihre Stimme den Ausschlag gegeben hätte. Mit der Vermeidung dieses Ereignisses erklärt das Modell die Wahlteilnahme. Es ist jedoch theoretisch fragwürdig, von der überaus konservativen „minimax regret"-Entscheidungsregel auszugehen (Aldrich 1997: 381; Mueller 2003: 308). Zudem sprechen die Ergebnisse empirischer Studien dagegen, dass ein derartiges Vermeiden ein Hauptmotiv der Wahlteilnahme ist (Blais 2000: 67). Das Modell wird daher als unzureichende Erklärung der Wahlteilnahme angesehen (Blais 2000: 5f., 79f.; Mensch 1999: 175ff.; Mueller 2003: 307f.).

Gleiches gilt für spieltheoretische Erklärungsansätze. Diese gehen davon aus, dass sich Wahlberechtigte strategisch auf das Verhalten der anderen Akteure beziehen (Palfrey und Rosenthal 1983, 1985). Jeder Wahlberechtigte weiß, dass alle anderen Wahlberechtigten gemäß dem Downschen Modell rationalerweise nicht zur Wahl gehen sollten. In diesem Fall würde aber die eigene Stimme den Ausschlag geben und die Wahlteilnahme würde sich lohnen, sofern $B > C$ gilt. Allgemein würde man umso eher teilnehmen, je weniger andere Teilnehmende man erwartet. Die ersten spieltheoretischen Modelle von Palfrey und Rosenthal führten jedoch selbst zu unrealistischen Vorhersagen (Mensch 1999: 118; Palfrey und Rosenthal 1983: 46f.). In neueren Arbeiten ist es dagegen gelungen zu empirisch realistischeren Vorhersagen über die Wahlbeteiligung und ihre Determinanten im Aggregat (Wahlkosten, Knappheit des Wahlausganges, Gruppengröße) zu gelangen, die sich auch experimentell bestätigen ließen (Levine und Palfrey 2007). Der Beitrag der durchgeführten Experimente zum Verständnis empirischer Wahlbeteiligung lässt sich jedoch anzweifeln. Die Versuchspersonen spielten ein abstraktes, 100 Runden umfassendes „Teilnahmespiel" mit variierender Gruppengröße und Teilnahmekosten. Zudem implizierten die Instruktionen, dass es darum ging, durch das eigene Teilnahmeverhalten möglichst viel Geld zu gewinnen. Unter diesen künstlichen Bedingungen verwundert es nicht, wenn die Autoren zu dem Schluss kommen: „[...] voting behavior is highly strategic, with voters responding to both the cost of voting and the probability of being pivotal." (Levine und Palfrey 2007: 156). Dies ist insofern ein Artefakt, als die Versuchspersonen zu einer Definition der Situation bewegt wurden, die strategisches Verhalten als die einzig sinnvolle Art, das Spiel zu spielen, erscheinen ließ. Im Kontext realer Wahlen fehlt dagegen Evidenz dafür, dass Wähler ihre Teilnahme strategisch an der Teilnahme anderer Akteure ausrichten. Die Evidenz deutet vielmehr auf die Bedeutung nicht-instrumenteller Teilnahmemotive hin, wie sie in weiten RC-Theorien der Wahlteilnahme mit einbezogen werden.

6.1.3 Wählen als Bürgerpflicht und als Präferenzoffenbarung

Riker und Ordeshook (1968) modifizieren das Downssche Wählerkalkül, indem sie annehmen, dass bei der Wahlteilnahme nicht nur Kosten C anfallen, sondern auch ein Konsumnutzen entsteht, der unabhängig davon ist, welche Partei die Wahl letztlich gewinnt. Dieser Nutzen der Wahlteilnahme wird im Parameter D zusammengefasst und der Erwartungsnutzen aus der Wahlteilnahme erweitert sich entsprechend zu

$$EU(A) = pB - C + D.$$

Riker und Ordeshook führen beispielhaft fünf mögliche Quellen eines Konsumnutzens aus der Wahlteilnahme an (Klein 2002: 36; Riker und Ordeshook 1968: 28f.): (1.) die erlebte Übereinstimmung mit der Wahlnorm, nach der sich Bürger in Demokratien an Wahlen beteiligen sollten, (2.) die Möglichkeit, eine empfundene Loyalität gegenüber dem politischen System zum Ausdruck bringen zu können, (3.) die Möglichkeit, seine Präferenz für eine bestimmte politische Alternative auszudrücken, (4.) der Erlebnis- und Unterhaltungswert der Wahlteilnahme sowie (5.) das Gefühl politischer Wirksamkeit oder Wichtigkeit. Der von Riker und Ordeshook eingeführte D-Parameter wird in der Literatur zumeist in der ersten Weise als Nutzen interpretiert, der aus der Befolgung der Bürgerpflicht („civic duty"), also der Wahlnorm resultiert (u.a. Aldrich 1997: 378; Mueller 2003: 306). Dann erklärt dieser Zusatzparameter allerdings lediglich die Wahlteilnahme.[80]

Eine Möglichkeit, auch die Wahlentscheidung, d.h. die Wahl einer bestimmten politischen Alternative, konsistent erklären zu können, besteht in der Annahme eines Konsumnutzens aus der politischen Präferenzoffenba-

---

[80] Da der Term pB in Elektoraten substantieller Größe gegen null geht und die Wahlnorm nicht parteispezifisch ist, kann sich der Wähler in der Wahlkabine nicht rational zwischen den Alternativen entscheiden. Entweder er vergibt seine Stimme zufällig oder er wählt diejenige Partei, deren Sieg er präferieren würde, *obwohl* seine Stimme nicht dezisiv ist, da pB zwar infinitesimal klein, aber eben doch nicht gleich null ist (Brennan und Lomasky 1993: 35). Letzteres hieße, man würde die Annahme instrumenteller Rationalität, die bei der Erklärung der Wahlteilnahme eben noch fallen gelassen wurde, zur Erklärung der Wahlentscheidung wieder einführen (Brennan und Lomasky 1993: 36; Pappi 2002: 632). Problematisch ist sowohl diese theoretische Inkonsistenz als auch die empirisch fragwürdige Implikation, alle Wähler seien zwischen den sich ihnen bietenden Alternativen weitgehend indifferent.

rung. Diesen Gedanken haben Brennan und Lomasky (1993) sowie Brennan und Hamlin (2000) in ihrer Theorie expressiven Wählens ausgearbeitet. Diesen Autoren zufolge liegt dem auf Downs zurückgehenden Ansatz instrumentellen Wählens eine falsche Analogie zu Grunde: die zwischen Konsumentscheidungen in einem Marktkontext und der politischen Wahlentscheidung. Ein Wähler kann nicht zwischen Parteien oder Kandidaten wählen, wie ein Konsument zwischen privaten Gütern wählt, da seine individuelle Entscheidung nicht ausschlaggebend dafür ist, was er erhält. Gegenstand seiner Wahl sind daher nicht die politischen Alternativen selbst, sondern entsprechende Möglichkeiten der *Präferenzoffenbarung*. Der Wähler handelt nicht instrumentell, sondern expressiv. Dies lässt sich wiederum über einen Zusatzparameter in das Wählerkalkül integrieren. Der Term L steht für den Nutzen, der sich aus der Offenbarung einer Präferenz für eine bestimmte Partei ergibt, und zwar unabhängig vom Wahlausgang:

$$EU(A) = pB + L - C + D.$$

Auf Basis dieser Modellierung ist eine konsistente Erklärung sowohl der Wahlteilnahme als auch der Wahlentscheidung möglich. In großen Elektoraten, in denen pB gegen null geht, sollte die Wahrscheinlichkeit, dass sich ein Wahlberechtigter an einer Wahl beteiligt, umso größer sein, je höher der Nutzen aus dem Befolgen der Bürgerpflicht (D), je höher der Nutzen aus der Präferenzoffenbarung für eine politische Alternative (L) und je niedriger die Kosten der Wahlteilnahme (C) sind.

6.1.4 Die Rückkehr zu instrumentellen Theorien der Wahlteilnahme

Obwohl empirische Studien die Erklärungskraft konsumptiver Anreize belegen (siehe Blais 2000; Mueller 2003), ist es teilweise zu einer bewussten Abkehr von derartigen Erklärungen des Teilnahmeverhaltens gekommen. Eine erste Gruppe von Beiträgen versucht die Wahlteilnahme stattdessen über die Einführung *sozialer Präferenzen* zu erklären (Coate und Conlin 2004; Edlin, Gelman und Kaplan 2007; Feddersen und Sandron 2006; Fowler 2006a). Exemplarisch für diese Gruppe diskutiere ich das Modell von Jankowski (2002). Dessen Lösungsvorschlag für das Wahlparadoxon setzt am Parteiendifferential B an. Wenn die Wahrscheinlichkeit, mit der ein bestimmter Wähler wahlentscheidend ist, infinitesimal gering ist, aber sich

Personen offenbar dennoch an Wahlen beteiligen, so könnte eine Erklärung dafür darin liegen, dass das Parteiendifferential, das mit dieser Wahrscheinlichkeit gewichtet wird, extrem groß ist. Dies ist möglich, wenn man von altruistischen Akteuren ausgeht, die den Nutzen, der anderen Akteuren durch ihr Handeln entsteht, mit einbeziehen. Dieser konsequenzenorientierte Altruismus ist konsistent mit Wählen als instrumentellem Handeln (Jankowski 2002: 68). Der Nutzen aus der Besserstellung anderer fällt nur dann an, wenn die eigene Stimme für die Partei, die diese Besserstellung erreicht, für deren Wahlsieg entscheidend war. Das altruistische Parteiendifferential wird daher, genauso wie das auf den eigenen monetären Nutzen bezogene Parteiendifferential, mit der Wahrscheinlichkeit, dezisiv zu sein, gewichtet. Im Unterschied zu letzterem kann es aber realistischerweise extrem groß sein, da die Summe der monetären Veränderungen durch Wohlfahrtsprogramme oder Steuerreformen über alle Wähler enorm sein kann, auch wenn der Unterschied für eine Einzelperson relativ gering ist: Angenommen, die Wahrscheinlichkeit, dass die eigene Stimme den Wahlausgang entscheidet, sei 1 zu 100,000,000. Wenn nun die (monetäre) Nutzendifferenz zwischen der Implementierung des Regierungsprogramms der einen und desjenigen der anderen Partei 1 Milliarde Euro beträgt, dann ergibt sich immerhin ein erwarteter Ertrag von 5 Euro, der die Kosten der eigenen Teilnahme überschreiten kann.

Jankowski argumentiert, dass diese Lösung des Wahlparadoxons den dargestellten weiten RC-Theorien der Wahlteilnahme überlegen sei. Vor allem vermöge sein Modell die Existenz strategischen Wählens zu erklären. Letzteres zeigt sich darin, dass Wähler eine andere Alternative als ihre Erstpräferenz wählen, wenn letztere keine Chance hat, die Wahl zu gewinnen. Wenn Wähler im Falle einer sehr geringen Erfolgsaussicht ihrer Erstpräferenz eine andere Alternative wählen, so kann dies nach Jankowski ausschließlich unter Rekurs auf pB, also instrumentell erklärt werden (Jankowski 2002: 71). Offensichtlich wollen diese Wähler ihre Stimme „nicht verschwenden", d.h. aber, sie beteiligen sich an der Wahl, um den Wahlausgang zu beeinflussen (siehe auch Blais 2000: 81). Dies ist ein gewichtiges Argument, denn es zeigt, dass die Betrachtung des Wählens als reine Konsumtätigkeit unzureichend ist.

Allerdings lassen sich auch umgekehrt empirische Fakten nennen, die ausschließlich nicht-instrumentelle Theorien des Wählerverhaltens erklären können. So gibt es Wähler, die ihre Erstpräferenz wählen, obwohl diese keine Chance hat, die Wahl zu gewinnen, und sogar obwohl der Wahlausgang bereits feststeht (Brennan und Lomasky 1993: 35). Eine umfassende Erklärung der Wahlteilnahme und -entscheidung sollte also sowohl nichtinstrumentelle als auch instrumentelle Handlungsgründe berücksichtigen. Zudem enthält das Modell von Jankowski eine Reihe empirisch fragwürdiger Implikationen. Unter anderem dürfte es keine Wähler geben, die bewusst für eine Partei stimmen, die ihre Partikularinteressen auf Kosten der Mehrheit vertritt, da es den Wählern um die Maximierung der Gesamtwohlfahrt geht.

Wie eine zweite Gruppe von instrumentellen RC-Theorien zeigt, ist der Einbezug instrumenteller Erwägungen auch ohne die fragwürdige Annahme einer rein altruistischen Motivation zur Teilnahme möglich. Diese Theorien betonen die Bedeutung *subjektiver Erwartungen* und deren mögliche Abweichung von den objektiven Einflusswahrscheinlichkeiten. Insbesondere im Kontext der am weiten RC-Ansatz orientierten Umfrageforschung haben mehrere Autoren die subjektiven Einflusserwartungen der Wähler zur Erklärung der beobachtbaren Wahlbeteiligungsraten herangezogen (Becker 2001, 2002; Kühnel und Fuchs 1998; Opp 2001). Wenn sich nachweisen lässt, dass ein großer Teil der Wählerschaft den Einfluss der eigenen Stimme systematisch überschätzt und ein positiver Effekt dieser Einflusserwartungen statistisch aufgezeigt werden kann, so ist das Wahlparadoxon aus Sicht dieses Erklärungsansatzes gelöst (vgl. dazu dezidiert Becker 2001: 586ff.). Diese Lösung sieht sich jedoch der Kritik ausgesetzt, dass dadurch an die Stelle des Wahlparadoxons lediglich das Rätsel falscher Erwartungen tritt.

Für die Existenz und Dauerhaftigkeit einer derartigen „kognitiven Illusion" (Opp 2001) existieren zwei Erklärungen. Eine erste verweist auf die Bedeutung der Massenmedien und Parteien, welche vor jeder Wahl die Wichtigkeit und Bedeutsamkeit jeder einzelnen Stimme proklamieren. Dies könnte bei den Wählern zu einer Überschätzung der Einflusswahrscheinlichkeit führen, die sie aufgrund der geringen Kosten der Wahlteilnahme nicht weiter hinterfragen und somit nicht korrigieren (Kühnel und Fuchs 1998: 329). Eine zweite Erklärung geht dagegen von „guten Gründen" der Einflusserwartungen aus (Kühnel 2001: 15; Kühnel und Fuchs 1998: 347f.). Sie beruht auf der Annahme, dass sich ein einzelner Wähler als Teil eines oder mehrerer kollektiver Akteure wie etwa der Arbeiterschaft, der Ostdeutschen oder gar des Wahlvolkes sieht. Entsprechend wird die Wahl als Gelegenheit zur Erreichung bestimmter Gruppenziele definiert wie etwa einer

Protestwahl der Ostdeutschen oder einer Abstrafung der Regierung durch das Wahlvolk. Bei dieser Situationsdefinition kommt in modernen Demokratien wiederum den Medien eine zentrale Rolle als Vermittler und Konstrukteur derartiger Zielvorstellungen zu.

Der Glaube an den Einfluss eines *kollektiven* Akteurs auf den Wahlausgang, etwa der traditionellen Stammwählerschaft einer Partei, stellt noch keine „kognitive Illusion" dar. Aus der Sicht des RC-Ansatzes bleibt allerdings rätselhaft, dass ein Wähler diesen Einfluss auf seine eigene Stimme überträgt und sich selbst als einflussreich ansieht. Es wäre jedoch voreilig, in dieser Übertragung eine Fehlinformation oder einen kognitiven Verarbeitungsfehler zu sehen. Denn die Frage, ob man *als Einzelperson* mit seiner einzelnen Stimme den Wahlausgang entscheidend beeinflussen könne, dürften die meisten Wahlberechtigten durchaus mit „Nein" beantworten. Entscheidend ist vielmehr, dass man *sich* einflussreich *als Teil* eines kollektiven Akteurs *empfindet* (Becker 2002: 47). Häufig trennen Wahlberechtigte subjektiv nicht zwischen dem Einfluss der eigenen Stimme und dem Einfluss der Stimmen Gleichgesinnter. Durch die Identifikation mit einem bestimmten Teil der wahlberechtigten Bevölkerung – und sei dies auch in erster Linie eine vorgestellte Gemeinschaft (das Neue Amerika, die Neue Mitte, usw.) – wird die eigene Wahlteilnahme und -entscheidung als Gruppenhandeln wahrgenommen. Wählen als instrumentelles Handeln setzt in dieser Sichtweise also voraus, dass man wenigstens vorbewusst die Perspektive eines Kollektivs einnimmt. Diese Konzeptualisierung der Einflusserwartung dürfte dem subjektiven Sinn des Großteils der Wählerschaft relativ nahe kommen.

Objektiv stellt sich aus der Perspektive des RC-Ansatzes freilich nach wie vor das bekannte Motivationsproblem: Um das instrumentelle Gruppenziel zu erreichen, wird es höchstwahrscheinlich nicht auf die Stimme eines einzelnen Wählers ankommen. Da man aber von den Gruppenleistungen nicht ausgeschlossen werden kann und die Teilnahme Kosten verursacht, wäre es unter rein instrumentellen und *individuellen* Gesichtspunkten rational, sich als Trittbrettfahrer zu verhalten. Solange aber ein Wahlberechtigter sein Wählen als Gruppenhandeln auffasst – sofern also diese Situationsdefinition unhinterfragt bleibt – kommt der Gedanke an ein Trittbrettfahren durch Nicht-Teilnahme meist nicht auf. Andererseits können schon spontan auftretende Opportunitätskosten am Wahltag oder aber geringes politisches Interesse die Möglichkeit des Trittbrettfahrens zu einer subjektiv relevanten Handlungsalternative werden lassen. Der skizzierte Mechanismus produziert also letztlich nur deshalb hohe Wahlbeteiligungsraten, weil Wählen in Demokratien zumeist eine Niedrigkostensituation darstellt, so dass für viele Bürger die *nicht-instrumentellen* Anreize zur Teilnahme deren Kosten überwiegen.

Auch diese Argumentation läuft somit auf eine Gleichzeitigkeit instrumenteller und konsumptiver Motivationen zur Wahlteilnahme hinaus. Demnach handeln Wähler als Teil eines vorgestellten kollektiven Akteurs subjektiv durchaus instrumentell – also *nicht nur* aus dem Motiv der Präferenzoffenbarung. Dass sie den Anreizen zum Trittbrettfahren nicht erliegen und zur Wahl gehen, ist allerdings letztlich in dem Konsumnutzen der Teilnahme und den relativ niedrigen Teilnahmekosten begründet.[81] Dieser Konsumnutzen kann u.a. gerade auch aus der Sinnstiftung resultieren, als Teil eines Kollektivs Einfluss auf das Schicksal des eigenen Landes zu nehmen, d.h. instrumentelle und konsumptive Beweggründe können Hand in Hand gehen (vgl. dazu Hardin 1982: 108f., 111).

Ausgehend von der weiten Version des RC-Ansatzes ist es letztlich eine empirische Frage, welche Anreize für die Wahlteilnahme verantwortlich sind. Empirische Studien mit Umfragedaten belegen vor allem die Erklärungskraft von Variablen, die konsumptive Anreize wiedergeben, wie die Wahlnorm oder die Parteiidentifikation (siehe Blais 2000; Mueller 2003). Auch die subjektiven Einflusserwartungen haben sich als einer der besten Prädiktoren der Teilnahme erwiesen (u.a. bei Blais 2000; Kühnel und Fuchs 1998; Opp 2001). Der Effekt der Einflusserwartung kann einerseits rein konsumptiv im Sinne des Gefühls der politischen Wichtigkeit interpretiert werden. Dafür spricht, dass sich ein Interaktionseffekt mit dem Parteiendifferential oder anderen auf die politischen Alternativen bezogenen Indikatoren nicht konsistent nachweisen lässt (siehe etwa Andreß, Hagenaars und Kühnel 1997: 411; Blais und Young 1999: 54). Möglicherweise besteht hier jedoch ein Problem geringer Teststärke. Es ist daher nicht auszuschließen, dass der Effekt der Einflusserwartung zumindest teilweise auch die Bedeutung des Wählens als kollektives instrumentelles Handeln widerspiegelt.

Als Fazit bleibt festzuhalten, dass eine RC-Erklärung der Wahlteilnahme sowohl instrumentelle als auch nicht-instrumentelle Anreize berücksich-

---

[81] Zur Veranschaulichung kann man sich eine demokratische Wahl analog zu einem Gesellschaftsspiel vorstellen: Die Teilnahme resultiert in erster Linie, weil und insofern die (Opportunitäts-)Kosten gering und der *konsumptive* Nutzen hoch sind. Das Spiel zu spielen bedeutet für die Akteure dann aber *instrumentell* das Ziel des Spiels erreichen zu wollen.

tigen sollte. Die diskutierten RC-Theorien identifizieren eine ganze Reihe potentiell relevanter Einflussgrößen. Quer zu der Unterscheidung zwischen Konsumnutzen und instrumentellen Nutzenkomponenten kann man teilnahmebezogene und alternativenbezogene Nutzenkomponenten unterscheiden. Erstere geben an, auf welche Weise durch die Teilnahme ein Nutzen entstehen kann, während letztere nur bei der Wahl einer bestimmten politischen Alternative wirksam werden. Im empirischen Teil wird eine Reihe derartig verschiedener Anreize operationalisiert und in ihrer Bedeutung untersucht.

6.2 Wählen als Gewohnheit: Ein alternativer Erklärungsansatz

Parallel zu der Entwicklung weiterer RC-Erklärungen der Wahlteilnahme hat im vergangenen Jahrzehnt ein anderer Erklärungsansatz an Prominenz gewonnen und zu einer Reihe handlungstheoretisch besonders interessanter Studien geführt. Im Zentrum dieses Erklärungsansatzes stehen eine dynamische Betrachtungsweise und die These eines selbstverstärkenden Charakters der Wahlteilnahme. Ausgangspunkt ist die Vorstellung, dass die Wahlteilnahme für viele Personen eine Gewohnheit darstellt. Empirisch wird darauf verwiesen, dass vergangenes stark mit gegenwärtigem Teilnahmeverhalten korreliert – und zwar selbst dann, wenn man für individuelle Merkmale wie Alter, Ethnizität, Einkommen, Bildung, Geschlecht oder politisches Interesse statistisch kontrolliert (Brody und Sniderman 1977). Dies kann allerdings nur bedingt als Evidenz dafür angesehen werden, dass die Teilnahme an einer Wahl einen kausalen Effekt auf das zukünftige Teilnahmeverhalten ausübt (Nownes 1992). Denn es ist gut möglich, dass unbeobachtete (z.B. psychologische) Merkmale existieren, die in Wirklichkeit sowohl für die Teilnahme an früheren Wahlen als auch für die Teilnahme an der aktuellen Wahl verantwortlich sind.

Um zu überprüfen, ob sich die These des selbstverstärkenden Effekts der Wahlteilnahme auch gegen diese konkurrierende Interpretationsmöglichkeit aufrechterhalten lässt, versuchen neuere Studien dieses Problems unbeobachteter Heterogenität auf verschiedene Weise methodisch habhaft zu werden (Denny und Doyle 2009; Gerber, Green und Shachar 2003; Green und Shachar 2000; Plutzer 2002). Die Schätzungen ergeben, dass die Teilnahme an der vorherigen Wahl die Wahrscheinlichkeit, an der gegenwärtigen Wahl teilzunehmen, um 13 bis 47 Prozentpunkte erhöht.[82] Es scheint demnach ein beachtenswerter kausaler Effekt der Wahlteilnahme auf die Wahrscheinlichkeit einer späteren Teilnahme zu bestehen. Theoretisch favorisieren Green und Kollegen zwei mögliche Interpretationen (siehe Gerber, Green und Shachar 2003: 548f.; Green und Shachar 2000: 570f.): Nach der ersten ergibt sich aus der Teilnahme das positive Gefühl einer Vertrautheit mit dem Wahlakt und eine entsprechende Selbstsicherheit hinsichtlich dieses spezifischen Verhaltens. Die zweite Möglichkeit betont eine eher normative oder identitätsbezogene Wirkung der Teilnahme:

> „Going to the polls confirms and reinforces one's self-image as a civic-minded, politically involved citizen. The more one votes, the more one comes to regard going to the polls as 'what people like me do on election day'. Conversely, abstention weakens this self-conception and the feelings of obligation that grow out of it." (Green und Shachar 2000: 571)

In Vorgriff auf die unten dargestellte MFS-Erklärung der Wahlteilnahme lässt sich bereits anmerken, dass hier offenbar die Entstehung eines Wahltag-Skriptes und entsprechender Gefühle einer persönlichen Verpflichtung zur Teilnahme beschrieben wird. Green und Shachar weisen ebenfalls bereits darauf hin, dass sich die *persönliche* Verpflichtung nicht allein durch die generelle Einstellung zu Wählen als Bürgerpflicht erfassen lässt, sondern spezifischerer Indikatoren bedarf (Green und Shachar 2000: 571).

Ausgearbeitete Erklärungsmodelle gewohnheitsbasierten Wählens basieren auf der Annahme, dass das Teilnahmeverhalten aus vergangenheitsgesteuerten adaptiven Lernprozessen resultiert (Bendor, Diermeier und Ting 2003; Fowler 2006b; Kanazawa 1998, 2000). Im Unterschied zu den berich-

---

[82] Die Schätzung einer Erhöhung um 47 Prozentpunkte basiert auf der Studie von Gerber, Green und Shachar (2003). Diese führten ein Experiment durch, dessen Treatment darin bestand, zufällig ausgewählte Personen schriftlich und/oder persönlich zur Wahlteilnahme aufzufordern. Während von der schriftlichen Aufforderung nur ein geringer positiver Effekt ausging, erhöhte die persönliche Ansprache die Wahrscheinlichkeit einer Teilnahme um 10.2 Prozentpunkte. Bei der Vorhersage der Teilnahme an einer anderen, zwei Jahre später stattfindenden Wahl wurde die zufällige Gruppenzugehörigkeit im Experiment als Instrumentenvariable verwendet, um den kausalen Effekt der vorherigen Teilnahme zu schätzen. Denny und Doyle (2009) zweifeln die Gültigkeit dieses Schätzverfahrens jedoch an und kommen auf der Basis von Paneldatenanalysen zu dem Schluss, dass sich die Teilnahmewahrscheinlichkeit durch vorherige Teilnahme nur um 13 Prozentpunkte erhöht.

teten Studien über die gewohnheitsbildenden Effekte der Wahlteilnahme hängt die zukünftige Teilnahme in diesen lerntheoretischen Modellen vom *Ergebnis* der Wahl ab. Die Verhaltensdispositionen schwächen sich ab oder verstärken sich, je nachdem ob das Ergebnis der Wahl, an der man teilgenommen hat, als positiv oder negativ empfunden wird. Wenn der präferierte Kandidat die Wahl gewinnt, erhöht sich die Wahrscheinlichkeit, bei der nächsten Wahl wieder wählen zu gehen oder aber wieder nicht wählen zu gehen, je nachdem welches Verhalten man bei der Wahl gezeigt hat. Bei einer Niederlage des präferierten Kandidaten nimmt die Wahrscheinlichkeit, das gezeigte Teilnahmeverhalten zu wiederholen, dagegen ab. Dieses „Win-Stay, Lose-Shift"-Muster konnte Kanazawa in Analysen US-amerikanischer Daten auch empirisch nachweisen (Kanazawa 1998, 2000).

Obgleich die lerntheoretischen bzw. Wählen als Gewohnheit darstellenden Arbeiten erst an ihrem Anfang stehen, haben sie bereits jetzt zu einer in Teilen realistischeren Erklärung der Wahlteilnahme geführt (Geys 2006). Als zentrale Erkenntnis bleibt festzuhalten, dass die Teilnahme selbstverstärkend wirken kann, indem sie die Teilnahme als persönliches und auch normativ verpflichtendes Skript verankert. Dies gilt allerdings auch für die Nichtteilnahme, die ebenfalls als Ergebnis einer Gewohnheit angesehen werden kann (Plutzer 2002) und somit entsprechenden Verstärkungsprozessen unterliegt (Kanazawa 1998, 2000).

Allerdings besteht das in Kapitel 2.4 bereits allgemein formulierte Problem der begrenzten Reichweite lerntheoretischer Erklärungen. Zu den erklärungsbedürftigen empirischen Regelmäßigkeiten des Wählerverhaltens zählt etwa auch die Existenz strategischen Wählens, also eines bewusst an zukünftigen Konsequenzen orientierten Verhaltens (Jankowski 2002). Die Wahlteilnahme ausschließlich als adaptiven vergangenheitsgesteuerten Akt zu erklären, wäre daher fragwürdig. Überzeugender ist die Sichtweise, nach der die Hauptleistung lerntheoretischer Modelle darin besteht, die Stärke der persönlich gefühlten Verpflichtung zur Teilnahme (zumindest partiell) zu erklären bzw. zu endogenisieren (Green und Shachar 2000: 571; Kanazawa 1998: 984). Diese stellt nur eine – wenngleich zentrale – Determinante der Wahlteilnahme dar. Es erscheint daher notwendig, die lerntheoretischen bzw. Wählen als Gewohnheit darstellenden Ansätze mit den empirisch bestätigten Elementen weiter RC-Erklärungen zu integrieren und so zu einer umfassenderen Erklärung vorzustoßen. Insbesondere durch seine Annahme

179

variabler Rationalität stellt das MFS hierfür eine Basis bereit. Im folgenden Abschnitt wird es auf die Erklärung der Wahlteilnahme angewendet.

6.3 Erklärung im Modell der Frame-Selektion

In der Wahlforschung existieren bereits einige Verweise auf das MFS (Arzheimer und Falter 2003: 578; Behnke 2001; Klein 2002: 64; Thurner 1998: 105ff.). Bereits in Kapitel 5.7 wurde Rolf Beckers (2004) Konzeptualisierung und empirische Analyse der Wahlteilnahme auf Basis des MFS betrachtet. Becker betont zu Recht die Bedeutung der politischen Sozialisation für den Verankerungsgrad der mentalen Modelle. Ein wichtiger Unterschied zu den folgenden Ausführungen besteht jedoch hinsichtlich der Wahlnorm. Während sie im Zentrum der hier entwickelten MFS-Erklärung steht, nimmt sie in Beckers Konzeptualisierung keine gewichtige Rolle ein. Die Erklärung der Wahlteilnahme mit Hilfe des MFS erfordert die Spezifizierung der Frame-, Skript- und Handlungsselektion bzw. der auf diese Selektionen wirkenden Einflussfaktoren. Auf diese wird nun der Reihe nach eingegangen.

Frame-Selektion: Damit ein Akteur eine Wahlteilnahme überhaupt in Erwägung zieht, ist es notwendig, dass er den Tag, an dem die Wahl stattfindet, auch subjektiv als Wahltag definiert. Hierfür ist erstens die mentale Verankerung des relevanten Frames bedeutsam. Es kann davon ausgegangen werden, dass alle wahlberechtigten Bürger als Ergebnis ihrer politischen Sozialisation über ein kognitives Schema für Wahlen verfügen, das angibt, um was es bei einem derartigen Ereignis geht (Becker 2004: 321ff.). Sie müssen also wissen, dass bei einer Wahl der politische Prozess auf einer bestimmten politischen Ebene durch die Stimmabgabe beeinflusst werden kann. Zentrale Instanzen, die dieses basale Wissen typischerweise vermitteln, sind das Elternhaus, die Schule, Vereine oder Medien.

Ob die Situation entsprechend diesem Frame definiert wird, hängt zweitens von dessen Aktivierung am Tag der Wahl durch entsprechende Situationsobjekte ab. Dies dürfte u.a. von der generellen Bedeutung der Wahl und der damit variierenden Mobilisierung der Bevölkerung abhängen. Auf der individuellen Ebene dürften die Mediennutzung sowie die Mitgliedschaft in sozialen Netzwerken und Organisationen, in denen Aufmerksamkeit für eine Wahl erzeugt wird, bedeutsam sein. Da Vorwahlbefragungen das Wissen um den Wahltag und eine entsprechende Zuwendung von Aufmerksamkeit bereits induzieren, kann der Prozess der Frame-Selektion in den folgenden empirischen Analysen nicht untersucht werden. Es wird daher vereinfachend von einer vorliegenden Situationsdefinition ausgegangen, dass also den Wahlberechtigten am Tag der Wahl bewusst ist, dass es sich um einen Wahltag handelt.

Man kann zusätzlich annehmen, dass die Definition der Situation als Wahltag ein Minimum an politischem Interesse voraussetzt. Personen ohne dieses Minimalinteresse dürften allerdings kaum an einer Vorwahlbefragung teilnehmen, was einen Test entsprechender Hypothesen erschwert. Zudem ist die Hypothese, dass sich Personen ohne Interesse an Politik nicht an politischen Wahlen beteiligen, nahezu trivial (Blais 2000: 13). Insofern ihre Nicht-Teilnahme unhinterfragt erfolgt, könnte man diese im MFS ebenfalls als skriptbasiertes Handeln konzipieren (Plutzer 2002).

Skript-Selektion: Die Definition der Situation als Wahltag vorausgesetzt, ist auch der Prozess der Skript-Selektion für die Teilnahmeentscheidung wenig bedeutsam. Denn die Situation „Wahltag" ist typischerweise nicht durch normative Ambiguität oder Normkonflikt gekennzeichnet. In weitreichend konsolidierten Demokratien wird das in der politischen Sozialisation erlernte und sozial geteilte Wahltag-Skript die Wahlteilnahme der Bürger normativ vorschreiben.[83] Das Wahltag-Skript enthält also als normativen Kernbestandteil die Wahlnorm. Es ist allerdings davon auszugehen, dass sich die demokratische Bürgermoral nicht im Vorschreiben der bloßen Wahlteilnahme erschöpft, sondern ein *verantwortliches* Ausüben des Wahlrechts verlangt (Brennan und Lomasky 1993: 189f.; siehe auch Klein 2002: 55f., 69f., 176f.). Dies schließt Verhaltensweisen im Vorfeld der Wahl ein, wie z.B. ein gewisses Interesse für den Wahlkampf und ein entsprechendes Informationsverhalten. Definiert ein Akteur den fraglichen Tag als Wahltag, so geraten die vom Wahltag-Skript abgedeckten Bestandteile der Wahlteilnahme bis hin zum abendlichen Informieren über den Wahlausgang automatisch ins Bewusstsein (Becker 2004: 323). Da es in der folgenden Anwendung des MFS um die Erklärung der Teilnahme (und nicht etwa weiterer Verhaltenselemente) geht, wird als Skript gleichwohl ausschließlich die Wahlnorm betrachtet.

---

[83] Der vorausgesetzte Konsolidierungsgrad der Demokratie ist auf der Ebene des politischen Systems durch eine Staatsbürgerkultur gekennzeichnet, die das demokratische Regierungssystem kontinuierlich und stabil unterstützt (Merkel 1999: 146, 164ff.). Dies impliziert unter anderem, dass die zentralen Sozialisationsinstanzen demokratische Werte, Einstellungen und Normen vermitteln.

Die Stärke, mit der die Wahlnorm aktiviert wird, hängt zum einen von ihrer Verankerung, d.h. ihrem Internalisierungsgrad ab. Je höher dieser ist, umso stärker empfindet ein Wahlberechtigter die eigene Teilnahme im Kontext eines Wahltages als die situational angemessene, normativ verbindliche Handlungsalternative. Zum anderen hängt die Aktivierung der Wahlnorm von ihrer Zugänglichkeit ab. Diese erhöht sich wiederum infolge politischer Mobilisierung, wenn zur Wahlteilnahme oder bereits zur Wahl einer bestimmten politischen Alternative aufgefordert wird. Wie bedeutsam dieser Einfluss ist, zeigen experimentelle Studien, in denen direkte persönliche Aufforderungen zur Wahl die Teilnahmewahrscheinlichkeit um gut zehn Prozentpunkte erhöhten (Gerber und Green 1999; Gerber, Green und Shachar 2003; Green, Gerber und Nickerson 2003).

Handlungsselektion: Die Handlungsselektion steht im Mittelpunkt der MFS-Erklärung der Wahlteilnahme. Wenn diese Selektion im rc-Modus erfolgt, wägt ein Wahlberechtigter alle relevanten Anreize gegeneinander ab und sein Teilnahmeverhalten hängt schließlich davon ab, ob die Teilnahme oder die Nichtwahl seinen subjektiven Erwartungsnutzen maximiert. Im as-Modus hingegen folgt ein Wahlberechtigter unhinterfragt der Wahlnorm. Welcher Modus der Informationsverarbeitung das Teilnahmeverhalten bestimmt, hängt von der zugehörigen Modus-Selektion ab. Hinsichtlich ihrer Determinanten lassen sich einige vereinfachende Annahmen treffen.

Es wird erstens angenommen, dass die Situation eindeutig als „Wahltag" definiert ist (Match $m_i = 1$). Zumindest in Bezug auf die Befragten, die bereit sind an einer Vorwahlbefragung teilzunehmen, ist dies eine realistische Annahme. Unstrittig dürfte sein, dass die Wahlnorm die betrachtete Handlungswahl eindeutig regelt, insofern sie die Wahlteilnahme vorschreibt (Regelungsgrad $a_{k|i} = 1$). Zudem haben Wahlberechtigte prinzipiell ausreichend Gelegenheit, über ihre Teilnahmeentscheidung zu reflektieren (Reflexionsopportunitäten $p = 1$). Die Bedingung, unter der ein Wahlberechtigter, der den Tag als Wahltag definiert, zur Wahl geht, ohne die Nichtwahl überhaupt in Betracht zu ziehen, vereinfacht sich damit zu:

$$AW(A_k \mid F_i, S_j) \quad \geq \quad \tau \qquad \Leftrightarrow$$
$$a_{j|i} \cdot a_j \quad\quad \geq \quad 1 - C/U.$$

Ist diese Bedingung erfüllt, so kommt es zur Befolgung der Wahlnorm im as-Modus. Dies hängt einerseits von der Zugänglichkeit und Internalisierung

182

der Wahlnorm, andererseits von den Reflexionskosten C und der Reflexionsmotivation U ab. Die Reflexionskosten sind nicht höher als in anderen Alltagssituationen. Wenn es gleichwohl häufig zu spontan-unhinterfragtem Teilnahmeverhalten kommt, dann deshalb, weil die Motivation, über das Für und Wider der Wahlteilnahme nachzudenken, häufig sehr gering ist. Zumindest in den meisten westeuropäischen Demokratien ist die Wahlteilnahme eine Niedrigkostensituation (Kirchgässner 1992). Im Allgemeinen dürfte daher die Motivation gering sein, ein einmal als Skript verankertes Teilnahmeverhalten reflektierend in Frage zu stellen. Spezielle Situationen, in denen etwa das Wahllokal äußerst weit entfernt ist oder Opportunitätskosten situativ extrem salient werden, können mit den in dieser Arbeit analysierten Daten nicht näher untersucht werden. Da keine geeigneten Indikatoren vorliegen, wird vereinfachend von einem inter-individuell konstanten Verhältnis C/U ausgegangen.

Die Zugänglichkeit der Wahlnorm $a_{i|i}$ ist relativ hoch, da für einen Wahltag generell keine konkurrierenden Skripte existieren. Inter-individuelle Variation kann sich dadurch ergeben, dass bestimmte Wahlberechtigte durch andere Akteure zur Wahl aufgefordert werden. Dieser Effekt sollte umso stärker sein, je persönlicher diese Aufforderungen an den Akteur gerichtet sind (etwa durch Familienangehörige oder Freunde im Unterschied zu Wahlplakaten). Derartige Aufforderungen durch signifikante Andere könnten in einer Nachwahlbefragung leicht erhoben werden. Ein Datensatz, in dem diese Information zusammen mit den anderen für den Test der MFS-Hypothesen relevanten Variablen erhoben wurde, liegt jedoch nicht vor. Die folgenden Analysen abstrahieren daher zunächst von dieser Einflussgröße bzw. nehmen an, dass die Zugänglichkeit der Wahlnorm für alle Befragten hinreichend hoch ist.

Betrachtet man nur den Internalisierungsgrad der Wahlnorm a_j, so lässt sich aus der angeführten Ungleichung ableiten, dass Wahlberechtigte mit einer stark internalisierten Wahlnorm ($a_j \geq 1 - C/U$) automatisch-spontan teilnehmen, wohingegen Wahlberechtigte mit einer nur schwach internalisierten Wahlnorm ($a_j < 1 - C/U$) auf Basis einer Kosten-Nutzen-Abwägung entscheiden, ob sich die Teilnahme lohnt. Dies führt zu folgender Hypothese:

MFS-Hypothese 1: Je stärker ein Wahlberechtigter die Wahlnorm internalisiert hat (Verankerung a_j), umso eher nimmt dieser an der Wahl teil und umso geringer ist tendenziell der Einfluss anderer Anreize auf die Disposition zur

Wahlteilnahme. Bei besonders starkem Internalisierungsgrad ist die Teilnahmeentscheidung vollkommen unabhängig von anderen Anreizen.

Vorhergesagt wird also ein statistischer Interaktionseffekt zwischen dem Internalisierungsgrad der Wahlnorm und den anderen Anreizen zur (Nicht-) Teilnahme. Dieser Interaktionseffekt widerspricht den geläufigen RC-Theorien der Wahlteilnahme. Insofern diese von einer einheitlichen Nutzenfunktion ausgehen, sagen sie vorher, dass der Internalisierungsgrad der Wahlnorm die Disposition zur Wahlteilnahme in derselben *additiven* Art und Weise wie andere Anreize erhöht. Die MFS-Erklärung der Wahlteilnahme präzisiert die häufig geäußerte Kritik, dass diese Rekonstruktion dem subjektiven Sinn einer normativ motivierten Wahlteilnahme nicht gerecht wird (Boudon 1998, 2003; Engelen 2006; Yee 1997). Nur für diejenigen Wahlberechtigten, die eine Teilnahmeentscheidung im rc-Modus treffen, stellt die Wahlnorm tatsächlich einen Anreiz unter anderen dar.

Um die MFS-Hypothese 1 in den folgenden Analysen empirisch zu prüfen, muss spezifiziert werden, von welchen Anreizen Handlungsselektionen im rc-Modus typischerweise abhängen. Die wichtigsten von RC-Theorien der Wahlteilnahme vorgebrachten Kandidaten wurden bereits in Kapitel 6.1 beschrieben. Ob bzw. wie stark diese Anreize die Wahlteilnahme beeinflussen, ist im Rahmen der weiten Version des RC-Ansatzes eine empirische Frage. Die MFS-Erklärung der Wahlteilnahme kann diese theoretische Offenheit übernehmen, da sie hinreichenden Informationsgehalt und Erklärungskraft aus ihren spezifischen Interaktionshypothesen zieht.

Modus-Wechsel und Reframing

Das Konstrukt der Wahlnorm wurde bislang absichtlich relativ abstrakt gehalten. Insbesondere wurde nicht danach unterschieden, ob die unhinterfragte skriptbasierte Teilnahme eher gewohnheitsmäßig erfolgt oder Ausdruck *elaborierter*, d.h. gut begründeter normativer Überzeugungen ist. Für die Herleitung der obigen Hypothesen war dies nicht notwendig, da sie auf die zentrale Gemeinsamkeit dieser Untertypen abzielt: Das Wahltag-Skript sieht die eigene Teilnahme als die angemessene Handlung vor und führt somit bei ausreichender Aktivierung zu einer skriptbasierten Wahlteilnahme im as-Modus. Das MFS ermöglicht aber durchaus weitere Differenzierungen. Da Komplexität kein Selbstzweck ist, sollte dies nur erfolgen, sofern sich dadurch differenziertere und empirisch prüfbare Kausalhypothesen über die handlungsgenerierenden Mechanismen gewinnen lassen. Eine derartige Hypothese, für deren Test geeignete Daten verfügbar sind, wird im Folgenden hergeleitet. Im Unterschied zu den bisherigen Ausführungen werden dafür verschiedene Formen unhinterfragter Wahlteilnahmen unterschieden und in ihren Auswirkungen analysiert.

In einem hohen Internalisierungsgrad der Wahlnorm kann unter anderem zweierlei zum Ausdruck kommen: Erstens kann eine Person die Wahlteilnahme als selbstverständlich und angemessen empfinden, ohne dass sie über bewusst herausgearbeitete gute Gründe für diese normative Verpflichtung verfügt. Im Extremfall ist die Wahlteilnahme fast schon zur Routine geworden und man wählt in den Worten Webers „aus eingelebter Gewohnheit", deren gute Gründe und normative Dimension kaum mehr bewusst sind. Zweitens kann der Akteur die eigene Wahlteilnahme als demokratische Bürgerpflicht mit hoher persönlicher Verbindlichkeit empfinden und die Gründe für diesen normativen Imperativ bewusst herausgearbeitet haben.[84] Ein zentraler Grund, für dessen Bedeutung auch empirische Belege existieren (Blais 2000: 104ff.), verweist auf den Glauben an die Demokratie als Regierungsform. Da die Wahlteilnahme für diese konstitutiv ist, lässt sich aus der Befürwortung der Demokratie eine entsprechende Verpflichtung ableiten. Diese Begründung kann als *wertrationale* Fundierung der Wahlnorm angesehen werden. Die Wahlteilnahme wird als notwendig für die Bewahrung des *Kollektivguts* einer funktionierenden Demokratie und daher als normativ verbindlich angesehen – mit der Folge einer unbedingten Normbefolgung unter Ausblendung situationaler Anreize (vgl. allgemein Esser 2003; Kroneberg 2007).

Solange die Handlungsselektion im as-Modus erfolgt, besteht zwischen einer eher gewohnheitsmäßigen Befolgung der Wahlnorm und einer Wahlteilnahme, für deren normativ verpflichtenden Charakter der Akteur gute Gründe anbringen kann, kein entscheidender Unterschied. Anders sieht es

---

[84] Diese Beschreibung fasst wiederum mindestens zwei Motivationen zusammen, die prinzipiell differenziert werden könnten: So ist vorstellbar, dass es Wähler gibt, die sich selbst als politisch interessierte und aktive Persönlichkeiten sehen und für die eine Nichtwahl aufgrund dieses Selbstbildes ausgeschlossen ist. Derartige Personen empfinden in erster Linie eine Verpflichtung gegenüber sich selbst. Im Unterschied dazu mögen andere Akteure die Wahlnorm in erster Linie als *soziale* Norm verinnerlicht haben, d.h., für sie ist zentral, dass sich *jeder* Bürger in einer Demokratie an Wahlen beteiligen sollte. Eine derartige weitere Differenzierung würde beispielsweise wichtig, wenn es darum ginge, zu erklären, welche Akteure bekennende Nicht-Wähler sanktionieren.

185

jedoch aus, wenn der Akteur mit einer Störung konfrontiert wird und daraufhin in den rc-Modus wechselt. Auslöser für den Modus-Wechsel können etwa kurzfristig auftretende hohe Opportunitätskosten (z.B. eine spontane Einladung zum Wochenendurlaub) oder ein Infragestellen der Wahlteilnahme durch signifikante Andere sein. Wenn der Akteur im rc-Modus hinterfragt, ob die Situation tatsächlich die Wahlteilnahme verlangt, hängt das Ergebnis dieser Reflexion unter anderem davon ab, worauf sich die Verankerung der Wahlnorm gründet:

MFS-Hypothese 2: Basiert die Verankerung der Wahlnorm auf wertrationalen Überzeugungen („guten Gründen"), so wird ein Akteur auch bei einem Wechsel in den rc-Modus eher zu dem Schluss gelangen, dass er zur Teilnahme verpflichtet ist.

Diese Hypothese bezieht sich noch nicht auf das eigentliche Teilnahmeverhalten, sondern lediglich auf die geringere Wahrscheinlichkeit eines Reframings bei wertrationaler Verankerung der Wahlnorm. Für das Verhalten ist dann entscheidend, ob es im Zuge der Reflexion zu einem Reframing kommt oder nicht.

MFS-Hypothese 3: Gründet die Wahlnorm auf wertrationalen Überzeugungen und hält der Akteur auch nach einem Wechsel in den rc-Modus an diesen fest, so kommt es zu keiner Verringerung der Teilnahmedisposition. Dagegen wird sich ein Akteur eher gegen die Teilnahme entscheiden, wenn die Wahlnorm primär als Gewohnheit verankert war oder seine wertrationalen Überzeugungen der Reflexion nicht standhalten.

Das MFS lässt also erwarten, dass der Übergang zu einer Frame-Selektion im rc-Modus bei einer eher gewohnheitsmäßigen Verankerung der Wahlnorm als „habit breaker" wirkt. Eine wertrational fundierte Verankerung sollte dagegen weitaus stabiler sein – obgleich sie freilich nicht determiniert, dass ein Akteur auch nach dem Hinterfragen der Wahlnorm an dieser festhält.[85]

---

[85] Eine Frame-Selektion im rc-Modus ist vielmehr ein kontingenter Prozess, dessen Ergebnis nicht bereits vorab feststeht. Seine Determinanten zu untersuchen, wäre wiederum eine Fragestellung für sich. Soziologisch wäre davon auszugehen, dass der sozialen Ein-

Die MFS-Hypothesen 2 und 3 beziehen sich auf inter-individuelle Unterschiede in der argumentativen Fundierung der Normverankerung. Im Gegensatz zur MFS-Hypothese 1 wird die Stärke ihres Internalisierungsgrades dabei konstant gehalten. Es wird lediglich angenommen, dass der signifikante Situationseinfluss stark genug ist, um einen Wechsel in den rc-Modus zu bewirken. Das somit ausgelöste Hinterfragen der Geltung der Wahlnorm in der Handlungssituation ist ein Prozess der reflektierten Frame-Selektion, wie er in Kapitel 5.3 beschrieben wurde. Die aufgestellten Hypothesen veranschaulichen somit beispielhaft, wie die dort dargestellte Konzeptualisierung wertrationalen Handelns im MFS explanativ und empirisch nutzbar gemacht werden kann. Bevor die abgeleiteten MFS-Hypothesen in eigenen statistischen Analysen überprüft werden, verweise ich auf empirische Studien, deren Ergebnisse bereits für die entwickelte MFS-Erklärung der Wahlteilnahme sprechen.

6.4 Evidenz für die Gültigkeit der MFS-Erklärung aus früheren Studien

Hinweise auf die empirische Gültigkeit der MFS-Erklärung der Wahlteilnahme lassen sich bereits aus früheren Studien gewinnen. Dies gilt vor allem für die MFS-Hypothese 1, nach der Anreizeffekte auf die Wahlteilnahme vom Internalisierungsgrad der Wahlnorm abhängen. So fand Knack (1994) auf Basis US-amerikanischer Wahlstudien aus den 80er Jahren und Klimadaten, dass schlechtes Wetter nur in der Gruppe derjenigen Befragten zu einer geringeren Wahlbeteiligung führt, die eine geringe Bindung an die Wahlnorm aufweisen (Knack 1994: 199). Bei stark ausgeprägter Wahlnorm hatte schlechtes Wetter keinen Einfluss auf die Teilnahme. Zudem konnten verschiedene umfassendere Studien nachweisen, dass die Erklärungskraft rationaler Anreize bei Befragten mit stark ausgeprägter Wahlnorm kaum mehr besteht oder zumindest deutlich geringer ist als bei solchen mit niedrig ausgeprägter Wahlnorm (Barry 1970: 17f.; Blais 2000: 101ff.; Blais, Young und Lapp 2000; Schoen und Falter 2003). Blais und Kollegen konnten etwa anhand kanadischer Umfragedaten zeigen, dass die drei zentralen Anreizvariablen des Modells von Downs (p, B und C) nur in Teilstichproben mit ge-

---

bettung eines Akteurs und den konkreten sozialen Interaktionsprozessen und Geltungsdiskursen, an denen er teilnimmt, eine wichtige Rolle zukommt.

ringer Normverankerung signifikante Effekte aufweisen, nicht jedoch in der Teilstichprobe mit höherer Normverankerung (Blais 2000: 101ff.; Blais, Young und Lapp 2000: 192). Schoen und Falter (2003) finden, dass die Teilnahme an der Bundestagswahl 2002 bei stark ausgeprägter Wahlnorm weniger stark (wenngleich noch signifikant) von der Stärke der Parteibindung, der Kanzler- oder Sachfragenpräferenz und dem politischen Interesse abhängt als bei schwacher Wahlnorm.

Diese Studien sind deutlich umfassender als die von Knack, insofern die Effekte mehrerer zentraler Anreizvariablen betrachtet werden. Problematisch ist allerdings, dass getrennte Analysen für die Teilstichproben mit niedriger bzw. hoher Ausprägung der Wahlnorm durchgeführt werden. Damit ist es *nicht* möglich, die Existenz *variablenspezifischer* Interaktionseffekte zwischen dem Internalisierungsgrad der Wahlnorm und den Anreizvariablen statistisch nachzuweisen. Die unterschiedlich starken Effekte der Anreizvariablen könnten etwa ausschließlich durch die unterschiedlich schiefen Verteilungen der abhängigen Variablen in den beiden Teilstichproben zustande kommen (Long 1997: 70). Ein adäquater Test der MFS-Hypothese 1 verlangt die statistische Modellierung mit Hilfe von Produkttermen zwischen der Wahlnorm und den jeweiligen Anreizvariablen auf Basis der Gesamtstichprobe. Dies ist das Vorgehen der im folgenden Abschnitt berichteten Analysen (siehe bereits Kroneberg 2006; Kroneberg, Yaish und Stocké 2010).

Die MFS-Hypothesen 2 und 3 beziehen sich auf einen Prozess der reflektierten Situationsdefinition, in dem die Geltung der Wahlnorm hinterfragt wird. Für ihren Test analysiere ich Daten einer Studie von Blais und Young (1999), die solch einen Prozess experimentell induzierten. Ich stelle daher das Design der Studie sowie ihre bisherigen Ergebnisse dar, welche bereits auf die Gültigkeit der MFS-Erklärung hindeuten.

Die Autoren führten 1993 im Kontext der nationalen Wahlen in Kanada ein Experiment mit Studenten der Politikwissenschaft, Soziologie und Ökonomie aus zehn Seminaren an zwei Universitäten durch. Das Treatment bestand in einer zehn- bis zwölf-minütigen Präsentation des Modells von Downs und des aus ihm folgenden Wählerparadoxons. In möglichst neutraler Weise wurden die Studenten der Kosten-Nutzen-Perspektive auf die Teilnahmeentscheidung und der Tatsache ausgesetzt, dass die eigene Stimme höchstwahrscheinlich keinen Unterschied für den Wahlausgang macht. Das erste Ziel der Studie bestand darin, den Effekt dieser Präsentation auf die tatsächliche Wahlteilnahme zu ermitteln. Da das von den Autoren verwendete Design mehrere Kontrollgruppen, die keiner Präsentation ausgesetzt wurden, sowie eine Mehrfachbefragung beinhaltete, ermöglicht es zudem Aussagen über die Mechanismen, über die der Einfluss der Präsentation zustande kam. Das Panel umfasste insgesamt drei Erhebungen (Blais und Young 1999: 43ff.): die erste fünf Wochen vor der Wahl, die zweite zwei Wochen vor der Wahl sowie die dritte in der Woche nach der Wahl. Die Präsentation fand direkt vor der zweiten Befragung statt. Tabelle 3 (reproduziert aus Blais und Young 1999: 42) gibt einen Überblick über das Forschungsdesign.

Tabelle 3: Das Forschungsdesign der Studie von Blais und Young (1999)

	Gruppe									
	1	2	3	4	5	6	7	8	9	10
Universität[1]	M.	M.	M.	M.	M.	W.	W.	W.	W.	W.
Kurs[2]	Soz.	Pol.	Wirt.	Wirt.	Pol.	Pol.	Pol.	Pol.	Wirt.	Wirt.
Fragebogen 1 (5 Wochen vor der Wahl)	O_1 (155)	O_1 (121)				O_1 (280)	O_1 (220)		O_1 (67)	
Treatment: Präsentation des Wählerparadoxons	X			X		X				
Fragebogen 2 (2 Wochen vor der Wahl)	O_2 (142)	O_2 (97)				O_2 (224)	O_2 (192)		O_2 (70)	
Fragebogen 3 (1 Woche nach der Wahl)	O_3 (134)	O_3 (67)	O_3 (50)	O_3 (35)	O_3 (46)	O_3 (189)	O_3 (156)	O_3 (118)	O_3 (49)	O_3 (145)
Panel	(99)	(51)				(113)	(94)		(38)	

Anmerkungen: Die Zahlen in Klammern geben an, wie viele Studenten den jeweiligen Fragebogen beantwortet haben. Die Zahlen in der Zeile „Panel" geben an, wie viele Studenten alle Fragebögen beantwortet haben.
[1]M. = Montreal, W. = Western Ontario; [2]Soz. = Soziologie, Pol. = Politik, Wirt. = Wirtschaft

Das erste Ergebnis der Studie war, dass die Präsentation die berichtete Wahlteilnahme unter Kontrolle relevanter Drittvariablen um sieben Prozentpunkte reduzierte.[86] Die Wahlbeteiligung fiel in den Experimentalgruppen schätzungsweise von insgesamt 77 auf 70 Prozent. Blais und Young sehen zwei mögliche Ursachen für diese Wirkung: Erstens könnte die Präsentation bei den Studenten die Parameter des Downsschen Modells geändert haben, also die wahrgenommene Dezisionswahrscheinlichkeit p, die wahrgenommenen Kosten C oder die wahrgenommene Nutzendifferenz B. Es zeigt sich jedoch, dass von der Präsentation lediglich ein signifikanter Effekt auf die wahrgenommenen Kosten ausging. Da diese wiederum nur einen marginalen Effekt auf die Teilnahme aufweisen, kommen die Autoren zu dem Schluss, dass für fast sechs der sieben Prozentpunkte andere Wirkungsmechanismen verantwortlich sein müssen (Blais und Young 1999: 50).

Die zweite von Blais und Young in Erwägung gezogene Wirkungsweise der Präsentation besteht in veränderten Einstellungen gegenüber der Bedeutung des Wahlaktes. Tatsächlich lässt sich nachweisen, dass die Präsentation noch drei Wochen nach ihrer Durchführung einen signifikanten Einfluss auf den Großteil der 15 berücksichtigten Einstellungsvariablen hatte (Blais und Young 1999: 51). Eine exploratorische Faktorenanalyse dieser Variablen ergibt drei Faktoren, welche die Autoren als „Pflicht", „Zynismus" und sozialen „Druck" interpretieren. Blais und Young können nachweisen, dass die Präsentation zwar einen signifikanten Einfluss auf alle drei Faktoren hatte, dass aber nur der Faktor „Pflicht" einen signifikanten Einfluss auf die Wahlteilnahme hat, wenn man für relevante Drittvariablen kontrolliert. Die Autoren schätzen, dass die Präsentation die Wahlbeteiligung vermittelt über diesen Faktor um 3.5 Prozentpunkte reduzierte. Theoretisch interpretieren die Autoren den „Pflicht"-Faktor ganz analog zur Konzeptualisierung der Wahlnorm in der entwickelten MFS-Erklärung:

> „In our view, this factor represents the unquestioned, value-laden, normative aspect of voting, and subjects who score high on this index share a widely held

---

[86] Da die Befragten keine Zufallsstichprobe darstellen, wurde im Nachhinein statistisch für relevante Drittvariablen kontrolliert. Diese waren das Ausmaß an politischem Interesse, das Vorhandensein einer Parteiidentifikation, das Vorhandensein einer berichteten früheren Wahlteilnahme, die Universitätszugehörigkeit sowie die Teilnahme an den Vorwahlbefragungen (Blais und Young 1999: 44).

view that citizens in a democracy *should* go to the polls and exercise their franchise." (Blais und Young 1999: 51)

Die Präsentation bewirkte nach der Ansicht der Autoren, dass manche Studenten ihre moralische Verpflichtung zur Wahlteilnahme in Frage stellten. Die Textpassagen, in denen die Autoren diesen Wirkungsmechanismus interpretieren, stimmen bis in die Terminologie mit der MFS-Erklärung der Wahlteilnahme überein:

> „It would thus seem that for some respondents the presentation modified the very *definition* of the act of voting. In it, the decision to vote was portrayed as a decision taken by individuals, not by members of a community or citizenry. It was also portrayed as questionable, as something reasonable people could contemplate not doing. This was not done directly: the presentation did not say whether voting was good or bad and was silent on the values that may underpin voting. But when we *framed* the act of voting in cost-benefit terms, some subjects were led to question whether they should feel obliged to vote." (Blais und Young 1999: 51f., Hervorhebungen nicht im Original)

Der von den Autoren angenommene Mechanismus ist offensichtlich ein Prozess des Reframings, also des Wechsels der Definition der Situation. Auf Basis des MFS lässt sich erklären, weshalb die Präsentation diesen Effekt hatte. Das Infragestellen der Wahlteilnahme durch die Präsentation erzwang eine Auseinandersetzung mit den Gründen für die eigene Wahlteilnahme. Das Wahltag-Skript wurde somit zum Gegenstand einer Reflexionstätigkeit. Zudem lassen sich aus dem MFS zusätzliche Hypothesen darüber ableiten, unter welchen Bedingungen welche Effekte zu erwarten sind. Den MFS-Hypothesen 2 und 3 zufolge hängen die Auswirkungen der Reflexion entscheidend davon ab, ob die Verankerung der Wahlnorm auf wertrationalen Überzeugungen basiert oder eher gewohnheitsmäßig ist. Personen, die bislang aus wertrationalen Gründen an Wahlen teilnahmen, dürften durch die Präsentation des Wählerparadoxons weniger leicht beeinflussbar gewesen sein, da ein normativ begründetes Framing generell wehrhafter gegenüber anderen Betrachtungsweisen ist. Sofern sie auch nach der induzierten Frame-Selektion im rc-Modus an ihren wertrationalen Gründen festhielten, sollte auch ihre Teilnahmeneigung nicht durch die Präsentation reduziert worden sein. Diese Hypothesen werden im Kapitel 6.6 mit Hilfe der Daten von Blais und Young überprüft. Allerdings enthalten bereits deren Ergebnisse einen ersten Hinweis auf ihre Gültigkeit. Eine der wenigen Einstellungsvariablen, auf die die Präsentation *keinen* Einfluss hatte, lautete: „In order to preserve democracy, it is essential that the great majority of citizens vote." (Blais und Young 1999: 49). Die Zustimmung zu diesem Item indiziert eine wertrationale Begründung des eigenen Wahltag-Skriptes: Man beteiligt sich, um einen Beitrag zur Bewahrung des Kollektivguts einer funktionierenden Demokratie zu leisten. Die Robustheit dieser Einstellungsvariablen gegenüber der Präsentation ist umso bemerkenswerter, als sie eines der drei Items ist, die die Autoren nachträglich zu dem „Pflicht"-Faktor zusammenfassen. Die Präsentation wirkt demnach ausschließlich über die anderen beiden Indikatoren dieses Faktors („It is the duty of every citizen to vote.", „It is important to vote, even if my party or candidate has no chance of winning."). Dieses Phänomen wird von den Autoren an keiner Stelle thematisiert. Hier zeigt sich bereits der Mehrwert einer Handlungstheorie, die differenziertere und vor allem stärker theoriegeleitete Erklärungen ermöglicht.

6.5 Daten und Messungen

6.5.1 Datenbasis und abhängige Variablen

Die folgenden Analysen nutzen zwei Datensätze, die einen besonders aussagekräftigen Test der MFS-Hypothesen ermöglichen. Zum einen enthalten sie direkte Messungen einer ganzen Reihe von Anreizvariablen und mehrere Indikatoren des Internalisierungsgrades der Wahlnorm. Zum anderen ermöglichen sie durch Vor- und Nachwahlbefragung die Analyse der Teilnahmeintention und des berichteten Teilnahmeverhaltens. Ein Datensatz geht auf eine Studie zur Landtagswahl in Nordrhein-Westfalen von 1995 zurück (Kühnel und Ohr 1996), der andere auf die Studie von Blais und Young (1999), die im Kontext der Wahl zum kanadischen Bundesparlament von 1993 mit Studenten der Universitäten von Montreal und Western Ontario durchgeführt wurde.[87] Im Folgenden werden sie als NRW- und Studenten-Datensatz bzw. -Studie bezeichnet. In der NRW-Studie wurde in der

---

[87] Ich möchte mich an dieser Stelle nochmals herzlich bei André Blais, Steffen Kühnel und Dieter Ohr bedanken, die mir die Datensätze großzügigerweise zur Verfügung gestellt haben. Für bisherige Analysen der Daten siehe Blais und Young (1999), Blais (2000) bzw. Andreß et al. (1997), Kühnel und Fuchs (1998).

Woche vor der Wahl eine Zufallsstichprobe von 1002 Wahlberechtigten befragt. Für 72.9 Prozent der Befragten liegen zudem Ergebnisse einer Nachwahlbefragung direkt in der Woche nach der Wahl vor. Die Studie zur Parlamentswahl in Kanada (Studenten-Datensatz) wurde bereits in Kapitel 6.4 beschrieben. Sie umfasst zwei Vorwahlbefragungen (fünf und zwei Wochen vor der Wahl) sowie eine Nachwahlbefragung (direkt in der Woche nach der Wahl) (N = 989).

Die Wahlteilnahme bildet die zentrale abhängige Variable der folgenden Analysen. Da keine objektiven Daten über die individuelle Teilnahme vorliegen, muss auf die in Vorwahlbefragungen geäußerte Teilnahmeabsicht oder die in Nachwahlbefragungen berichtete Teilnahme zurückgegriffen werden.[88] Im NRW-Datensatz geben in der Vorwahlbefragung 90.28 Prozent der Befragten an, wählen gehen zu wollen. In der Nachwahlbefragung berichten 88.77 Prozent der erneut Befragten, wählen gegangen zu sein. Die offizielle Wahlbeteiligung bei dieser Landtagswahl lag dagegen bei 64.1 Prozent. Diese Differenz kann sowohl auf „overreporting" als auch auf selektive Ausfälle, vor allem von Personen mit niedrigerer Bildung, zurückzuführen sein (Kühnel und Ohr 1996: 30f.). Zum Zweck einer konservativen Messung der Teilnahme*intention* wurden Befragte, die in der Vorwahlbefragung angaben, hinsichtlich ihrer Teilnahme noch „unentschlossen" zu sein, der Nichtwähler-Kategorie zugewiesen.[89] Im NRW-Datensatz liegt für 73 Prozent der ursprünglich Befragten das *berichtete* Teilnahmeverhalten vor. Auf diese Variable wird allerdings nur ergänzend zurückgegriffen, da sie die

---

[88] Das größte Problem einer Verwendung der Teilnahmeabsicht besteht darin, dass der Anteil der Befragten, die angeben, an der Wahl teilzunehmen, zumeist deutlich über der amtlich erfassten Wahlbeteiligung der Wahlbevölkerung liegt (sog. „overreporting"). Dies kann als weiterer Beleg für die Bedeutung der Wahlnorm gesehen werden, die sich hier in Gestalt sozial erwünschten Antwortverhaltens bemerkbar macht (Knack 1992: 137). Studien, bei denen die tatsächliche Teilnahme erhoben wurde, haben allerdings ergeben, dass sich die Angaben nur vermeintlicher Wähler in Umfragen kaum von denen tatsächlicher Wähler unterscheiden (Kühnel 2001: 17).

[89] Aufgrund der sozialen Erwünschtheit der Wahlteilnahme ist anzunehmen, dass spätere Nichtwähler teilweise angeben, noch unentschlossen zu sein. Dadurch kann die Angabe der sozial eher negativ bewerteten Intention vermieden werden, ohne eindeutig lügen zu müssen. Auf Basis dieser Überlegung werden im NRW-Datensatz sichere Wähler dem Amalgam von Unentschlossenen und sicheren Nichtwählern gegenüber gestellt (ebenso Thurner 1998: 189, 259). Hinsichtlich der ordinalen Reihenfolge dieser beiden Gruppierungen kann von einer relativ validen Messung ausgegangen werden (vgl. auch Manski 1995: 101).

Gefahr von Verzerrungen durch selektive Ausfälle erhöht. Im Studenten-Datensatz ist dieses Problem systematischer Verweigerungen vernachlässigbar, da die Befragungen in Seminarsitzungen erfolgten. Hier wird daher ausschließlich das in der Nachwahlbefragung berichtete Teilnahmeverhalten als abhängige Variable verwendet. Für die Messung der *unabhängigen* Variablen ist es dagegen vorteilhaft auf die Vorwahlbefragungen zurückzugreifen, um die kausale Reihenfolge besser abbilden und Rationalisierungseffekte ausschließen zu können. Ich verwende die zeitlich am nächsten vor der Wahl liegende, zweite Vorwahlbefragung.[90]

6.5.2 Anreiz- und Kontrollvariablen

Die für den Test der MFS-Erklärung verwendeten Anreizvariablen, ihre Mittelwerte und Standardabweichungen können Tabelle 4 entnommen werden. In beiden Datensätzen existieren mehrfache Operationalisierungen von *alternativenbezogenen Nutzenkomponenten*, die sich auf Parteien bzw. Kandidaten beziehen. Im NRW-Datensatz sind dies die Wahrnehmung einer Partei, die eine besonders große Problemlösungskompetenz besitzt, die persönlichen Interessen am besten vertritt, oder der man generell zugeneigt ist. Als vierter Indikator eines parteibezogenen Anreizes dient die Leistungsdifferenz, welche der Differenz zwischen der höchsten und der schlechtesten Bewertung der vier großen Parteien (SPD, CDU, FDP und die Grünen) entspricht. Schließlich wird berücksichtigt, ob Befragte einen der beiden Kandidaten für das Amt des Ministerpräsidenten präferieren oder keine derartige Präferenz besitzen. Im Studenten-Datensatz wird für die nationale Ebene und den Wahlkreis getrennt berücksichtigt, wie wichtig dem Befragten das Ergebnis der Wahl ist. Als weiterer Indikator des alternativenbezogenen Nutzens wird auch hier das Vorhandensein einer Parteineigung verwendet.

Die *subjektive Einflusserwartung* kann im NRW-Datensatz vergleichsweise direkt über die wahrgenommene Bedeutung der eigenen Stimme für den Wahlausgang operationalisiert werden. Im Studenten-Datensatz wird die wahrgenommene Knappheit des Wahlausganges als Proxy-Variable verwendet (Blais 2000: 74), welche ebenfalls getrennt hinsichtlich der nationalen und der Wahlkreis-Ebene erhoben wurde. Diese Indikatoren des erwarteten

---

[90] Nur in Fällen, in denen auf einzelnen unabhängigen Variablen fehlende Werte vorlagen, wurde zunächst auf die Messungen der Nachwahlbefragung und dann auf die zeitlich deutlich weiter zurückliegende erste Vorwahlbefragung zurückgegriffen.

Einflusses dienen gleichzeitig als Indikatoren des *Konsumnutzens* aus der wahrgenommenen politischen Wirksamkeit. Im NRW-Datensatz kann in Form der Demokratiezufriedenheit ein weiterer nicht-alternativenbezogener Konsumnutzen berücksichtigt werden. In beiden Datensätzen liegen zudem Messungen der wahrgenommenen *Teilnahmekosten* vor. Im NRW-Datensatz wird auf eine Messung der Opportunitätskosten zurückgegriffen. Dabei wurde danach gefragt, inwieweit die Teilnahme an der Landtagswahl von wichtigeren Dingen abhalte. Im Studenten-Datensatz beziehen sich zwei Indikatoren direkter Kosten auf die wahrgenommene Schwierigkeit des Wählens.

Einen theoretisch mehrdeutigen Status besitzen das politische Interesse sowie die Beteiligung im sozialen Umfeld (NRW-Datensatz) bzw. die Einstellungen von Freunden und Familie gegenüber einer etwaigen Nichtwahl (Studenten-Datensatz). Aus einer RC-Perspektive wäre das politische Interesse ein weiterer Indikator eines Konsumnutzens aus der Wahlteilnahme und die Merkmale des sozialen Umfelds könnten als Proxy-Variablen potentieller teilnahmebezogener Sanktionen gedeutet werden. Die entwickelte MFS-Erklärung der Wahlteilnahme lässt jedoch erwarten, dass diese Faktoren nicht nur, und womöglich nicht einmal primär, als Anreizvariablen relevant sind. Das politische Interesse beeinflusst vielmehr bereits die Situationsdefinition und ist zudem eng mit dem Wahltag-Skript verbunden, da die Wahlnorm die informierte Teilnahme vorschreibt. Ebenso wurde bereits darauf hingewiesen, dass die soziale Einbettung der Akteure einen wichtigen Einfluss auf die Zugänglichkeit der Wahlnorm ausüben sollte. Da diese theoretische Mehrdeutigkeit – als Anreizvariablen und als Bestimmungsfaktoren des spontanen Aktivierungsgewichts – empirisch nicht aufgelöst werden kann, werden beide Variablen beim Test der MFS-Hypothesen lediglich als Kontrollvariablen behandelt.

Tabelle 4: Die Anreiz- und Kontrollvariablen der Wahlteilnahme-Analysen

Label	Frage
NRW-Datensatz (Analysestichprobe mit N = 861):	
Lösungs-kompetenz	„Ganz generell gesprochen, gibt es eine Partei, die Ihrer Ansicht nach die Probleme in Nordrhein-Westfalen am besten bewältigen kann?"
Interessen-vertretung[1]	„Und wie ist es mit Ihren persönlichen politischen Vorstellungen und Interessen? Gibt es bei der kommenden Landtagswahl eine Partei, die Ihre persönlichen Interessen besser vertritt als andere Parteien?"
Leistungs-differenz	„Wenn Sie jetzt einmal rückblickend an die Leistungen der Parteien in den letzten fünf Jahren hier in Nordrhein-Westfalen denken und dafür Zensuren von 1 bis 5 vergeben müssten. '1' bedeutet, dass eine Partei sehr viel für das Land geleistet hat, '5 ', dass sie gar nichts geleistet hat." „Welche Zensur bekommt die [SPD, CDU, FDP, Grünen]?"
Kandidaten-präferenz[1]	„Wenn es nach Ihnen ginge, wen hätten Sie lieber als Ministerpräsidenten hier in Nordrhein-Westfalen: Johannes Rau, Helmut Linssen oder keinen von beiden?"
Bedeutung der eigenen Stimme	„Wie schätzen Sie die Bedeutung Ihrer Stimme für den Ausgang der Landtagswahl am 14. Mai ein: Hat ihre Stimme bei der Landtagswahl eine große Bedeutung, eine mittlere Bedeutung, eine geringe Bedeutung, fast keine Bedeutung oder überhaupt keine Bedeutung?"
Demokratie-zufriedenheit	„Sind Sie mit der Art und Weise, wie die Demokratie in der Bundesrepublik Deutschland funktioniert, alles in allem gesehen, sehr zufrieden, eher zufrieden, eher unzufrieden oder völlig unzufrieden?"
Parteiiden-tifikation	„Viele Leute neigen in der Bundesrepublik längere Zeit einer bestimmten Partei zu, obwohl sie auch ab und zu eine andere Partei wählen. Wie ist das bei Ihnen: Neigen Sie – ganz allgemein gesprochen - einer bestimmten Partei zu? Wenn ja, welcher?"
Politisches Interesse	„Wie stark interessieren Sie sich eigentlich für Politik?"
Beteiligung im sozialen Umfeld	„Werden die meisten Wahlberechtigten aus Ihrer Familie und Ihrer Verwandtschaft bei der Landtagswahl am 14. Mai wählen, werden die meisten nicht wählen, oder können Sie das gar nicht sagen?" Zudem abgefragt für „Freunde", „Arbeitskollegen" und „Nachbarn".
Opportuni-tätskosten	„Die Teilnahme an der kommenden Landtagswahl hält mich von wichtigeren Dingen ab."

Kodierung	Mittelwert (Std.abw.)
1 = „Ja" / 0 = Ansonsten	0.41 (0.49)
1 = „Ja" / 0 = Ansonsten	0.72 (0.45)
Umgepolte Differenz zwischen bester und schlechtester Zensur (höhere Werte entsprechen größerer Differenz zwischen bester und schlechtester Partei); 5 Ausprägungen von 0 bis 1; einzelne „weiß nicht"-Zensuren unberücksichtigt; minimale Ausprägung, falls überall „weiß nicht".	0.41 (0.49)
1 = „Helmut Linssen, Johannes Rau" 0 = Ansonsten	0.80 (0.40)
1 = „Eine große Bedeutung" / 0.75 = „Eine mittlere Bedeutung" / 0.5 = „Eine geringe Bedeutung" / 0.25 = „Fast keine Bedeutung" / 0 = „Überhaupt keine Bedeutung"	0.73 (0.27)
1 = „Sehr zufrieden/eher zufrieden" 0 = Ansonsten	0.57 (0.20)
1 = Parteineigung genannt 0 = „nein, zu keiner Partei", „weiß nicht"	0.70 (0.46)
1 = „sehr stark" / 0.75 = „stark" / 0.5 = „mittel" / 0.25 = „wenig" / 0 = „überhaupt nicht"	0.59 (0.23)
1 = „die meisten werden wählen" / 0 = „kann nicht sagen/weiß nicht", „einige wählen, andere nicht" / -1 = „die meisten werden nicht wählen" Index über alle vier Personengruppen (9 Ausprägungen). Rekodiert auf Einheitsintervall	0.79 (0.17)
1 = „Trifft voll und ganz zu", „trifft teilweise zu" 0 = Ansonsten	0.07 (0.26)

Fortsetzung von Tabelle 4

Label	Frage
Studenten-Datensatz (Analysestichprobe mit N = 644):	
Knappheit (National)	„Considering Canada as a whole, how close did you think the election would be?"
Knappheit (Wahlkreis)	„In your own riding, how close did you think the election would be?"
Wichtigkeit (Wahlkreis)[3]	„How important was it to you, personally, which *candidate* was going to win the election in your *riding*? Please indicate how important this was to you , on a scale of 0 to 10, where 10 means that who was going to win the election in your riding made a *very great difference to you*, and 0 means that ist made *no difference at all*."
Wichtigkeit (National)[3]	„Again, how important was it to you, personally, which party was going to win the election in *Canada as a whole*? Please indicate how important this was to you, on a scale of 0 to 10, where 10 means that which party was going to win the election in Canada as a whole made a *very great difference to you*, and 0 means that it made *no difference at all*."
Parteineigung	„In federal politics, do you usually think of yourself as being closer to one or to another political party?"
Kosten I[2]	„It is so easy to vote that I don't see any reason not to."
Kosten II[2]	„How difficult do you think it would be for you to go and cast your vote?"
Politisches Interesse	„In general, would you say that politics interests you?"
Freunde/ Familie gegen Nichtwahl	„If I did not vote, my family would think badly of me." „If I did not vote, my friends would think badly of me."
Teilnahme 92	„Were you eligible to vote in the referendum on the constitution in 1992?"; „Did you vote in that referendum?"

Anmerkungen: [1]Zusammengefügt zu *Präferenzindex*: 0.76 (0.33). [2]Zusammengefügt zu Weitere Kontrollvariablen im NRW-Datensatz: *Frau*: 0.48, *Alter (in Jahren)*: 44.16 (16.28), schluss abgegangen).
Weitere Kontrollvariablen im Studenten-Datensatz: *Älter als 23*: 0.09, *Panelteilnahme*: 0.63,

Fortsetzung von Tabelle 4

Kodierung	Mittelwert (Std.abw.)
Studenten-Datensatz (Analysestichprobe mit N = 644):	
1 = „Very close" / 0.66 = „Rather close" /0.33 = „Not very close" / 0 = „Not close at all"	0.58 (0.27)
1 = „Very close" / 0.66 = „Rather close" /0.33 = „Not very close" / 0 = „Not close at all"	0.51 (0.28)
0 = „who was going to win made no difference at all to me" / ... / 0.5 = „who was going to win made some difference to me" / ... / 1 = „who was going to win made a very great difference to me"	0.62 (0.3)
0 = „which party was going to win made no difference at all to me" / ... / 0.5 = „which party was going to win made some difference to me"/ ... / 1 = „which party was going to win made a very great difference to me"	0.77 (0.25)
1 = „Yes" / 0 = „No"	0.63
1 = „Agree strongly" / 0.66 = „Agree" /0.33 = „Disagree" / 0 = „Disagree strongly"	0.33 (0.31)
1 = „Very easy" / 0.66 = „Easy" /0.33 = „Difficult" / 0 = „Very difficult"	0.21 (0.22)
1 = „Very much" / 0.66 = „Somewhat" /0.33 = „Not much" / 0 = „Not at all"	0.72 (0.27)
1 = „Agree strongly" / 0.66 = „Agree" /0.33 = „Disagree" / 0 = „Disagree strongly"; Index	0.26 (0.24)
1 = „Yes" / 0 = „No"	0.75 (0.44)

Kosten (Index): 0.29 (0.26). [2]*Zusammengefügt zu* Wichtigkeit (Index): 0.69 (0.23).
Bildung: *Abitur*: 0.30, *Realschule*: 0.25 (Ref.kat.: Volks-/Hauptschulabschluss/ohne Ab-

Western Ontario: 0.62.

Als weitere Kontrollvariable dient das Alter. Im NRW-Datensatz wird zudem für die Bildung und das Geschlecht kontrolliert.[91] In den Analysen des Studenten-Datensatzes kommen drei weitere Kontrollvariablen zum Einsatz, die aus der speziellen Art der Datenerhebung herrühren: die Universitätszugehörigkeit, die Zugehörigkeit zur Experimentalgruppe (Präsentation des Wählerparadoxons) sowie die Teilnahme an Vorwahlbefragungen.

6.5.3 Wahlnorm

Für die Operationalisierung des Internalisierungsgrades der Wahlnorm werden mehrere Indikatoren verwendet. Dies ist zunächst in beiden Datensätzen der Grad der Zustimmung zu der Aussage, die Wahlteilnahme sei eine demokratische Bürgerpflicht. Für sich allein genommen reicht dieses Standarditem jedoch nicht aus, um die persönliche Verbindlichkeit der Wahlnorm zu erfassen. Im NRW-Datensatz wird daher zusätzlich berücksichtigt, inwieweit eine Nichtwahl zu einem schlechten Gewissen führen und inwieweit sie der eigenen Persönlichkeit widersprechen würde. Im kanadischen Studenten-Datensatz wird die Zustimmung zu den Aussagen verwendet, man würde sich im Falle einer Nichtwahl schuldig fühlen bzw. es sei wichtig zu wählen, selbst wenn die favorisierte politische Alternative keine Gewinnchance habe. Diese Items können als Indikatoren der persönlichen, unbedingten Geltung der Wahlnorm angesehen werden.

Im Studenten-Datensatz kommt noch ein vierter Indikator zum Einsatz: der Grad der Zustimmung zu der Aussage, zur Bewahrung der Demokratie müsse die große Mehrheit der Bürger zur Wahl gehen. Theoretisch ist dieses Item eher ein Prädiktor der Verankerung der Wahlnorm. In späteren, differenzierteren Analysen wird sein Einfluss daher separat betrachtet. Gleichwohl lässt sich seine Aufnahme als zusätzlicher Indikator des Internalisierungsgrades in diesem Datensatz rechtfertigen, da die Zustimmung zu diesem Item am höchsten mit der Einschätzung, die Wahlteilnahme sei Bürgerpflicht, korreliert.[92] Dies deckt sich mit dem Ergebnis einer Studie von

---

[91] In den Analysen des Studenten-Datensatzes bleibt die Geschlechtsvariable außen vor, da sie einen hohen Anteil fehlender Werte (17 Prozent) aufweist. Letzteres zeugt wohl vom Bemühen der Seminarteilnehmer, ihre Nicht-Identifizierbarkeit zu sichern.

[92] Die Korrelation beträgt 0.54 und ist damit höher als die Korrelation der beiden anderen Indikatoren mit dem Bürgerpflichtsindikator (r = 0.49 für das Item, Wählen sei auch bei keiner Gewinnchance wichtig, und r = 0.40 für das Item, man würde sich im Falle einer

Tabelle 5: Indikatoren des Verankerungsgrades der Wahlnorm und ihre Faktorladungen

Variable	NRW-Datensatz Faktorladungen	Studenten-Datensatz Faktorladungen
Bürgerpflicht[1]	0.62	0.81
Bei Nichtwahl: Schlechtes Gewissen[2]	0.76	---
Sich schuldig fühlen[3]	---	0.50
Widerspruch zu Persönlichkeit[4]	0.85	---
Wählen auch wenn chancenlos[5]	---	0.62
Essentiell für Demokratie[6]	---	0.64
Eigenwert	1.69	1.71
% erklärte Varianz	56.48	42.73

Anmerkungen: Explorative Faktorenanalysen (iterated principal factors); im NRW-Datensatz basierend auf polychorischer Korrelationsmatrix.
Items und Mittelwerte (Standardabweichungen):
[1]"In der Demokratie ist es die Pflicht jedes Bürgers, sich regelmäßig an Wahlen zu beteiligen." 0.79 (0.37)
„It is the duty of every citizen to vote." 0.79 (0.26)
[2]"Wenn ich eine Wahl versäumen würde, hätte ich hinterher ein schlechtes Gewissen." 0.47 (0.45)
[3]"If I did not vote, I would feel guilty." 0.54 (0.34)
[4]"Nicht zu wählen würde meiner Persönlichkeit widersprechen." 0.70 (0.43)
[5]"It is important to vote, even if my party or candidate has no chance of winning." 0.84 (0.2)
[6]"In order to preserve democracy, it is essential that the great majority of citizens vote." 0.85 (0.2)
Antwortkategorien: 1 = „stimme voll und ganz zu" / 0.5 = „stimme teilweise zu" / 0 = „stimme gar nicht zu" bzw. 1 = „Agree strongly" / 0.66 = „Agree" / 0.33 = „Disagree" / 0 = „Disagree strongly"

Nichtwahl schuldig fühlen). Im NRW-Datensatz ist ein ähnliches Item verfügbar, das danach fragt, ob eine geringe Wahlbeteiligung zu einer Gefahr für die Demokratie werden könne. Allerdings fallen die polychorischen Korrelationen dieser Variablen mit den drei anderen Indikatoren durchgehend geringer aus als deren Korrelationen untereinander. Im NRW-Datensatz erscheint daher die ausschließliche Verwendung der drei oben genannten Indikatoren eine validere Messung des Verankerungsgrades zu ermöglichen.

Blais und Thalheimer (1997, zitiert in Blais 2000: 104ff.), in der regelmäßige Wähler aus Montreal nach den Gründen ihrer Teilnahme befragt wurden: Von den 78 Befragten, die hauptsächlich wählten, weil sie sich normativ zur Teilnahme verpflichtet fühlten, stimmten 71 der Aussage zu, man solle wählen gehen, wenn und weil man an die Demokratie glaube.

Die Eindimensionalität der verwendeten Indikatoren konnte in beiden Datensätzen mit Hilfe von explorativen Faktorenanalysen bestätigt werden. Die Ergebnisse dieser Analysen sind in Tabelle 5 abgetragen. Die Faktorladungen liegen in allen Fällen über dem konventionell als „practically significant" eingestuften Wert von 0.5 (Hair et al. 1998: 111). Quadriert man sie, so erhält man den Anteil der Varianz in der Beantwortung eines Items, den der Faktor (also die als Verankerung der Wahlnorm interpretierte latente Variable) erklärt. In den folgenden Analysen des Studenten-Datensatzes werden Faktorscores verwendet, die die Ausprägungen der Befragten auf der unbeobachteten Variablen „Verankerungsgrad der Wahlnorm" schätzen und im Vergleich zu den einzelnen Indikatoren weniger messfehlerbehaftet sind. Im NRW-Datensatz wird aus den drei Indikatoren ein ungewichteter additiver Index gebildet.[93]

Abbildung 7 gibt die Verteilungen des Internalisierungsgrades der Wahlnorm in beiden Datensätzen wieder. Beide Histogramme lassen eine deutlich linksschiefe Verteilung erkennen, wobei Fälle mit äußerst geringer Internalisierung vor allem im Studenten-Datensatz sehr selten sind. Über einen Vergleich der grauen und weißen Balken erhält man einen ersten Eindruck von der Beziehung dieser Variablen zum Teilnahmeverhalten. Im Studenten-Datensatz ist die berichtete Teilnahme zu Grunde gelegt, im NRW-Datensatz die Teilnahmeintention. Wie erwartet ist der Zusammenhang stark positiv: Die Anzahl an Fällen, in denen eine Teilnahme(intention)

---

[93] Dies trägt der geringen Anzahl der Antwortkategorien der Wahlnorm-Items im NRW-Datensatz Rechnung, die nur zwischen „stimme voll und ganz zu", „stimme teilweise zu" und „stimme gar nicht zu" unterscheiden. Selbst wenn man von gleichen Abständen zwischen diesen Antwortkategorien ausgeht, ist die Durchführung einer gewöhnlichen Faktorenanalyse nicht sinnvoll. Zur Prüfung der Eindimensionalität wurde daher eine Faktorenanalyse auf Basis der polychorischen Korrelationsmatrix berechnet, welche von ordinalskalierten Indikatoren ausgeht und welche keine Berechnung von Faktorscores ermöglicht (Jöreskog 2002; Kühnel 1996; Muthén 1993). Im Studenten-Datensatz wurden die Faktorscores mit Hilfe der Regressionsmethode von Thomson berechnet. Hier lässt sich als Reliabilitätsmaß zudem Cronbach's alpha berechnen, das einen akzeptablen Wert von 0.71 erreicht.

berichtet wird (graue Balken), steigt mit der Internalisierung der Wahlnorm stark an. Die Häufigkeit von Fällen ohne Teilnahme(intention) (weiße Balken) ist im Bereich der stärksten Ausprägungen dagegen sehr gering.

Abbildung 7: Verteilung des Internalisierungsgrades der Wahlnorm mit Differenzierung nach Teilnehmern (graue Balken) und Nicht-Teilnehmern (weiße Balken)

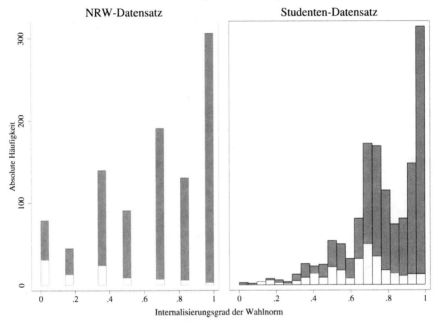

6.6 Ergebnisse der empirischen Analyse

Die Ergebnisse der multivariaten statistischen Analysen werden zunächst anhand von Regressionstabellen dargestellt. Anschließend erfolgt für die wichtigsten Ergebnisse jeweils eine graphische Veranschaulichung, die auch ohne nähere Kenntnisse statistischer Analysemethoden verständlich ist.

6.6.1 Die Abhängigkeit der Anreizeffekte vom Internalisierungsgrad der Wahlnorm

In einem ersten Analyseschritt geht es darum, die für die Wahlteilnahme relevanten Anreize zu identifizieren. Theoretisch ist eine prinzipiell unbegrenzte Menge von Anreizvariablen denkbar, welche verschiedene instrumentelle Beweggründe und Konsumnutzen einer Wahlteilnahme widerspiegeln. Ein aussagekräftiger Test der MFS-Hypothese ist jedoch nur für statistisch erklärungsstarke Anreizvariablen möglich. Für Anreize, die nur schwach mit der Wahlteilnahme zusammenhängen, lässt sich nicht feststellen, ob ihr Einfluss mit dem Internalisierungsgrad der Wahlnorm variiert.[94] Ausgangspunkt der folgenden Analyse sind Regressionsmodelle, die in ihrer Spezifikation den RC-Theorien der Wahlteilnahme folgen und alle in Tabelle 4 aufgeführten Anreiz- und Kontrollvariablen enthalten. Aus diesen Regressionsmodellen wurden schrittweise Anreizvariablen ausgeschlossen, von denen kein bedeutender Einfluss auszugehen scheint (siehe dazu Hosmer und Lemeshow 2000: 92ff.).[95] Aus Platzgründen können diese Analyse-

---

[94] Siehe dazu das auf den Internetseiten des Verlags hinterlegte Zusatzkapitel zur statistischen Prüfbarkeit der MFS-Hypothesen (Kroneberg 2011b). Zudem beugt eine Eingrenzung der betrachteten Anreizvariablen Multikolinearitätsproblemen vor. So geht jede berücksichtigte Anreizvariable nicht nur einzeln, sondern auch als Produkt mit dem Internalisierungsgrad der Wahlnorm in das Regressionsmodell zum Test der MFS-Hypothese 1 ein. Durch die resultierende große Anzahl zu schätzender Parameter und die relativ hohen Korrelationen zwischen den Produkttermen besteht die Gefahr instabiler Schätzungen (Fox 1997: 337).

[95] Ausgeschlossen wurden Variablen, deren Koeffizienten statistisch insignifikant *und* ausgesprochen gering waren oder deren Vorzeichen den theoretischen Erwartungen der RC-Theorien widersprachen. Mit Likelihood-Ratio-Tests wurde überprüft, dass die ausgeschlossenen Variablen nicht signifikant zur Devianzreduktion beitragen (vgl. Hosmer und Lemeshow 2000: 92ff.). Zudem wurden in beiden Datensätzen zwei Nutzenindikatoren zu einem Index zusammengefasst, um zu erklärungskräftigeren Anreizvariablen und damit zu einer höheren Teststärke zu gelangen. Im NRW-Datensatz betrifft dies das Vorliegen einer Kandidatenpräferenz und einer die persönlichen Interessen am besten vertretenden Partei (*Präferenzindex*), im Studenten-Datensatz die empfundene Wichtigkeit des Wahlausgangs auf nationaler und Wahlkreis-Ebene. Die Skalen dieser Indikatoren waren jeweils identisch. Dass die Indexbildung statistisch gerechtfertigt ist, wird durch ähnliche Regressionskoeffizienten nahe gelegt und durch Likelihood-Ratio-Tests bestätigt. Im NRW-Datensatz impliziert die Indexbildung die Annahme, dass Befragte mit Kandidaten- und Parteipräferenz einen doppelt so hohen Anreiz zur Teilnahme haben wie Befragte mit nur einer dieser Präferenzen. Von der Möglichkeit widerstreitender Prä-

schritte hier nicht detailliert dargestellt werden.[96] Als wichtiges Ergebnis ist festzuhalten, dass sich die *instrumentellen* RC-Theorien der Wahlteilnahme nicht bestätigen. Diese sagen vorher, dass die Präferenz für einen bestimmten Wahlausgang umso stärker zur Teilnahme motiviert, je höher der erwartete Einfluss der Bürger ist. Statistisch ergaben sich jedoch keine Hinweise auf das Vorliegen entsprechender Interaktionseffekte zwischen den Einflusserwartungen bzw. der wahrgenommenen Knappheit des Wahlausgangs auf der einen und den auf den Wahlausgang bezogenen Nutzenvariablen auf der anderen Seite.[97] In die weiteren Analysen werden daher keine instrumentellen Anreizeffekte aufgenommen.

Die reduzierten RC-Modelle, die sich aus dem Ausschluss unbedeutender Variablen ergeben, sind in den Tabellen 6 und 7 aufgeführt.[98] Für die Interpretation der berichteten Koeffizienten ist zu beachten, dass alle unabhängigen Variablen auf das Einheitsintervall transformiert wurden.[99] Die Koeffizienten geben an, wie stark (genauer: um wie viele Standardabwei-

---

ferenzen wird hier vereinfachend abgesehen. Insbesondere bei Analysen der Wahlentscheidung wäre diese systematisch mit einzubeziehen.

[96] Tabellen mit den Ausgangsmodellen und Zusammenfassungen der schrittweisen Variablenselektion sind vom Autor erhältlich und auf den Internetseiten des Verlags als Zusatzkapitel (Kroneberg 2011c) hinterlegt.

[97] Die entsprechenden Produktterme besitzen ein negatives anstatt des vorhergesagten positiven Vorzeichens oder sind nur von geringer Größe und statistisch insignifikant (siehe bereits Andreß, Hagenaars und Kühnel 1997: 411; Blais und Young 1999: 54). Um die Relevanz instrumenteller Anreizeffekte nicht vorschnell auszuschließen, wurden verschiedene Anschlussanalysen durchgeführt (separate Schätzung der Interaktionseffekte, Zusammenfassung der Indikatoren zu additiven Indizes, Beschränkung der Analyse auf Befragte mit niedrigem Internalisierungsgrad der Wahlnorm). Die erwarteten Interaktionseffekte ließen sich jedoch in keiner dieser Analysen nachweisen.

[98] Betrachtet man die Effekte der Anreizvariablen in diesen Modellen, so fällt auf, dass eine Reihe von ihnen statistisch insignifikant oder nur schwach signifikant ist. Dies ist Ausdruck der methodischen Entscheidung, die Variablenselektion zu beenden, bevor nur noch statistisch signifikante Anreizeffekte im Modell verbleiben. Damit soll sowohl eine Überanpassung an die Stichprobe vermieden werden (Fox 1997: 359; Hosmer und Lemeshow 2000: 92) als auch der Ausschluss von Anreizvariablen, deren Erklärungskraft möglicherweise erst nach Einschluss der vorhergesagten Interaktionseffekte mit dem Internalisierungsgrad der Wahlnorm sichtbar wird.

[99] In Anwendungen des MFS erlaubt die Transformation auf das Einheitsintervall, die Richtung und Stärke der vorhergesagten Interaktionen auf den ersten Blick anhand der Regressionskoeffizienten zu beurteilen. So ist häufig von Interesse, wie stark die maximalen Anreizeffekte sind, die sich bei minimaler und bei maximaler Skriptverankerung ergeben.

chungen) sich die Teilnahmedisposition durchschnittlich ändert, wenn die unabhängige Variable ihren maximalen anstatt ihres minimalen Wertes annimmt.[100]

Im Studenten-Datensatz geht der stärkste Anreizeffekt von den wahrgenommenen Kosten der Teilnahme aus: Größte im Vergleich zu geringsten wahrgenommenen Kosten reduzieren die Teilnahmedisposition um 0.93 Standardabweichungen. Die Wichtigkeit des Wahlausgangs hat ebenfalls einen starken, statistisch signifikanten Effekt und erhöht die Teilnahmedisposition um 0.66 Standardabweichungen. Der Einfluss der wahrgenommenen Knappheit erscheint dagegen deutlich geringer zu sein (β^{Sy*} = 0.29).

Im NRW-Datensatz wurde die Variablenselektion zunächst für die *intendierte* Wahlteilnahme durchgeführt, um eine größere Analysestichprobe zu Grunde legen zu können. Das resultierende Modell wurde dann auf die *berichtete* Wahlteilnahme übertragen. Hierbei ergaben sich für die Bedeutung der eigenen Stimme und die wahrgenommenen Opportunitätskosten insignifikante Effekte mit falschen Vorzeichen. Das RC-Modell der berichteten Wahlteilnahme wurde daher zusätzlich um diese beiden Prädiktoren reduziert. Auch ansonsten zeigt sich eine unterschiedliche Einflusstärke der Anreizvariablen, je nachdem, ob man die Teilnahmeintention oder die berichtete Teilnahme (in der kleineren Nachwahl-Stichprobe) betrachtet. Hinsichtlich der Teilnahme*intention* geht der stärkste Anreizeffekt vom Vorliegen einer Kandidaten- und Parteipräferenz (Präferenzindex) aus (β^{Sy*} = 0.69). Die Bedeutung der eigenen Stimme hat ebenfalls einen bedeutsamen Effekt (β^{Sy*} = 0.39). Dagegen scheint die Teilnahmeintention kaum durch das Vorliegen einer Parteiidentifikation, die Demokratiezufriedenheit oder die wahrgenommenen Opportunitätskosten beeinflusst zu sein. Betrachtet man jedoch das *berichtete* Teilnahmeverhalten, so sind gerade die Parteiidentifikati-

---

[100] Die Teilnahmedisposition ist eine statistische Größe, die es ermöglicht, die Stärke der Anreizeffekte über verschiedene Regressionsmodelle hinweg zu vergleichen. Sie ist nicht zu verwechseln mit der empirisch erhobenen Teilnahmeintention. Die Teilnahmedisposition ist vielmehr eine *unbeobachtete* metrische Variable y*, die sich sowohl für die Analysen der Teilnahmeintention als auch für die Analysen der berichteten Teilnahme berechnen lässt. Im RC-Ansatz entspricht sie der Differenz der SEU-Werte von Teilnahme und Nichtwahl. Die Standardabweichung σ_{y*} der unbeobachteten Teilnahmedisposition wurde nach einer von Winship und Mare entwickelten Methode geschätzt (Long 1997: 69ff.; Winship und Mare 1984: 517). Die hier berichteten Effekte auf die Teilnahmedisposition erhält man, indem man die gewöhnlichen Logit-Effekt durch diese Standardabweichung dividiert (β^{Sy*} = b/σ_{y*}). Man spricht daher auch von y*-standardisierten Koeffizienten.

on ($\beta^{Sy^*} = 0.40$) und die Demokratiezufriedenheit ($\beta^{Sy^*} = 0.56$) die erklärungskräftigsten Anreizvariablen.

Tabelle 6: Interaktionseffekte zwischen Anreizvariablen und dem Internalisierungsgrad der Wahlnorm im Studenten-Datensatz

	Modell 1		Modell 2	
Internalisierungsgrad Wahlnorm (IW)	1.28**	(0.26)	1.61+	(0.96)
Wichtigkeit (Index)	0.66**	(0.23)	1.65+	(0.91)
Knappheit (Wahlkreis)	0.29+	(0.17)	1.10	(0.70)
Kosten (Index)	-0.93**	(0.19)	-3.08**	(0.89)
Wichtigkeit x IW	---		-1.31	(1.17)
Knappheit x IW	---		-1.07	(0.90)
Kosten x IW	---		2.76*	(1.10)
Älter als 23 Jahre	0.11	(0.18)	0.05	(0.18)
Politisches Interesse	0.34+	(0.20)	0.37+	(0.21)
Freunde/Familie gegen Nichtwahl	0.45*	(0.21)	0.50*	(0.22)
Western Ontario	-0.58**	(0.12)	-0.59**	(0.12)
Präsentation Wählerparadoxon	-0.09	(0.11)	-0.08	(0.11)
Panelteilnahme	0.02	(0.11)	0.02	(0.11)
Konstante	-0.69*	(0.28)	-0.90	(0.74)
σ_{y^*} (Std.abw. der Disposition)	2.33		2.36	
N	644		644	
Pseudo R^2	0.241		0.254	
-2*Log-Likelihood	544.46		535.47	
χ^2-Verbesserung (Freiheitsgrade)			8.99* (3)	

Anmerkungen: Logistische Regressionen der berichteten Wahlteilnahme: y^*-standardisierte Logit-Koeffizienten (β^{Sy^*}); Standardfehler in Klammern
$+ p < 0.10$, $* p < 0.05$, $** p < 0.01$ (zweiseitige Tests)

Eine mögliche Interpretation dieser Unterschiede zwischen intendierter und berichteter Teilnahme im NRW-Datensatz lautet wie folgt: Die Teilnahmeintention in der Vorwahlwoche scheint stärker durch Anreize geprägt, die *aktuelle* Wahrnehmungen und Empfindungen widerspiegeln. Diese können durchaus kurzfristigen Veränderungen unterliegen und sind daher am Wahltag unter Umständen bereits anders ausgeprägt. Dies würde erklären, warum sich für die berichtete Teilnahme vor allem ein Einfluss vergleichsweise *stabiler* Wahrnehmungen und Bindungen (Parteiidentifikation und Demokratiezufriedenheit) feststellen lässt. Basierend auf dieser Interpretation lässt sich auch plausibilisieren, dass die wahrgenommene Bedeutung der eigenen Stimme und die Opportunitätskosten völlig irrelevant für das berichtete Teilnahmeverhalten sind. Aufgrund falscher Vorzeichen ihrer Koeffizienten wurden sie bereits im Zuge der Variablenselektion von der weiteren Analyse dieser abhängigen Variablen ausgeschlossen. Gerade hinsichtlich der wahrgenommenen Opportunitätskosten ist von kurzfristigen Schwankungen – u.U. noch am Wahltag – auszugehen. Eine Messung in der Woche vor der Wahl korreliert daher möglicherweise nur schwach mit der teilnahmerelevanten Ausprägung dieser Variablen am Wahltag.

Tabelle 7: Interaktionseffekte zwischen Anreizvariablen und dem Internalisierungsgrad der Wahlnorm im NRW-Datensatz

	Intention: Modell 1	Intention: Modell 2	Berichtet: Modell 1	Berichtet: Modell 2
Internalisierungsgrad Wahlnorm (IW)	0.81**	2.91**	0.47*	1.80**
	(0.20)	(0.65)	(0.21)	(0.59)
Bedeutung der eigenen Stimme	0.39+	0.63	---	---
	(0.22)	(0.40)		
Präferenzindex	0.69**	1.13**	0.27	0.60+
	(0.17)	(0.30)	(0.18)	(0.33)
Parteiidentifikation	0.10	0.48*	0.40**	0.82**
	(0.12)	(0.21)	(0.13)	(0.25)
Demokratiezufriedenheit	0.27	0.79	0.56+	0.81
	(0.27)	(0.49)	(0.30)	(0.55)
Opportunitätskosten	-0.12	-0.27	---	---
	(0.20)	(0.31)		
Bedeutung Stimme x IW	---	-0.42	---	---
		(0.74)		

Fortsetzung von Tabelle 7

Präferenzindex x IW	---	-1.06+	---	-0.73
		(0.58)		(0.59)
Parteiidentifikation x IW	---	-0.96*	---	-0.83*
		(0.46)		(0.42)
Demokratiezufriedenheit x IW	---	-1.21	---	-0.70
		(0.91)		(0.88)
Opportunitätskosten x IW	---	0.42	---	---
		(0.81)		
Frau	-0.04	-0.09	-0.20	-0.26+
	(0.12)	(0.13)	(0.13)	(0.14)
Alter (in Jahren)	0.01*	0.01*	0.02**	0.02**
	(0.00)	(0.01)	(0.01)	(0.01)
Abitur	0.01	0.04	0.47**	0.53**
	(0.15)	(0.16)	(0.18)	(0.19)
Realschule	-0.04	-0.03	0.09	0.13
	(0.15)	(0.16)	(0.15)	(0.16)
Politisches Interesse	0.42	0.42	-0.05	-0.09
	(0.31)	(0.34)	(0.30)	(0.31)
Beteiligung im sozialen Umfeld	1.45**	1.64**	1.74**	1.86**
	(0.31)	(0.34)	(0.36)	(0.37)
Konstante	-2.02**	-3.02**	-2.15**	-2.81**
	(0.34)	(0.47)	(0.39)	(0.50)
σ_{y^*} (Std.abw. der Disposition)	2.52	2.44	2.33	2.31
N	861	861	641	641
Pseudo R^2	0.363	0.395	0.259	0.278
-2*Log-Likelihood	339.04	322.23	340.01	331.3
χ^2-Verbesserung (Freiheitsgrade)		16.81* (5)		8.71* (3)

Anmerkungen: Logistische Regressionen der intendierten und berichteten Wahlteilnahme: y*-standardisierte Logit-Koeffizienten (β^{Sy^*}); Standardfehler in Klammern
+ $p < 0.10$, * $p < 0.05$, ** $p < 0.01$ (zweiseitige Tests)

Die MFS-Hypothese 1 sagt vorher, dass die Stärke der Anreizeffekte systematisch mit dem Internalisierungsgrad der Wahlnorm variiert. Für ihren statistischen Test müssen daher Interaktionseffekte zwischen jeder Anreizvariable und dem Internalisierungsgrad der Wahlnorm geschätzt werden. Wie in Tabellen 6 und 7 ersichtlich, erweitern die MFS-Modelle die reduzierten RC-Modelle entsprechend, indem sie für jede Anreizvariable das Produkt mit dem Internalisierungsgrad der Wahlnorm als zusätzlichen Prädiktor in die Regressionsgleichung aufnehmen. Der Koeffizient der Anreizvariablen gibt den maximalen Anreizeffekt für Fälle mit minimalem Internalisierungsgrad der Wahlnorm wieder. Der Koeffizient des Produktterms zeigt an, wie sich dieser Anreizeffekt verändert, wenn der Internalisierungsgrad der Wahlnorm seine maximale Ausprägung annimmt.

Das MFS-Modell der Teilnahmeintention im NRW-Datensatz ist in der dritten Spalte der Tabelle 7 abgetragen (Modell 2). Das *Vorzeichenmuster* aller Interaktionseffekte entspricht den theoretischen Erwartungen. Ein stärkerer Internalisierungsgrad der Wahlnorm wirkt den positiven Anreizeffekten (Bedeutung der eigenen Stimme, Präferenzindex, Parteiidentifikation und Demokratiezufriedenheit) ebenso entgegen wie dem negativen Anreizeffekt der Opportunitätskosten. Die Koeffizienten der ersten vier Produktterme sind daher negativ und der fünfte positiv. Dass die *statistische Signifikanz* der einzelnen Produktterme äußerst gemischt ausfällt, ist aufgrund der Teststärkeproblematik nicht überraschend (siehe dazu Kroneberg 2011b). Es ist aber auch nicht entscheidend für die Beurteilung der MFS-Hypothese 1, da es für diese auf den *gemeinsamen* Test dieser Produktterme ankommt. Dieser ergibt eine auf dem 1%-Niveau statistisch signifikante Modellverbesserung ($\chi^2(5) = 16.81$, p < 0.01). Die Nullhypothese, dass der Einschluss der Interaktionseffekte zu keiner Modellverbesserung führt, lässt sich somit zurückweisen. Dies gilt auch für das *berichtete* Teilnahmeverhalten im NRW-Datensatz. Der positive Einfluss der drei relevanten Anreizvariablen (Präferenzindex, Parteiidentifikation und Demokratiezufriedenheit) ist umso geringer, je stärker die Wahlnorm internalisiert ist. Der Einschluss dieser Produktterme bzw. die Schätzung der Interaktionseffekte resultiert auch hier in einer statistisch signifikanten Modellverbesserung ($\chi^2(3) = 8.71$, p < 0.05).

Im Studenten-Datensatz wird erneut direkt die berichtete Teilnahme betrachtet. Wiederum ergibt sich das gleiche Bild (Modell 2 in Tabelle 6): Eine stärker internalisierte Wahlnorm geht mit einem geringeren positiven Einfluss der wahrgenommenen Knappheit der Wahl im Wahlkreis und der subjektiven Wichtigkeit des Wahlausgangs einher sowie mit einem schwächeren negativen Einfluss der wahrgenommenen Teilnahmekosten. Die Berücksichtigung dieser Interaktionseffekte führt zu einer statistisch signifikanten Modellverbesserung ($\chi^2(3) = 8.99$, $p < 0.05$).[101]

Unter den Effekten der Kontrollvariablen ragt in beiden Datensätzen derjenige des sozialen Umfelds heraus. Die Beteiligung im sozialen Umfeld (NRW-Datensatz) bzw. die teilnahmebezogenen Einstellungen von Freunden und Familie (Studenten-Datensatz) korrelieren stark mit der eigenen Teilnahme. Vor dem Hintergrund der entwickelten MFS-Erklärung ist dies nicht überraschend. Wie ausgeführt wurde, ist davon auszugehen, dass die soziale Einbettung der Akteure sowohl auf die Aktivierung der Wahlnorm wirkt als auch als Anreiz bei einer Teilnahmeentscheidung im rc-Modus. Im NRW-Datensatz ergeben sich zudem positive Bildungs- und Alterseffekte. Im Studenten-Datensatz besitzen Studenten in Western Ontario eine deutlich geringere Teilnahmewahrscheinlichkeit, während sich ein schwach signifikanter positiver Effekt des politischen Interesses ergibt (siehe Blais und Young 1999: 44).

Graphische Veranschaulichung

Die Abbildungen 8 und 9 veranschaulichen die Ergebnisse in Form von Balkendiagrammen. Die Höhe der Balken entspricht der geschätzten durchschnittlichen Veränderung der Teilnahmedisposition, die sich ergibt, wenn der betrachtete Anreiz seine höchste anstatt seiner niedrigsten Ausprägung aufweist. Die Balken geben also die Stärke der Anreizeffekte wieder. Der erste Balken im oberen Teil von Abbildung 8 gibt beispielsweise an, dass die Teilnahmedisposition von Befragten, die über eine Partei- und Kandidatenpräferenz verfügen (*Präferenzindex*), um 0.69 Standardabweichungen höher ist als die Teilnahmedisposition von Befragten, die weder eine präferierte Partei noch einen präferierten Kandidaten haben.

Für jeden tendenziell teilnahmerelevanten Anreiz sind in den Abbildungen drei Balken abgetragen: Der graue Balken entspricht dem geschätzten Effekt des Anreizes, wenn man davon ausgeht, dass alle Befragten ihre Entscheidung für oder gegen die Wahlteilnahme anreizabhängig treffen.

---

[101] Auch wenn die Berücksichtigung der Interaktionseffekte in den MFS-Modellen zu statistisch signifikanten Modellverbesserungen führt, steigen die Pseudo R^2-Werte gegenüber dem reduzierten RC-Modell nur geringfügig an. Die entscheidenden Veränderungen betreffen nicht dieses Fitmaß, sondern die Koeffizientenschätzungen (King 1986: 675ff.).

Diese Annahme entspricht den RC-Theorien der Wahlteilnahme. Die schwarzen und weißen Balken veranschaulichen die konkurrierende theoretische Erwartung des MFS: Der MFS-Hypothese 1 zufolge sollten nur Befragte mit geringer Internalisierung der Wahlnorm durch den Anreiz beeinflusst werden (schwarze Balken).[102] Befragte mit stark internalisierter Wahlnorm (weiße Balken) sollten dagegen unabhängig von der Ausprägung dieses Anreizes an der Wahl teilnehmen.

Alle drei Balkendiagramme zeigen deutlich, dass sich die MFS-Hypothese 1 bestätigt. Die Anreizeffekte sind bei gering internalisierter Wahlnorm weitaus stärker als bei stark internalisierter Wahlnorm. Erst durch die Berücksichtigung dieser Unterschiede offenbart sich die wahre Wirkmächtigkeit der Anreize zur Teilnahme. In der Gruppe der Befragten mit geringem Internalisierungsgrad (schwarze Balken) sind die Anreizeffekte teilweise deutlich stärker als die durchschnittlichen Anreizeffekte, die sich unter der Annahme ergeben, dass alle Befragten anreizabhängig entscheiden (graue Balken). Die Verhaltensrelevanz mancher Anreize wird sogar überhaupt erst sichtbar, wenn man nach der Höhe des Internalisierungsgrades der Wahlnorm differenziert, wie es die entwickelte MFS-Erklärung nahe legt. Dies gilt etwa für den Einfluss der Parteiidentifikation auf die Teilnahmeintention im NRW-Datensatz. Auf Basis des reduzierten RC-Modells für die Gesamtstichprobe würde man schlussfolgern, dass dieser Einfluss *nicht existent* ist. Der Anreizeffekt auf die Teilnahmedisposition beträgt nur 0.10 Standardabweichungen – ein vernachlässigbar geringer und auch statistisch insignifikanter Effekt. Das MFS-Modell zeigt, dass die Schlussfolgerung, die Parteiidentifikation habe keinen Einfluss, verfehlt wäre. Der schwarze Balken entspricht dem Effekt der Parteiidentifikation unter der Bedingung, dass

---

[102] Die schwarzen Balken schätzen die Anreizeffekte für Befragte, deren Internalisierungsgrad nur von zehn Prozent der Analysestichprobe unterschritten wird (10%-Perzentile: 0.17 im NRW-Datensatz, 0.53 im Studenten-Datensatz.). Acht dieser elf konditionalen Anreizeffekte sind statistisch auf dem 5%- oder 10%-Niveau signifikant. In den vorherigen Tabellen wurden dagegen Anreizeffekte bei einer *minimalen* Ausprägung des Internalisierungsgrades berichtet. Diese werden zwar durchschnittlich als noch stärker geschätzt als die hier betrachteten konditionalen Effekte für das 10%-Perzentil. Letztere lassen sich aber sicherer schätzen, da sich in der Umgebung dieser Ausprägung deutlich mehr Befragte befinden. Insbesondere sind die Effekte der wahrgenommenen Knappheit des Wahlausgangs (im Studenten-Datensatz) sowie der Bedeutung der eigenen Stimme auf die Teilnahmeintention (im NRW-Datensatz) statistisch signifikant (p < 0.05 bzw. p < 0.10), wenn man sie für Befragte mit geringem, aber nicht minimalem Internalisierungsgrad der Wahlnorm schätzt.

die Wahlnorm nur schwach internalisiert ist. Danach steigt die Teilnahmedisposition durch das Vorliegen einer Parteiidentifikation bei geringem Internalisierungsgrad um 0.48 Standardabweichungen. Dieser konditionale Effekt ist also nahezu fünf Mal größer als der verschwindend geringe Durchschnittseffekt im RC-Modell. Der statistisch signifikante Interaktionseffekt mit dem Internalisierungsgrad der Wahlnorm lässt die Anreizwirkung der Parteiidentifikation also erst hervortreten.

Die bisher beschriebenen Ergebnisse betreffen den ersten Teil der MFS-Hypothese 1, in dem vorhergesagt wird, dass die Anreizeffekte systematisch mit dem Internalisierungsgrad der Wahlnorm variieren. Die Hypothese geht aber noch darüber hinaus, insofern ihr zweiter Teil eine bestimmte *Stärke* der Interaktionseffekte vorhersagt: Bei besonders stark internalisierter Wahlnorm sollte die Teilnahmeentscheidung vollkommen unabhängig von anderen Anreizen sein. Zur Überprüfung dieser (Teil-)Hypothese müssen die Anreizeffekte betrachtet werden, die sich bei einer *maximalen* Ausprägung des Internalisierungsgrades der Wahlnorm ergeben. Diese konditionalen Effekte sollten verschwindend gering und statistisch insignifikant sein. Die Ergebnisse bestätigen auch diese Erwartung deutlich: Alle elf Anreizeffekte bei maximalem Internalisierungsgrad (weiße Balken) sind statistisch insignifikant. Die stärksten durchschnittlich verbleibenden Anreizeffekte verändern die Teilnahmedisposition nur um ca. ein Drittel einer Standardabweichung (siehe Abbildung 9) und dies sind wohlgemerkt Schätzungen für den Fall, dass der Anreiz von seiner minimalen auf seine maximale Ausprägung ansteigt. Die übrigen Koeffizienten entsprechen noch geringeren Anreizeffekten bzw. es dreht sich bei fünf von ihnen sogar das Vorzeichen (ohne dass dadurch ein signifikanter gegenläufiger Effekt entstünde).

Abbildung 8: Anreizeffekte in Abhängigkeit vom Internalisierungsgrad der Wahlnorm im NRW-Datensatz

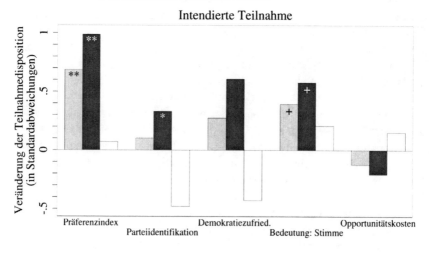

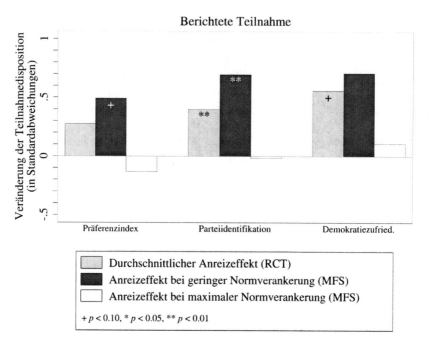

Abbildung 9: Anreizeffekte in Abhängigkeit vom Internalisierungsgrad der Wahlnorm im Studenten-Datensatz

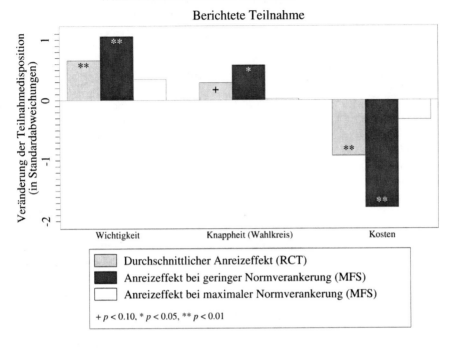

6.6.2 Die wertrationale Fundierung der Wahlnorm und ihr Einfluss auf Situationsdefinition und Handeln: Eine Sekundäranalyse des Experiments von Blais und Young

Im Folgenden werden die zweite und die dritte Hypothese überprüft, die im Rahmen der entwickelten MFS-Erklärung der Wahlteilnahme abgeleitet wurden. Dafür analysiere ich die Daten des bereits in Kapitel 6.4 ausführlich dargestellten Experiments von Blais und Young (1999). Übereinstimmend mit deren Ergebnissen nehme ich an, dass die Präsentation des Downschen Wählerparadoxons bei Teilnehmern der Experimentalgruppe tendenziell zu einer Frame-Selektion im rc-Modus führte, innerhalb derer sie die Sinnhaftigkeit bzw. die persönliche Geltung der Wahlnorm hinterfragten. In der Tat lässt sich zeigen, dass Studenten, die der Präsentation ausgesetzt waren, eher über ihre Teilnahme nachdachten als Studenten der Kontrollgruppe.[103]

Eine zentrale unabhängige Variable der folgenden Analyse bildet die Vorstellung, dass die Wahlteilnahme der großen Mehrheit der Bürger für die Bewahrung der Demokratie essentiell ist. Von einer wertrationalen Fundierung der Wahlnorm wird ausgegangen, wenn dieser Aussage stark zugestimmt wird. Abkürzend bezeichne ich dies als Vorliegen einer *Kollektivgutüberzeugung*, da die Wahlteilnahme hier als instrumentell für die Bewahrung des Kollektivgutes „Demokratie" angesehen wird. Unter den Studenten der Ausgangsstichprobe mit gültigen Werten auf diesem Indikator weist eine knappe Mehrheit diese Überzeugung auf (54.33 Prozent von 832 Befragten).

Da die Kollektivgutüberzeugung zu allen drei Befragungszeitpunkten erhoben wurde, lässt sich ihre zeitliche Stabilität betrachten. Es zeigt sich, dass 73.25 Prozent der Befragten mit Kollektivgutüberzeugung zum Zeitpunkt der ersten Befragung (fünf Wochen vor der Wahl) diese Überzeugung auch noch in der zweiten Befragung (zwei Wochen vor der Wahl) aufwiesen.[104] Die dazwischen durchgeführte Präsentation des Wählerparadoxons beeinflusste die Kollektivgutüberzeugungen kaum. Dies wird deutlich, wenn man die Befragten mit Kollektivgutüberzeugung zum ersten Befragungszeitpunkt betrachtet.[105] In der Experimentalgruppe beträgt der Anteil dieser Befragten, die ihre Kollektivgutüberzeugung beibehielten, 69.66 Prozent, in der Kontrollgruppe dagegen 76.33 Prozent. Die Präsentation hatte also höchstens einen schwachen negativen Effekt auf die Kollektivgutüberzeugung (OR = 1.40, p = 0.184). Anscheinend ist die Überzeugung über die Instrumentalität der Wahlteilnahme für den Erhalt der Demokratie also selbst dann relativ stabil, wenn die Rationalität der Wahlteilnahme im rc-

---

[103] Zu Grunde liegt ein ordinales logistisches Regressionsmodell des Ausmaßes, in dem die Studenten während des Wahlkampfes darüber nachdachten, ob sie zur Wahl gehen würden (OR = 1.53, p < 0.05). Dies wurde in der Nachwahlbefragung erfragt (Antwortkategorien: „not at all", „not much", „somewhat", „very much").

[104] Von den 564 Befragten, bei denen die Kollektivgutüberzeugung zu den ersten beiden Befragungszeitpunkten erhoben werden konnte, wechselten 22.5 Prozent die Kategorie. Eine ähnlich große Veränderung ergibt sich nochmals im Übergang zur Nachwahlbefragung. Diese Veränderungen könnten teilweise auf Messfehler und Meinungslosigkeit, teilweise aber auch auf tatsächliche Einstellungsänderungen zurückzuführen sein.

[105] Genauer gesagt, werden diejenigen Befragten (N = 314) betrachtet, die in Welle 1 eine Kollektivüberzeugung angaben und in den Wellen 1 und 2 gültige Werte auf dieser Variablen aufwiesen.

Modus hinterfragt wird. Andererseits sind die Veränderungen auf diesem Indikator nicht vernachlässigbar. Für die Erklärung des Teilnahmeverhaltens muss daher berücksichtigt werden, ob die Befragten auch nach der Präsentation bzw. generell zum zweiten Befragungszeitpunkt an der Kollektivgutüberzeugung festhielten oder nicht. Bei der Subgruppe, für die dies der Fall war, spreche ich vom Vorliegen einer *beständigen Kollektivgutüberzeugung*.

Die MFS-Hypothese 2 bezieht sich auf die wahrgenommene Verpflichtung zur Teilnahme. Der direkteste Indikator dieses Konstrukts ist die Einschätzung des Wählens als allgemeine Bürgerpflicht. Die Hypothese lässt erwarten, dass sich diese Einschätzung durch die experimentell induzierte Frame-Selektion verändern konnte, eine wertrationale Fundierung der Wahlnorm diesem Reframing aber entgegen wirkte: Die Präsentation sollte die wahrgenommene Verpflichtung nicht oder zumindest weniger verringert haben, wenn zuvor Kollektivgutüberzeugungen bestanden. Die linearen Regressionsmodelle in Tabelle 8 testen diese Hypothese. Es wird die *Veränderung* der gefühlten Verpflichtung betrachtet, indem die wahrgenommene Bürgerpflicht zum zweiten bzw. zum dritten Befragungszeitpunkt unter Kontrolle der Einschätzung zum ersten Befragungszeitpunkt analysiert wird.

Das zweite in Tabelle 8 aufgeführte Regressionsmodell bestätigt den vorhergesagten Interaktionseffekt ($p < 0.05$). Die Präsentation hat nur bei Befragten ohne vorherige Kollektivgutüberzeugung einen signifikant negativen Effekt. Für Befragte mit solchen Überzeugungen ergibt sich dagegen kein Effekt. Dieses Regressionsmodell betrachtet die Veränderung zwischen erster und dritter Befragung. Wie im ersten Regressionsmodell in Tabelle 8 ersichtlich, lässt sich die Hypothese dagegen nicht bestätigen, wenn man die Veränderung zwischen dem ersten und dem zweiten Befragungszeitpunkt betrachtet. Auch wenn das Vorzeichenmuster hypothesenkonform ist, fallen die Effekte hier deutlich zu gering aus, um hinreichend sicher geschätzt werden zu können. Eine nahe liegende Interpretation ist, dass der Zeitraum zwischen erster und zweiter Welle zu kurz ist, so dass sich die Wirkung der Präsentation auf die wahrgenommene Verpflichtung noch nicht hinreichend zeigt.

Umgekehrt könnte man allerdings auch die Ergebnisse des zweiten Regressionsmodells mit dem Argument in Frage stellen, dass die in der Nachwahlbefragung erhobene Bürgerpflicht durch Rationalisierungseffekte der (Nicht-)Teilnahme verzerrt sein könnte. Um diesem Argument zu begegnen, wird ein drittes Regressionsmodell geschätzt, in dem zusätzlich für die berichtete Teilnahme kontrolliert wird. Wie in Tabelle 8 ersichtlich, ändert sich dadurch nichts an den Koeffizienten, mit Ausnahme einer etwas reduzierten Sicherheit in der Schätzung des Interaktionseffektes (p < 0.10).

Tabelle 8: Determinanten der wahrgenommenen Bürgerpflicht zum zweiten und dritten Befragungszeitpunkt

	Bürgerpflicht Welle 2		Bürgerpflicht Welle 3		Bürgerpflicht Welle 3	
Bürgerpflicht Welle 1	0.50**	(0.04)	0.56**	(0.04)	0.50**	(0.04)
Präsentation Wähler-paradoxon	-0.03	(0.02)	-0.08**	(0.03)	-0.08**	(0.03)
Kollektivgutüberzeugung Welle 1	0.08**	(0.02)	0.03	(0.03)	0.02	(0.03)
KÜ x Präsentation	0.02	(0.03)	0.08*	(0.04)	0.07+	(0.04)
Teilnahme	---		---		0.12**	(0.02)
Konstante	0.36**	(0.03)	0.31**	(0.03)	0.27**	(0.03)
R^2	0.414		0.412		0.453	
N	564		460		458	

Anmerkungen: Lineare Regressionen: b-Koeffizienten; Standardfehler in Klammern
$+ p < 0.10$, $* p < 0.05$, $** p < 0.01$ (zweiseitige Tests)

Die bisherige Analyse bezog sich auf Bestandteile der Situationsdefinition: die Gültigkeit des Kollektivgutarguments und die Geltung der Wahlnorm. Im Weiteren wird nun der Effekt der Präsentation auf das Teilnahmeverhalten betrachtet. Wie in Kapitel 6.4 berichtet, ergibt die Analyse von Blais und Young (1999: 45) einen statistisch signifikanten negativen Effekt der Präsentation. Durch die Präsentation ging die Teilnahmechance durchschnittlich um das 1.52-fache zurück (p < 0.05). Dieses replizierbare Ergebnis basiert auf einer Analysestichprobe von 848 Fällen, von denen 243 zur Experimental- und 605 zur Kontrollgruppe gehören.

Die folgende Analyse verwendet dagegen nur diejenigen 479 Fälle, die bereits zum ersten Erhebungszeitpunkt befragt wurden.[106] Sie verteilen sich

---

[106] Diese entsprechen den Gruppen 1, 2, 6, 7 und 9 in Tabelle 3 in Kapitel 6.4. Mit Hilfe des sog. Huber-White- oder Sandwich-Schätzers der Standardfehler lässt sich die Clusterung der Versuchspersonen nach Gruppen berücksichtigen. Mit diesem Verfahren lassen sich

relativ ausgewogen auf Experimental- und Kontrollbedingung (n = 212 bzw. n = 267). Nur für diese Fälle kann gemessen werden, ob bereits vor der Präsentation die Kollektivgutüberzeugung bestand und diese auch im Anschluss beibehalten wurde (*beständige Kollektivgutüberzeugung*). Auf Basis dieser Stichprobe fällt der Durchschnittseffekt des Experimentes nur in etwa halb so groß aus und ist statistisch insignifikant (OR = 1/1.26, p = 0.324).[107] Vor allem seine geringe Größe legt den Schluss nahe, dass von der Präsentation kaum ein Effekt auf die Teilnahme ausging. Die Differenz zum Ergebnis auf Basis der gesamten Stichprobe könnte durch unbeobachtete Heterogenität zustande kommen: Möglicherweise unterschieden sich die Gruppen, die nur an der Nachwahlbefragung teilnahmen, systematisch von dem anderen Teil der Stichprobe. Für die weitere Analyse ist dies allerdings vernachlässigbar. Wie sie zeigt, lässt sich unter bestimmten Bedingungen auch in der hier betrachteten Stichprobe ein Effekt der Präsentation nachweisen.

Die MFS-Hypothese 3 spezifiziert die Bedingungen, unter denen das MFS einen besonders starken oder aber keinen Einfluss der Präsentation erwarten lässt. Ausgangspunkt ist die Unterscheidung zwischen einer eher gewohnheitsmäßigen Bindung an die Wahlnorm und ihrer wertrational fundierten Verankerung. Ein teilnahmereduzierender Effekt der Präsentation des Wählerparadoxons wird theoretisch für den Fall erwartet, dass die Wahlnorm primär als Gewohnheit verankert war oder die wertrationalen Überzeugungen der experimentell induzierten Reflexion nicht standhielten.

Mit den verfügbaren Daten lässt sich die Verankerung als Gewohnheit nicht direkt operationalisieren. Als Indikator einer generellen Tendenz zur Teilnahme wird daher die Frage herangezogen, ob die Studenten am Referendum im Vorjahr teilgenommen hatten.[108] Darin kann sowohl eine ge-

---

die hier berichteten Ergebnisse reproduzieren. Es erhöht sich sogar die Sicherheit der Schätzungen. Allerdings ist die Interpretierbarkeit dieser robusten Standardfehler fragwürdig, da die Anzahl der Gruppen relativ zur Anzahl der geschätzten Parameter zu gering ist. Ich berichte daher lediglich die gewöhnlichen Standardfehler (ebenso Blais und Young 1999).

[107] Dieses Odds-Ratio lässt sich berechnen, indem man den in Tabelle 9 (Modell 1) berichteten Effekt auf die unbeobachtete Teilnahmedisposition mit deren Standardabweichung σ_{y*} multipliziert, den resultierenden unstandardisierten Logit-Koeffizienten exponentiert und den Kehrwert nimmt.

[108] Diese Messannahme stützend zeigt ein ordinales logistisches Regressionsmodell, dass Studenten, die am Referendum im Vorjahr teilgenommen hatten, tatsächlich weniger darüber nachdachten, ob sie zur Wahl gehen würden (OR = 1/1.36, p < 0.05).

wohnheitsmäßige Befolgung der Wahlnorm zum Ausdruck kommen, als auch eine anreizgesteuerte „stehende Entscheidung" für die Wahlteilnahme. Für beide dieser möglichen Grundlagen der Handlungsselektion gilt, dass das Wählerparadoxon ihre Sinnhaftigkeit in Frage stellt. Auf Basis dieser Messannahmen und Überlegungen lässt sich die MFS-Hypothese 3 in die folgende erste Teilhypothese übersetzen:

MFS-Hypothese 3a: Die Präsentation des Wählerparadoxons verringerte die Teilnahmedisposition besonders stark unter denjenigen Befragten, die im Vorjahr am Referendum teilgenommen hatten.

Eine zweite Teilhypothese thematisiert die Wirkung einer wertrationalen Fundierung der Wahlnorm, deren Operationalisierung bereits erläutert wurde:

MFS-Hypothese 3b: Die Präsentation des Wählerparadoxons verringerte die Teilnahmedisposition derjenigen Befragten *nicht*, denen die Wahlteilnahme als zentral für die Bewahrung einer funktionierenden Demokratie erschien und die an dieser Überzeugung auch nach der Präsentation festhielten (*beständige Kollektivgutüberzeugung*).

Die MFS-Hypothesen 3a und 3b gehen davon aus, dass die Präsentation des Wählerparadoxons in ihrer Wirkung auf die Studenten variierte, je nachdem ob diese generell zur Teilnahme tendierten (*Teilnahme am Referendum im Vorjahr*) und ob diese an einer ausgeprägten Kollektivgutüberzeugung festhielten. Die Modelle 2 und 3 in Tabelle 9 testen das Vorliegen dieser Interaktionseffekte zunächst einzeln. Die Koeffizienten geben wiederum an, um wie viele Standardabweichungen sich die Teilnahmedisposition durchschnittlich ändert, wenn die unabhängige Variable ihren maximalen anstatt ihres minimalen Wertes annimmt. Um die Anzahl zu schätzender Parameter nicht zu groß werden zu lassen, wird lediglich für das generelle politische Interesse und die Universitätszugehörigkeit kontrolliert.

Tabelle 9: Der Effekt der Präsentation des Wählerparadoxons in Abhängigkeit vom früheren Teilnahmeverhalten und dem Vorliegen beständiger Kollektivgutüberzeugungen

	Modell 1	Modell 2	Modell 3	Modell 4a	Modell 4b
PräsentationWählerpar-	-0.11	0.23	-0.22+	0.18	0.38+
adoxon	(0.11)	(0.18)	(0.13)	(0.19)	(0.20)
Teilnahme92	---	0.74**	---	0.65**	0.62**
		(0.15)		(0.16)	(0.16)
Präsentation x	---	-0.60**	---	-0.65**	-0.78**
Teilnahme92		(0.22)		(0.24)	(0.25)
Kollektivgut-	---	---	0.26+	0.25	-0.06
Überzeugung (KÜ)			(0.14)	(0.19)	(0.20)
Präsentation x KÜ	---	---	0.67**	0.12	-0.03
			(0.26)	(0.32)	(0.32)
Teilnahme92 x KÜ	---	---	---	-0.02	-0.02
				(0.26)	(0.26)
Präsentation x	---	---	---	1.09+	1.17*
Teilnahme92 x KÜ				(0.56)	(0.55)
Internalisierungsgrad	---	---	---	---	1.78**
der Wahlnorm (IW)					(0.33)
Politisches Interesse	1.03**	0.94**	0.75**	0.62**	0.40+
	(0.23)	(0.23)	(0.22)	(0.21)	(0.21)
Western Ontario	-0.93**	-0.84**	-0.79**	-0.66**	-0.54**
	(0.15)	(0.15)	(0.14)	(0.13)	(0.13)
Konstante	0.51**	0.05	0.45**	0.02	-1.19**
	(0.16)	(0.18)	(0.15)	(0.17)	(0.28)
σ_{y^*}	2.04	2.13	2.18	2.45	2.57
N	479	479	479	479	478
Pseudo R^2	0.105	0.153	0.156	0.215	0.277
-2*Log-Likelihood	499.58	472.98	471.19	437.92	403.33

Anmerkungen: Logistische Regressionen der berichteten Wahlteilnahme: y^*-standardisierte Logit-Koeffizienten (β^{Sy^*}); Standardfehler in Klammern
+ $p < 0.10$, * $p < 0.05$, ** $p < 0.01$ (zweiseitige Tests)

Modell 2 zeigt, dass Studenten, die im Vorjahr am Referendum teilgenommen hatten, eine um 0.74 Standardabweichungen höhere Teilnahmedisposition aufweisen. Dies gilt aber nur für die Kontrollgruppe. Durch die Präsentation des Wählerparadoxons verschwindet dieser Effekt nahezu vollständig. Umgekehrt gewendet, reduzierte die Präsentation die Teilnahmedisposition nur in der Gruppe der Studenten, die im Vorjahr am Referendum teilgenommen hatten. Die MFS-Hypothese 3a wird somit klar bestätigt.

Gleiches gilt für die MFS-Hypothese 3b hinsichtlich der Wirkung einer beständigen Kollektivgutüberzeugung. Der entsprechende Interaktionseffekt in Modell 3 ist stark und statistisch signifikant. Für Befragte *ohne* beständige Kollektivgutüberzeugung zeigt sich ein schwach negativer Effekt der Präsentation ($p < 0.10$): Sie verringert die Teilnahmedisposition durchschnittlich um 0.22 Standardabweichungen. Für Studenten mit beständiger Kollektivüberzeugung hat die Präsentation dagegen wie erwartet keinen teilnahmereduzierenden Effekt. Mehr noch: Die Präsentation *erhöht* in dieser Subgruppe sogar die Teilnahmedisposition um 0.45 Standardabweichungen ($= 0.67 - 0.22$, $p < 0.05$). Dieses Ergebnis übertrifft in gewisser Weise die theoretischen Erwartungen. Aus der Perspektive des MFS lässt es sich wie folgt interpretieren: Für Studenten, die die Wahlteilnahme als notwendig für den Erhalt der Demokratie ansahen und auch nach dem experimentell induzierten Wechsel in den rc-Modus an dieser Überzeugung festhielten, bestärkte die Präsentation letztlich die normativen Überzeugungen – ganz im Sinne eines „Modells *für* die Wirklichkeit" (Schluchter 2000: 98), an dem auch und gerade angesichts widerstreitender Evidenz festgehalten wird. Das bewusste Herausarbeiten der guten Gründe führte bei diesen Studenten also möglicherweise zu einer noch stärkeren Verankerung, sicherlich aber zu einer besonders starken *Aktivierung* der Wahlnorm und erhöhte darüber ihre Teilnahmedisposition.

Modell 4a liegt eine noch differenziertere Betrachtung zu Grunde, in der beide Teilhypothesen simultan getestet und dabei zueinander in Beziehung gesetzt werden. Das resultierende Muster der Dreifachinteraktion zwischen der Präsentation und den beiden Moderatorvariablen entspricht von der Richtung und Höhe der Koeffizienten her den theoretischen Erwartungen und ist statistisch auf dem 10%-Niveau signifikant. Kontrolliert man zusätzlich noch für den Internalisierungsgrad der Wahlnorm (Modell

4b), so resultiert eine noch größere Sicherheit in der Schätzung (p < 0.05), ohne dass sich die Zusammenhänge entscheidend ändern würden.[109]

Graphische Veranschaulichung
Abbildung 10 veranschaulicht die Dreifachinteraktion auf Basis von Modell 4a. In ihr sind die vorhergesagten Teilnahmewahrscheinlichkeiten abgetragen, die sich für die acht Kombinationen der drei interagierten Variablen ergeben. Die Kontrollvariablen wurden auf ihren mittleren Werten konstant gehalten (Western Ontario, etwas Interesse an Politik).

a. Wie anhand der beiden Balkenpaare auf der rechten Seite der Abbildung ersichtlich, ergeben sich die stärksten Effekte der Präsentation für *Wahlteilnehmer des Vorjahres*. Die Präsentation reduziert die Teilnahmewahrscheinlichkeit um 26 Prozentpunkte, wenn keine Kollektivgutüberzeugung vorliegt. Besteht dagegen eine Kollektivgutüberzeugung, so steigt die Teilnahmewahrscheinlichkeit durch die Präsentation von einem bereits hohen Ausgangsniveau auf nahezu 100 Prozent. Die Teilnahmedisposition ist damit eindeutig unter denjenigen Studenten am höchsten, die bereits im Vorjahr am Referendum teilgenommen hatten und dem Wählerparadoxon ausgesetzt wurden, diesem aber ausgeprägte Kollektivgutüberzeugungen entgegenhalten konnten.

b. Die beiden Balkenpaare auf der linken Seite der Abbildung beziehen sich auf Studenten, die im Vorjahr *nicht* am Referendum teilgenommen hatten. Für diese Subgruppe scheinen geringe positive Effekte der Kollektivgutüberzeugung sowie der Präsentation zu bestehen. Theoretisch wäre denkbar, dass ein Teil dieser Subgruppe die eigene Nicht-Wahl im Zuge der durch die Präsentation ausgelösten Beschäftigung mit dem

---

[109] Der einzige erwähnenswerte Unterschied betrifft die Subgruppe der Studenten, die im Vorjahr *nicht* zur Wahl gegangen waren. In Modell 4a hat das Vorliegen der beständigen Kollektivgutüberzeugung in dieser Subgruppe einen geringen positiven Effekt. Unter Kontrolle des Internalisierungsgrades der Wahlnorm in Modell 4b besteht dieser Effekt nicht mehr. Der Effekt in Modell 4a verweist also lediglich auf den bei bestehender Kollektivgutüberzeugung durchschnittlich höheren Internalisierungsgrad der Wahlnorm. Dies ist wenig überraschend, da die Kollektivgutüberzeugung als kontinuierliche Variable einen der vier Indikatoren des Internalisierungsgrades bildet. In einer Regression des Internalisierungsgrades auf den dichotomen Indikator der Kollektivgutüberzeugung beträgt der Anteil unerklärter Varianz allerdings immer noch nahezu 70 Prozent. In Modell 4b besteht also kein Kollinearitätsproblem.

Thema „Wahlteilnahme" hinterfragt hat. Allerdings sind die Effekte statistisch nicht signifikant.

c. Um die Stärke des negativen Effektes der Präsentation bei lediglich gewohnheitsmäßiger Verankerung der Wahlnorm zu verdeutlichen, ist ein weiterer Vergleich aufschlussreich. Dazu seien in Abbildung 10 das erste und das dritte Balkenpaar von links betrachtet. Die Differenz der weißen Balken zeigt den starken Effekt der Teilnahme im Vorjahr in der Kontrollgruppe: Die vorherige Teilnahme erhöht die Teilnahmewahrscheinlichkeit von 0.36 auf 0.73. Wie der Vergleich der beiden schwarzen Balken zeigt, verschwindet dieser Unterschied durch die Präsentation des Wählerparadoxons vollständig.

Abbildung 10: Der Effekt der Präsentation des Wählerparadoxons auf die Teilnahmewahrscheinlichkeit in Abhängigkeit vom früheren Teilnahmeverhalten und dem Vorliegen beständiger Kollektivgutüberzeugungen (KÜ)

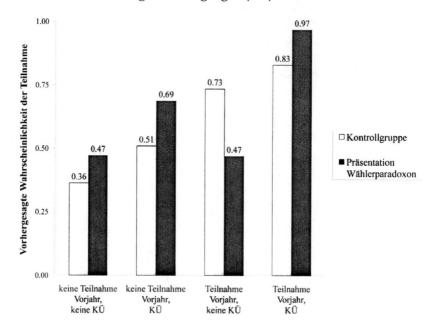

Das MFS ermöglicht somit eine im Vergleich zu bisherigen Arbeiten weitaus differenziertere und stärker theoriegeleitete Analyse. Sowohl in Bezug auf die Frame-Selektion als auch in Bezug auf das Teilnahmeverhalten bestätigen sich die theoretischen Erwartungen. Als zentrales Ergebnis bleibt festzuhalten, dass die durch die Präsentation des Wählerparadoxons experimentell induzierte Frame-Selektion vollkommen unterschiedliche Effekte hatte – je nachdem ob die Wahlnorm gewohnheitsmäßig verankert oder aber wertrational fundiert war und diese Überzeugung beibehalten wurde.

6.7 Fazit

Die Ergebnisse der empirischen Analysen bestätigen die entwickelte MFS-Erklärung der Wahlteilnahme. Wahlberechtigte mit stark verankerter Wahlnorm sind in ihrem intendierten und berichteten Teilnahmeverhalten weitgehend unabhängig von der Ausprägung anderer Anreize. Bei schwach verankerter Wahlnorm hängt die Entscheidung für oder gegen die Teilnahme dagegen systematisch von den wahrgenommenen direkten und indirekten Kosten einer Teilnahme, der wahrgenommenen Bedeutung der eigenen Stimme für den Wahlausgang, dem Vorhandensein einer Parteiidentifikation oder kurzfristigeren politischen Präferenzen sowie dem Ausmaß der Demokratiezufriedenheit ab. Auch wenn es schwierig ist, eine genaue Demarkationslinie zu ziehen, lassen sich Elektorate konzeptionell in eine unbedingt teilnehmende Kernwählerschaft und anreizabhängig entscheidende Bürger unterteilen (Engelen 2006; Schoen und Falter 2003). Theoretisch ist zudem von einem dritten Segment auszugehen, das unhinterfragt *nicht* zur Wahl geht (Plutzer 2002). Dieses dürfte allerdings in Wahlstudien aufgrund von Teilnahmeverweigerung extrem unterrepräsentiert und entsprechend schwierig zu untersuchen sein.

Die durchgeführten Tests der MFS-Hypothese 1 stehen allerdings unter den generellen Vorbehalten hinsichtlich statistischer Analysen mit Querschnittdaten. Da es kaum möglich erscheint, den Verankerungsgrad der Wahlnorm (im Gegensatz zu ihrer Aktivierung) experimentell valide zu manipulieren, sollten zukünftige Tests auf Längsschnittdaten zurückgreifen, um Kausalschlüsse unter weniger riskanten Annahmen zu ermöglichen.[110] Erst mit deren Hilfe ließe sich betrachten, inwieweit *Veränderungen* im Verankerungsgrad der Wahlnorm tatsächlich entsprechende Änderungen im Teilnahmeverhalten bzw. der Verhaltensrelevanz anderer Anreize zur Folge haben. Die hier vorgenommenen Kausalschlüsse basieren dagegen auf der ungeprüften Annahme, dass Befragte mit identischen Werten auf den unabhängigen Variablen durchschnittlich die gleiche Teilnahmedisposition besitzen (King, Keohane und Verba 1994: 91). Das Vorhandensein einer die Ergebnisse verzerrenden unbeobachteten Heterogenität kann jedoch niemals vollends ausgeschlossen werden. Zudem ist es möglich, dass die Kausalität in die entgegengesetzte Richtung verläuft: Personen, die an einer vorherigen Wahl teilgenommen haben, entwickeln die Vorstellung, mit ihrem Handeln einem normativen Ideal zu genügen, und dies möglicherweise, *ohne dass* diese Vorstellung ihr zukünftiges Teilnahmeverhalten kausal beeinflusst (vgl. Finkel und Muller 1998: 45). In Wirklichkeit ist ihr vergangenes und zukünftiges Teilnahmeverhalten von anderen Faktoren abhängig.

Es sprechen jedoch mehrere Argumente für das Bestehen der vom MFS angenommenen Kausalbeziehungen. Erstens ist zu beachten, dass die persönlich gefühlte Verpflichtung zur Wahlteilnahme einen kausal sehr nahen Faktor darstellt, der entsprechend stark mit dem Teilnahmeverhalten zusammenhängt. Im Unterschied zu anderen Studien (etwa Finkel und Muller 1998) erfolgte seine Operationalisierung daher nicht nur über abstrakte Einstellungsfragen, sondern auch über Items, die sich auf die Emotionen (Schlechtes Gewissen, Schuldgefühle) und das Selbstkonzept (Widerspruch zur eigenen Persönlichkeit) der Befragten beziehen. Dass derartig verankerte Skripte lediglich Rationalisierungen darstellen, ist äußerst unwahrscheinlich. Zweifelsohne spiegelt die Verankerung derartiger normativer Skripte zu einem gewissen Bestandteil vorheriges Teilnahmeverhalten wider. Doch selbst Arbeiten, die eine dynamische Perspektive einnehmen, gehen theoretisch davon aus bzw. liefern empirische Hinweise dafür, dass Wahltag-Skripte eigenständige kausale Effekte auf das Teilnahmeverhalten ausüben. Die Entstehung und Verstärkung derartig verankerter Handlungsdispositionen stellen

---

[110] Trotz der Vielzahl von Wahlstudien mit Paneldesign existieren meines Wissens bislang keine Längsschnittdaten, die geeignete Indikatoren der für die hier entwickelte Erklärung zentralen Konstrukte enthalten. Dies gilt insbesondere für die *persönlich gefühlte* Verpflichtung zur Wahlteilnahme im Unterschied zu dem Standarditem, das lediglich die generelle Einstellung zum Wählen als Bürgerpflicht erfragt (Green und Shachar 2000: 571).

einen zentralen Mechanismus dar, der die selbstverstärkenden Effekte der Wahlteilnahme erklärt (Denny und Doyle 2009; Gerber, Green und Shachar 2003: 548f.; Green und Shachar 2000: 570f.; Kanazawa 1998, 2000).

Zweitens stünden Alternativerklärungen vor der Herausforderung, die in den hier durchgeführten Analysen aufgezeigten statistischen Interaktionsmuster zu erklären. Wie ließe sich etwa die Irrelevanz zentraler Kosten- und Nutzenindikatoren bei starker Normverankerung erklären, wenn man davon ausginge, dass in der gemessenen Verankerung der Wahlnorm lediglich Rationalisierungen ohne eigene teilnahmerelevante Effekte zum Ausdruck kommen? Damit zusammenhängend stellt sich drittens generell die Frage, welche Faktoren sich hinter der mutmaßlichen unbeobachteten Heterogenität verbergen sollten und inwiefern sich auf deren Basis tatsächlich eine *konkurrierende* Erklärung formulieren lässt. Eine Gruppe unberücksichtigter, potentiell relevanter Faktoren wären etwa genetische Unterschiede. In der Tat kommen Zwillingsstudien zur Wahlteilnahme zu dem Ergebnis, dass über 50 Prozent der Variation im Teilnahmeverhalten genetischen Ursprungs sind (Fowler, Baker und Dawes 2008). Dieses Ergebnis stellt jedoch handlungstheoretische Erklärungen der Wahlteilnahme nicht zwangsläufig in Frage. So verweisen die Autoren selbst auf die normative gefühlte Verpflichtung zur Teilnahme als einen möglichen Mechanismus, über den genetische Unterschiede teilnahmerelevant werden (Fowler, Baker und Dawes 2008: 244). Empirische Hinweise existieren zudem für einen Zusammenhang zwischen teilnahmerelevanten genetischen Unterschieden und prosozialem Verhalten im Allgemeinen sowie Parteianhängerschaft (Dawes und Fowler 2009; Fowler und Dawes 2008). Die im Zentrum der MFS-Erklärung stehenden handlungstheoretischen Konstrukte sind also potentielle intervenierende Variablen, die den Zusammenhang zwischen genetischen Anlagen und Teilnahmeverhalten vermitteln. Wie in nahezu allen Verhaltensbereichen ist zudem mit komplexen Interaktionsbeziehungen von genetischen Prädispositionen und Umwelteinflüssen zu rechnen, so dass selbst die Bedeutung sozialisationstheoretischer Überlegungen durch diese Ergebnisse nicht negiert wird (Fowler, Baker und Dawes 2008: 243).

Die dargestellte Evidenz für die entwickelte MFS-Erklärung der Wahlteilnahme lässt sich also nicht ohne Weiteres mit dem pauschalen Hinweis auf die Möglichkeit unbeobachteter Heterogenität entkräften. Gerade auch die Bestätigung der MFS-Hypothesen 2 und 3 in der Reanalyse der experimentellen Daten von Blais und Young (1999) zeigt, dass die normativen

Überzeugungen der Befragten mehr sind als bloße Rationalisierungen: Selbst eine neutrale Darstellung einer Sichtweise, die die Sinnhaftigkeit des Wahlgangs hinterfragt, kann die Wahlbeteiligung unter Umständen stark reduzieren, und dieser Effekt wirkt offenbar über eine geänderte Definition der Situation, welche die wahrgenommene Gültigkeit der Wahlnorm abschwächt. Die Wahrscheinlichkeit, dass es durch den angestoßenen Reflexionsprozess zu einem normativen Reframing des Wahlakts kommt, hängt vor allem von der Verfügbarkeit „guter Gründe" ab. Befragte mit der Kollektivgutüberzeugung, dass die Wahlbeteiligung für den Bestand der Demokratie essentiell ist, lassen sich weniger leicht zu einem Reframing bewegen. Sofern sie an dieser Überzeugung festhalten, scheint die Beschäftigung mit der Sinnhaftigkeit der Wahlteilnahme sogar normaktivierend zu wirken und darüber die Teilnahmewahrscheinlichkeit zu erhöhen.

Hinsichtlich der hier nur handlungstheoretisch dargestellten Theorienlandschaft leistet die MFS-Erklärung der Wahlteilnahme eine Integration bisher weitgehend separat ausgearbeiteter Erklärungsansätze. RC-Theorien der Wahlteilnahme bleiben nach wie vor bedeutsam, nämlich für die Erklärung von Teilnahmeentscheidungen im rc-Modus. Das MFS bietet somit eine explizite handlungstheoretische Grundlage für die häufig ad hoc formulierte Auffassung, dass RC-Modelle nicht die absolute Höhe der Wahlbeteiligung, sondern nur deren Veränderung zu erklären vermögen (Blais 2000: 10f.; Blais, Young und Lapp 2000: 199; Engelen 2006: 436; Grofman 1993). Veränderungen können jedoch nicht nur daraus resultieren, dass sich das Segment der abwägenden Akteure variierenden Anreizen (Kosten, Knappheit etc.) gegenüber sieht. Die Reanalyse der Daten von Blais und Young (1999) verweist vielmehr auf die Relevanz von Kommunikationsprozessen in der demokratischen Öffentlichkeit. Diese haben das Potential, die Aktivierung und Verankerung der Wahlnorm zu prägen und somit bei Segmenten der Wählerschaft einen Modus-Wechsel herbeizuführen. Das MFS vermag somit RC-Theorien des Wählerverhaltens mit „neo-institutionalistischen" Ansätzen ins Gespräch zu bringen. In diesen wurde die Bedeutung von Institutionen, mentalen Modellen, Regeln und Identitäten immer wieder betont (Denzau und North 1994; DiMaggio und Powell 1991; March und Olsen 1989), allerdings *ohne* ein „systematic theoretical framework as an analytical alternative to rational choice theory" bereitzustellen (Windhoff-Héritier 1991: 36; ebenso DiMaggio und Powell 1991: 16).

Schließlich lässt sich die MFS-Erklärung an Ansätze anschließen, die kausal entferntere Prozesse zum Gegenstand haben, welche die internen und externen Merkmale der Handlungssituation am Wahltag prägen. So wurde bereits erwähnt, dass sich die lerntheoretischen Arbeiten unmittelbar auf die Entstehung und Verstärkung bzw. Abschwächung von Wahltag-Skripten beziehen lassen (Green und Shachar 2000: 571; Kanazawa 1998, 2000). Ähnliches gilt für gruppenbasierte Erklärungsansätze, die in dieser Arbeit nicht eigens behandelt wurden (siehe dazu die Literaturhinweise in Geys 2006: 23f.). Der Relevanz genetischer Prädispositionen ungeachtet, verweisen Unterschiede in der Verankerung und dem Inhalt mentaler Modelle immer auch auf Unterschiede in der politischen Sozialisation und sozialen Einbettung von Individuen. Neben der Möglichkeit, Prozesse sozialer Beeinflussung formal zu modellieren, die bisher vor allem im RC-Ansatz genutzt wurde (u.a. De Matos und Barros 2004; Grossman und Helpman 2001), lassen sich derartige kollektive Phänomene auch in der Umfrageforschung durch entsprechende Brückenhypothesen mit einbeziehen. Ein gutes Beispiel ist die erwähnte MFS-Erklärung von Ost-West-Unterschieden in der Wahlbeteiligung (Becker 2004). Ein weiterer wichtiger Schritt ist der Einbezug der *Wahlentscheidung* über die Wahlteilnahme hinaus. Richtungsweisend ist hierfür bereits der Beitrag von Behnke (2001). Unter anderem auf Basis des MFS entwickelt dieser eine integrative Erklärung der Wahlentscheidung, in welcher die Parteiidentifikation die Stelle der Wahlnorm als zentrales, die betrachtete Handlungswahl regulierendes, normatives Skript einnimmt. Was ihr Potential angeht, steht die Anwendung des MFS auf die Analyse des Wählerverhaltens jedenfalls erst an ihrem Anfang.

7 Die Rettung von Juden im Zweiten Weltkrieg

Im folgenden Kapitel wende ich mich einem weiteren Rätsel des Handelns zu: Der Rettung von Juden während des Zweiten Weltkriegs im von den Nationalsozialisten beherrschten Europa.[111] Verglichen mit der Beteiligung an demokratischen Wahlen, welche erst aus der theoretischen Perspektive eines engen RC-Ansatzes rätselhaft wird, handelt es sich hierbei um ein wahrhaft außergewöhnliches soziales Phänomen. Es gab nicht viele Retter von Juden während des Zweiten Weltkriegs und man hat ihnen im Nachhinein zu Recht den Status von Helden verliehen. Ein Grund dafür liegt auf der Hand: Die Entscheidung zur Hilfe bedeutete häufig, sich selbst und die eigene Familie in Lebensgefahr zu bringen. Sofern sie getroffen wurde, ohne einen materiellen Nutzen aus der Hilfe zu erwarten, kann man von *Altruismus in einer Hochkostensituation* sprechen. Dies ist ein zentraler Unterschied zum Anwendungsfall der Wahlteilnahme. Die starke Erklärungskraft sozialer Normen für die Wahlteilnahme ließe sich mit dem Hinweis relativieren, dass es sich hierbei in den meisten Demokratien um eine Niedrigkostensituation handelt. Für einen beträchtlichen Teil der Wähler mag die Teilnahme zudem Züge habituellen Handelns tragen. Bei der Rettung von Juden im Zweiten Weltkrieg haben wir es dagegen mit einer extremen und außergewöhnlichen Hochkostensituation zu tun. Abgesehen von der substantiellen Bedeutung der Frage, wie es zur Rettung von Juden während des Zweiten Weltkriegs kam, ist die Anwendung des Modells der Frame-Selektion (MFS) auf die Erklärung dieser Handlungen daher theoretisch besonders aussagekräftig.

Die folgende Anwendung ermöglicht somit, die MFS-Hypothesen einem Test unter deutlich anderen und in gewisser Weise auch riskanteren Bedingungen auszusetzen. Hinzu kommt, dass auch die Rettung von Juden

---

[111] Eine erste theoretische und empirische Analyse dieses Falls aus Sicht des MFS habe ich zusammen mit Meir Yaish und Volker Stocké veröffentlicht (Kroneberg, Yaish und Stocké 2010).

im Zweiten Weltkrieg Gegenstand einer theoretischen Debatte zwischen dem RC-Ansatz und alternativen Ansätzen geworden ist (siehe Elster 2000; Monroe 1991; Monroe, Barton und Klingemann 1991; Opp 1997, 1999; Varese und Yaish 2000). Wiederum lässt sich zeigen, wie sich die verschiedenen Positionen innerhalb des MFS integrieren lassen und welchen Mehrwert seine Anwendung mit sich bringt (Kapitel 7.3). Bevor ich einen Überblick über bisherige Erklärungsansätze und die erwähnte Debatte gebe (Kapitel 7.2), gehe ich kurz auf den historischen Hintergrund ein.

7.1 Historischer Hintergrund

Die Rettung von Juden während des Zweiten Weltkriegs war in jeder Hinsicht ein äußerst seltenes Ereignis. In Europa wurden im Holocaust etwa sechs Millionen Juden ermordet. Durch die Unterstützung nichtjüdischer Helfer gerettet wurden nur einige 10 000 (Benz 2003: 11). Die Anzahl der Retter von Juden wird minimal auf etwa 50 000 geschätzt – wobei die Rettung unter Einsatz des eigenen Lebens und ohne monetäre Kompensation erfolgte –, maximal bis auf 500 000 (Oliner und Oliner 1988: 1f.). Selbst wenn man die letztere, weniger konservative Schätzung zu Grunde legt, waren dies nur 0.025 Prozent der Bevölkerung unter der Nazi-Herrschaft. Die Seltenheit der Hilfeleistungen schmälert keinesfalls ihre Bedeutung. So ergibt etwa eine Studie für Amsterdam, dass Juden, die enge soziale Kontakte zu nichtjüdischen Personen hatten und somit eher Unterstützung erhalten konnten, eine deutlich höhere Überlebenswahrscheinlichkeit hatten (Tammes 2007).

Der Judenhass als ein Kernbestandteil der Ideologie des Nationalsozialismus griff in Deutschland, aber auch weiten Teilen Europas weit verbreitete antisemitische Vorurteile und Verschwörungstheorien auf. Kombiniert mit einer pseudowissenschaftlichen Rassenlehre und einem romantischen Nationalismus bildete er die Grundlage für den Ausschluss jüdischer Mitbürger aus der rassisch definierten „Volksgemeinschaft" der Deutschen. Mit der nationalsozialistischen Machtergreifung von 1933 wurden Juden in Deutschland zunehmend Opfer staatlich organisierter Diskriminierung, Entrechtung und Gewalt. Zentrale Stationen auf diesem Prozess waren das „Berufsbeamtengesetz" von 1935, die Nürnberger Gesetze von 1935 mit ihrer Definition von Juden als rassischer Kategorie und dem Verbot von

Eheschließungen sowie außerehelichem Geschlechtsverkehr zwischen Juden und Nichtjuden (sog. „Rassenschande"), die Berufsverbote, die „Arisierung" jüdischer Geschäfte und die Identifizierung von Juden über spezielle Ausweise sowie die Einschränkung ihrer Bewegungsfreiheit im Jahre 1938 (Benz 2003: 13; Fein 1979: 21). Im Zuge der „Kristallnacht" wurden 1938 bereits 30 000 männliche Juden in Konzentrationslager gebracht. Mit dem Beschluss zur „Endlösung" der Judenfrage im Sommer 1941 begann dann die Umsetzung eines Planes zur Ermordung der Juden in ganz Europa.

Der systematische Völkermord an den Juden war in Polen bereits seit Herbst 1939 im Gange und setzte sich mit dem Überfall auf die Sowjetunion durch die Spezialkommandos der Einsatzgruppen fort. Die Massenmorde erfolgten vor allem durch die mit der Judenverfolgung betraute SS, die Gestapo und die Sicherheitspolizei (Benz 2003: 39f.). Entsprechend war die Opferzahl in den Ländern und Gebieten am höchsten, in denen dieser Repressionsapparat unmittelbar Gewalt ausüben konnte und in denen der Anteil der jüdischen Bevölkerung hoch war (Baron 1988: 14ff.; Fein 1979: 38ff.). Mit Helen Fein lassen sich die von den Nationalsozialisten beherrschten Länder in drei Gruppen unterteilen: die Kolonialzone, die Befehlszone und die SS-Zone (Fein 1979). In dieser Reihenfolge nimmt die Autonomie der jeweiligen Länder ab und die Kontrolle durch die Nationalsozialisten zu (Fein 1979: 38ff.). Staaten in der *Kolonialzone* behielten ihren eigenen Regierungs- und Polizeiapparat, auch wenn sie sich teils massiver deutscher Einflussnahme ausgesetzt sahen, welche von diplomatischem Druck bis zu militärischen Drohungen und Okkupation reichte. Hierunter fallen etwa Frankreich oder Ungarn ab 1944. Dagegen befanden sich die einheimischen Regierungen von Staaten in der *Befehlszone* im Exil und wurden durch sog. Reichskommissare ersetzt. Diese übten direkte Befehlsgewalt über die einheimische Bürokratie aus, was insbesondere auch die Möglichkeit umfasste, Deportationen zu authorisieren. In diese Kategorie fallen vom NS-Staat besiegte Länder wie Belgien, die Niederlande, Norwegen, Dänemark ab 1943 oder Italien ab 1943. Die stärkste Machtausübung durch die Nationalsozialisten herrschte in der *SS-Zone*. Zu dieser zählten das Großdeutsche Reich sowie militärisch besiegte Staaten/Gebiete, in denen die eigene Regierung und die Bürokratie der Vorkriegszeit ohne Macht waren. Neben Deutschland, Österreich und den annektierten Gebieten der Tschechoslowakei umfasste die SS-Zone daher auch Polen, die von deutschen Truppen eroberten Gebiete der Sowjetunion, Serbien und die Baltischen Staaten. In der SS-Zone wurde die Judenvernichtung besonders umfassend betrieben (Fein 1979: 38ff.).

Der Grad der Machtausübung durch die Nationalsozialisten prägte den Bedarf an Hilfeleistungen ebenso wie die Möglichkeiten und Risiken des Helfens. In allen Ländern, die 1941 in der SS-Zone waren, begannen Deportationen und Völkermord noch im selben Jahr, also weitgehend ohne Vorwarnzeit (Fein 1979: 78). In vielen Ländern der SS-Zone stand auf Hilfe für Juden die Todesstrafe (Fein 1979: 42). Dies galt zumindest für die annektierten und besetzten Gebiete Polens und der Tschechoslowakei sowie für die okkupierten Gebiete der Sowjetunion (Benz 2003: 41). Dort traf sie faktisch nur Angehörige der einheimischen Bevölkerung, also keine deutschen Personen (Benz 2003: 41). Dagegen wurde im Deutschen Reich „Hilfe für Juden nie ins Strafgesetzbuch aufgenommen oder auf andere Weise als kriminelles Delikt definiert" (Benz 2003: 39), obgleich sie einem zentralen Ziel des NS-Staates zuwider lief. Den im März 1933 in allen Oberlandesgerichtsbezirken eingesetzten Sondergerichten war es jedoch durch einen großen Ermessensspielraum ohne Weiteres möglich, Helfer von Juden für begleitende Tatbestände wie etwa illegalen Grenzverkehr oder „Rassenschande" zu verurteilen. Vor allem aber konnten SS, Gestapo und Sicherheitspolizei ohne Mitwirkung von Gerichten Hilfe für Juden ahnden. Obwohl es in der Regel nicht zu hohen Haftstrafen kam, war das Risiko aufgrund der mangelnden Rechtsstaatlichkeit praktisch „nicht kalkulierbar" (Benz 2003: 40). Zudem waren die sozialen Sanktionen gegenüber enttarnten Helfern von Juden beträchtlich.

Je nach Situation im jeweiligen Land und lokalem Kontext nahm die Rettung von Juden unterschiedliche Formen an. Es gab eine Vielzahl individueller Hilfsakte gegenüber einzelnen jüdischen Personen oder Familien, aber auch groß angelegte Hilfsaktionen durch Industrielle, politische Beamte oder gar ganze Gemeinden. Die Schwierigkeiten, Hilfe im Untergrund zu organisieren, machten aus Rettungstaten nahezu zwangsläufig kollektive Anstrengungen (Gross 1994). In aller Regel gab es daher zumindest eine gewisse Zahl an Mitwissern. Dennoch bestanden große Unterschiede in Form und Ausmaß der Hilfe. Konkret wurden Juden versteckt, mit falschen Papieren versorgt und – sofern noch möglich – bei der Flucht ins Ausland unterstützt, um nur einige zentrale Formen zu nennen.

Nicht weniger heterogen waren die Beweggründe der Helfer. Zunächst gab es zweifelsohne Fälle vornehmlich eigennützig motivierter Hilfe. Neben

233

Forderungen nach Geld oder Sachwerten kam es vor, dass als Gegenleistung für die Hilfe die christliche Taufe oder sogar das Eingehen eines Liebesverhältnisses verlangt wurde (Benz 2003: 46). Da das Versorgen versteckter Juden oder die Organisation ihrer Flucht oft beträchtlicher finanzieller Ressourcen bedurfte, kann die Grenze zwischen eigennützigem und uneigennützigem Verhalten allerdings nicht immer zweifelsfrei gezogen werden. Die in den folgenden empirischen Analysen betrachteten Fälle wurden nach sorgfältiger Prüfung durch die Gedenkstätte Jad Vaschem als uneigennützig eingestuft. Ich betrachte im Folgenden daher nur noch Fälle uneigennützigen Helfens. Auch innerhalb dieser Subgruppe bestand eine Variationsbreite konkreter Motivationen. Hilfsakte konnten ausschließlich aus Mitmenschlichkeit erfolgen. Häufig zählten zu den Beweggründen aber auch religiöse oder politische Überzeugungen, Loyalität gegenüber im Widerstand aktiven Autoritäten, Freundschaft oder eine spezifische Identifikation mit Juden (Gross 1994: 467ff.).

Die Nacherzählung der jeweiligen Mischung von Motivationen, Umständen und Formen der Hilfe ist Sache der Geschichtswissenschaften. Für diese ist „die Historie der Hilfe für die Juden [...] eine Geschichte einzelner Menschen" (Benz 2003: 22).[112] Gleichwohl erscheint die Frage danach, warum gewöhnliche Frauen und Männer ihr Leben für die Rettung anderer riskierten (Oliner und Oliner 1988), zu wichtig, um ihr von vornherein eine systematische Antwort zu verwehren. Wie die kommenden Abschnitte zeigen, lassen sich durchaus typische Wirkungszusammenhänge identifizieren, welche die Rettung von Juden begünstigt haben. So lässt sich eine differenzierte handlungstheoretische und soziologisch gehaltvolle Erklärung entwickeln, die andere Erkenntnisse bereit hält als die Schilderung von Einzelfällen.

---

[112] Hierin kommt nicht zuletzt die gesellschaftliche Aufgabe der Geschichtswissenschaft zum Ausdruck, der Bedeutung jedes einzelnen Falls gerecht zu werden und ihn im Bewusstsein zu halten. Wissenschaftstheoretisch ist allerdings anzumerken, dass auch Beschreibungen von Einzelfällen nicht ohne Generalisierungen auskommen (siehe dazu Albert 2000).

7.2 Ausgewählte Erklärungsansätze und empirische Studien

7.2.1 Persönlichkeits- und identitätstheoretische Erklärungsansätze

Der Großteil der im weitesten Sinne empirischen Arbeiten zur Rettung von Juden im Zweiten Weltkrieg besteht aus qualitativen Befragungen von Rettern. Deren zentrale Motive und Beweggründe sollen auf der Basis ihrer Erzählungen und Selbsteinschätzungen identifiziert werden. Indem man sozusagen den „subjektiven Sinn" retrospektiv erhebt, soll nicht nur ein verstehendes Erklären gewährleistet sein, sondern es erscheint auch möglich, konkurrierende Erklärungen gegeneinander zu testen. Beispielsweise versucht Geras (1995) durch den Verweis auf derartige Selbstzeugnisse eine These von Richard Rorty zu widerlegen. Rorty (1989: 189ff.) zufolge wurden Juden in erster Linie deshalb gerettet, weil sie den Rettern als Mitglieder *begrenzter* Eigengruppen erschienen, z.B. als Eltern mit Kindern oder als dänische Staatsbürger. Sein Argument ist, dass nur derartig abgrenzbare Kollektive eine Identifikation erlauben, die hinreichend stark ist, um als Basis gefühlter und praktizierter Solidarität zu dienen. Geras hält dem entgegen, dass die nach ihren Gründen befragten Retter angaben, als Menschen zur Hilfe gegenüber Mitmenschen verpflichtet gewesen zu sein. Sie hätten also aus Solidarität mit in Not befindlichen Menschen im Allgemeinen gehandelt (Geras 1995). Diese Position wird von den meisten persönlichkeits- und identitätstheoretischen Arbeiten geteilt (Monroe 1996; Monroe, Barton und Klingemann 1990; Monroe, Barton und Klingemann 1991; Oliner und Oliner 1988; Tec 1986).

Hervorzuheben ist die bekannte quantitative Studie von Oliner und Oliner (1988). Diese identifizieren eine extensive prosoziale Handlungsorientierung als zentrales Persönlichkeitsmerkmal der Retter. Im Unterschied zu den anderen persönlichkeitstheoretischen Arbeiten basiert dieser Schluss aus der Auswertung quantitativer Daten, die in den 1980er Jahren in verschiedenen Ländern Europas sowohl für identifizierte Retter als auch für eine Kontrollgruppe erhoben wurden (siehe dazu noch Kapitel 7.4). Über die Betrachtung bivariater Zusammenhänge versuchen Oliner und Oliner typische Merkmale des Sozialisationskontextes von Rettern zu identifizieren (siehe zusammenfassend Oliner und Oliner 1988: 249ff.). Dazu zählt ein Aufwachsen in einem Elternhaus, das von emotional engen Beziehungen und einem demokratisch-partnerschaftlichen Erziehungsstil geprägt war und in dem Werte der Selbstständigkeit und sozialen Verantwortung vermittelt wurden. Retter besaßen zudem eher einen Freundeskreis, der soziale, ethnische und religiöse Grenzen überschritt, und wiesen eine stärker ausgeprägte Fähigkeit zur Empathie auf. Die Autoren betonen jedoch, dass diese durchschnittlichen Unterschiede weder notwendig noch hinreichend für die Entwicklung einer altruistischen Persönlichkeit waren.

Oliner und Oliner zufolge wurde die prosoziale Orientierung der Retter im Laufe ihrer Sozialisation zu einem derart stark verankerten Bestandteil ihres Wertsystems, dass sie kaum anders konnten als Menschen in Not zu helfen. So hätten die allermeisten Retter von Juden bereits früher, beginnend in ihrer Kindheit, immer wieder außergewöhnliches soziales Engagement gezeigt. Die ausschlaggebende prosoziale Orientierung sei eine Orientierung *zum Handeln* gewesen und habe als Kernbestandteile umfasst, sich gegenüber Außenseitern verantwortlich und zum Helfen angetrieben zu fühlen (Oliner und Oliner 1988: 253). Zudem erwähnen die Oliners bereits, dass diese starke Wertbindung dem Handeln der Retter etwas Unbedingtes oder Impulsives zu verleihen und eine eingehendere Berücksichtigung möglicher Handlungsfolgen zu unterbinden schien (Oliner und Oliner 1988: 251).

Dieser Charakterisierung der Rettungstaten als – in der Terminologie des MFS – automatisch-spontane Handlungen findet sich auch in anderen, qualitativen Studien (Tec 1986: 189). Die handlungstheoretisch am stärksten ausgearbeitete Erklärung hat Kristen R. Monroe in einer Reihe teilweise mit Michael C. Barton und Ute Klingemann veröffentlichter Arbeiten vorgelegt (Monroe 1996; Monroe 1991; Monroe, Barton und Klingemann 1991). Die Explikation der angenommenen Mechanismen geschieht dabei nicht zuletzt im Kontext einer Auseinandersetzung mit dem RC-Ansatz. Die empirische Grundlage bilden retrospektive Tiefeninterviews, die Monroe mit Rettern von Juden, anderen Helden (durch Stiftungen ausgezeichnete Individuen, die ihr Leben riskierten, um andere zu retten), Unternehmern und Philanthropen geführt hat. Der Vergleich dieser Akteursgruppen dient dazu, die Merkmale zu identifizieren, die *spezifisch* für Retter von Juden (und andere Helden) sind. Zudem sollen über diesen Vergleich eine ganze Reihe möglicher Erkärungen für heldenhaftes altruistisches Verhalten überprüft werden. Empirisch stützen lässt sich Monroe und Kollegen zufolge nur eine Erklärung, nach der die Rettung von Juden im Zweiten Weltkrieg Ausdruck und Konsequenz einer spezifischen, stark ausgeprägten Identität war, deren Kern in einer *Identifikation mit der gesamten Menschheit* besteht. Abgesehen von terminologischen Unterschieden ergibt sich hier eine auffallende Übereinstimmung mit dem Konzept der *extensiven* prosozialen Orientierung von Oliner und Oliner. Der zusätzliche Erkenntnisgewinn durch die identitätstheoretische Erklärung von Monroe besteht in der Beschreibung der Art und Weise, in welcher diese Identität handlungswirksam wird. Eine Zusammenfassung enthält das folgende Zitat:

> „It is this shared perception of themselves as part of an all-embracing mankind, then, which was the one common characteristic that distinguishes altruists from other individuals. It gives rise to an *instinctive* response which guides their actions in saving others. It leaves them *no choice* and makes their decisions *nonconscious*. Their perception of themselves as a part of all humanity constitutes such a central core to their identity that it leaves them *no choice* in their behavior towards others." (Monroe 1991: 428, Hervorhebungen nicht im Original)

Ihre spezifische Identität ließ den Rettern von Juden also subjektiv gar keine andere Wahl als zu helfen. Ihre Entscheidung war spontan und unbewusst. Wiederum braucht kaum eigens betont zu werden, dass diese Beschreibung des handlungsgenerierenden Mechanismus dem automatisch-spontanen Modus der Handlungsselektion im MFS entspricht (siehe dazu noch unten). Monroe und ihre Kollegen wenden sich denn auch energisch gegen enge und weite RC-Erkärungen dieser Rettungsakte. Dabei betonen sie, dass Retter von Juden keine Anreize in Betracht zogen und die Vorstellung eines Kosten-Nutzen-Kalküls für sie „bedeutungslos" war (Monroe, Barton und Klingemann 1991: 117). An dem zuletzt genannten Argument wird deutlich, auf was für eine Art von Evidenz Monroe und Kollegen ihre Erklärung stützen: die subjektiven Einschätzungen der retrospektiv interviewten Retter von Juden hinsichtlich ihrer eigenen Motivation (siehe etwa Monroe, Barton und Klingemann 1990: 341).

Es lässt sich kritisch hinterfragen, inwieweit man handlungstheoretisch derart riskante Schlussfolgerungen auf solche Evidenz stützen kann. Immerhin gehen bei weitem nicht alle Handlungstheorien davon aus, dass sich Akteure immer vollständig über die Determinanten ihres Handelns im Klaren sind (siehe zudem Rahn, Krosnick und Breuning 1994). Dies gilt gerade auch für den RC-Ansatz, der keineswegs unterstellt, die *Vorstellung* eines Kosten-Nutzen-Kalküls wäre für die Akteure subjektiv bedeutungsvoll.

Andererseits sollte man in dieser Kritik nicht zu weit gehen. Auch Berichte und Selbsteinschätzungen, wie sie aus Tiefeninterviews hervorgehen, sind empirische Daten. Nicht zuletzt Weber hat gefordert, den subjektiven Sinn der Akteure ernst zu nehmen, und zwar durchaus in seiner kausalen Bedeutung. Der durch Tiefeninterviews gewonnenen Evidenz von vornherein jegliche Aussagekraft abzusprechen, wäre ebenso verfehlt, wie sich auf sie als alleinige empirische Basis zu stützen. Da ich die Tiefeninterviews als qualitative Teilevidenz anerkenne, sei exemplarisch ein besonders signifikanter Ausschnitt aus einem Interview mit einer Retterin von Juden wiedergegeben (Monroe 1991: 404f.):

Interviewer: (…) What I`ve heard other people say when I`ve asked them this is that they didn`t think they could live with themselves if they`d done something other than that (i.e. help Jews). Is that true for you?

Margot: It has nothing to do with it.

Interviewer: It was just totally nonconscious?

Margot: Yes. You don`t think about these things. You can`t think about these things. It happened so quickly.

Interviewer: But it isn`t really totally quickly, is it? There`s a tremendous amount of strategic planning that has to be done (to do what you did).

Margot: Well, I was young. I could do it. Today I don`t know. I`d have to try it. But I was 32 years old. That was pretty young.

Interviewer: You didn`t sit down and weigh the alternatives?

Margot: God, no. There was not time for these things. It`s impossible.

Interviewer: So it`s totally spontaneous? (Margot nodded). It comes from your emotions?

Margot: Yes. It`s pretty near impossible not to help. You couldn`t do that. You wouldn`t understand what it means! Suppose somebody falls in the water as I said before. You want to think: „Should I help or should I not?" The guy would drown! You know, that`s no way!

Interviewer: How about the repercussions of your actions? Did you think about what might happen because you were doing this?

Margot: You don't think about it. No way.

Interviewer: You didn't worry about possible consequences for you? For your family?

Margot: No. No way.

Trotz der methodisch fragwürdigen Suggestivfragen belegt dieser Interviewausschnitt exemplarisch die von Monroe und Kollegen genannten Merkmale der den Rettungsakten zu Grunde liegenden Handlungsselektionen. Die weiter unten entwickelte MFS-Erklärung der Rettung von Juden im Zweiten Weltkrieg greift einige dieser Merkmale auf. Auch wenn der identitätstheoretische Ansatz bereits einige zentrale Elemente einer angemessenen Erklärung enthält, besitzt er andererseits eine Reihe von Schwächen, die es zu überwinden gilt.

Auf eine entscheidende Schwäche hat bereits Opp (1997) verwiesen. Es bleibt unklar, welches Handeln theoretisch zu erwarten ist, wenn in einer Situation *widerstreitende* Identitätsbestandteile oder Normen relevant sind oder *überhaupt keine* passende Handlungsanweisung existiert. Beide Lücken zeigen, dass diesem Erklärungsansatz keine ausgearbeitete Handlungstheorie zu Grunde liegt: Der Zusammenhang zwischen Identität und Handeln wird nur unvollständig spezifiziert. Wie schon im Rahmen der Kritik traditioneller soziologischer Ansätze betont wurde (siehe Kapitel 3 und 4), reicht es für soziologische Handlungserklärungen *nicht* aus, auf die Bedeutung von Identitäten, Rollen, Normen u.ä. zu verweisen. Vielmehr bedarf es eines Modells, das präzise angibt, wie diese Faktoren wirken und mit anderen relevanten Größen, z.B. situativen Anreizen, zusammenwirken.

Das führt uns zu einer zweiten Schwäche des Ansatzes von Monroe und Kollegen wie auch anderer persönlichkeits- oder identitätstheoretischer Ansätze. Sie unterschätzen die Bedeutung situativer Einflussfaktoren (Gross 1994). Diesen wird nur eine Bedeutung für die alltägliche Logistik des Helfens eingeräumt. So seien den Rettern etwa die Risiken ihres Handelns durchaus bewusst gewesen, aber diese hätten nicht ihre Entscheidung zur Hilfe beeinflusst, sondern sie lediglich bei deren Umsetzung vorsichtiger agieren lassen (Monroe, Barton und Klingemann 1990: 108). Die Entscheidung zur Hilfe wird – wie im Erklärungsansatz von Oliner und Oliner – durch ein relativ stabiles Akteursmerkmal erklärt. Auch Monroe betont entsprechend, dass spätere „Helden" und „Retter" schon in ihrer frühen Kindheit, und im Verlauf ihres Lebens immer wieder, altruistisches Verhalten zeigten (Monroe 1991: 425). Sicherlich half aber nicht jede Person mit einer starken Ausprägung der von Monroe und Kollegen beschriebenen Identität – und es ist auch fraglich, ob dies nur auf fehlende Gelegenheiten zurückzuführen war. Umgekehrt ist zu vermuten, dass unter den Rettern von Juden auch Personen ohne eine derartige Identität waren. Die Vorstellung, dass die Rettung von Juden einfach die Summe des Einzelhandelns charakterlich hervorragender Individuen gewesen ist, greift soziologisch zu kurz (Gross 1994: 468). Obgleich das MFS die Sichtweise teilt, dass eine stark verankerte Identität zu automatisch-spontanem Handeln führen *kann*, lässt es ebenfalls vermuten, dass daneben noch eine Reihe weiterer Einflussfaktoren von Bedeutung waren. Diese wurden vor allem in RC-Erklärungen der Rettung von Juden thematisiert (Gross 1994, 1997; Opp 1997).

7.2.2 Die weite RC-Erklärung von Opp

Aus nahe liegenden Gründen hat es keine Versuche gegeben, die uneigennützige Rettung von Juden im Zweiten Weltkrieg mit Hilfe enger RC-Theorien zu erklären. Sobald man sie als genuin altruistisches Handeln anerkennt, schließt man solch einen Erklärungsversuch bereits aus. Wie dargestellt, waren es vielmehr Kritiker des RC-Ansatzes, die diesen Anwendungsfall gewählt haben, um die Grenzen dieses Ansatzes zu demonstrieren. Die Zurückweisung von RC-Erklärungen als entweder nicht informationshaltig oder empirisch unzutreffend durch Monroe und Kollegen ist jedoch nicht unbeantwortet geblieben. Vielmehr hat sich mit Karl-Dieter Opp ein prominenter Vertreter des weiten RC-Ansatzes dieser Herausforderung angenommen und zu zeigen versucht, dass sich die Rettung von Juden mit Hilfe weiter RC-Theorien durchaus und sogar besser erklären lässt als mit der von Monroe und Kollegen favorisierten Identitätstheorie (Opp 1997, 1999).

Opp führt eine Reihe von Erklärungsargumenten auf, mit deren Hilfe eine weite RC-Erklärung konstruiert werden könne. Die drei wichtigsten lauten wie folgt: Erstens zählen im weiten RC-Ansatz nicht objektive Wahrscheinlichkeiten, sondern subjektive Erwartungen. Durch eine systematische Unterschätzung könnten die von den Rettern subjektiv wahrgenommenen

Risiken deutlich geringer als die objektiven Risiken gewesen sein (Opp 1997: 227). Letztere variierten zudem mit der jeweiligen Gelegenheitsstruktur, etwa den verfügbaren finanziellen Mitteln oder dem Sozialkapital (Gross 1994; Opp 1997: 229f.). Zweitens hätten die erwarteten Kosten des Helfens durch positiv bewertete Konsequenzen aufgewogen werden können, etwa durch den politisch motivierten Nutzen aus dem erfolgreichen Widerstand gegen die Nationalsozialisten oder durch den sozialen Anreiz einer Wertschätzung durch gleich gesinnte Familienangehörige oder Freunde (Opp 1997: 230, 233). Drittens lassen sich innerhalb einer weiten RC-Theorie auch die Übereinstimmung mit der eigenen Identität und internalisierten Normen als weiche Anreize berücksichtigen (Opp 1997: 228, 230,231). Danach entsteht bestimmten Personen aus dem Hilfeverhalten ein unmittelbarer Konsumnutzen, der ebenfalls hohe Kosten auszugleichen vermag.

Diese Argumente ähneln in auffallender Weise denen, die im weiten RC-Ansatz zur Erklärung der Wahlteilnahme herangezogen worden sind. Daneben konstruiert Opp noch ein weiteres Erklärungsargument, das sich auf die Situation einer direkten Ansprache durch die Hilfebedürftigen bezieht. Dabei nimmt er das in den Tiefeninterviews bzw. dem Ansatz von Monroe und Kollegen vorgebrachte Argument der Risikoausblendung auf und versucht es über entsprechende Brückenhypothesen in eine RC-Erklärung zu überführen:

„Why was the risk of rescuing Jews often regarded as minor? KF [Klingemann und Falter 1993; CK] as well as Monroe (1991a, p. 337) report that helping Jews was often a *„spontaneous"* action: the decision to help was taken within a short period of time and without consulting other persons. Seventy percent of the interviewees said they had decided within minutes, and largely without consulting others (KF, p. 129). There was, thus, *no time to calculate the consequences* of helping. It is likely that situational incentives determined spontaneous helping behaviour. It is very costly to decline a face-to-face request to help if a family is in danger of being killed by the Nazis. Situational incentives for helping may often have been so strong that the risk of helping *was not taken into account*. This holds particularly if, in addition to positive situational incentives, there were strong altruistic motives and internalized helping norms (see below). In this type of situation where the positive incentives for an action are relatively high, it often happens that the costs of the respective action are *not considered*. There may be a *saliency effect*: salient costs or benefits have the effect that other costs and benefits are neglected in the decision situation. Other examples are situations that arouse strong emotions. [...] These mechanisms help to explain why objectively high risk was not perceived in situations where helping was demanded in face-to-face interactions." (Opp 1997: 228, Hervorhebungen mit Ausnahme der letzten nicht im Original)

Opps Rekonstruktion zufolge konnte es also – gerade bei direkten Hilfegesuchen – zu einer Ausblendung der Kosten kommen, weil hohe Anreize zum Helfen in der Situation extrem „salient" wurden, allen voran die als hoch empfundenen Kosten, ein persönliches Hilfegesuch zurückzuweisen. Dass Opp dabei sogar von variabler Rationalität auszugehen scheint, wird deutlich, wenn er explizit von anderen Helfern spricht „who did not act spontaneously and thus did consider risk in their decision to help" (Opp 1997: 228).

Inhaltlich kommt dieses Erklärungsargument der im Folgenden entwickelten MFS-Erklärung bereits sehr nahe. Allerdings gelingt dies nur über die Einführung von Elementen, deren theoretischer Status vollkommen unklar ist. Dies gilt vor allem für den theoretisch nicht weiter begründeten Rekurs auf „Salienzeffekte" und „spontane" im Unterschied zu Risiko berücksichtigende Entscheidungen. Dieser ist selbst aus der Perspektive eines weiten RC-Ansatzes problematisch.[113] Wenn die Handlungsrelevanz von Präferenzen derart starken situativen Schwankungen unterliegt, die selbst nicht theoretisch erklärt werden, verliert der RC-Ansatz bzw. die Werterwartungstheorie jegliche substantielle Erklärungs- und damit Überzeugungskraft. Theoretisch erscheint jegliche Brückenhypothese möglich, und es sind letztlich allein die Brückenhypothesen, an denen die gesamte Erklärungskraft hängt. Das Problem ist dabei wohlgemerkt nicht, dass man zu falschen Erklärungen gelangt, sondern dass vollkommen unklar wird, auf welche Weise bzw. mit welchem Mehrgewinn man sich in Anwendungen überhaupt

---

[113] Im selben Artikel vertritt Opp den Standpunkt, der verwendete weite RC-Ansatz beinhalte keinerlei Hypothesen über psychologische Entscheidungsprozesse: „No hypotheses are provided specifying the psychological processes during decision processes." (Opp 1997: 236) Dies steht jedoch offensichtlich im Widerspruch zur Einführung von „Salienzeffekten" oder der Unterscheidung „spontaner" und überlegter Entscheidungen. Auch innerhalb der von Gross entwickelten RC-Erklärung findet sich an einer Stelle die letztgenannte Unterscheidung (Gross 1997: 99f.). Allerdings bleibt unklar, unter welchen Bedingungen es zu spontanen bzw. abwägenden Entscheidungen kommt. Zudem tendiert Gross dazu, die (durchaus situational variable) Sensitivität gegenüber Anreizen mit der Unterscheidung verschiedener Stufen der Moralentwicklung zu vermengen (Gross 1997: 111). Seine statistische Analyse stellt denn auch nicht-moralische Anreize, moralische Anreize und Gelegenheiten als Prädiktoren unverbunden nebeneinander.

durch den RC-Ansatz anleiten lassen soll. Mit anderen Worten geht jeglicher heuristischer Wert der Handlungstheorie verloren. Umgekehrt gewendet, macht dieses letzte der von Opp angeführten Erklärungsargumente die Notwendigkeit einer Handlungstheorie deutlich, welche die in den Brückenhypothesen getroffenen Annahmen theoretisch erwarten lässt, also in den Kern der Handlungstheorie selbst aufnimmt.

7.2.3 Die quantitativen Studien von Gross und von Varese und Yaish

Angesichts der theoretischen Debatte zwischen identitätstheoretischen Erklärungsansätzen und RC-Erklärungen der Rettung von Juden im Zweiten Weltkrieg kommt systematischen multivariaten Analysen eine Schlüsselrolle zu. Die besten verfügbaren Daten sind die des Altruistic Personality and Prosocial Behavior Institute (APPBI-Daten), die der Studie von Oliner und Oliner zu Grunde liegen. Federico Varese und Meir Yaish haben diese Daten als Erste mit Hilfe multipler Regressionsanalysen ausgewertet (Varese und Yaish 2000, 2005). In ihrer ersten Analyse der APPBI-Daten verwenden Varese und Yaish einige Prädiktoren, die sie als Indikatoren für die *Gelegenheiten* zur Hilfe und die mit ihr verbundenen *Risiken* interpretieren. Dazu zählen – als Proxy-Variablen für das Vorhandenseins eines geeigneten Verstecks – die Verfügbarkeit eines Dachbodens, eines Kellers, der Besitz eines Hauses sowie die Anzahl der Räume. Indikatoren unterschiedlicher Gelegenheiten sind zudem die verfügbaren finanziellen Ressourcen, das Vorliegen eines Hilfegesuchs sowie die Beteiligung an einer Widerstandsgruppierung. Letztere dürfte darüber hinaus mit einer ganzen Reihe positiver Anreize zur Hilfeleistung verbunden gewesen sein. Das Wohnen in einer Stadt sowie das Vorhandensein vieler Nachbarn dürfte die Entdeckungswahrscheinlichkeit und damit die wahrgenommenen Risiken tendenziell erhöht haben. Nur von zweien dieser Variablen gehen, unter Kontrolle der jeweils anderen, statistisch signifikante Effekte aus: der Anzahl der Räume im Haus bzw. der Wohnung sowie dem Vorliegen eines Hilfegesuchs (Ansprache). Dass lediglich zwei der Anreiz- und Gelegenheitsindikatoren statistisch signifikante Effekte aufweisen, könnte von Kritikern des RC-Ansatzes als Beleg für die geringe Rolle von Kosten-Nutzen-Abwägungen angesehen werden. Andererseits sprechen diese Effekte für die Bedeutung situationaler Einflussfaktoren und verweisen auf die Begrenztheit rein identitäts- oder persönlichkeitstheoretischer Erklärungen.

Diese zweite Schlussfolgerung wird durch eine weitere quantitative Studie gestützt. In der Studie von Michael L. Gross (1994, 1997) wurden 174 Helfer von Juden in Frankreich und Holland postalisch befragt, die hauptsächlich aus den Dörfern in Le Chambon und Nieuwlande stammten, in denen kollektive Rettungsaktionen organisiert wurden. Auch in den Analysen von Gross gehen robuste und starke Effekte vor allem von infrastrukturellen Variablen aus: Dies ist einerseits ein Index materieller Unterstützung in Form von Zahlungen oder Bezugsscheinen und andererseits ein Index unterstützender sozialer Netzwerke, in den u.a. die Ansprache durch Geistliche, Familie und Freunde und Mitglieder des Widerstands eingeht (Gross 1994: 483f., 491). Allerdings vermag Gross nur das *Ausmaß* der Hilfsaktivitäten auf verschiedenen Dimensionen (Anzahl untergebrachter Juden, Dauer der Unterbringung in Monaten, unterstützende Aktivitäten) zu betrachten, da in seine Analyse keine Kontrollgruppe von Personen eingeht, die überhaupt nicht geholfen haben. Sein Schluss, dass situationale Faktoren weitaus wichtiger als motivationale waren, muss daher nicht für die Entscheidung zur Hilfe gelten.

Varese und Yaish konzentrieren sich in ihrer weiteren Analyse auf den starken Effekt der Ansprache, den sie in erster Linie als Ausdruck von Informationsproblemen unter Bedingungen hohen Risikos interpretieren. Die Ansprache von bestimmten Personen bzw. über bestimmte Mittelsmänner erscheint danach als eine rationale Strategie, die es verfolgten Juden erlaubte, Risiken zu minimieren und sich als Nachfrager von Hilfeleistungen mit potentiellen, aber unbekannten Anbietern zu koordinieren. In dieser Interpretation war die persönliche Ansprache also ein Koordinationsmechanismus, der unter Bedingungen asymmetrischer Information und hoher Risiken gleichsam den Marktmechanismus ersetzte (Varese und Yaish 2000: 312). Für diese Interpretation sprechen einige Ergebnisse der weiteren statistischen Analysen der Autoren.

Erstens wurde mehr als doppelt so häufig Fremden geholfen, wenn die Hilfe auf ein Hilfegesuch reagierte. Umgekehrt war eine Initiative von Seiten der Helfenden doppelt so häufig auf Familienmitglieder oder Freunde bezogen (Varese und Yaish 2000: 323). Im Vergleich zur Eigeninitiative war die Konfrontation mit einem Hilfegesuch also vor allem dort bedeutsam, wo die Informationsprobleme und damit die Risiken besonders hoch waren – bei der Hilfe gegenüber Fremden. Zweitens waren die Chancen, angesprochen zu werden, für Mitglieder des Widerstands mehr als doppelt so hoch (unter

Kontrolle einer Vielzahl anderer Variablen). Dies könnte dadurch zu erklären sein, dass das Informationsproblem auch umgekehrt bestand: Hilfe suchende Juden wussten häufig nicht, wem sie vertrauen konnten. Signalen wie der Mitgliedschaft im Widerstand kam daher eine besonders große Bedeutung zu (Varese und Yaish 2000: 325f.). Dafür spricht drittens auch, dass fast zwei Drittel derjenigen, die Fremden halfen, nicht durch die Hilfebedürftigen selbst, sondern durch Vermittler angesprochen wurden (Varese und Yaish 2000: 327). Unter den Vermittlern dominierten wiederum relativ vertrauenerweckende Personen wie Freunde, Familienangehörige, Mitglieder des Widerstands oder Geistliche (Gross 1997: 140).

Die Bedeutung der Ansprache scheint zumindest zu einem großen Teil darin bestanden zu haben, die wechselseitigen Informationsprobleme und Risiken zu verringern und dadurch Personen, die nach einer Gelegenheit zur Hilfe suchten, mit Hilfebedürftigen zu koordinieren. Varese und Yaish weisen jedoch auch auf eine alternative oder zumindest ergänzende Interpretation hin (Varese und Yaish 2000: 322, 328). Danach war die Ansprache möglicherweise „a subtle way of inducing the receiver of the request to say 'yes'" (Varese und Yaish 2000: 322). Die Autoren konstruieren auch hier eine RC-Erklärung.

Personen, welche sich verpflichtet fühlten zu helfen, aber (etwa aufgrund der hohen Risiken) eigentlich gar nicht helfen wollten, entstünden bei einer Zurückweisung eines Hilfegesuchs Schamgefühle. Ohne Ansprache hingegen wäre es diesen möglich gewesen, ihr Nicht-Initiativwerden mit dem Hinweis darauf zu rechtfertigen, dass auch sonst kaum jemand Hilfe leisten würde. Die Ansprache erhöhte demnach die Kosten des Nichthelfens durch das Entstehen von Schamgefühlen. Varese und Yaish verwerfen aber diese Interpretation zu Gunsten der „Ansprache als Gelegenheit"-Interpretation. Ihr hauptsächliches Gegenargument ist, dass man auch ein Zurückweisen eines Hilfegesuchs hätte normativ rechtfertigen können, und zwar mit Hinweis auf die konkurrierende Norm, die eigene Familie nicht in Gefahr zu bringen (Gross 1997: 106f.; Varese und Yaish 2000: 322). Zudem stünde diese Interpretation in krassem Widerspruch zu den retrospektiven Schilderungen der Helfer. Diese betonten die subjektive Alternativlosigkeit ihres Helfens, basierend auf Vorstellungen der Mitmenschlichkeit (Geras 1995; Monroe 1996; Monroe, Barton und Klingemann 1990; Monroe 1991; Monroe, Barton und Klingemann 1991; Tec 1986). Selbst wenn man skeptisch gegenüber derartiger qualitativer Evidenz bleiben sollte: Man müsste selbst einiges an Evidenz vorweisen können, um die Interpretation zu vertreten, dass die Helfer in Wirklichkeit vor ihrer Ansprache gar nicht hätten helfen wollen, sondern sich erst aufgrund antizipierter Schamgefühle zu ihrer Entscheidung durchgerungen hätten.

Unabhängig von ihrer zweifelhaften empirischen Gültigkeit behandelt diese zweite RC-Erklärung des Ansprache-Effekts die Präferenzen der Akteure immer noch als exogene Größe. Den Akteuren geht es schon vor der Ansprache darum, Schamgefühle aus ihrem Nicht-Helfen zu minimieren. Die Ansprache verändert nicht das Kosten-Nutzen-Kalkül der Akteure, sondern verringert innerhalb dieses Kalküls lediglich die Erwartung, zukünftige Schamgefühle vermeiden zu können.

Eine handlungstheoretisch interessantere Alternative zu der „Ansprache als Gelegenheit"-Interpretation lässt sich konstruieren, wenn man die Präferenz zur Hilfe zumindest teilweise endogenisiert. Diese Möglichkeit wurde bereits von Varese und Yaish angedeutet und dann von Jon Elster als Interpretation des gefundenen Ansprache-Effektes aufgegriffen (Elster 2000: 694; Varese und Yaish 2000: 328). Danach hat ein Hilfegesuch möglicherweise als *motivationaler Auslöser* gewirkt, der die Hilfebedürftigkeit emotional so salient werden ließ, dass sich die Angesprochenen spontan zur Hilfe entschieden. In dieser Sichtweise entsteht die Bereitschaft zur Hilfe erst durch die Ansprache und die Konfrontation mit einem Hilfegesuch ist somit weitaus mehr als eine Gelegenheit zur Hilfe.

„Ansprache als Gelegenheit" und „Ansprache als motivationaler Auslöser" sind also zwei mögliche Mechanismen, deren Unterscheidung für die handlungstheoretischen Implikationen des gefundenen Effekts zentral ist. In einer zweiten Analyse der APPBI-Daten haben Varese und Yaish versucht diese Interpretationen statistisch gegeneinander zu testen (Varese und Yaish 2005). Empirisch konnten sie zeigen, dass eine positive statistische Interaktion zwischen der Ansprache und der prosozialen Orientierung eines Befragten besteht: Ein Hilfegesuch wirkt umso stärker, je stärker bei einem Befragten das Merkmal einer prosozialen Orientierung ausgeprägt ist. Die Autoren interpretieren dies als Evidenz für die „Ansprache als Gelegenheit"-Interpretation: Die Gelegenheit zur Hilfe führt umso eher zu einem entsprechenden Verhalten, je stärker die Präferenz für prosoziales Handeln ausgeprägt ist. Die von Elster nahe gelegte Interpretation hätte dagegen erwarten lassen, dass die Konfrontation mit einem Hilfegesuch *unabhängig* von der Stärke der generellen prosozialen Orientierung als motivationaler

246

Auslöser wirkt. Die Evidenz scheint also auch hier für eine weite RC-Erklärung zu sprechen.

Allerdings ist kritisch anzumerken, dass dieser Befund die theoretische Mehrdeutigkeit des Ansprache-Effekts nicht aufhebt. Er schließt lediglich aus, dass die persönliche Ansprache derart stark als motivationaler Auslöser gewirkt hat, dass sie die Angesprochenen *vollkommen* unabhängig von ihrer generellen Disposition für prosoziales Verhalten zur Hilfe bewegt hat. Jenseits dieser ohnehin wenig plausiblen Extremversion des motivationalen Arguments ist auch das Bestehen eines positiven Interaktionseffekts nach wie vor mit beiden Interpretationen vereinbar.[114] Auf Basis des MFS ist daher auch der Interpretation der Ansprache als motivationaler Auslöser weiter nachzugehen. Dazu geben nicht zuletzt auch die retrospektiven Schilderungen der Helfer Anlaß, in denen häufig die Spontaneität und subjektive Alternativlosigkeit des Helfens betont wurde (siehe dazu bereits oben).

Die Diskussion der zentralen bisher vorgebrachten Erklärungsansätze verweist auf eine ganze Reihe von Einflussfaktoren, deren Relevanz von unterschiedlicher Evidenz belegt wird. Im Folgenden wird das MFS angewendet, um eine integrative Erklärung der Rettung von Juden im Zweiten Weltkrieg zu entwickeln. Diese vermag zum einen wiederum die festgefahrene Debatte um den RC-Ansatz aufzulösen. Zum anderen soll mit Hilfe des MFS genauer herausgearbeitet werden, auf welche Weise und unter welchen Bedingungen die verschiedenen Einflussfaktoren handlungswirksam werden. Es geht also wiederum nicht um ein eklektizistisches Nebeneinander der verschiedenen „Variablen", sondern um eine Präzisierung der handlungsgenerierenden Mechanismen, aus der sich dann auch neue empirisch überprüfbare Hypothesen ableiten lassen.

---

[114] Varese und Yaish versäumen es, die konditionalen Effekte der Ansprache auszuweisen und zu interpretieren. Da die prosoziale Orientierung in Form von Faktorscores in ihre Analyse eingeht, entspricht der von ihnen berichtete konditionale Effekt der Ansprache dem geschätzten Effekt für Befragte mit *durchschnittlicher* prosozialer Orientierung. Für diese erhöht sich die Chance, zu helfen, durch das Vorliegen eines Hilfegesuchs noch ausgesprochen stark, nämlich um das 29.73-fache ($= e^{3.392}$) (Varese und Yaish 2005: 161). Es kann daher nicht ausgeschlossen werden, dass sich auch bei geringer prosozialer Orientierung noch ein signifikanter Ansprache-Effekt ergibt, was auf einen teilweise unabhängigen Einfluss hindeuten würde.

7.3 Erklärung im Modell der Frame-Selektion

Die im Folgenden entwickelte MFS-Erklärung der Rettung von Juden im Zweiten Weltkrieg verfolgt das Ziel, Unterschiede im Handeln zu erklären. In diesem Anwendungsfall lässt sich die Erklärungskraft allerdings durch eine eingehendere Analyse der Frame- und Skript-Selektion erhöhen. In ihrer Betonung der Situationsdefinition und Normaktivierung sowie der diesbezüglichen Bedeutung von Hilfegesuchen stimmt die darzustellende MFS-Erklärung mit der sozialpsychologischen Theorie altruistischen Verhaltens von Shalom H. Schwartz (1977) überein. Insbesondere durch den Einbezug der variablen Rationalität des Hilfeverhaltens geht das MFS jedoch über diese Theorie hinaus und ermöglicht, weiter gehende Hypothesen abzuleiten. Ich gehe wiederum nacheinander auf die drei Selektionen eines Frames, eines Skripts und des Handelns ein.

Frame-Selektion: Die Erklärung der Rettung von Juden im MFS verlangt zunächst die Situation näher zu analysieren, in der sich *potentielle Helfer* befanden. Genauer ist danach zu fragen, in welcher Hinsicht die Definition der Situation problematisch gewesen sein könnte. Wie dargestellt, bestand insbesondere das Problem, hilfebedürftige Personen zu identifizieren und die eigene Hilfsbereitschaft zu signalisieren, ohne den Nationalsozialisten oder deren Unterstützern aufzufallen. Aus der Perspektive potentieller Helfer kann man daher analytisch zwei Frames unterscheiden: Es schien entweder eine „Möglichkeit einem Bedürftigen in existentieller Bedrohung zu helfen" vorzuliegen oder aber nicht.[115] Die erste Situationsdeutung schließt ein, dass überhaupt eine Möglichkeit zur Hilfe gesehen wurde, die Situation also nicht als vollends aussichtslos eingeschätzt wurde (Schwartz 1977).

Zudem existierten unter Umständen konkurrierende Gesichtspunkte, die eine thematisch andere Definition der Situation nach sich ziehen konnten. So verweist Gross auf potentielle Loyalitätskonflikte von patriotischen Personen, deren Regierungen mit den Nationalsozialisten kollaborierten (Gross 1994: 469). Auch wenn diese nicht antisemitisch eingestellt waren,

---

[115] Diese Unterscheidung ist analytisch, insofern sie abstrahierend zusammenfasst, worauf es bei den Situationsdefinitionen der potentiellen Helfer theoretisch ankommt. Empirisch dürften die subjektiv in Frage kommenden Deutungen mannigfaltig und weitaus spezifischer gewesen sein. Beispielsweise mag der Frame „Keine Möglichkeit einem Bedürftigen in existentieller Bedrohung zu helfen" empirisch den Situationsdeutungen „Dies ist eine Falle" oder „Dies ist kein Hilfebedürftiger" entsprochen haben.

mag ihnen die Hilfe gegenüber Juden als Verrat am eigenen Land in Zeiten des Krieges erschienen sein. Wenn diese Situationsdeutung gegenüber der Möglichkeit zu helfen dominierte, lag als normativ angemessenes Handeln, also als Skript, eher das Unterlassen der Hilfe nahe.

Vor diesem Hintergrund ist anzunehmen, dass die *Konfrontation mit einem Hilfegesuch* von zentraler Bedeutung dafür war, eine Definition der Situation als „Möglichkeit einem Bedürftigen in existentieller Bedrohung zu helfen" zu bewirken. Zwar konnte ein Hilfegesuch auch eine Täuschung darstellen, die darauf abzielte, die Solidarität mit den Nationalsozialisten zu testen (Varese und Yaish 2000: 326), doch die aktive Suche nach Hilfebedürftigen dürfte generell mit noch größeren Unwägbarkeiten einhergegangen sein. Erstens erforderte sie unter Umständen die wiederholte Ansprache von Personen, bis man eine Möglichkeit zur Hilfe auffand. Zweitens ist davon auszugehen, dass von den um Hilfe bittenden Personen selbst beabsichtigte oder unbeabsichtigte Signale hinsichtlich der Glaubwürdigkeit ihres Hilfegesuchs ausgingen. Zudem dürfte ein Hilfegesuch alternative Gesichtspunkte, wie die Loyalität gegenüber einer mit den Nationalsozialisten kollaborierenden Regierung, in den Hintergrund gedrängt haben. Denn im Unterschied zur abstrakten und in ihrer Antwort vertagbaren Frage, ob man versuchen sollte, eigeninitiativ tätig zu werden, wurde durch ein Hilfegesuch die existenzielle Bedrohung *konkreter* Personen besonders salient, man wurde also in konkrete Schicksale involviert (Schwartz 1977). Ein Hilfegesuch bewirkte demnach eine hohe Passung des Frames „Möglichkeit einem Bedürftigen in existentieller Bedrohung zu helfen":

Brückenhypothese 1: Ein Hilfegesuch sollte es tendenziell erleichtert haben, die Situation als „Möglichkeit einem Bedürftigen in existentieller Bedrohung zu helfen" zu definieren, und andere, konkurrierende Gesichtspunkte in den Hintergrund gedrängt haben.

Beide Effekte auf die Definition der Situation dürften in ihrer Stärke von der Identität des Fragenden abhängig gewesen sein. Bei einer Ansprache durch vertrauenerweckende Personen, etwa Freunde oder Verwandte, dürfte der Match typischerweise deutlich höher gewesen sein als bei einer Ansprache durch Fremde. Unter Umständen waren aber auch Fremde in der Lage, ihre Vertrauenswürdigkeit bzw. die Wahrhaftigkeit ihres Hilfegesuchs zu signalisieren. Man denke etwa an Geistliche, die wohl auch deshalb häufig die Rolle des Vermittlers einnahmen, weil ihnen ein Täuschungsversuch eher nicht zugetraut wurde. Zudem dürften Hilfegesuche durch lokale Autoritäten besonders effektiv darin gewesen sein, Legitimitätsbedenken erst gar nicht aufkommen zu lassen (Gross 1994: 469). Als Beispiel führt Gross die kollektive Rettungsaktion in einer Reihe von Dörfern in Le Chambon an, in deren Rahmen nahezu 2500 jüdische Flüchtlinge von der protestantischen Gemeinde um Pfarrer Andre Trocmé gerettet wurden. Entscheidend sei hierbei nicht nur die religiös verankerte Überzeugung einer Verpflichtung zur Hilfe gewesen, sondern auch die Loyalität gegenüber den lokalen religiösen Führern. Diese genossen bereits vor dem Zweiten Weltkrieg eine hohe Autorität und besaßen für französische Protestanten eine höhere Legitimität als die Vichy-Regierung (Gross 1994: 469). Man gelangt somit zu einer zweiten Brückenhypothese:

Brückenhypothese 2: Bei einem Hilfegesuch war die Identität der um Hilfe bittenden Personen systematisch mit dem Match der beiden konkurrierenden Frames assoziiert. Bedeutsam war etwa ihre soziale Beziehung zum Angesprochenen, ihr Status oder ihr Äußeres (z.B. spezielle Berufskleidung oder für Zwangsarbeiter typische Merkmale).

Die Eindeutigkeit der Situationsdefinition ist im MFS auch mitentscheidend für die Modus-Selektion. Ob ein potentieller Helfer eine Situation im as- oder im rc-Modus definierte, hing daher ebenfalls vom Vorliegen eines Hilfegesuchs sowie den Merkmalen der um Hilfe bittenden Personen ab. Zudem kann davon ausgegangen werden, dass aufgrund der hohen erwarteten Kosten eines möglichen Verrats generell eine hohe Motivation zu reflektierten Situationsdeutungen bestand:

Brückenhypothese 3: Die Rettung von Juden im nationalsozialistischen Einflussbereich war eine Hochkostensituation. Es bestand daher eine hohe Motivation zur Reflexion.

Unter sonst gleichen Bedingungen sollte dies Selektionen im rc-Modus wahrscheinlicher gemacht haben. In eine vollständige Betrachtung wären zudem noch die situational variierenden Opportunitäten zur Reflexion und deren Kosten mit einzubeziehen. Allerdings stehen keine geeigneten Daten zur Verfügung, um Variation in diesen Größen zu analysieren. Es lässt sich allerdings wiederum eine Brückenhypothese begründen, die sich auf das Vorliegen eines Hilfegesuchs bezieht:

Brückenhypothese 4: Die Konfrontation mit einem Hilfegesuch ging tendenziell mit geringeren Reflexionsopportunitäten einher.

Wenn Personen darüber entschieden, eigeninitiativ zu werden oder nicht, dürften die Gelegenheiten zur Reflexion tendenziell größer gewesen sein als bei einer Konfrontation mit einem Hilfegesuch. Diese Annahme steht im Einklang mit den Schilderungen von Rettern von Juden, die betonen, keine Zeit zum Nachdenken gehabt zu haben (siehe z.B. Monroe 1991: 405), und teilweise dramatische Situationen beschreiben, in denen Juden auf der Flucht vor Deportationen um Unterschlupf baten (Tec 1986: 40ff.). Die generell hohe Motivation zur Reflexion und die bei Vorliegen eines Hilfegesuchs tendenziell geringeren Reflexionsopportunitäten sollten nicht nur den Modus der Situationsdefinition beeinflusst haben (also etwa, ob über die Glaubwürdigkeit des Hilfegesuchs nachgedacht wurde), sondern auch den der Skript- und Handlungsselektion.

Skript-Selektion: Es sei angenommen, dass die Situation schließlich relativ eindeutig als „Möglichkeit einem Bedürftigen in existentieller Bedrohung zu helfen" definiert werden konnte. Wie dargelegt, war dies insbesondere bei einem vertrauenerweckenden Hilfegesuch wahrscheinlich. Der nächste Schritt in der Anwendung des MFS besteht darin, Hypothesen darüber aufzustellen, welche Skripte durch diese Situationsdefinition aktiviert wurden. Sicherlich variierten die generellen Handlungsdispositionen stark mit der Einstellung gegenüber dem nationalsozialistischen Regime und dem Antisemitismus. Bei potentiellen Helfern dürfte das relevante Skript aber die empfundene Verpflichtung zur Hilfeleistung gegenüber Bedürftigen gewesen sein (ohne dass damit schon etwas über seine Verankerung ausgesagt wäre).[116] Die Bedeutung derartiger Verpflichtungsgefühle wurde bereits

---

[116] Die theoretische Analyse wird hier bewusst auf potentielle Helfer beschränkt, also auf Personen, welche die Verfolgungs- und Vernichtungspolitik der Nationalsozialisten gegenüber den Juden wenigstens nicht befürworteten. Darin kommt das Erkenntnisinteresse dieser Anwendung zum Ausdruck, welches sich nicht auf die gesamte Variation in dem Verhalten gegenüber Juden bezieht, sondern auf die Bedingungen der Hilfeleistung. Ein anderes, ähnlich spezifisches Erklärungsproblem wäre beispielsweise die Frage, unter welchen Bedingungen Juden an die Nationalsozialisten und ihre Unterstützer verraten

durch mehrere Autoren herausgearbeitet und wird insbesondere durch qualitative Evidenz belegt (Monroe 1996; Monroe 1991; Monroe, Barton und Klingemann 1991; Oliner und Oliner 1988; Tec 1986: 189). Offen gelassen werden kann, ob diese gefühlte Verpflichtung letztlich auf einer Identifikation mit der gesamten Menschheit, einer Verpflichtung zum Widerstand gegen den Nationalsozialismus oder anderen „guten Gründen" normativer Art beruhte.

Allerdings ist davon auszugehen, dass selbst einige potentielle Helfer mit einer gefühlten Verpflichtung zur Hilfeleistung subjektiv vor einem Problem der Skript-Selektion standen. Dies gilt insbesondere für Personen mit Partner und/oder Kindern. Für diese könnte eine ebenso normative und persönlich gefühlte Verpflichtung darin bestanden haben, die eigene Familie vor Unheil zu bewahren (Gross 1997: 106f.; Varese und Yaish 2000: 322). „Ich muss Menschen in existentieller Bedrohung helfen" und „Ich muss meine Familie vor existentieller Bedrohung schützen" waren zwei in Konflikt stehende normative Imperative, denen sich potentielle Helfer gegenübergesehen haben mögen. Gross spricht auch von einem „rescue dilemma", das dadurch gekennzeichnet ist, dass auch das Unterlassen der Rettungstat moralisch nicht verurteilt werden kann (Gross 1997: 107). Ob dieser Normkonflikt derart stark war, dass es zu einer Skript-Selektion im rc-Modus kam, hängt dem MFS zufolge unter anderem von der relativen Stärke der *Verankerung* (a_i) beider Imperative ab. Bedeutsam ist zudem die relative *Zugänglichkeit* ($a_{i|i}$) der beiden Normen in der Entscheidungssituation. Auch in dieser Hinsicht ist wieder ein systematischer Einfluss der Ansprache zu erwarten. Die Zugänglichkeit der Verpflichtung zur Hilfe dürfte durch die Konfrontation mit einem Hilfegesuch generell erhöht worden sein, da so sowohl die Bedürftigkeit als auch die eigene Verantwortung emotional besonders salient wurden (Elster 2000: 694; Opp 1997: 228):[117]

---

wurden. In einer Anwendung des MFS wären dann entsprechend andere Skripte mit einzubeziehen.

[117] Bei potentiellen Helfern, die *nicht* persönlich um Hilfe gebeten wurden, dürfte es häufig zum bekannten Phänomen der Verantwortungsdiffusion gekommen sein (Darley und Latané 1968). In der Terminologie des MFS entspricht dies einer geringen Zugänglichkeit des Hilfe-Skripts. An dieser Stelle zeigt sich wiederum, dass das Modell nicht die naive Vorstellung vertritt, Menschen handelten bei starker Norminternalisierung automatisch normkonform, sondern dass es die situativen Bedingungen berücksichtigt, denen die Norm-Handeln-Verbindung unterliegt.

Brückenhypothese 5: Ein Hilfegesuch sollte die gefühlte Verpflichtung zur Hilfeleistung besonders stark aktiviert haben. Diese Aktivierung führte zudem zu einer situativen Dominanz gegenüber konkurrierenden Skripten.

Ohne Hilfegesuch und sofern sowohl die gefühlte Verpflichtung zur Hilfeleistung als auch die zum Schutz der eigenen Familie stark verankert waren, mag es zu einer reflektierenden Lösung des Normkonflikts gekommen sein. Dies setzt allerdings voraus, dass ausreichend Zeit zum Nachdenken blieb, also genügend Reflexionsopportunitäten vorhanden waren. Die Auflösung des Normkonflikts ließe sich im MFS wiederum als Frame-Selektion betrachten, in der es um die Geltung der konkurrierenden Normen oder Werte in der Situation geht. Es wäre also ein Beispiel für die bewusste Herausarbeitung der letzten Richtpunkte des Handelns, wie sie Max Weber seinem wertrationalen Handlungstypus zu Grunde gelegt hat (siehe dazu bereits Kapitel 3.3 und 5.3). Soziologisch von besonderem Interesse wäre hierbei, ob bzw. auf welche Weise in Widerstandsgruppen Argumente entwickelt und vorgebracht wurden, um sich wechselseitig von der in diesem historischen Moment größeren Bedeutung der Hilfeleistung gegenüber durch die Nationalsozialisten unterdrückten Gruppen zu überzeugen. Die hier verwendeten Daten lassen solch eine umfassendere Analyse aber nicht zu.

Die Datenbasis erlaubt ebenfalls nicht, die gefühlte Verpflichtung gegenüber der eigenen Familie direkt zu operationalisieren. Ob ein Normkonflikt wahrgenommen und wie er gelöst wurde, kann somit nicht untersucht werden. Ich nehme daher im Folgenden vereinfachend an, dass die normative, persönlich gefühlte Verpflichtung zur Hilfeleistung als Skript selegiert wurde, und dies insbesondere bei Vorliegen eines Hilfegesuchs.

Handlungsselektion: Die Handlungsselektion unterliegt in vielerlei Hinsicht ähnlichen Einflüssen wie die Frame- und Skript-Selektion. So hängt der Modus der Handlungsselektion ebenfalls von der Motivation zur Reflexion, ihrem Aufwand sowie den in der Situation bestehenden Reflexionsopportunitäten ab. Eine automatisch-spontane Handlungsselektion setzt allerdings zusätzlich voraus, dass das selegierte Skript die analytisch interessierende Handlungswahl hinreichend regelt. Da es hier lediglich um die Erklärung von Hilfeleistungen im Unterschied zu deren Unterlassung geht, kann dies ohne Weiteres angenommen werden: Nur durch Hilfeleistung konnte der normativen, persönlich gefühlten Verpflichtung zur Hilfe gegenüber

Bedürftigen nachgekommen werden (Regelungsgrad $a_{k|j} = 1$).[118] Hinsichtlich des Modus der Handlungsselektion lassen sich somit die bisherigen Überlegungen übertragen.

Da sich die im empirischen Teil geprüften Hypothesen auf die Handlungsselektion beziehen, sei für ihre Ableitung nochmals die Bedingung für ein spontanes skriptkonformes Handeln betrachtet (unter der Annahme, dass gilt: Regelungsgrad $a_{k|j} = 1$):

$$AW(A_k \,|\, F_i, S_j) \quad \geq \quad \tau \qquad \Leftrightarrow$$
$$m_i \cdot a_{j|i} \cdot a_j \quad \geq \quad 1 - C/(pU).$$

Die zentrale Implikation des MFS besagt, dass es bei einer Erfüllung dieser Ungleichung zu spontanen Entscheidungen zur Hilfe kam, die keine Kosten-Nutzen-Abwägungen beinhalteten und insofern unabhängig von anderen Anreizen waren. Wenn dagegen das spontane Aktivierungsgewicht nicht ausreichend groß war, kam es zur Handlungsselektion im rc-Modus. Ob sich eine Person für oder gegen die Hilfeleistung entschied, hing dann von der Höhe der erwarteten Kosten, insbesondere von dem Ausmaß an Gelegenheiten und der Höhe der wahrgenommenen Risiken, aber auch von weiteren positiven oder negativen Anreizen ab.

Wie in Form der obigen Brückenhypothesen und Erläuterungen begründet wurde, ist davon auszugehen, dass die Konfrontation mit einem Hilfegesuch systematisch auf bestimmte Parameter dieser Ungleichung wirkte. Sie half die Situation als Gelegenheit zur Hilfe zu definieren (Match $m_i\!\uparrow$), aktivierte die Verpflichtung zur Hilfe (Zugänglichkeit $a_{j|i}\!\uparrow$) und ging tendenziell mit geringeren Reflexionsopportunitäten einher ($p\!\downarrow$). All dies macht die Erfüllung der Ungleichung und damit eine spontane Entscheidung zur Hilfe wahrscheinlicher. Das Vorliegen eines Hilfegesuchs sollte daher in der Lage gewesen sein, die Wirkung von Anreizen, die nur im rc-Modus relevant werden, zu unterdrücken:

---

[118] Wie bereits erwähnt, verlangt dagegen die Logistik des Helfens, also das In-die-Tat-Umsetzen der Entscheidung zur Hilfeleistung, einen hohen Grad an Aufmerksamkeit und Reflexion, da die Helfer hierfür – zumindest anfänglich – über keine hinreichend regelnden Skripte verfügten. Hier geht es jedoch nicht darum diesbezügliche Unterschiede zu erklären.

MFS-Hypothese 1: Das Vorliegen eines Hilfegesuchs (höherer Match m_i, höhere Zugänglichkeit $a_{i|i}$, geringere Reflexionsopportunitäten p) führte zu einer höheren Disposition zur Hilfeleistung und zu einem tendenziell geringeren Einfluss anderer Anreize auf diese Disposition. Aufgrund ihrer vielfältigen, spontane Entscheidungen begünstigenden Wirkungen führte die Konfrontation mit einem Hilfegesuch häufig dazu, dass die Entscheidung zur Hilfe vollkommen unabhängig von anderen Anreizen getroffen wurde.

Eine stärkere empfundene Verpflichtung zur Hilfe entspricht einer stärkeren Verankerung des relevanten Skripts (Verankerung $a_j\uparrow$), begünstigt also ebenfalls eine spontane Entscheidung zur Hilfeleistung:

MFS-Hypothese 2: Je stärker bei einem potentiellen Helfer die normative, persönlich gefühlte Verpflichtung zur Hilfeleistung ausgeprägt war (Verankerung a_j), desto eher half dieser und desto geringer war tendenziell der Einfluss anderer Anreize auf die Disposition zur Hilfeleistung.

Anders als im Falle der Wahlnorm bei der Entscheidung zur Wahlteilnahme ist jedoch fragwürdig, ob eine starke Verankerung allein hinreichend für eine spontane Hilfe war. Erstens war der für eine Selektion im as-Modus zu überschreitende Schwellenwert (τ) deutlich höher, da die Reflexionsmotivation in dieser außergewöhnlichen Hochkostensituation ausgesprochen hoch war ($U\uparrow$). Zweitens erhöhte die Verankerung – im Unterschied zur Dreifachwirkung eines Hilfegesuchs – nur *einen* Bestandteil des spontanen Aktivierungsgewichts. Vor allem aber ist *nicht* davon auszugehen, dass die Bedingungen für eine starke Moderatorwirkung der Skript-Verankerung in den meisten Fällen gegeben waren (siehe die allgemeine Hypothese 1.3 in Kapitel 5.5): Die Definition der Situation war häufig unklar und durch konkurrierende Gesichtspunkte beeinflusst. Letzteres gilt ebenfalls hinsichtlich des normativ geforderten Handelns. Zusammen mit der hohen Reflexionsmotivation machte dies eine reflektierend-abwägende Entscheidung auch dann wahrscheinlich, wenn Personen sich stark zur Hilfe verpflichtet fühlten. Nur wenn derartige Personen zusätzlich noch mit einem Hilfegesuch konfrontiert wurden, sollten spontane Entscheidungen zur Hilfe überwogen haben, die unabhängig von den wahrgenommenen Anreizen waren. Aus diesen Überlegungen folgen zwei weitere Hypothesen:

MFS-Hypothese 3: Aufgrund der potentiell problematischen Frame- und Skript-Selektion sowie der hohen Reflexionsmotivation in dieser außergewöhnlichen Hochkostensituation dürfte selbst eine starke gefühlte Verpflichtung zur Hilfe für sich allein genommen selten hinreichend für eine spontane Entscheidung zur Hilfe gewesen sein.

MFS-Hypothese 4: Wenn die gefühlte Verpflichtung zur Hilfeleistung stark ausgeprägt war *und* die Person mit einem Hilfegesuch konfrontiert wurde ($m_i\uparrow$, $a_{j|i}\uparrow$, $a_i\uparrow$, $p\downarrow$), kam es überwiegend zu einer spontanen Entscheidung zur Hilfe, die vollkommen unabhängig von anderen Anreizen war.

Diese Hypothesen folgen aus der Kombination der allgemeinen Hypothesen 1.1 bis 1.3 (siehe Kapitel 5.5) mit den in diesem Abschnitt aufgestellten Brückenhypothesen. Dies zeigt exemplarisch, wie die Analyse der Frame- und Skript-Selektion im MFS die Ableitung von Hypothesen über die Handlungsselektion ermöglicht. Grundlegend ist wiederum die Bedingtheit der kausalen Relevanz von Anreizen, wie sie aus dem MFS folgt. Für die empirische Überprüfung der Hypothesen ist es daher notwendig, die wichtigsten Anreize zu identifizieren, die von potentiellen Helfern bei einer Entscheidung im rc-Modus betrachtet wurden. Auf der Basis von Hintergrundwissen über generelle Situationsmerkmale und der bisherigen Forschung lassen sich diesbezüglich bereits vorab einige Vermutungen anstellen (siehe bereits Opp 1997).

Vor dem Hintergrund der Brutalität des Regimes der Nationalsozialisten gegenüber seinen Gegnern sollten vor allem die wahrgenommenen *Risiken* einer Hilfeleistung ein negativer Anreiz zum Helfen gewesen sein. Theoretisch ergeben sich die erwarteten Kosten der Hilfeleistung aus der subjektiven Entdeckungswahrscheinlichkeit p_{Ent} und den Kosten der zu erwartenden Bestrafung $C_{Bestraf}$. Der subjektiven Entdeckungswahrscheinlichkeit entspricht umgekehrt die Erfolgswahrscheinlichkeit p_{Erfolg}.[119] Diese Erwartungen dürften vor allem davon abhängig gewesen sein, inwieweit potentielle Helfer der Ansicht waren, über günstige *Gelegenheiten* zur Hilfe zu verfü-

---

[119] Definiert man diese als die Erwartung, Hilfe leisten zu können, ohne entdeckt zu werden, so gilt: $p_{Erfolg} = 1 - p_{Ent}$. Dies ist eine vereinfachende Annahme, da Helfer einen Hilfeversuch auch dann als nicht erfolgreich angesehen haben mögen, wenn beispielsweise versteckt gehaltene Personen zwar nicht entdeckt wurden, aber anderen Kriegsleiden wie Hunger oder Bombardements zum Opfer fielen.

gen. Die Höhe der positiven Anreize zur Hilfeleistung hängt nicht nur von den wahrgenommenen Gelegenheiten ab, sondern auch von dem Nutzen einer Hilfeleistung. Dabei ist zu differenzieren zwischen instrumentellen Nutzenbestandteilen U_I, die nur bei erfolgreicher Hilfeleistung entstehen, und einem Konsumnutzen U_K, der direkt aus dem Versuch der Hilfe entsteht. Zu möglichen Konsumnutzen zählen das positive Selbstwertgefühl oder einfach die erlebte Übereinstimmung mit inneren Überzeugungen. Ein instrumenteller Nutzen wäre etwa die Befriedigung, einen anderen Menschen über den Krieg hinweg gerettet zu haben. Schließlich ist hier auch die Möglichkeit sozialer Anerkennung durch Gleichgesinnte, etwa innerhalb einer Widerstandsgruppe, zu nennen, die sowohl direkt aus der versuchten Hilfeleistung als auch verstärkt nach erfolgreicher Hilfe resultieren konnte. Zusammengefasst könnte man das Entscheidungskalkül potentieller Helfer im weiten RC-Ansatz mit folgender SEU-Gleichung abbilden:

$$SEU(Helfen) = p_{Erfolg} \cdot U_I + U_K - p_{Ent} \cdot C_{Bestraf}$$

Die Parameter U_I und U_K stehen hier für die Summe aller instrumenteller Nutzenbestandteile bzw. Bestandteile des Konsumnutzens. Dieses SEU-Gewicht wäre dem subjektiv erwarteten Nutzen aus der Entscheidung, *nicht* zu helfen, gegenüberzustellen. Das schlechte Gewissen, nicht geholfen zu haben, welches gerade nach Zurückweisung eines Hilfegesuchs besonders stark werden könnte, ginge in diesen ebenso ein wie die Erwartung, dass andere Personen den Bedürftigen erfolgreich helfen werden.

Diese Ausführungen sollen lediglich veranschaulichen, wie eine Modellierung von Handlungsselektionen im rc-Modus in diesem Anwendungsfall aussehen könnte. Welche Anreize tatsächlich ausschlaggebend waren, ist eine empirische Frage. Das MFS übernimmt hier die theoretische Unbestimmtheit des weiten RC-Ansatzes. Es legt sich allerdings darauf fest, dass derartige Anreize nur im rc-Modus unmittelbar handlungsrelevant sind. Die entsprechenden Hypothesen werden im Folgenden empirisch überprüft.

7.4 Daten und Messungen

7.4.1 Datenbasis und abhängige Variable

Die folgenden Analysen verwenden die APPBI-Daten von Oliner und Oliner (1988), die bereits den Sekundäranalysen von Varese und Yaish (2000, 2005) zu Grunde lagen. Dabei handelt es sich um eine sog. *case-control*-Stichprobe (siehe Lacy 1997; Xie und Manski 1989), da eine Zufallsstichprobe aufgrund der Seltenheit von Hilfeleistungen extrem ineffizient und retrospektiv auch praktisch nicht durchführbar gewesen wäre. Ausgehend von einer Stichprobe von 346 identifizierten Rettern von Juden wurden zur statistischen Kontrolle 164 weitere Individuen befragt, die im von den Nationalsozialisten beherrschten Europa während des Zweiten Weltkriegs lebten, aber (bislang) nicht als Retter identifiziert worden waren. Insgesamt ergibt sich somit eine Fallzahl von N = 510.

Die Stichprobe der identifizierten Retter besteht zu 95 Prozent aus Personen, die durch Jad Vaschem, die Holocaust-Gedenkstätte in Jerusalem, als „Gerechte unter den Völkern" ausgezeichnet wurden. Aufgrund der Kriterien für diese Anerkennung kann davon ausgegangen werden, dass es sich dabei um nichtjüdische Personen handelt, deren Hilfe für Juden ausschließlich humanitär motiviert war, ihr eigenes Leben gefährdete und keinerlei Ertrag oder Belohnung mit sich brachte (Oliner und Oliner 1988: 2). Der Rückgriff auf diese Liste identifizierter Retter macht die APPBI-Daten somit zu einer besonders geeigneten Grundlage, um altruistisches Verhalten in Hochkostensituationen zu untersuchen.[120] Oliner und Oliner zogen allerdings keine Zufallsstichprobe der Personen auf dieser Liste, sondern wählten noch lebende und geographisch erreichbare Personen mit gültiger Adresse aus. Dabei versuchten sie eine möglichst heterogene Stichprobe hinsichtlich Alter, sozioökonomischem Hintergrund, Herkunftsland und weiterer Faktoren zusammenzustellen (Oliner und Oliner 1988: 263). Die restli-

---

[120] Oliner und Oliner weisen daraufh hin, dass im historischen Kontext der Hilfeleistungen zudem die Bedeutung erwarteter sozialer Anerkennung minimiert war. Die Rettung von Juden war nicht nur gesetzlich verboten, sondern widersprach in der Regel auch den sozial geteilten informellen Normen oder war zumindest kaum sozial erwünscht (Oliner und Oliner 1988: 6). Andererseits sollte nicht die Bedeutung der Widerstandsbewegung unterschätzt werden, der ein Großteil der Helfenden angehörte und innerhalb derer teilweise andere Normen galten.

chen fünf Prozent der Retter in der Stichprobe wurden innerhalb des Projekts auf Basis von Interviews mit geretteten Juden identifiziert, wobei die zu Grunde gelegten Kriterien denen von Jad Vaschem entsprachen und einige dieser Personen nachträglich durch Jad Vaschem geehrt wurden.

Für die Kontrollstichprobe wurden Personen ausgewählt, die während des Zweiten Weltkriegs im von den Nationalsozialisten beherrschten Europa lebten, aber (bislang) nicht als Retter identifiziert worden waren. Die Auswahl erfolgte mit dem Ziel, eine hinsichtlich Alter, Geschlecht, Bildung und geographischem Ort während des Zweiten Weltkriegs möglichst ähnliche Stichprobe zu erhalten. Mit Ausnahme des Alters ergeben sich keine statistisch signifikanten Unterschiede zur Stichprobe identifizierter Retter (Oliner und Oliner 1988: 263f.). Ein Problem der Kontrollstichprobe besteht darin, dass sie nicht homogen hinsichtlich der zentralen abhängigen Variablen ist. So gaben etwa 40 Prozent der Befragten in der Kontrollstichprobe (n = 67) auf Nachfrage an, dass sie irgendetwas Außergewöhnliches während des Krieges getan hätten, um anderen Menschen zu helfen oder Widerstand gegenüber den Nazis auszuüben. Oliner und Oliner bezeichnen diese Personen als „actives" und grenzen sie vom „passiven" Rest der Kontrollstichprobe ab. Es stellt sich hier die Frage, wie mit dem „aktiven" Teil der Kontrollstichprobe am besten zu verfahren ist. Das hier gewählte Vorgehen unterteilt die Gruppe der „actives" in diejenigen, die anderen Personen persönlich und direkt geholfen haben (n = 45), und diejenigen, welche ausschließlich im Widerstand aktiv waren bzw. nicht persönlich und direkt geholfen haben (n = 22). Nur erstere werden der Gruppe der identifizierten Retter von Juden zugewiesen, während letztere zusammen mit den „passives" die Kontrollstichprobe bilden.[121]

---

[121] Die in den bisherigen Analysen der Daten verwendeten Strategien sind aus unterschiedlichen Gründen problematisch. Oliner und Oliner (1988) schließen den „aktiven" Teil der Kontrollstichprobe in ihren bivariaten Analysen teilweise einfach aus. Dies führt zu einem kritischen Verlust an Teststärke, sobald man zu multivariaten Analysetechniken übergeht. Varese und Yaish (2000, 2005) weisen die „actives" der Gruppe der identifizierten Retter zu. Dies widerspricht der Definition der abhängigen Variablen, denn ein beträchtlicher Teil der „actives" war ausschließlich im Widerstand aktiv, *ohne* Juden oder anderen Personen persönlich Hilfe zu leisten. Die Problematik dieser Kodierung wird deutlich, wenn Varese und Yaish die (unabhängig erhobene) Beteiligung am Widerstand zugleich als Prädiktor der „Hilfeleistung" verwenden. Durch den künstlich hervorgerufenen extrem starken Zusammenhang mit der abhängigen Variablen resultiert in ihrem logistischen Regressionsmodell das sog. Problem perfekter Diskriminierung. Erkennbar ist dies an dem ext-

Im Gegensatz zu diesen früheren Auswertungen der APPBI-Daten beziehen sich die folgenden Analysen nicht auf Individuen, sondern auf Entscheidungen (ebenso bereits Kroneberg, Yaish und Stocké 2010). 38 Befragte, die direkt und persönlich Hilfe geleistet haben, gaben an, zu einem anderen Zeitpunkt ein Hilfegesuch zurückgewiesen zu haben. In die folgenden Analysen gehen diese Befragten doppelt ein, damit beide Entscheidungen berücksichtigt werden können. Dies ist auch deshalb sinnvoll, weil das subjektiv wahrgenommene Risiko für jede Reaktion auf ein Hilfegesuch, also entscheidungsbezogen erhoben wurde.

Zusammenfassend ist die abhängige Variable wie folgt verteilt: 391 Hilfsakten stehen 157 Fälle gegenüber, in denen es zu keiner Hilfe kam. Die Hilfsakte setzten sich aus 346 vorab identifizierten Hilfsakten und 45 Hilfsakten aus der Kontrollstichprobe zusammen. Die anderen Fälle entsprechen den 119 übrigen Befragten aus der Kontrollstichprobe sowie den 38 Entscheidungen, in denen Retter von Juden Hilfegesuche zurückwiesen. Betrachtet man das Land, in dem die Personen bei Kriegsbeginn lebten, so entfällt der Großteil der Beobachtungen auf Polen (n=144), die Niederlande (n=94), Deutschland (n=85), Frankreich (n=58) und Italien (n=31). 29 weitere Beobachtungen entfallen auf 11 weitere Länder. Für die restlichen 107 Beobachtungen liegen keine entsprechenden Angaben vor. In den folgenden Analysen werden robuste Standardfehler berechnet, die berücksichtigen, dass die Beobachtungen nach Ländern und Befragten geclustert sind.

7.4.2 Ausgewählte Datenprobleme

Die APPBI-Daten stellen die beste verfügbare Datenbasis für eine quantitative Analyse der Determinanten der Rettung von Juden während des Zweiten Weltkriegs dar. Gleichwohl sind sie durch Probleme gekennzeichnet, die bei der Interpretation der folgenden Analyse zu berücksichtigen sind.

Selektivitätsprobleme: Da die APPBI-Daten keine Zufallsstichprobe darstellen, ist es nicht möglich, von den Ergebnissen der folgenden Analysen auf die Population aller während des Zweiten Weltkriegs im nationalsozialistischen Europa lebenden Personen zu schließen. Bereits die im Vergleich zur Population umgekehrt schiefe Verteilung der abhängigen Variablen macht deutlich, dass man die folgenden Regressionsmodelle nicht als Ret-

---

rem starken und extrem unsicher geschätzten und daher insignifikanten Effekt der Beteiligung am Widerstand (Odds-Ratio von 87378) (Varese und Yaish 2000: 321).

rodiktionsmodelle verwenden kann (Varese und Yaish 2000: 317). Darüber hinaus können auch die Effekte der unabhängigen Variablen verzerrt sein, insoweit die nicht-zufällige Auswahl der Befragten mit Eigenschaften zusammenhängt, die sowohl mit dem Hilfeverhalten als auch mit den unabhängigen Variablen korreliert sind (Gujarati 2003: 510). Auf Basis der Beschreibung der Stichprobenkonstruktion durch Oliner und Oliner ist es allerdings nicht möglich, spezifische Aussagen über die Existenz, Stärke und Richtung solcher Verzerrungen zu treffen.

Um mögliche Selektivitätsprobleme zu verringern, wurde sichergestellt, dass die zentralen berichteten Ergebnisse robust gegenüber der Kontrolle von Drittvariablen sind, die möglicherweise der Selektivität zu Grunde liegen. Sofern möglich, wurde dies für das Alter, das Geschlecht und die Bildung der Befragten überprüft. Die Selektivitätsproblematik betrifft jedoch nicht nur die Regressionskoeffizienten, sondern auch deren Standardfehler: Nach dem üblichen inferenzstatistischen Verständnis sind die Standardfehler und Signifikanztests streng genommen nicht interpretierbar, wenn keine Zufallsstichprobe aus einer Population vorliegt. Es wird daher ein alternatives Verständnis zu Grunde gelegt. Danach ist der Standardfehler ein Maß für die Streuung, die sich ergibt, würde man die Datenerhebung und Koeffizientenschätzung immer wieder aufs Neue wiederholen (StataCorp. 2007: 268f.). Auch dann sind die Standardfehler ein Maß für die Unsicherheit in der Schätzung der Koeffizienten (siehe generell Behnke 2005).

Validitätsprobleme: Bei einigen der in den folgenden Analysen betrachteten Einflussfaktoren handelt es sich um subjektive Größen wie Situationswahrnehmungen oder Selbsteinschätzungen. Man kann grundsätzlich in Frage stellen, ob es sinnvoll ist, derartige Einflussfaktoren retrospektiv zu erfragen (Visser, Krosnick und Lavrakas 2000: 241). Erstens sind Erinnerungsfehler denkbar. Allerdings haben Studien gezeigt, dass das Gedächtnis von Menschen umso besser ist, je einzigartiger oder unerwarteter die jeweiligen Ereignisse waren und je stärker sie mit Emotionen oder signifikanten Konsequenzen verbunden waren (siehe Brewer 1986: 44). Auf Hilfsakte gegenüber Juden während des Zweiten Weltkriegs oder Zurückweisungen von Hilfegesuchen dürften diese Eigenschaften zumeist zugetroffen haben. Zudem enthalten die APPBI-Daten Interviewereinschätzungen darüber, welchen generellen Eindruck sie vom Frageverständnis und von der Erinnerungsfähigkeit der befragten Personen hatten. Beschränkt man die folgenden Analysen auf Befragte, denen mindestens ein gutes Frageverständnis sowie mindestens eine gute Erinnerungsfähigkeit bescheinigt wurde, so ändert sich substantiell nichts an den berichteten Ergebnissen.

Eine zweite mögliche Fehlerquelle besteht in sozial erwünschtem Antwortverhalten. So ist denkbar, dass bestimmte Befragte in der *Kontroll*stichprobe lediglich vorgaben, Juden gerettet zu haben, oder sich als stärker prosozial orientiert beschrieben, als dies tatsächlich der Fall ist. Aus mehreren Gründen erscheint dies zumindest unwahrscheinlich. Vor allem stellten die Interviews keine gewöhnlichen Umfragesituationen dar, die Befragte als willkommene Gelegenheit zum „impression management" wahrnehmen konnten. Vielmehr handelte es sich um intensive Gespräche von drei bis acht Stunden, in denen emotional höchst aufgeladene und detaillierte Erinnerungen zur Sprache kamen. Vor dem Hintergrund dieses von Oliner und Oliner beschriebenen Charakters der Befragungen erscheint ein genereller Verdacht sozialer Erwünschtheit unangebracht. Im Gegenteil ergeben sich eher verschiedene Hinweise auf die Authentizität der gemachten Angaben (siehe dazu Oliner und Oliner 1988: 267ff.).

Drittens wurden das wahrgenommene Risiko und die eigene prosoziale Orientierung möglicherweise nachträglich dem gezeigten Hilfeverhalten angepasst (Elster 1989: 214; Finkel 2008: 33). Analysen zeigen jedoch, dass diese Befragteneinschätzungen systematisch mit *objektiven* Kontext- und Situationsmerkmalen zusammenhängen. Zumindest zu diesen Bestandteilen kann daher von valider Variation ausgegangen werden. Schließlich ergeben sich die für den Test der MFS-Hypothesen zentralen Befunde auch dann, wenn man sich auf objektive Indikatoren des Risikos (z.B. viele Nachbarn) und der Normaktivierung (Vorliegen eines Hilfegesuchs) beschränkt.

7.4.3 Anreizvariablen

Die APPBI-Daten enthalten eine Reihe von Variablen, die als Indikatoren von Gelegenheiten und Anreizen interpretiert werden können. Als Proxy-Variablen für das Vorhandensein eines geeigneten Verstecks können die Verfügbarkeit eines *Dachbodens*, eines *Kellers*, der Besitz eines *Hauses* sowie die Anzahl der *Räume* angesehen werden. Sie sollten wahrgenommenen Gelegenheiten zur Hilfe und damit die Erfolgserwartungen der Akteure beeinflusst haben. Dies gilt auch für die *finanziellen Ressourcen*, die der Haushalt während des Krieges zur Verfügung hatte. Das Wohnen in einer *Stadt* dürfte umgekehrt die Entdeckungswahrscheinlichkeit und damit die wahrgenommenen Risiken erhöht haben.

Die Beteiligung an einer *Widerstandsgruppierung* dürfte mit einer ganzen Reihe positiver Anreize und günstigeren Gelegenheiten zur Hilfeleistung verbunden gewesen sein. Generell kann angenommen werden, dass Mitglieder des Widerstands gegen die Nationalsozialisten durchschnittlich einen *höheren* Erwartungsnutzen aus der Rettung von Juden gezogen haben. So bedeutete die Hilfeleistung gegenüber erklärten Feinden des Nazi-Regimes einen moralischen und politischen Erfolg im Kampf gegen dessen menschenverachtende Ziele. Dieser Nutzen dürfte für Mitglieder des Widerstands besonders stark ausgeprägt gewesen sein, insofern sie durchschnittlich dem Nazi-Regime ablehnender gegenüberstanden und/oder die Judenverfolgung eher bzw. stärker verurteilten als der Rest der Bevölkerung. Zudem kann angenommen werden, dass Rettungsakte innerhalb des sozialen Netzwerks einer Widerstandsbewegung mit sozialer Anerkennung belohnt wurden bzw. umgekehrt die Verweigerung von Hilfe negativ sanktioniert wurde. Schließlich könnte dieses Netzwerk für die beteiligten Personen eine Quelle logistischer Unterstützung gewesen sein, welche die wahrgenommene Erfolgswahrscheinlichkeit erhöhte.[122]

Das *wahrgenommene Risiko* stellt eine der zentralen Anreizvariablen dar und wurde auch direkt erhoben. Zum einen wurde generell danach gefragt, wie viel Risiko man einzugehen glaubte, als man seine Entscheidung traf, zu helfen oder nicht zu helfen (*Risiko generell*). Zum anderen wurde in derselben Weise speziell das Risiko erhoben, dem man die eigene Familie auszusetzen glaubte (*Risiko Familie*). Als Antwortkategorien waren jeweils vorgegeben: überhaupt kein Risiko („no risk at all"), geringes Risiko („slight"), mittleres Risiko („moderate") oder extremes Risiko („extreme"). In den folgenden Analysen werden beide Variablen zu einem ungewichteten additiven Index zusammengefasst.[123]

---

[122] Ein positiver Regressionskoeffizient ist auch dann zu erwarten, wenn es sich bei der Beziehung zwischen Widerstandsbeteiligung und Hilfeleistung um keinen kausalen, über höhere Anreize *vermittelten* Zusammenhang, sondern um eine Korrelation handelt, die durch gemeinsame Ursachen zustande kommt. Beispielsweise ist es möglich, dass Personen aufgrund ihrer Werthaltungen und politischen Überzeugungen Juden unterstützten *und* sich im Widerstand engagierten.

[123] Die statistisch hoch signifikante Korrelation zwischen den beiden Indikatoren beträgt 0.35 (Kendall's tau-b). In den Fällen, in denen einer der beiden Indikatoren keinen gültigen Wert aufwies, wurde ausschließlich auf den jeweils anderen Indikator zurückgegriffen.

Der Vorteil der Verfügbarkeit direkter Indikatoren des wahrgenommenen Risikos wird dadurch relativiert, dass diese Einschätzungen nicht bei allen Befragten erhoben wurden. Es *fehlen* Angaben zum wahrgenommenen Risiko in den in der Population wohl überwiegenden Fällen, in denen kein Hilfegesuch vorlag und keinerlei Aktivitäten stattfanden.[124] Bei einem Ausschluss dieser Fälle entstünde eine zweifache Selektivität: Da bekanntlich systematisch bestimmte Personen um Hilfe gebeten wurden (Varese und Yaish 2000), sind die Fälle, in denen ein Hilfegesuch zurückwiesen wurde, nicht repräsentativ für alle Fälle, in denen es nicht zur Hilfe kam. Noch viel weniger sind die Fälle, in denen es zu einem Engagement ohne vorheriges Hilfegesuch kam, repräsentativ für alle Fälle ohne Hilfegesuch, da bestimmte Personen eigeninitiativ aktiv wurden.

In den folgenden Analysen kommen daher zwei Strategien zum Einsatz. Die erste besteht darin, Analysen, in die das wahrgenommene Risiko eingeht, auf die Teilstichprobe der um Hilfe Gebetenen zu beschränken (ebenso Kroneberg, Yaish und Stocké 2010). Dieses Vorgehen hat den Nachteil einer stark reduzierten Fallzahl. Dadurch werden die Ergebnisse der Analyse stark durch die wenigen Fälle in der geringer besetzten Kategorie der abhängigen Variablen beeinflusst und sie lassen sich nur auf Entscheidungen nach einem Hilfegesuch generalisieren. Die zweite, weiter unten näher beschriebene Strategie besteht darin, fehlende Werte auf der Risikovariablen auf Basis eines Regressionsmodells zu imputieren.

7.4.4 Prosoziale Orientierung

Die gefühlte Verpflichtung zur Hilfe, also die Verankerung des relevanten normativen Skripts, operationalisiere ich mit Hilfe eines Faktors, der von Oliner und Oliner (1988) eingeführt und auch von Varese und Yaish (2005) verwendet wurde: der sog. „prosocial action orientation" (im Folgenden: *prosoziale Orientierung*). Dieses Konstrukt entspricht dem Ausmaß, in dem ein Befragter generell emotional emphatisch gegenüber Schmerzen anderer ist

---

[124] Die Ursache dieses Problems liegt in der Filterführung des Fragebogens. Das wahrgenommene Risiko wurde nur an zwei Stellen erfragt: Erstens wurde es von den identifizierten Rettern von Juden und den „aktiven" Mitgliedern der Kontrollstichprobe im Anschluss an die Schilderung ihrer Aktivitäten erhoben. Die „passiven" Mitglieder der Kontrollstichprobe blieben hier außen vor. Eine zweite Abfrage folgte im Anschluss an die Frage, ob während des Krieges ein Hilfegesuch zurückgewiesen wurde.

und persönliche Gefühle sozialer Verantwortung aufweist (Oliner und Oliner 1988: 174). Dies stimmt weitgehend mit dem in der MFS-Erklärung beschriebenen Skript überein: Die Befragten fühlen sich persönlich verpflichtet, Personen in Not zu helfen, und diese Verpflichtung ist bei starker Verankerung mit entsprechend starken Emotionen verbunden.

Da sich die Items, hinsichtlich derer sich die Befragten einschätzen mussten (siehe Tabelle 11), auf die Gegenwart bezogen, müssen die folgenden Analysen annehmen, dass die zum Befragungszeitpunkt gemessene prosoziale Orientierung eine valide Messung auch der prosozialen Orientierung während des Zweiten Weltkriegs darstellt. Wie Varese und Yaish (2005: 159) ausführen, lässt sich diese Annahme durch Ergebnisse der Einstellungsforschung rechtfertigen: Danach werden Merkmale, die die prosoziale Orientierung ausmachen oder ähnlich grundlegend sind, in einer frühen Lebensphase gebildet und bleiben im Erwachsenenalter relativ stabil. Dazu zählen Hilfsbereitschaft, Verantwortlichkeit, Integrität, Unabhängigkeit, Selbstvertrauen und Toleranz (Alwin, Cohen und Newcomb 1991; Roberts und Del Vecchio 2000; Searing, Wright und Rabinowitz 1976; Sears 1981, 1983).[125]

Tabelle 10 gibt einen detaillierten Überblick über die weiteren verwendeten Variablen.

---

[125] Dennoch ist nicht auszuschließen, dass Befragte, die Juden geholfen haben, ihre Selbsteinschätzung diesem Handeln retrospektiv anpassten. Eine testbare Implikation derartiger Rationalisierungen wäre, dass die prosoziale Orientierung innerhalb der Gruppe der Helfer weniger Varianz aufweist als innerhalb der Gruppe der Nicht-Helfer. Ein entsprechender Test ergibt jedoch, dass diese Variable in beiden Gruppen ihren vollen Wertebereich annimmt und dass keine signifikanten Varianzunterschiede zwischen den Gruppen bestehen.

Tabelle 10: Abhängige Variable, Anreiz- und Kontrollvariablen der Analyse der Rettung von Juden während des Zweiten Weltkriegs

Label	Frage
Hilfe-verhalten	Kontrollstichprobe (nicht identifizierte Retter): „Did you do anything out of the ordinary during the war to help other people or resist the Nazis? Please tell me in your own words about your [helping/resistance] activities." E9a Alle Befragten: „Was there ever a time during the war that you were asked to help somebody and *had to say no?*" E40
Hilfegesuch	„How did you become involved in this first activity? Did you initiate it yourself or did someone ask for your help?" E27 (sowie E40: siehe oben)
Risiko generell[1]	„How much risk did you think you would be taking at the time that you made your decision? Did you think that you would be taking extreme risk, moderate risk, slight risk, or no risk at all?" E32, E51
Risiko Familie[1]	„How much risk did you think you were putting members of your family in at the time that you made your decision: extreme risk, moderate risk, slight risk, or no risk at all?" E33, E52 (nahezu identisch)
Prosoziale Orientierung	siehe Items in Tabelle 11
Haus	„Did you live in a house, an apartment, or what?" E65
#Räume	„How many rooms were in your (house/apartment), not counting bathrooms?" E66
Keller	„Was there a cellar?" E67
Dachboden	„Was there an attic?" E68
Stadt	„First of all, where did you live for the longest period during the war?" „Was that a large city, a middle city, a small city, a village, or an isolated farm?" E62
Jüdische Nachbarn	„Before the war, did any Jews live in your neighborhood?" E4
Viele Nachbarn	„Did you have many neighbors living nearby" E64
Finanzielle Ressourcen	„During the war, was your household very well off financially, quite well off, neither rich nor poor, quite poor, or very poor?" E70
Widerstand	„Were you ever a member of a resistance group?" E15

Anmerkungen: N = 406 (Analysestichprobe). [1]Zusammengefügt zu *Risiko*: 0.76 (0.31). Weitere (8.12); Bildung: *Abgeschlossenes Studium:* 0.26, *abgeschl. Gymnasium:* 0.27, *abgeschl. Lehre:* 0.18 Die Identifikationsnummern der Fragen markieren ihre Position im Fragebogen (durchgängige

Kodierung	Mittelwert (Std.abw.)	Fehlende Werte: Absolut (%)
1 = identifizierte Retter, aktive Mitglieder der Kontrollstichprobe (E9a), *sofern Hilfe*verhalten 0 = Mitglieder der Kontrollstichprobe ohne Hilfeverhalten, Zurückweisungen von Hilfegesuchen (E40)	0.65 (0.48)	0 (0.00)
1 = Hilfe nach Hilfegesuch, Zurückweisung von Hilfegesuch / 0 = Ansonsten	0.55 (0.50)	0 (0.00)
1 = „extreme risk" / 0.67 = „moderate risk" / 0.33 = „slight risk" / 0 = „no risk at all"	0.73 (0.37)	163 (39.90)
1 = „extreme risk" / 0.67 = „moderate risk" / 0.33 = „slight risk" / 0 = „no risk at all"	0.73 (0.38)	184 (45.32)
Faktorscores (Regressionsmethode nach Thomson); 0-1-kodiert	0.68 (0.22)	14 (3.45)
1 = „house" 0 = Ansonsten	0.48	23 (5.67)
11 Ausprägungen (0-1-kodiert): 0,1,2,3,…,9, 10 oder mehr	0.49 (0.26)	49 (12.07)
1 = „yes" 0 = „no"	0.77	57 (11.58)
1 = „yes" 0 = „no"	0.78	54 (13.30)
1 = „large/middle/small city" 0 = „village" oder „farm"	0.80	27 (6.65)
1 = „yes" 0 = „no"	0.63	34 (8.37)
1 = „yes" 0 = „no"	0.83	38 (9.36)
1 = „very well off" 0.75 = „quite well off" 0.5 = „neither rich nor poor" 0.25 = „quite poor" 0 = „very poor"	0.48 (0.21)	27 (6.65)
1 = „yes" 0 = „no"	0.33	8 (1.97)

Kontrollvariablen und ihr Mittelwert (Standardabweichung): *Frau*: 0.49; *Alter (in Jahren)*: 27.50 (Ref.kat.: Kein weiterführender Abschluss).
Nummerierung innerhalb der Abschnitte A-E) (siehe Oliner und Oliner 1988: Appendix C).

Tabelle 11: Indikatoren der prosozialen Orientierung und ihre Faktorladungen

Indikator	
„I cannot feel good if others around me feel sad."	0.52
„I get very upset when I see an animal in pain."	0.50
„I get angry when I see someone hurt."	0.49
„If it is worth starting, it is worth finishing."	0.48
„It upsets me to see helpless people."	0.47
„The feelings of people in books affect me."	0.47
„I get very involved with my friends' problems."	0.46
„Seeing people cry upsets me."	0.45
„I feel very bad when I have failed to finish something I promised I would do."	0.43
„The words of a song can move me deeply."	0.38
„Every person should give time for the good of the country."	0.36
„I feel I am a person of worth at least on an equal basis with others."	0.30
Eigenwert	2.38
% erklärte Varianz	19.84

Anmerkungen: Exploratorische Faktorenanalyse (iterated principal factors); 1-Faktor-Lösung. Antwortskalen von 1 („strongly agree") bis 5 („strongly disagree"). Cronbach's alpha = 0.73.

7.5 Ergebnisse der empirischen Analyse

7.5.1 Univariate und bivariate Ergebnisse

Bevor die MFS-Hypothesen mit Hilfe multivariater Analysen getestet werden, betrachte ich zunächst die Verteilungen einiger zentraler Variablen und ihre bivariate Beziehung zum Hilfeverhalten. Zu beachten ist, dass alle in die folgenden Analysen eingehenden Variablen vorab auf das Einheitsintervall transformiert wurden.

Abbildung 11 gibt die Verteilung der prosozialen Orientierung (Faktorscores, N = 491) wieder. Das Histogramm lässt eine deutlich linksschiefe Verteilung erkennen, wobei Fälle mit äußerst geringer prosozialer Orientierung sehr selten sind. Dennoch weist diese Variable eine hinreichend große Variation auf, da der MFS-Erklärung zufolge auch Unterschiede im oberen Bereich der prosozialen Orientierung über den Modus der Handlungsselektion entscheiden können. Über einen Vergleich der grauen und weißen Balken erhält man einen ersten Eindruck von der Beziehung dieser Variablen zum Hilfeverhalten. Der Zusammenhang ist wie erwartet positiv: Mit der auf der x-Achse zunehmenden prosozialen Orientierung steigt die Anzahl an Fällen, bei denen es nicht zur Hilfe kam (weiße Balken), nur geringfügig, wohingegen die Anzahl an Hilfeakten (graue Balken) deutlich zunimmt. Andererseits wird ersichtlich, dass es auch bei sehr starker prosozialer Orientierung nicht immer zur Hilfeleistung kommt und dass umgekehrt auch bei relativ niedriger prosozialer Orientierung Hilfsakte zu beobachten sind. Zumindest auf Basis dieses Konstrukts einer prosozialen Orientierung lässt sich somit kein determinierender Einfluss der Identität aufzeigen.

Abbildung 11: Verteilung der prosozialen Orientierung mit Differenzierung nach Fällen mit und ohne Hilfeleistung

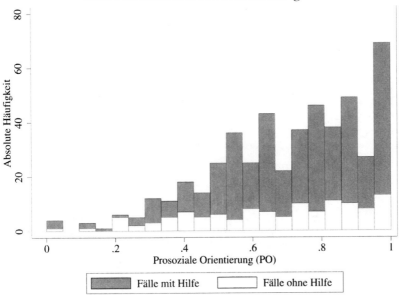

Abbildung 12 gibt die Verteilung des wahrgenommenen Risikos wieder (N = 278). Zunächst fällt auf, dass das Risiko in der Mehrzahl der Fälle als extrem eingeschätzt wurde. Gerade innerhalb dieser Kategorie ist eine vergleichsweise hohe Anzahl an *ausgebliebenen* Hilfsakten zu beobachten (n=26, was 19.12 Prozent entspricht). Allerdings ist zu betonen, dass das wahrgenommene Risiko nur für 278 Fälle vorliegt und dabei systematisch all jene Fälle fehlen, in denen kein Hilfegesuch vorlag, es aber auch nicht zur Hilfe kam. Dies erklärt, dass die Anzahl von Fällen, in denen es nicht zur Hilfe kam, *generell* relativ gering ist. Trotz dieser begrenzten Variabilität auf der abhängigen Variablen ergeben sich bivariat deutliche Anzeichen für den erwarteten negativen Einfluss des wahrgenommenen Risikos. Auf Basis der Abbildung lässt sich noch ein weiterer Schluss ziehen: Die von Opp im Rahmen seiner weiten RC-Erklärung angeführte Möglichkeit einer Unterschätzung der objektiven Risiken kann zumindest nicht generell zur Erklärung der Hilfeleistungen herangezogen werden. Denn selbst unter den Fällen mit extremem wahrgenommenem Risiko überwiegt in dieser Stichprobe die Entscheidung zur Hilfe.

Abbildung 12: Verteilung des wahrgenommenen Risikos mit Differenzierung nach Fällen mit und ohne Hilfeleistung

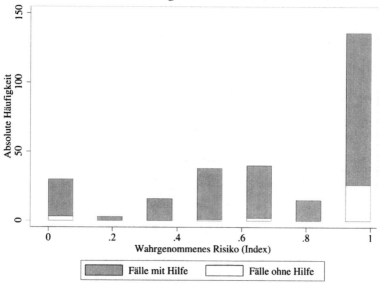

Zum Abschluss dieses Abschnitts betrachte ich das Vorliegen eines Hilfegesuchs. Der Datensatz umfasst 302 Fälle mit und 203 Fälle ohne Hilfegesuch. In 246 der Fälle mit Hilfegesuch, also in 81.46 Prozent, kam es zur Hilfe. Dagegen wurde nur in 115 Fällen ohne Hilfegesuch geholfen, was einem Anteil von 56.65 Prozent entspricht. Die Chance, Hilfe zu leisten, war also um das 3.36-fache höher, wenn ein Hilfegesuch vorlag ($p < 0.01$). Diese bereits von Varese und Yaish herausgestellte Bedeutung der Ansprache lässt sich detaillierter untersuchen, indem man betrachtet, *wer* das Hilfegesuch vorbrachte. Tabelle 12 gibt für die Fälle mit Hilfegesuch wieder, durch wen die Ansprache erfolgte. Bemerkenswert ist, dass in nur 55 Fällen die Hilfebedürftigen selbst um Hilfe baten. Zumindest in der hier betrachteten Stichprobe bildete der Einsatz von „Mittelsmännern" die Regel. Direkte Hilfegesuche waren dagegen eher die Ausnahme.

Tabelle 12: Häufigkeit und Erfolgsquote von Hilfegesuchen durch verschiedene Personengruppen

Ansprache durch…	Anzahl Fälle	%Fälle, in denen dem Hilfegesuch nachgekommen wurde
…Person(en) in Not	55	87.27
…Familie/Verwandte	29	93.10
…Freunde	34	91.18
…Heilende Berufe[1]	13	100.00
…Widerstandsgruppe	23	91.30
…Bekannte	58	79.31
…Fremde	27	77.78
Gesamt	239	87.11

Anmerkungen: [1]Priester/Pfarrer (8), Arzt (3), Nonne (2). 46 fehlende Werte (davon 9 Fälle „Keine Angabe").

Auf die theoretische Mehrdeutigkeit des Ansprache-Effektes wurde bereits hingewiesen. Der im Rahmen der MFS-Erklärung aufgestellten Brückenhypothese 1 zufolge sollten es Hilfegesuche erleichtert haben, die Situation zu definieren, also die Unsicherheit darüber reduziert haben, ob tatsächlich eine „Möglichkeit einem Bedürftigen in existentieller Bedrohung zu helfen" vorlag (und nicht etwa ein Täuschungsversuch). Zudem wurde angenommen, dass die Hilfe begünstigende Wirkung der Ansprache in den Fällen besonders stark war, in denen das Hilfegesuch durch eine vertrauenerweckende Person vorgebracht wurde (Brückenhypothese 2). Von einem größeren Vertrauen bzw. einer geringeren Unsicherheit in der Situationsdefinition kann ausgegangen werden, wenn entweder bereits eine Vertrauensbeziehung bestand oder aber die ansprechende Person ein informatives Signal ihrer Vertrauenswürdigkeit auszusenden vermochte. Das erste ist tendenziell bei Familienangehörigen, Verwandten und Freunden der Fall. Von der Möglichkeit vergleichsweise informativer Signale ist tendenziell bei Mitgliedern von Widerstandsgruppierungen, bei heilenden Berufen (Priester/Pfarrer, Ärzte, Nonnen) sowie bei den Hilfebedürftigen selbst auszugehen. Dies gilt zumindest durchschnittlich im Vergleich zur Ansprache durch andere Fremde oder nicht befreundete Bekannte wie etwa Vermieter, Kollegen oder Arbeitgeber.

Legt man diese Messannahmen zu Grunde, so bestätigt sich die Hypothese eines stärkeren Ansprache-Effektes bei vertrauenerweckenderem Hilfegesuch. Wie der dritten Spalte der Tabelle 12 entnommen werden kann, ist der Anteil der Hilfegesuche, denen nachgekommen wird, in den Fällen, in denen von einer geringeren Unsicherheit ausgegangen werden kann, um durchschnittlich mehr als zehn Prozentpunkte höher als bei Fremden oder nicht befreundeten Bekannten. Auf Basis einer logistischen Regression lässt sich die Chance, Hilfe zu leisten, getrennt für beide Arten von Hilfegesuchen berechnen: Bei Vorliegen eines vertrauenerweckenderen Hilfegesuchs ist diese Chance um das 6.32-fache höher als bei keinem Hilfegesuch ($p < 0.01$). Bei einem Hilfegesuch von Fremden oder Bekannten dagegen nur um das 1.84-fache ($p < 0.05$). Hinter dem zunächst berechneten Durchschnittseffekt der Ansprache ($OR = 3.36$) verbirgt sich also eine ausgesprochene Effekt-Heterogenität.

7.5.2 Multivariate Analysen

Die Ergebnisse der multivariaten statistischen Analysen werden zunächst anhand von Regressionstabellen dargestellt. Anschließend erfolgt für die wichtigsten Ergebnisse jeweils eine graphische Veranschaulichung, die auch ohne nähere Kenntnisse statistischer Analysemethoden verständlich ist.

7.5.3 Die Abhängigkeit der Anreizeffekte vom Vorliegen eines Hilfegesuchs und der prosozialen Orientierung

Wie schon bei der Erklärung der Wahlteilnahme geht es in einem ersten Analyseschritt darum, die Erklärungskraft der verfügbaren Anreizvariablen zu überprüfen. Als solche werden alle Variablen bezeichnet, die aus der Perspektive eines weiten RC-Ansatzes Unterschiede in den Gelegenheiten und Anreizen zur Hilfe erfassen. Ein erstes Regressionsmodell verwendet eine Reihe von Anreizvariablen, die bereits in die Analysen von Varese und Yaish (2000, 2005) eingingen: Die Gelegenheit zur Hilfe sollte höher sein, wenn mehr *finanzielle Ressourcen* zur Verfügung stehen, man *jüdische Nachbarn* hat, ein *Haus* besitzt, das Haus bzw. die Wohnung einen *Dachboden* oder einen *Keller* hat und die Anzahl der *Räume* größer ist. Die Risiken, bei der Hilfeleistung entdeckt zu werden, sollten höher sein, wenn man in einer *Stadt* wohnt und wenn *viele Nachbarn* in der Nähe wohnen. Die Anreize zur Hilfeleistung sollten größer sein, wenn man Teil des *Widerstands* ist. Schließlich kann man die *prosoziale Orientierung* aus einer RC-Perspektive als Indikator eines Konsumnutzens aus der Hilfeleistung interpretieren.

Das erste logistische Regressionsmodell in Tabelle 13 schätzt den Einfluss dieser Indikatoren unter Kontrolle der jeweils anderen Variablen.[126] Für die Interpretation der berichteten Koeffizienten ist wieder zu beachten, dass alle Prädiktoren – mit Ausnahme des Alters – auf das Einheitsintervall kodiert wurden. Die Koeffizienten geben an, wie stark (genauer: um wie viele Standardabweichungen) sich die Disposition zur Hilfe durchschnittlich

---

[126] Nach Ausschluss von Beobachtungen mit fehlenden Werten beträgt die Anzahl der Beobachtungen im ersten Modell 289 von ursprünglich 548. Diese starke Reduktion erklärt sich vor allem daraus, dass die ersten 110 Interviews mit einer vorläufigen kürzeren Version des Fragebogens durchgeführt wurden und somit auf einer ganzen Reihe von Variablen fehlende Werte aufweisen (Oliner und Oliner 1988: 266).

ändert, wenn die unabhängige Variable ihren maximalen anstatt ihres minimalen Wertes annimmt.

Von den Indikatoren günstiger Gelegenheiten zur Hilfe haben das Vorhandensein jüdischer Nachbarn und das Leben in einem Haus nur schwache und statistisch insignifikante Effekte. Das Vorhandensein eines Dachbodens oder eines Kellers scheint durchschnittlich ebenfalls unbedeutend gewesen zu sein. Ein statistisch signifikanter Effekt in die erwartete Richtung geht dagegen von der Anzahl der zur Verfügung stehenden Räume aus. Die Disposition, Hilfe zu leisten, ist bei „10 oder mehr" Räumen um 1.15 Standardabweichungen höher als bei keinem verfügbaren Raum, steigt also mit jedem zusätzlichen Raum durchschnittlich um 0.12 Standardabweichungen. Von den finanziellen Ressourcen des Haushalts geht ein relativ geringer Effekt aus: Die Disposition, Hilfe zu leisten, ist bei einem Befragten in einem *sehr reichen* Haushalt im Durchschnitt nur um 0.38 Standardabweichungen höher als bei einem Befragten in einem *sehr armen* Haushalt. Obgleich dieser Effekt statistisch nicht signifikant ist ($p = 0.184$), scheinen die verfügbaren finanziellen Ressourcen durchaus bedeutsam gewesen zu sein.[127] Der negative Effekt des Wohnens in einer Stadt ist nur schwach und statistisch insignifikant. Dies gilt jedenfalls unter Kontrolle eines direkteren Indikators der Entdeckungswahrscheinlichkeit: der Existenz vieler Nachbarn. Wenn *nicht* viele Nachbarn in der Nähe leben, ist die Disposition, Hilfe zu leisten, um 0.46 Standardabweichungen höher. Von großer und auch statistisch signifikanter Relevanz ist die Beteiligung am Widerstand. Diese erhöht die Disposition, Hilfe zu leisten, um eine halbe Standardabweichung.[128]

---

[127] Dies zeigt sich in einer hier nicht dargestellten Zusatzanalyse, in der das Modell 1 für die Teilstichprobe derjenigen Befragten geschätzt wurde, die *keine* sehr starke prosoziale Orientierung aufweisen. Eine derartige Subgruppenanalyse kann bei der Identifikation der relevanten Anreizvariablen behilflich sein. So lässt das MFS theoretisch erwarten, dass bestimmte Anreizeffekte unter Umständen erst in einer Teilstichprobe sichtbar werden, in der Selektionen im rc-Modus überwiegen (ebenso Kroneberg, Heintze und Mehlkop 2010). In dieser Zusatzanalyse ist der Effekt der finanziellen Ressourcen deutlich stärker ($\beta^{Sy*} = 0.90$, $p < 0.10$).

[128] Als Kontrollvariablen enthält das Modell 1 zudem das Alter, das Geschlecht und die Bildung der Befragten. Wie sich zeigt, nimmt die Wahrscheinlichkeit, Hilfe zu leisten, mit dem Alter zu ($\beta^{Sy*} = 0.04$, $p < 0.01$) und ist bei abgeschlossener Lehre höher als bei keinem weiterführenden Bildungsabschluss ($\beta^{Sy*} = 0.64$, $p < 0.10$). Sofern möglich, wird daher auch in den folgenden Modellen für das Alter und die Bildung kontrolliert.

Zusammengefasst identifiziert das Modell 1 als wichtige Anreizvariablen die Beteiligung am Widerstand, die Anzahl der zur Verfügung stehenden Räume und die Existenz vieler Nachbarn sowie – wenn auch statistisch unsicherer – die verfügbaren finanziellen Ressourcen eines Haushalts. Zudem geht ein starker Effekt von der prosozialen Orientierung aus: Die Disposition, Hilfe zu leisten, ist bei Befragten mit stärkster prosozialer Orientierung durchschnittlich um 0.72 Standardabweichungen größer als bei Befragten mit schwächster prosozialer Orientierung.

Tabelle 13: Effekte von Anreizvariablen, prosozialer Orientierung und Hilfegesuchen

	Modell 1	Modell 2	Modell 3	Modell 4	Modell 5
Stadt	-0.05	---	---	---	---
	(0.18)				
Haus	0.02	---	---	---	---
	(0.16)				
Jüdische Nachbarn	0.04	---	---	---	---
	(0.14)				
Dachboden	-0.24	---	---	---	---
	(0.15)				
Keller	-0.05	---	---	---	---
	(0.14)				
#Räume	1.15**	0.89**	0.79**	0.81**	0.78**
	(0.33)	(0.27)	(0.25)	(0.25)	(0.25)
Viele Nachbarn	-0.46*	-0.31	-0.32+	-0.34+	-0.32+
	(0.23)	(0.19)	(0.19)	(0.19)	(0.19)
Finanzielle Ressourcen	0.38	0.50+	0.57*	0.45	0.58*
	(0.28)	(0.28)	(0.28)	(0.28)	(0.28)
Widerstand	0.50**	0.47**	0.38**	0.39**	0.38**
	(0.15)	(0.14)	(0.14)	(0.14)	(0.14)
Prosoziale Orientierung (PO)	0.72*	0.74**	0.77**	0.75**	0.71+
	(0.29)	(0.26)	(0.25)	(0.26)	(0.39)
Hilfegesuch	---	---	0.42**	---	0.35
			(0.12)		(0.37)

Fortsetzung von Tabelle 13

Hilfegesuch: Fremde/Bekannte	---	---	---	0.14 (0.14)	---
Hilfegesuch: reduzierte Unsicherheit	---	---	---	0.69** (0.18)	---
Hilfegesuch X PO	---	---	---	---	0.12 (0.53)
Konstante	-0.97* (0.40)	-1.24** (0.35)	-1.44** (0.36)	-1.42** (0.35)	-1.39** (0.42)
σ_{y^*}	2.07	2.01	2.06	2.12	2.06
Pseudo R^2	0.123	0.101	0.128	0.151	0.128
-2*Log-Likelihood	322.42	359.42	348.66	339.6	348.62
N	289	309	309	309	309

Anmerkungen: Logistische Regressionen der Hilfeleistung: y*-standardisierte Logit-Koeffizienten (β^{Sy^*}); in Klammern: robuste Standardfehler mit Berücksichtigung der Cluster. Nicht dargestellte Kontrollvariablen: Alter, Bildung und Geschlecht in Modell 1, Alter und Bildung in den Modellen 2 bis 5.
σ_{y^*} ist die geschätzte Standardabweichung der latenten Disposition y*.
$+ p < 0.10$, $* p < 0.05$, $** p < 0.01$ (zweiseitige Tests)

Modell 2 in Tabelle 13 enthält nur noch die als bedeutsam identifizierten Anreiz- und Kontrollvariablen und basiert somit auf einer etwas größeren Analysestichprobe. In Modell 3 wird das Vorliegen eines Hilfegesuchs mit aufgenommen. Dieses erhöht die Disposition zur Hilfeleistung zusätzlich und weitgehend unabhängig von den anderen Variablen um 0.42 Standardabweichungen. In Modell 4 wird wiederum detaillierter betrachtet, durch wen das Hilfegesuch erfolgte: Es zeigt sich, dass ein Hilfegesuch durch Unsicherheit reduzierende Personengruppen (Familienangehörige, Verwandte, Freunde, Mitglieder von Widerstandsgruppierungen, heilende Berufe oder durch die Hilfebedürftigen selbst) die Disposition zur Hilfeleistung sogar um 0.69 Standardabweichungen steigert. Dagegen hat ein Hilfegesuch durch Fremde oder Bekannte unter Kontrolle der anderen Variablen keinen statistisch signifikanten Effekt. Das oben bereits bivariat aufgezeigte Muster bestätigt sich somit auch unter Kontrolle der anderen erklärungskräftigen Variablen.

Modell 5 testet, ob eine statistische Interaktion zwischen der prosozialen Orientierung und dem Vorliegen eines Hilfegesuchs besteht. Insofern die Bedeutung des Hilfegesuchs vornehmlich darin bestand, potentiellen Helfern die Gelegenheit zur Hilfe zu verschaffen, wäre eine positive Interaktion zu erwarten: Ein Hilfesuch sollte umso eher zur Hilfeleistung führen, je stärker die prosoziale Orientierung des Angesprochenen ausgeprägt ist. Der entsprechende Produktterm in Modell 5 ist aber nicht nur statistisch insignifikant, sondern auch substantiell gering. Dieses Ergebnis steht im Gegensatz zur Analyse von Varese und Yaish (2005) und spricht gegen eine reine Gelegenheitsinterpretation des Hilfesucheffekts.[129] Dass Hilfegesuche teilweise unabhängig von der prosozialen Orientierung zu wirken scheinen, ist bereits ein erster Hinweis auf eine grundlegendere Bedeutung der Ansprache, wie sie das MFS erwarten lässt.

Die MFS-Hypothese 1 geht davon aus, dass ein Hilfegesuch die Situation definiert, die Verpflichtung zur Hilfe aktiviert und häufig mit niedrigeren Reflexionsopportunitäten einhergeht. All dies führt tendenziell zu einer automatisch-spontanen Entscheidung zur Hilfeleistung und damit zu einer Irrelevanz von Kosten-Nutzen-Erwägungen. Für einen ersten Test dieser Hypothese betrachte ich die Wirkungsweise der Ansprache wiederum detaillierter, indem ich zwischen mehr oder weniger vertrauenerweckenden Ansprechenden differenziere. Tabelle 14 enthält die Ergebnisse von drei Regressionen der Hilfeleistung, in denen die Effekte der Anreizvariablen und der prosozialen Orientierung in drei verschiedenen Subgruppen geschätzt werden: Fällen ohne Hilfegesuch, Fällen mit einem Hilfegesuch von Fremden oder Bekannten sowie Fällen mit einem vertrauenerweckenderen Hilfegesuch. Aufgrund der teilweise niedrigen Fallzahlen verzichte ich auf weitere Kontrollvariablen, auch wenn ihr Einschluss die berichteten Ergebnisse nicht verändert.

---

[129] Der Unterschied zum Ergebnis von Varese und Yaish (2005) ist auf die validere Operationalisierung der abhängigen Variablen sowie die Berücksichtigung von Drittvariablen zurückzuführen, deren Einfluss in Modell 5 statistisch herausgerechnet wird. Sieht man wie Varese und Yaish von Drittvariablen ab, so ergibt sich auch hier ein substantieller positiver Interaktionseffekt, der allerdings nach wie vor nicht die konventionellen statistischen Signifikanzniveaus erreicht. Bei einer Fallzahl von $N = 488$ schätzt das Modell für den Produktterm einen β^{Sy*}-Koeffizienten in Höhe von 0.93 (p = 0.225). Der Effekt des Hilfegesuchs bei minimaler prosozialer Orientierung beträgt 0.40 (p = 0.451), der Effekt der prosozialen Orientierung bei Abwesenheit eines Hilfegesuchs beträgt 0.63 (p = 0.245).

Ohne Hilfegesuch ergeben sich konsistent die erwarteten Anreizeffekte, wohingegen der Effekt der prosozialen Orientierung statistisch nicht signifikant ist. Bei einem *Hilfegesuch durch vertrauenerweckendere Personen* ergibt sich ebenfalls kein signifikanter Effekt der prosozialen Orientierung, vor allem aber sind auch alle Anreizvariablen ohne Erklärungskraft. Beides spricht für die Wirkung der Ansprache als motivationaler Auslöser (MFS-Hypothese 1). Bei Fällen mit *Hilfegesuch durch Fremde oder Bekannte* ergibt sich ein Effekt der prosozialen Orientierung, der statistisch signifikant und deutlich stärker ist als bei Abwesenheit eines Hilfegesuchs. Die Effekte der Anreizvariablen sind dagegen mit Ausnahme der Raumanzahl insignifikant und deutlich geringer als bei Fällen ohne Hilfegesuch.

Tabelle 14: Effekte der Anreizvariablen und der prosozialen Orientierung in den Teilstichproben ohne Hilfegesuch, mit Hilfegesuch durch Fremde/Bekannte sowie mit Hilfegesuch durch vertrauenerweckendere Personen

	Modell 6a Ohne Hilfegesuch		Modell 6b Hilfegesuch durch Fremde/Bekannte		Modell 6c Hilfegesuch durch vertrauenerweckendere Personen	
Finanzielle Ressourcen	1.02*	(0.47)	0.18	(0.54)	-0.46	(0.94)
#Räume	0.75+	(0.42)	1.44**	(0.54)	-0.21	(0.55)
Viele Nachbarn	-0.46+	(0.26)	-0.32	(0.36)	0.26	(0.43)
Widerstand	1.00**	(0.26)	-0.34	(0.26)	-0.07	(0.30)
Prosoziale Orientierung (PO)	0.59	(0.40)	1.35*	(0.54)	0.76	(0.67)
Konstante	-0.97*	(0.45)	-0.96*	(0.44)	0.50	(0.91)
σ_{y^*}	2.26		2.06		1.87	
Pseudo R^2	0.205		0.115		0.032	
-2*Log-Likelihood	149.32		94.28		83.70	
N	136		82		96	

Anmerkungen: Logistische Regressionen der Hilfeleistung: y*-standardisierte Logit-Koeffizienten (β^{Sy^*}); in Klammern: robuste Standardfehler mit Berücksichtigung der Cluster.
σ_{y^*} ist die geschätzte Standardabweichung der latenten Disposition y*.
+ $p < 0.10$, * $p < 0.05$, ** $p < 0.01$ (zweiseitige Tests)

Auf Basis der entwickelten MFS-Erklärung lassen sich diese Ergebnisse wie folgt interpretieren: Hilfegesuche durch vertrauenerweckendere Personen führen tendenziell zu spontanen Hilfeleistungen. Ohne Hilfegesuch scheinen dagegen anreizbasierte Entscheidungen im rc-Modus zu überwiegen. Hilfegesuche durch Fremde oder Bekannte sind gewissermaßen dazwischen angesiedelt. Sie erhöhen das spontane Aktivierungsgewicht und die Reflexionsschwelle bereits beträchtlich, was darin zum Ausdruck kommt, dass die Effekte der meisten Anreizvariablen durchschnittlich geringer ausfallen als ohne Hilfegesuch. Allerdings führen derartige Hilfegesuche allein noch nicht zwangsläufig zu einer ausreichend starken, den as-Modus einleitenden Aktivierung. Der starke Effekt der prosozialen Orientierung deutet vielmehr darauf hin, dass es bei einer derart mittleren Aktivierung entscheidend von der Stärke der Skript-Verankerung abhängt, ob das Aktivierungsgewicht den notwendigen Schwellenwert übersteigt.

Statistisch können Subgruppenanalysen allerdings nur äußerst schwache, mit Vorsicht zu interpretierende Hinweise auf Interaktionseffekte geben (siehe etwa Mood 2010). Für einen direkten Test müssten Interaktionseffekte zwischen beiden Arten von Hilfegesuchen und den fünf anderen Variablen in der gesamten Analysestichprobe geschätzt werden. Aufgrund der geringen Fallzahl ist dies nicht möglich. In den folgenden Analysen kann daher nicht mehr zwischen den beiden Arten von Hilfegesuchen differenziert werden.

Im Folgenden werden die Interaktionshypothesen der entwickelten MFS-Erklärung systematisch überprüft. Dabei wird auch das subjektiv wahrgenommene Risiko in die Analyse mit einbezogen, da die subjektiven Wahrnehmungen letztlich handlungsleitend sind und nicht notwendigerweise den berücksichtigten objektiven Indikatoren folgen. Wie bereits erwähnt, weist die Risikovariable jedoch systematische Ausfälle auf, da Risikomessungen bei Fällen ohne Hilfegesuch nur dann vorliegen, wenn es zur Hilfeleistung kam. Für die Fälle, für die keine Angaben vorliegen, wird das wahrgenommene Risiko statistisch geschätzt. Die Unsicherheit dieser Schätzungen wird durch sog. multiple Imputation berücksichtigt.[130]

---

[130] Bei multipler Imputation wird auf Basis der Fehlerstreuung des Imputationsmodells für jeden Fall eine Vielzahl von Imputationen vorgenommen. Die im Folgenden berichteten Regressionsmodelle basieren auf fünfzig derart vervollständigten Datensätzen, in denen die fehlenden Werte durch imputierte ersetzt sind (Roysten 2005a, b; Van Buuren, Boshuizen und Knook 1999). Für jeden Prädiktor lassen sich ein mittlerer Regressionskoeffi-

Durch die multiple Imputation fehlender Werte können die in Tabelle 15 berichteten Regressionsmodelle 406 anstatt nur 202 Fälle einbeziehen. Das Modell 7 schätzt zunächst die durchschnittlichen Effekte der Anreizvariablen unter Berücksichtigung des wahrgenommenen Risikos. Es bestätigt sich die erwartete zentrale Bedeutung dieser Anreizvariablen, insofern von ihr der stärkste Effekt ausgeht. Die Disposition, Hilfe zu leisten, ist bei größtem wahrgenommenem Risiko um 0.90 Standardabweichungen geringer als bei geringstem wahrgenommenem Risiko.

Die Modelle 8 und 9 testen die MFS-Hypothesen 1, 2 und 3. Diese lassen erwarten, dass das Vorliegen eines Hilfegesuchs den Einfluss anderer Anreizvariablen auf das Hilfeverhalten abzuschwächen vermag und dass die prosoziale Orientierung eine ähnliche, aber nur tendenzielle Wirkung haben sollte. In Modell 8 werden die fünf Interaktionseffekte zwischen der prosozialen Orientierung und den Anreizvariablen geschätzt.[131] Ein speziell für multiple Imputationen entwickelter simultaner F-Test (Li, Raghunathan und Rubin 1991) zeigt, dass die fünf Interaktionseffekte nicht statistisch signifi-

---

zient und ein mittlerer Standardfehler berechnen, die in den Tabellen berichtet werden. Multiple Imputation basiert auf der Annahme zufällig fehlender Werte. Im vorliegenden Anwendungsfall fehlt das wahrgenommene Risiko jedoch systematisch für all diejenigen Fälle, bei denen kein Hilfegesuch vorlag und in denen es keine Eigeninitiative gab. Im Rahmen der multiplen Imputation der Risikoindikatoren musste daher für die Selektivität der Teilstichprobe mit Risikomessung im Vergleich zur Gesamtstichprobe statistisch kontrolliert werden. Dazu wurde das weiter unten berichtete multinomiale logistische Regressionsmodell verwendet, das vorhersagt, ob es zu einem Hilfegesuch, eigeninitiierter Hilfe oder weder dem einen noch dem anderen kam. Die vorhergesagte Wahrscheinlichkeit, mit einem Hilfegesuch konfrontiert worden zu sein oder eigeninitiativ geholfen zu haben, wurde *innerhalb der Imputationsmodelle* als zusätzlicher Prädiktor zur Selektivitätskorrektur berücksichtigt. Für das generelle wahrgenommene Risiko und das Risiko für die eigene Familie wurden getrennte Imputationsmodelle spezifiziert und die imputierten Werte nachträglich zu einem additiven Index zusammengefasst. Konsistente und signifikante Effekte auf *beide* Risikoindikatoren gehen von drei Prädiktoren aus: Je mehr finanzielle Ressourcen dem Haushalt des Befragten zur Verfügung standen, umso geringer war das wahrgenommene Risiko. Die Existenz vieler Nachbarn erhöhte es dagegen. Eine niedrigere Risikowahrnehmung hatten Befragte, die nur mit ihrem Vater aufwuchsen. Eine ausführliche Beschreibung der Vorgehensweise, der verwendeten Variablen und der Ergebnisse der Imputationsmodelle ist vom Autor erhältlich und auf den Internetseiten des Verlags als Zusatzkapitel (Kroneberg 2011d) hinterlegt.

[131] Um die Anzahl der Parameter zu begrenzen, wird dabei für das Vorliegen eines Hilfegesuchs lediglich statistisch kontrolliert. Eine simultane Schätzung der vorhergesagten Interaktionseffekte mit beiden Moderatorvariablen ist aufgrund der geringen Fallzahl nicht möglich.

kant sind (F(df=5, n>1000) = 0.93, p = 0.4575). Dies bestätigt die MFS-Hypothese 3, nach der die prosoziale Orientierung unter Bedingungen hoher Reflexionsmotivation allein nicht ausreicht, um eine spontane Entscheidung zur Hilfe herbeizuführen. Sieht man von der statistischen Unsicherheit ab, bestehen andererseits durchaus Hinweise auf die Bedeutung der prosozialen Orientierung als Moderator von Anreizeffekten, wie sie die MFS-Hypothese 2 in der Tendenz erwarten lässt. Die Interaktionseffekte mit der Beteiligung am Widerstand, der Existenz vieler Nachbarn und dem wahrgenommenen Risiko sind vom erwarteten Vorzeichen und auch von ihrer Stärke her substantiell bedeutsam. So ergeben sich bei niedrigster prosozialer Orientierung deutlich stärkere konditionale Effekte dieser Anreizvariablen, verglichen mit den Durchschnittseffekten des vorherigen Modells. Im Falle der Existenz vieler Nachbarn zeigt sich sogar erst durch Einführung des Interaktionseffektes ein schwach signifikanter Anreizeffekt.

Modell 9 schätzt die Interaktionseffekte zwischen den Anreizvariablen und dem Vorliegen eines Hilfegesuchs. Eine Ausnahme ist das wahrgenommene Risiko, das immer nur in Interaktion mit der prosozialen Orientierung betrachtet wird.[132] Ein simultaner F-Test ergibt, dass die vier Interaktionseffekte insgesamt statistisch hoch signifikant sind (F(df=4, n>1000= 8.19, p < 0.0001). Auch die Vorzeichenmuster und die Stärke der Effekte entsprechen der MFS-Hypothese 1. Die Beteiligung an einer Widerstandsgruppierung erhöht die Disposition, Hilfe zu leisten, um 1.39 Standardabweichungen, wenn kein Hilfegesuch vorliegt, wohingegen sie bei Vorliegen eines Hilfegesuchs irrelevant ist (β^{Sy*} = 1.39 - 1.52 = -0.13, p = 0.348). Für die Anzahl an Räumen ergibt sich ohne Hilfegesuch ein Effekt von 0.73 (p < 0.10), mit Hilfegesuch dagegen ein nicht signifikanter Effekt von 0.16 (= 0.73 - 0.57, p = 0.576). Dasselbe hypothesenkonforme Muster ergibt sich auch für das Vorhandensein vieler Nachbarn und die finanziellen Ressourcen. Allerdings kann selbst der konditionale Anreizeffekt bei Abwesenheit eines Hilfegesuchs für diese Variablen nicht mit hinreichender Sicherheit geschätzt werden. Dies ist nicht überraschend, da von den finanziellen Ressourcen und dem Vorhandensein vieler Nachbarn bereits in den Modellen 2 bis 5 ein nicht oder nur schwach signifikanter Einfluss ausging. Bei erklärungsschwa-

---

[132] Die Interaktion des wahrgenommenen Risikos mit dem Vorliegen eines Hilfegesuchs zu betrachten, wäre nicht sinnvoll, da die Imputation für eine spezifische Ausprägung dieser Variablen erfolgte, nämlich für Fälle ohne Hilfegesuch (in denen nicht eigeninitiativ geholfen wurde).

chen Anreizvariablen sind die Teststärke und damit die statistische Prüfbarkeit der MFS-Hypothesen verschwindend gering (Kroneberg 2011b).

Tabelle 15: Anreizeffekte und ihre Interaktion mit der prosozialen Orientierung und dem Vorliegen eines Hilfegesuchs

	Modell 7		Modell 8		Modell 9	
Prosoziale Orientierung (PO)	0.50	(0.36)	-1.40	(1.42)	-0.08	(0.87)
Hilfegesuch	0.26	(0.33)	0.15	(0.35)	0.76	(0.56)
Hilfegesuch × PO	0.32	(0.47)	0.48	(0.49)	0.45	(0.50)
Finanzielle Ressourcen	0.13	(0.25)	-0.65	(0.86)	0.43	(0.44)
Widerstand	0.48**	(0.12)	1.02*	(0.44)	1.39**	(0.24)
#Räume	0.62**	(0.24)	0.63	(0.81)	0.73+	(0.38)
Viele Nachbarn	-0.18	(0.17)	-0.65+	(0.39)	-0.38	(0.28)
Risiko (imputiert)	-0.90*	(0.38)	-1.64*	(0.80)	-1.28+	(0.67)
Ressourcen × PO	---	---	1.09	(1.18)	---	---
Widerstand × PO	---	---	-0.77	(0.58)	---	---
#Räume × PO	---	---	0.04	(1.13)	---	---
Viele Nachbarn × PO	---	---	0.71	(0.55)	---	---
Risiko (imputiert) × PO	---	---	1.10	(1.12)	0.60	(0.99)
Ressourcen × Hilfegesuch	---	---	---	---	-0.56	(0.57)
Widerstand × Hilfegesuch	---	---	---	---	-1.52**	(0.27)
#Räume × Hilfegesuch	---	---	---	---	-0.57	(0.48)
Nachbarn × Hilfegesuch	---	---	---	---	0.36	(0.33)
Konstante	-0.36	(0.49)	0.91	(1.04)	-0.25	(0.70)
σ_{y^*}	2.16		2.19		2.34	
N	406		406		406	

Anmerkungen: Logistische Regressionen der Hilfeleistung: y*-standardisierte Logit-Koeffizienten (β^{Sy^*}); in Klammern: robuste Standardfehler mit Berücksichtigung der Cluster; Berechnung auf Basis von fünfzig imputierten Datensätzen.

σ_{y^*} ist die geschätzte Standardabweichung der latenten Disposition y* (Durchschnitt über alle Datensätze).

Alle Modelle enthalten als Kontrollvariablen zudem das Alter (in Jahren) und die Bildung des Befragten (abgeschl. Studium, abgeschl. Gymnasium, abgeschl. Lehre, Referenzkategorie: Nur Grundschule).

$+ p < 0.10$, $* p < 0.05$, $** p < 0.01$ (zweiseitige Tests)

Tabelle 16: Anreizeffekte und ihre Interaktion mit der prosozialen Orientierung bei Vorliegen eines Hilfegesuchs

	Modell 10 Fälle mit Hilfegesuch		Modell 11 Fälle mit Hilfegesuch	
Prosoziale Orientierung (PO)	0.92**	(0.32)	-0.55	(1.34)
Risiko (imputiert)	-1.02*	(0.49)	-2.64*	(1.04)
Finanzielle Ressourcen	-0.11	(0.34)	-0.22	(0.35)
Widerstand	-0.16	(0.15)	1.00*	(0.47)
#Räume	0.26	(0.30)	0.32	(0.31)
Viele Nachbarn	-0.05	(0.20)	-0.12	(0.22)
Risiko (imputiert) X PO	---	---	2.54+	(1.51)
Widerstand X PO	---	---	-1.72*	(0.71)
Konstante	0.88	(0.56)	1.92*	(0.97)
σ_{y^*}	2.03		2.10	
N	222		222	

Anmerkungen: Logistische Regressionen der Hilfeleistung: y^*-standardisierte Logit-Koeffizienten (β^{Sy^*}); in Klammern: robuste Standardfehler mit Berücksichtigung der Cluster; Berechnung auf Basis von fünfzig imputierten Datensätzen.
σ_{y^*} ist die geschätzte Standardabweichung der latenten Disposition y^* (Durchschnitt über alle Datensätze).
Alle Modelle enthalten als Kontrollvariablen zudem das Alter (in Jahren) und die Bildung des Befragten (abgeschl. Studium, abgeschl. Gymnasium, abgeschl. Lehre, Referenzkategorie: Nur Grundschule).
$+ p < 0.10$, $* p < 0.05$, $** p < 0.01$ (zweiseitige Tests)

Die MFS-Hypothese 4 lässt erwarten, dass die *Kombination* von Hilfegesuch *und* starker prosozialer Orientierung den Einfluss anderer Anreize völlig auszuschalten vermag. Für einen Test dieser Hypothese überprüfe ich, ob die prosoziale Orientierung bei Vorliegen eines Hilfegesuchs in der Lage ist, die relevant bleibenden Anreizvariablen in ihrer Wirkung zu unterdrücken. In Tabelle 16 werden entsprechend nur noch Fälle mit Hilfegesuch (N = 222) betrachtet.[133] Das Modell 10 schätzt die durchschnittlichen Anreizef-

---

[133] Diese Subgruppenanalyse erlaubt, die gemeinsame Wirkung der beiden Moderatorvariablen auf die Anreizeffekte wenigstens teilweise zu untersuchen. Ein vollständiger Test der

fekte bei Vorliegen eines Hilfegesuchs und enthält noch keine Interaktionen mit der prosozialen Orientierung. Es bestätigt das Resultat, nach dem die finanziellen Ressourcen, die Beteiligung am Widerstand, die Raumanzahl und die Existenz vieler Nachbarn durchschnittlich keine bedeutsamen Effekte mehr aufweisen, wenn ein Hilfegesuch vorliegt. Vom wahrgenommenen Risiko geht dagegen weiterhin ein starker und signifikanter negativer Effekt aus.

Modell 11 testet, ob die Kombination von Hilfegesuch und starker prosozialer Orientierung auch diesen Anreizeffekt auszuschalten vermag, indem in dieser Teilstichprobe die Interaktion zwischen wahrgenommenem Risiko und prosozialer Orientierung geschätzt wird (siehe bereits Kroneberg, Yaish und Stocké 2010). Zudem wird das Vorliegen einer Interaktion mit der Beteiligung am Widerstand geprüft, da diesbezüglich im vorherigen Modell 8 (Gesamtstichprobe) ebenfalls ein statistisch signifikanter konditionaler Anreizeffekt beobachtet wurde. Beide Interaktionseffekte sind ausgesprochen stark und statistisch auf dem 10%- bzw. 5%-Niveau signifikant. Ein simultaner F-Test bestätigt ihre Signifikanz ($F(df=2, n>1000) = 4.02, p < 0.05$). Für beide Variablen ergeben sich starke Anreizeffekte bei niedrigster prosozialer Orientierung, die mit zunehmender prosozialer Orientierung geringer werden.

Graphische Veranschaulichung

Die Ergebnisse der statistischen Analysen belegen die auf Basis des MFS erwartete Bedeutung des Hilfegesuchs und der prosozialen Orientierung. Ob bzw. wie stark Anreize und Gelegenheiten die Entscheidung zur Hilfeleistung beeinflussen, hängt danach vom Vorliegen eines Hilfegesuchs und der Stärke der prosozialen Orientierung ab. Die Abbildungen 13 und 14 veranschaulichen dies in Form von Balkendiagrammen. Die Höhe der Balken entspricht der durchschnittlichen Veränderung der Disposition, Hilfe zu leisten, die sich ergibt, wenn der betrachtete Anreiz seine höchste anstatt seiner niedrigsten Ausprägung aufweist. Die Balken geben also die Stärke der Anreizeffekte wieder. Für jeden relevanten Anreiz sind in den Abbildungen drei Balken abgetragen: Der graue Balken entspricht dem geschätzten Effekt des Anreizes, wenn man wie im RC-Ansatz davon ausgeht, dass alle Befragten anreizabhängig entscheiden. Die schwarzen und weißen Bal-

---

MFS-Hypothese 4 würde die Schätzung von Dreifachinteraktionen und damit u.a. eine sehr große Fallzahl erforderlich machen.

ken veranschaulichen, welche Anreizeffekte sich ergeben, wenn man danach differenziert, ob ein Hilfegesuch vorliegt bzw. wie stark die prosoziale Orientierung der Befragten ist.

Abbildung 13: Anreizeffekte in Abhängigkeit vom Vorliegen eines Hilfegesuchs

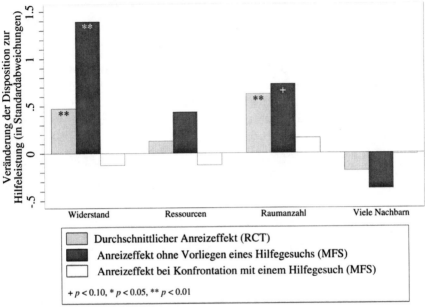

Abbildung 13 veranschaulicht den durchgeführten Test der MFS-Hypothese 1. Wie erwartet, sind die Anreizeffekte bei Abwesenheit eines Hilfegesuchs weitaus stärker als bei Vorliegen eines Hilfegesuchs. Bei einer Konfrontation mit einem Hilfegesuch (weiße Balken) scheint von den finanziellen Ressourcen, der Beteiligung am Widerstand, der Raumanzahl und der Existenz vieler Nachbarn kein Einfluss mehr auszugehen. Die geschätzten Anreizeffekte sind nicht nur statistisch insignifikant, sondern vor allem substantiell nahe null. Bei Abwesenheit eines Hilfegesuchs offenbart sich dagegen die wahre Wirkmächtigkeit der Anreize zur Hilfeleistung (schwarze Balken). Unter dieser Bedingung sind die Anreizeffekte stärker als die durchschnittlichen Anreizeffekte, die sich unter der Annahme ergeben, dass alle Befragten anreizabhängig entscheiden (graue Balken). Am deutlichsten wird dies bei der Beteiligung am Widerstand: Diese erhöht die Disposition, Hilfe zu leisten, in der Gesamtstichprobe durchschnittlich um etwa eine halbe Standardabweichung. Das MFS geht dagegen davon aus, dass nur diejenigen Personen, die *nicht* durch ein Hilfegesuch spontan zur Hilfe bewogen werden, ihre Entscheidung von den Anreizen und Gelegenheiten abhängig machen, die mit einer Beteiligung am Widerstand einhergehen. Und tatsächlich ergibt sich ein deutlich stärkerer Einfluss, wenn kein Hilfegesuch vorliegt: Die Disposition, Hilfe zu leisten, steigt durch die Beteiligung am Widerstand um 1.39 Standardabweichungen.

Abbildung 14 stellt die Ergebnisse hinsichtlich der MFS-Hypothesen 2 bis 4 dar. Die durchschnittlichen Anreizeffekte werden hier mit den Anreizeffekten verglichen, die sich bei minimaler prosozialer Orientierung (schwarze Balken) und bei maximaler prosozialer Orientierung (weiße Balken) ergeben. Das obere Balkendiagramm basiert auf der Gesamtstichprobe aller Befragten. Für die Beteiligung am Widerstand, die Existenz vieler Nachbarn und das wahrgenommene Risiko ergibt sich der in der MFS-Hypothese 2 erwartete tendenzielle Zusammenhang: Bei starker prosozialer Orientierung (weiße Balken) weisen diese Anreize durchschnittlich deutlich geringere Effekte auf als bei schwacher prosozialer Orientierung (schwarze Balken). Für die finanziellen Ressourcen und die Raumanzahl lässt sich dieses Muster jedoch nicht bestätigen.[134] Insgesamt scheint in dieser durch hohe Risiken und Unsicherheiten geprägten Situation demnach selbst eine starke gefühlte Verpflichtung zur Hilfe für sich allein genommen selten hinreichend für eine spontane Entscheidung zur Hilfe gewesen zu sein (MFS-Hypothese 3).

---

[134] Für die Raumanzahl ergibt sich überhaupt kein Hinweis auf eine Abhängigkeit des Anreizeffektes von der Stärke der prosozialen Orientierung. Für die finanziellen Ressourcen ergibt sich ein unerwartetes (wenn auch statistisch insignifikantes) Muster, wonach mehr finanzielle Ressourcen die Disposition, Hilfe zu leisten, tendenziell verringern, wenn die prosoziale Orientierung gering ausgeprägt ist.

Abbildung 14: Anreizeffekte in Abhängigkeit von der Stärke der prosozialen Orientierung

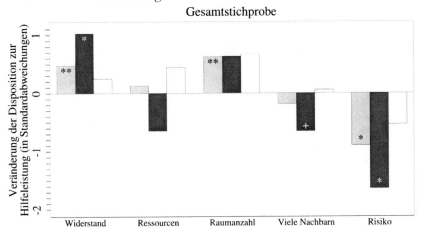

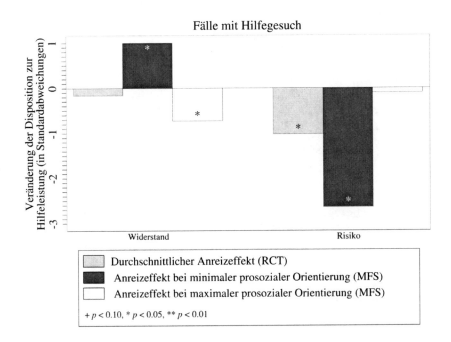

Das untere Balkendiagramm in Abbildung 14 betrachtet nur noch Befragte, die mit einem Hilfegesuch konfrontiert wurden. Die schwarzen Balken zeigen, dass bei geringer prosozialer Orientierung auch ein Hilfegesuch nicht in der Lage war, eine vollkommen anreizunabhängige Entscheidung zur Hilfe zu bewirken: Das wahrgenommene Risiko und die mit der Beteiligung am Widerstand einhergehenden Gelegenheiten und Anreize zur Hilfe waren bei geringer prosozialer Orientierung nach wie vor entscheidungsrelevant. Bei starker prosozialer Orientierung (weiße Balken) verschwinden dagegen auch diese Anreizeffekte.[135] Dies bestätigt die MFS-Hypothese 4 und zeigt, dass die prosoziale Orientierung durchaus zu spontanen Hilfeleistungen beizutragen vermochte, aber eben nur in Kombination mit den vielfältigen, spontane Entscheidungen begünstigenden Wirkungen der Konfrontation mit einem Hilfegesuch.

7.5.4 Soziale Determinanten und Korrelate der prosozialen Orientierung und der Ansprache

Wie die vorgenommene Analyse auf Basis des MFS belegt, waren für die Rettung von Juden im Zweiten Weltkrieg einerseits eine Reihe von Anreizen, andererseits die Konfrontation mit einem Hilfegesuch und die Stärke der prosozialen Orientierung bedeutsam. Die beiden letztgenannten Faktoren bestimmten, ob die Entscheidung für die Hilfeleistung spontan oder abwägend in Abhängigkeit von der jeweiligen Anreizkonstellation erfolgte. Soziologisch besonders interessant ist daher die Frage nach den sozialen Determinanten der Ansprache und der prosozialen Orientierung. Auf sie soll hier kurz eingegangen werden.

Tabelle 18 enthält ein lineares Regressionsmodell der prosozialen Orientierung, in das als Prädiktoren u.a. sozio-demographische Standardmerkmale, Merkmale des familiären Kontextes während der Kindheit und eine Reihe religionsbezogener Befragtenmerkmale eingehen. Sofern sie nicht bereits in die Hauptanalysen eingingen (siehe Tabelle 10), sind diese Variablen in Tabelle 17 aufgeführt. Obwohl sich die berücksichtigten Variablen

---

[135] Der positive Anreizeffekt einer Beteiligung am Widerstand wird durch die prosoziale Orientierung derart stark reduziert, dass er für Befragte mit maximaler prosozialer Orientierung sogar signifikant negativ geschätzt wird. Vor dem Hintergrund der geringen Fallzahl dieser Subgruppenanalyse erscheint es jedoch fragwürdig, diesen negativen konditionalen Effekt substantiell zu interpretieren.

leicht mit sozialisationstheoretischen Überlegungen verknüpfen lassen, wird im Kontext dieser handlungstheoretischen Arbeit auf eine Ableitung entsprechender Hypothesen verzichtet. Anstatt eines Tests spezifischer Theorien sollen hier nur rein deskriptiv Informationen zu den sozialen Determinanten bzw. Korrelaten der prosozialen Orientierung bereitgestellt werden.

Mit Ausnahme des Alters und der Geschwisteranzahl sind alle Variablen auf das Einheitsintervall kodiert, so dass die Koeffizienten wieder einen empirischen Extremwertvergleich schätzen. Sie beziehen sich auf die ebenfalls auf das Einheitsintervall normierte Verteilung der prosozialen Orientierung, deren Standardabweichung 0.23 beträgt. Hinsichtlich der soziodemographischen Standardmerkmale ergibt sich eine stärker ausgeprägte prosoziale Orientierung bei Frauen, wohingegen die Bildung der Befragten in keinem Zusammenhang zur prosozialen Orientierung steht. Ein besonders bemerkenswertes Ergebnis bezieht sich auf Stadt-Land-Unterschiede: Befragte, die in einer Stadt aufwuchsen, weisen eine statistisch signifikant niedrigere prosoziale Orientierung auf. Ein negativer Effekt von gleicher Größe ergibt sich, wenn die Befragten auch während des Krieges in einer Stadt lebten. Ein städtischer Kontext scheint demnach sowohl durch Prägungen während der frühen Sozialisation als auch durch aktuelle Einflüsse zu einer durchschnittlich niedrigeren prosozialen Orientierung zu führen. Dieses Ergebnis lässt sich theoretisch interpretieren, wenn man im Vergleich zum sozialen Leben auf dem Land von einer größeren Anonymität und weniger geschlossenen Netzwerken ausgeht. Die Bedeutung dieser Faktoren für die Entstehung und Aufrechterhaltung sozialer Normen betont etwa Coleman (1990: Kap. 11).

Der familiäre Kontext in der Kindheit des Befragten wird über objektive und subjektive Indikatoren erfasst. Von den objektiven hat nur die Anzahl an Geschwistern einen signifikanten, positiven Effekt auf die prosoziale Orientierung. Deutlich bedeutsamer sind die subjektiven Einschätzungen. Die durchschnittlich gefühlte Nähe zu Mutter und Vater hat den stärksten Effekt. Die höchste Ausprägung im Vergleich zur niedrigsten erhöht die prosoziale Orientierung um mehr als eine Standardabweichung (b = 0.27, p < 0.01). Die wahrgenommene Enge der Familienbeziehungen hat interessanterweise einen signifikant *negativen* Einfluss. Dies gilt allerdings nur unter Kontrolle der emotionalen Nähe zu den Eltern. Bei konstanter emotionaler Bindung könnten engere Familienbeziehungen eine geringere Einbettung in außer-familiäre Netzwerke anzeigen – mit negativen Konsequenzen für die sozialen Kompetenzen und prosoziale Orientierung der Kinder.

Tabelle 17: Die zusätzlichen in der Regression der prosozialen Orientierung verwendeten Variablen

Label	Frage
Aufgewachsen in Stadt	„Did you live in a large city, a middle city, a small city a village, or did you live on an isolated farm when you were growing up?" A4
Intakte Herkunftsfamilie	„Now, I would like you to think of your home when you were ten years old. [...] Were your father and mother both living in your home when you were 10?" A6
Enge Familienbeziehungen	„How would you describe the relationship between the members of your family when you were growing up. In general, would you say your family was very close, somewhat close, not very close or not close at all?" A14
Laissez-faire Erziehungsstil	„Did your mother (B23)/father (B33) ever discipline you? That is, did your mother/father ever tell you that you did something wrong or keep you from having things that you wanted, or did she/he ever scold you or strap you?"
Gefühlte Nähe zu Eltern	„How close did you feel to your mother (B21)/father (B31) when you were growing up? Would you say that you were very close, somewhat close, not very close, or not close at all?"
Christliche Bildung	„What kind of elementary school (C2) / gymnasium (C3a) did you attend? Was it Protestant, Catholic, nonsectarian, or something else"
Protestantisch Katholisch	„What was your religious affiliation during the time you were growing up? Were you a Protestant, a Catholic, did you belong to some other religion, or what?" C8
Religiosität	„Before the war, were you very religious, somewhat religious, not very religious, or not at all religious?" D14
Klassenheterogene Freunde	„Were any of your close friends different from you in social class?" C15

Anmerkungen: Analysestichprobe mit N = 280. Die Identifikationsnummern der Fragen Abschnitte A-E) (siehe Oliner und Oliner 1988: Appendix C).

290

Kodierung	Mittelwert (Std.abw.)
1 = „large/middle/small city"	.75
0 = „village" oder „farm"	
1 = „yes"	.94
0 = „no"	
1 = „very close"	.90
0.75 = „somewhat close"	(.21)
0.25 = „not very close"	
0 = „not close at all"	
1 = Weder Mutter noch Vater	.14
0 = Ansonsten	
1 = „very close" 0.75 = „somewhat close"	.82
0.25 = „not very close" 0 = „not close at all"	(.22)
Ungewichteter Index aus beiden Items (0-1-kodiert)	
1 = Protestantische oder katholische Grundschule *und* Gymnasium	.15
0 = Ansonsten	
Protestantisch (= 1)	.36
Katholisch (= 1)	.58
Ref.Kat.: „no/other religion"	
1 = „very religious" 0.67 = „somewhat religious"	.63
0.33 = „not very religious"	(.33)
0 = „not at all religious"	
1 = „yes"	.46
0 = „no"	

markieren ihre Position im Fragebogen (durchgängige Nummerierung innerhalb der

Tabelle 18: Prädiktoren der prosozialen Orientierung

	Prosoziale Orientierung	
Frau	0.12**	(0.03)
Alter (in Jahren)	-0.00	(0.00)
abgeschl. Studium	0.05	(0.04)
abgeschl. Gymnasium	0.06	(0.04)
abgeschl. Lehre	0.03	(0.04)
Aufgewachsen in Stadt	-0.06*	(0.03)
Stadt	-0.06*	(0.03)
Intakte Herkunftsfamilie	-0.02	(0.06)
Anzahl Geschwister	0.01*	(0.01)
Jüngere Geschwister	-0.02	(0.03)
Enge Familienbeziehungen	-0.14*	(0.06)
Gefühlte Nähe zu Eltern	0.27**	(0.06)
Laissez-faire-Erziehungsstil	-0.06	(0.05)
Christliche Bildung	-0.01	(0.04)
Religiosität	0.29**	(0.09)
Protestantisch	0.12	(0.07)
Katholisch	0.16*	(0.06)
Religiosität x Protest.	-0.38**	(0.11)
Religiosität x Kath.	-0.38**	(0.11)
Klassenheterogene Freunde	0.08**	(0.03)
Konstante	0.50**	(0.11)
R^2	0.209	
N	280	

Anmerkungen: Lineare Regression: b-Koeffizienten; in Klammern: robuste Standardfehler mit Berücksichtigung der Cluster. Alle Variablen außer dem Alter (in Jahren) und der Anzahl an Geschwistern sind auf das Einheitsintervall kodiert.
$+ p < 0.10$, $* p < 0.05$, $** p < 0.01$ (zweiseitige Tests)

Wie dargestellt, sehen identitäts- und persönlichkeitstheoretische Arbeiten in der *Inklusivität* der prosozialen Orientierung ihr zentrales, Hilfsakte begünstigendes Merkmal und gehen für viele Retter von Juden sogar von einer Identifikation mit der gesamten Menschheit aus (Geras 1995; Monroe 1996; Monroe, Barton und Klingemann 1990; Monroe 1991; Monroe, Barton und

Klingemann 1991; Oliner und Oliner 1988; Tec 1986). Neben dem erwähnten negativen Effekt enger Familienbeziehungen lassen sich einige weitere Zusammenhänge im Sinne einer geringeren Inklusivität sozialer Beziehungen und einer dadurch reduzierten prosozialen Orientierung interpretieren. So hat die Religiosität vor dem Krieg nur für solche Befragte einen stark positiven Effekt, die weder katholisch noch protestantisch waren. Bei diesen sechs Prozent der Analysestichprobe handelt es sich wohl hauptsächlich um Konfessionslose (Oliner und Oliner 1988). Für katholische und protestantische Befragte ergibt sich dagegen auch bzw. gerade bei starker Religiosität *keine* höhere prosoziale Orientierung. Sicherlich mag es einzelne Rettungsakte gegeben haben, die durch christliche Nächstenliebe motiviert waren. Andererseits ist aber davon auszugehen, dass eine konfessionelle christliche Bindung häufig primär regionale bzw. traditionale Ursprünge hatte und mit der Einbettung in eine sozial spezifische Gruppe einherging. Womöglich ergab sich daraus tendenziell eine geringere Inklusivität in der sozialen Orientierung, so dass sich insgesamt kein Zusammenhang beobachten lässt. Zu dieser Interpretation passt ebenfalls, dass der Besuch christlicher Schulen keinen Effekt auf die prosoziale Orientierung ausübt. Dagegen weisen Befragte eine deutlich höhere prosoziale Orientierung auf, wenn sie in ihrer Kindheit Freunde unterschiedlicher sozialer Herkunft, also ein inklusiveres Freundschaftsnetzwerk hatten.

Insgesamt erklären die berücksichtigten Prädiktoren 20.9 Prozent der Varianz der abhängigen Variablen. Die prosoziale Orientierung variiert also einerseits systematisch mit den erfassten Merkmalen des Sozialisationskontexts. Andererseits ergibt sich ein großer Anteil unerklärter Varianz, der auf nicht gemessene Persönlichkeit- und Kontextmerkmale sowie auf idiosynkratische Faktoren zurückzuführen sein dürfte.

Ich wende mich nun den sozialen Determinanten bzw. Korrelaten der Ansprache zu. Hierbei ist zu beachten, dass es zwei sehr unterschiedliche Gründe geben konnte, aus denen es *nicht* zur Konfrontation mit einem Hilfegesuch kam: Entweder die Personen initiierten ausschließlich von sich aus Rettungsakte oder sie blieben in dem Sinne unbeteiligt, dass sie weder um Hilfe gebeten noch eigeninitiativ wurden. Für die Vorhersage des Vorliegens eines Hilfegesuchs verwende ich daher ein multinomiales logistisches Regressionsmodell, dessen abhängige Variable die Ausprägungen „Hilfegesuch", „eigeninitiierte Hilfe" oder „unbeteiligt" annehmen kann. Die verwendeten Prädiktoren umfassen soziodemographische Merkmale, frühere signifikante

Verhaltensweisen (Überzeugungstaten, politisches Engagement, Risikoverhalten, außergewöhnliches Hilfeverhalten), Indikatoren objektiv unterschiedlicher Gelegenheiten und Risiken, Beziehungen zu und Wissen über Juden und Nationalsozialisten, Beteiligung am Widerstand, Beteiligung am Widerstand/Hilfeverhalten durch Familienangehörige, die prosoziale Orientierung und weitere, Hilfe prinzipiell begünstigende Eigenschaften in der Kindheit (Selbstvertrauen, Hilfsbereitschaft, Verantwortungsübernahme).

Tabelle 19: Anteil der jüdischen Bevölkerung vor dem Zweiten Weltkrieg und Grad der Machtausübung durch die Nationalsozialisten während des Krieges in 15 Ländern

Land	Fallzahl	Anteil jüdischer Bevölkerung (in %)	Deutsche Machtausübung
Polen	193	9.5	SS-Zone
Niederlande	130	1.6	Befehlszone
Deutschland	88	0.3	SS-Zone
Frankreich	74	0.8	Kolonialzone
Italien	32	0.1	Befehlszone
Norwegen	7	0.1	Befehlszone
Ungarn	6	5.6	Kolonialzone
Dänemark	5	0.2	Befehlszone
Belgien	3	0.8	Befehlszone
Litauen	3	9.4	SS-Zone
Russland[1]	2	5.17	SS-Zone
Tschechoslowakei	2	1.2	SS-Zone
Libyen	1	3.4	Kolonialzone
Österreich	1	0.8	SS-Zone
Rumänien	1	3.6	Kolonialzone

Anmerkungen: [1]Es wird angenommen, dass es sich um von deutschen Truppen eroberte Gebiete der Sowjetunion handelt.

Zudem werden als Ländervariablen der Grad der Machtausübung durch die Nationalsozialisten sowie der Anteil der jüdischen Bevölkerung berücksichtigt. Wie in Kapitel 7.1 ausgeführt, waren diese Kontextmerkmale von herausragender Bedeutung für die Höhe der Opferzahl und den Bedarf an Hilfeleistungen sowie die entsprechenden Möglichkeiten und Risiken (Baron 1988: 14ff.; Fein 1979: 38ff.). Der Grad der Machtausübung wird über die bereits erläuterte Unterteilung von Fein operationalisiert (Fein 1979: 38ff.): In der SS-Zone war die Machtausübung durch die Nationalsozialisten am stärksten. In ihr wurde die Judenvernichtung besonders umfassend betrieben. Geringer war die Kontrolle durch die Nationalsozialisten in der Befehlszone. Die größte Autonomie besaßen Länder der Kolonialzone. Die zweite Ländervariable ist der Anteil der jüdischen Bevölkerung in einem Staat oder einer Region in Prozent, und zwar *vor* dem Krieg bzw. zeitlich so nahe am Juni 1941, wie entsprechende Schätzungen verfügbar sind (Fein 1979: 329). Ein größerer Bevölkerungsanteil sollte unter sonst gleichen Bedingungen den Bedarf an Hilfeleistungen erhöhen und dadurch auch eine Ansprache wahrscheinlicher machen. Es ist allerdings von einer Interaktion mit dem Grad der deutschen Kontrolle auszugehen: Aus mehreren Gründen könnte ein relativ hoher Anteil von Juden innerhalb der SS-Zone andere Auswirkungen haben als innerhalb von Gebieten mit geringerer oder indirekterer Machtausübung. So stehen etwa dem mit der relativen Gruppengröße steigenden Bedarf an Hilfeleistungen in der SS-Zone besonders hohe Risiken gegenüber. Die Spalten 3 und 4 in Tabelle 19 enthalten die Werte der Ländervariablen für die im APPBI-Datensatz vorkommenden Länder. Für die bei Fein nicht berücksichtigten Länder Libyen und Russland wurde der Anteil der jüdischen Bevölkerung und der Grad der deutschen Kontrolle selbst recherchiert bzw. kodiert.[136,137]

---

[136] Für Libyen konnte der Anteil der jüdischen Bevölkerung für das Jahr 1936 geschätzt werden. Dafür wurde, basierend auf den Angaben von de Felice (1985), die Anzahl der Juden in 29 libyschen Städten addiert (28 191) und durch die Gesamteinwohnerzahl im selben Jahr (817 400) dividiert. Die Zahl der Juden stimmt auch mit den entsprechenden Angaben in den Akten des Auswärtigen Amts für den 15.10.1942 überein, in denen von annährend 28 430 in Libyen wohnhaften Juden ausgegangen wird (United Restitution Organization 1962: 106). Libyen wurde der Kolonialzone zugewiesen, da es teils umkämpft, teils unter italienischer Kontrolle war und die deutsche Kontrolle eher indirekt blieb, wie ebenfalls aus Akten des Auswärtigen Amts hervorgeht (United Restitution Organization 1962: 108ff.). Im Unterschied zur systematischen Vernichtungspolitik in der SS-Zone war das Ziel der Deportationen von Juden in Libyen vor allem ihr Einsatz in Arbeitslagern (United Restitution Organization 1962: 109).

[137] Legt man die Volkszählung von 1939 zu Grunde, so ergibt sich für die gesamte Sowjetunion ein Anteil der jüdischen Bevölkerung in Höhe von 1.77 Prozent (3 020 000 divi-

295

Tabelle 20 enthält die Ergebnisse zweier Schätzungen des multinomialen logistischen Regressionsmodells. Im ersten Modell wurden alle Fälle mit fehlenden Werten ausgeschlossen (N = 244), im zweiten Modell dagegen über multiple Imputation berücksichtigt (N = 406). Ein zeilenweiser Vergleich zeigt, dass Vorzeichen und statistische Signifikanz der Koeffizienten mit wenigen Ausnahmen übereinstimmen. Dies kann als Hinweis auf die Güte der multiplen Imputation angesehen werden. Im Folgenden werden die Ergebnisse des Modells unter Verwendung multipler Imputation beschrieben.

Es zeigt sich, dass Frauen und ältere Menschen eher angesprochen oder eigenintiativ wurden, als dass sie unbeteiligt blieben. Befragte mit Abitur wurden im Vergleich zu Befragten, die nur die Grundschule besuchten, tendenziell entweder eigeninitiativ oder blieben unbeteiligt. Für Befragte mit Hochschulstudium lässt sich kein derartiger Bildungseffekt feststellen. Befragte, die im Haushalt mit einem Partner zusammenlebten, wurden eher um Hilfe gebeten, und ein zusätzlicher Effekt in diese Richtung ergab sich, wenn zudem Kinder im Haushalt lebten. Dies könnte als Effekt eines größeren sozialen Netzwerkes gedeutet werden, welches die Wahrscheinlichkeit, angesprochen zu werden, erhöhte. Auch ansonsten ergeben sich eine Reihe inhaltlich plausibler Zusammenhänge. Mitglieder von Widerstandsgruppierungen wurden eher um Hilfe gebeten oder eigeninitiativ. Gleiches gilt für Befragte, deren Familienmitglieder im Widerstand aktiv waren oder halfen, sowie bei Kontakt zu Juden. Größere finanzielle Ressourcen begünstigten tendenziell eigeninitiiertes Helfen, wohingegen Personen mit vielen Nachbarn eher unbeteiligt blieben. Befragte, die vor dem Krieg Überzeugungstaten oder außergewöhnliches Hilfeverhalten gezeigt hatten, wurden

---

diert durch 170 467 000) (Wellers 1978: 31). Für die Rettung von Juden unter *Nazi-Herrschaft*, um die es im APPBI-Projekt ging, ist dies jedoch nicht der relevante Kontext. Dieser besteht in den von deutschen Truppen eroberten Gebieten der Sowjetunion, wie etwa der Ukrainischen und Weißrussischen SSR. In diesen lag der Anteil der jüdischen Bevölkerung deutlich höher und wurde zusätzlich durch jüdische Flüchtlinge nach dem deutschen Angriff auf Polen erhöht (siehe Robel 1991: 500ff.). Daher wurden Informationen zum Anteil der jüdischen Bevölkerung in der Ukrainischen SSR (4.9 Prozent) und in der Weißrussischen SSR (6.7 Prozent) für das Jahr 1939 zu Grunde gelegt (Robel 1991: 501). Unter Gewichtung mit der jeweiligen Gesamteinwohnerzahl erhält man einen Mittelwert von 5.17 Prozent. Die ungeheuren Ausmaße des Völkermords an den Juden in diesen Gebieten sind bekannt. Es steht außer Frage, dass dieser Teil der Sowjetunion zur SS-Zone zu zählen ist.

tendenziell eher um Hilfe gebeten. Dies könnte durch eine entsprechende Reputation vermittelt sein, insbesondere da für ihre selbsteingeschätzte Hilfsbereitschaft und prosoziale Orientierung statistisch kontrolliert wird. Diese Dispositionen lassen die Konfrontation mit einem Hilfegesuch eher unwahrscheinlicher werden, da sie eigeninitiiertes Helfen begünstigen. Früheres Risikoverhalten machte es unwahrscheinlich, unbeteiligt zu bleiben, und erhöhte vor allem die Wahrscheinlichkeit, eigeninitiiert zu helfen. Dies kann als weiterer Beleg dafür angesehen werden, dass das wahrgenommene Risiko in dieser Hochkostensituation zentral war.

Tabelle 20: Prädiktoren der Ansprache

	Modell ohne Imputation		Modell mit Imputation[1]	
	Unbeteiligt vs. Hilfegesuch	Eigeninitiiert vs. Hilfegesuch	Unbeteiligt vs. Hilfegesuch	Eigeninitiiert vs. Hilfegesuch
Frau	-1.32* (0.60)	-0.11 (0.52)	-0.90* (0.42)	-0.03 (0.33)
Alter (in Jahren)	-0.08* (0.04)	0.04 (0.02)	-0.05+ (0.03)	0.02 (0.02)
abgeschl. Studium	0.72 (0.74)	0.06 (0.62)	0.08 (0.59)	-0.04 (0.42)
abgeschl. Gymnasium	1.47* (0.67)	0.82+ (0.50)	1.19* (0.49)	0.81* (0.36)
abgeschl. Lehre	-0.38 (0.85)	0.00 (0.59)	0.20 (0.55)	-0.00 (0.44)
Partner im HH	-1.50* (0.71)	-1.39* (0.62)	-1.57* (0.72)	-0.96* (0.48)
Kinder im HH	-0.39 (0.86)	0.33 (0.57)	-1.19* (0.51)	-0.66 (0.40)
Früheres Verhalten:				
Überzeugungstaten	-0.22 (0.73)	-0.64 (0.51)	-0.82 (0.54)	-0.97** (0.37)
Politisches Engagement	-1.01 (0.82)	-0.39 (0.51)	0.18 (0.52)	-0.07 (0.35)
Risikoverhalten	-1.26 (1.06)	1.04* (0.50)	-1.23+ (0.67)	1.13** (0.34)
Hilfeverhalten	-0.56 (0.68)	-0.74+ (0.43)	-0.65 (0.44)	-0.55+ (0.31)
#Räume	-2.04 (1.29)	0.24 (0.81)	-1.20 (1.03)	0.04 (0.64)
Finanzielle Ressourcen	-0.69 (1.33)	0.98 (0.96)	-0.08 (0.96)	1.05 (0.72)
Viele Nachbarn	1.03 (0.64)	-0.42 (0.49)	1.62** (0.63)	-0.39 (0.37)

Fortsetzung von Tabelle 20

Kontakt zu Juden	-1.33**	(0.50)	0.13	(0.45)	-0.77*	(0.37)	0.27	(0.30)
Misshandlungen:								
Wahrgenommen	0.75	(0.68)	1.20+	(0.64)	0.23	(0.45)	0.56	(0.39)
Erlitten	-0.07	(0.87)	0.02	(0.53)	-0.13	(0.59)	-0.48	(0.41)
Widerstand	-3.73**	(0.99)	-0.27	(0.54)	-3.10**	(0.63)	0.23	(0.33)
Widerstand/Hilfe in Familie	-1.60*	(0.66)	-0.53	(0.44)	-1.15**	(0.43)	-0.28	(0.30)
Prosoz. Orientierung	0.94	(1.45)	1.30	(1.27)	0.67	(0.97)	1.51+	(0.82)
Selbstvertrauen	0.55	(0.92)	1.84*	(0.84)	-0.34	(0.69)	0.68	(0.54)
Hilfsbereitschaft	1.13	(1.63)	2.62*	(1.26)	0.38	(1.16)	1.32	(0.92)
Verantwortungsvoll	-2.53*	(1.06)	-1.76+	(0.92)	-0.46	(0.73)	-0.29	(0.61)
Befehlszone	-3.74**	(0.96)	-1.90*	(0.81)	-2.84**	(0.61)	-1.17*	(0.53)
SS-Zone	-2.97**	(1.14)	-2.13*	(0.95)	-1.53*	(0.75)	-1.08+	(0.65)
%Jüdische Bevölkerung	-7.35	(7.65)	-1.90	(4.55)	-6.55*	(2.97)	-1.63	(2.29)
SS-Zone × %JB	7.12	(7.65)	0.88	(4.63)	5.70+	(2.99)	0.63	(2.31)
Konstante	7.56**	(2.30)	-3.15+	(1.64)	3.90*	(1.62)	-2.88*	(1.17)
Pseudo R^2	0.350				---			
Log-Likelihood	-152.82				---			
N	244				406			

Anmerkungen: Multinomiale logistische Regressionen mit und ohne multiple Imputation fehlender Werte: unstandardisierte Logit-Koeffizienten; in Klammern: robuste Standardfehler mit Berücksichtigung der Cluster.
[1]Berechnung auf Basis von fünfzig imputierten Datensätzen.
$+ p < 0.10$, $* p < 0.05$, $** p < 0.01$ (zweiseitige Tests)

Besonders interessant ist das Einflussmuster der Ländervariablen. Hinsichtlich des Kontrastes „unbeteiligt" vs. „Hilfegesuch" besteht eine Interaktion zwischen dem Grad der Kontrolle durch die Nazis und dem Anteil der jüdischen Bevölkerung vor dem Krieg (p < 0.10). Für Länder mit einem *sehr geringen* Anteil jüdischer Bevölkerung (Minimum = 0.1 Prozent) ergibt sich folgende Beziehung: Befragte in der SS-Zone sahen sich eher mit einem Hilfegesuch konfrontiert als Befragte in Ländern mit geringer Befehlsgewalt durch die Nazis (Kolonialzone). Dies änderte sich jedoch bei einem höheren Anteil der jüdischen Bevölkerung (Maximum = 9.5 Prozent): Je höher dieser war, umso eher kam es bei *geringer* Befehlsgewalt durch die Nazis zur Konfrontation mit einem Hilfegesuch und umso seltener wurde völlige Passivität. In der SS-Zone hatte der Anteil der jüdischen Bevölkerung dagegen keine derartige Wirkung.

Eine Interpretation dieser Beziehungen ist, dass mit größerem Anteil der jüdischen Bevölkerung die Wahrscheinlichkeit, mit einem Hilfegesuch konfrontiert zu werden, allein schon aus Zufallsgründen stieg. In den Ländern, in denen die Machtausübung durch die SS besonders stark war, kam dieser Effekt nicht zum Tragen, da Hilfegesuche den Hilfebedürftigen entweder zu gefährlich schienen oder ihnen gar nicht mehr die Möglichkeit hierzu blieb. Wie erwähnt, begannen die Deportationen und die Vernichtung der Juden in der SS-Zone sehr rasch, so dass wenig Zeit blieb, Rettung über Hilfegesuche zu organisieren (Fein 1979: 78). Auch seitens des Staates bestand in den hier betrachteten Ländern kein Interesse daran, die Deportationen zu verzögern (Fein 1979: 77).

Die Verbreitung *eigeninitiierter* Hilfe war dagegen auch bei geringerer Befehlsgewalt weitgehend unabhängig vom Anteil der jüdischen Bevölkerung. Auch dies ist plausibel, insofern solche außergewöhnlichen Taten weniger durch die mangelnde Verfügbarkeit hilfebedürftiger Personen als durch die Seltenheit von zur Eigeninitiative bereiten Personen begrenzt waren. Für die sog. Befehlszone, also den mittleren Kontrollgrad durch die Nazis, konnte aufgrund von Multikolinearität kein eigener Interaktionsterm spezifiziert werden. Durchschnittlich ergibt sich, wie schon in der SS-Zone, eine höhere Wahrscheinlichkeit einer Konfrontation mit einem Hilfegesuch als bei geringerer Kontrolle durch die Nazis.

Abbildung 15: Die Wahrscheinlichkeit, mit einem Hilfegesuch konfrontiert zu werden, eigeninitiativ zu helfen oder unbeteiligt zu bleiben, in Abhängigkeit vom Anteil jüdischer Bevölkerung und der Machtausübung durch die Nationalsozialisten

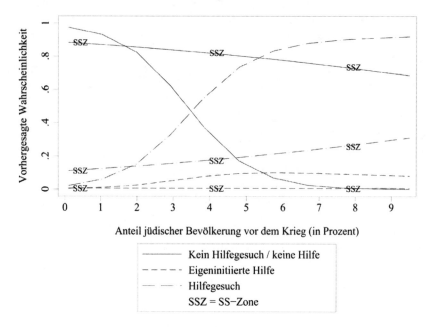

Abbildung 15 illustriert den Interaktionseffekt anhand vorhergesagter Wahrscheinlichkeiten. Diese werden für alle drei Kategorien der abhängigen Variablen gegen den Anteil der jüdischen Bevölkerung abgetragen. Es wird dabei zwischen Ländern in der SS-Zone und solchen in der Kolonialzone differenziert. Zu beachten ist, dass das absolute und relative Niveau der vorhergesagten Wahrscheinlichkeiten auch von den Werten der Drittvariablen abhängt, für die sie berechnet wurden, und daher nicht überinterpretiert bzw. generalisiert werden sollte.[138] Die Abbildung veranschaulicht vor allem,

---

[138] Es wurde ein möglichst realistisches Kovariatenmuster zu Grunde gelegt. Die dargestellten vorhergesagten Werte beziehen sich auf männliche Befragte mit Gymnasialabschluss, die vor dem Krieg keine besonderen Taten vollbracht hatten, sich nicht besonders stark mit Juden identifizierten, kein Mitglied des Widerstands waren und auch keine aktiven Familienmitglieder hatten, selbst nicht durch die Nazis misshandelt worden waren, aller-

dass die vorhergesagten Wahrscheinlichkeiten in der SS-Zone weitgehend unabhängig vom Anteil der jüdischen Bevölkerung sind, wohingegen in der Kolonialzone der Anteil von unbeteiligten Fällen mit steigendem Anteil jüdischer Bevölkerung zu Gunsten von Fällen mit Hilfegesuchen zurückgeht.

7.6 Fazit

Das Gros der Literatur zur Rettung von Juden im Zweiten Weltkrieg betont die Bedeutung einer spezifischen altruistischen Persönlichkeit bzw. Identität, die eine Verpflichtung zur Hilfe gegenüber Menschen in Not nach sich zog (Geras 1995; Monroe 1996; Monroe, Barton und Klingemann 1990; Monroe 1991; Monroe, Barton und Klingemann 1991; Oliner und Oliner 1988; Tec 1986). Von Seiten des RC-Ansatzes wurde dagegen die Rolle situationaler Faktoren betont, die gemeinsam mit den generellen Präferenzen der Akteure die jeweilige Konfiguration von Anreizen und Gelegenheiten und darüber die Entscheidung für oder gegen die Hilfeleistung bestimmten (Gross 1994, 1997; Opp 1997; Varese und Yaish 2000, 2005). Der entwickelten MFS-Erklärung zufolge enthalten beide Gruppen von Erklärungsansätzen wichtige Argumente, sind aber, für sich genommen, unzureichend.

Die MFS-Erklärung und die durchgeführten Analysen bestätigen zwar die zentrale Bedeutung einer stark ausgeprägten prosozialen Orientierung. Es konnte aber auch bei einer weniger stark ausgeprägten prosozialen Orientierung zur Hilfe kommen. Umgekehrt war eine starke derartige Orientierung keine hinreichende Bedingung für Hilfeleistungen gegenüber Juden – nicht zuletzt aufgrund der häufig problematischen Definition der Situation und hohen Motivation zur Reflexion in dieser Hochkostensituation. Neben spontanen Rettungstaten gab es daher auch Entscheidungen zur Hilfe, denen eine Abwägung der erwarteten Nutzen und Kosten vorausging. Diese lassen sich durchaus im Rahmen eines weiten RC-Ansatzes erklären.

---

dings durchaus Kontakt zu Juden hatten und von Misshandlungen von Juden durch die Nazis gehört hatten. Es wurde weiter angenommen, dass die Personen ohne eigene Familie lebten, Hauptverdiener ihres Haushalts waren, in ihrer Kindheit jüngere Geschwister hatten und nicht nur mit ihrem Vater aufwuchsen. Schließlich wurde von einem Wohnort in der Stadt mit vielen – auch jüdischen – Nachbarn ausgegangen. Die übrigen, als metrisch behandelten Variablen wurden auf ihren Median gesetzt.

Die entwickelte MFS-Erklärung der Rettung von Juden im Zweiten Weltkrieg widerspricht der von Monroe und Kollegen gezogenen Schlußfolgerung, der RC-Ansatz hätte zur Erklärung dieser Heldentaten nichts beizutragen (Monroe, Barton und Klingemann 1990: 340). Er liefert nur eine unvollständige, d.h. erst in ihrer Verallgemeinerung falsche Erklärung. Es gab spontane Entscheidungen zur Hilfe unter Ausblendung anderer Anreize, die sich im RC-Ansatz zumindest nicht ansatzimmanent erklären lassen. Wie gezeigt, kam es dazu vor allem bei einer Konfrontation mit einem Hilfegesuch. Von Hilfegesuchen wurde angenommen, dass sie die Situation tendenziell zu definieren halfen, die Verpflichtung zur Hilfe aktivierten und die Reflexionsopportunitäten einschränkten. Zudem begünstigte eine stark ausgeprägte prosoziale Orientierung spontane Entscheidungen zur Hilfe.

Evidenz für derartig unhinterfragtes Handeln existierte bislang lediglich in qualitativer Form, basierend auf den retrospektiven Schilderungen der Retter von Juden. Die hier auf Basis des MFS durchgeführten Analysen bestätigen diese Vorstellung erstmals mit Hilfe multivariater statistischer Verfahren. Wie gezeigt, lässt sich für alle relevanten Anreizvariablen ein Interaktionseffekt mit der prosozialen Orientierung oder mit dem Vorliegen eines Hilfegesuchs feststellen. Die finanzielle Ressourcenausstattung, die Anzahl an Räumen, die Teilhabe am Widerstand, das Vorhandensein vieler Nachbarn und das wahrgenommene Risiko hatten einen starken Einfluss auf die Entscheidungen, sofern die Akteure keine sonderlich starke prosoziale Orientierung besaßen und mit keinem Hilfegesuch konfrontiert wurden. Waren dagegen beide letztgenannten Bedingungen erfüllt, so ging von keiner der Anreizvariablen ein Einfluss auf die Entscheidung zur Hilfe aus.

Das sich ergebende Bild der Retter von Juden im Zweiten Weltkrieg ist somit deutlich komplexer als die bisher vorgebrachten Erklärungsansätze. Dass sich die spezifischen Interaktionshypothesen des MFS trotz aller Probleme der verwendeten Daten und des generellen Teststärkeproblems bestätigen, spricht für die entwickelte MFS-Erklärung. Gleichwohl sind die angestellten Kausalschlüsse mit Unsicherheit behaftet und bleiben – aufgrund der Unmöglichkeit neuer Stichprobenziehungen wohl dauerhaft – auf nicht überprüfbare Annahmen angewiesen. Zudem besteht auch hinsichtlich der Ergebnisse der hier durchgeführten empirischen Analysen die Möglichkeit von Alternativerklärungen. In Anwendungen des MFS wird dieses generelle Problem häufig dadurch relativiert, dass mögliche Alternativerklärungen das aufgefundene Muster statistischer Interaktionen nicht plausibel machen können. Im vorliegenden Fall existiert jedoch eine potentielle Alternativerklärung, die dazu in der Lage ist und die daher kurz diskutiert werden muss.

Wie bereits erwähnt, war die Konfrontation mit einem Hilfegesuch selten ein zufälliges Ereignis, sondern häufig das Ergebnis einer bewussten Auswahl seitens der Fragenden. Statistisch bringt dies das Problem mit sich, dass Effekte des Vorliegens eines Hilfegesuchs auch Effekte anderer, unbeobachteter Faktoren sein könnten, welche diese Auswahl anleiteten. Man könnte insbesondere annehmen, dass systematisch solche Personen um Hilfe gebeten wurden, welche günstige Gelegenheiten und hohe Anreize zur Hilfe besaßen. Jenseits der berücksichtigten Anreiz- und Gelegenheitsindikatoren besaßen Personen, die angesprochen wurden, möglicherweise andere, *nicht gemessene* Gelegenheiten oder Anreize zur Hilfe und wurden genau aus diesem Grund angesprochen. In dem Maße, in dem dies der Fall ist, könnte die durchschnittliche Irrelevanz der gemessenen Anreize bei Vorliegen eines Hilfegesuchs (mit Ausnahme des wahrgenommenen Risikos) primär Ausdruck unbeobachteter Heterogenität und nicht Ausdruck eines automatisch-spontanen Modus des Handelns sein.

Aus verschiedenen Gründen erscheint es jedoch unwahrscheinlich, dass lediglich ein derartiger Selektionsprozess für das Verschwinden der Anreizeffekte verantwortlich ist: Vor allem konnte eine Reihe zweifelsohne bedeutsamer Anreiz- und Gelegenheitsindikatoren gemessen und berücksichtigt werden. Es ist daher *erstens* wahrscheinlich, dass nicht beobachtete Gelegenheiten oder Anreize mit der finanziellen Ressourcenausstattung, der Anzahl an Räumen, der Teilhabe am Widerstand und der Existenz vieler Nachbarn korreliert waren. In dem Maße, in dem das der Fall ist, reduziert sich das Problem unbeobachteter Heterogenität erheblich. *Zweitens* variierten die Höhe der Anreize und die Günstigkeit der Gelegenheiten zur Hilfe mit den vorhandenen Anreizvariablen. Selbst wenn auch unabhängig von ihrer Ausprägung die prinzipielle Möglichkeit und Bereitschaft zur Hilfe bestand, dürften Entscheidungen im rc-Modus doch davon abhängig gewesen sein, *wie günstig* die Gelegenheiten und *wie hoch* die Anreize zur Hilfe waren. Dass keine Effekte mehr von diesen Variablen ausgehen, erscheint daher nicht vollständig durch die bewusste Auswahl der Angesprochenen erklärbar. *Drittens* wird die weite Verbreitung spontaner Entscheidungen zur Hilfe auch durch die qualitative Evidenz gestützt (siehe Kapitel 7.2). *Viertens* wäre schließlich die Annahme, es sei immer zu einer perfekten oder auch nur systematischen Auswahl gekommen ebenso unrealistisch wie die einer immer völlig zufälligen Auswahl. Gerade wenn keine kollektiven Rettungsaktionen organisiert wurden, sondern Juden auf der Flucht nach einem Versteck suchten, kam es häufig zur spontanen Ansprache fremder Personen (siehe etwa die Berichte in Tec 1986: 40ff.).

Im Rahmen dieser Arbeit und angesichts der verfügbaren Daten stand die Überprüfung handlungstheoretischer Hypothesen im Vordergrund. Bereits die Analysen der Determinanten der Ansprache und der prosozialen Orientierung zeigen jedoch, dass die entwickelte Erklärung auf vielfältige soziale Prozesse verweist. Neben zeitlich weiter entfernten Sozialisationseinflüssen und dem Einfluss des politischen Kontexts in den jeweiligen Ländern sind insbesondere die jeweiligen lokalen Prozesse kollektiven Handelns von Interesse. Bereits Gross (1994) hat betont, dass die meisten Rettungsaktionen Fälle *kollektiven* Handelns waren. Dies widerspricht nicht der hier entwickelten MFS-Erklärung, denn auch bei einer Einbettung in kollektive Handlungszusammenhänge gab es in jedem Fall eine individuelle Entscheidung für oder gegen die Beteiligung an Hilfsaktionen. Die hier betrachteten Variablen können vielmehr als Schnittstellen zwischen den jeweiligen Mikro-Situationen und weiteren, im Hintergrund ablaufenden sozialen Prozessen angesehen werden. Dies gilt etwa für die zentrale Rolle der Ansprache, die in der Mehrzahl der Fälle nicht direkt durch die verfolgten Juden selbst, sondern durch „Mittelsmänner" erfolgte. Letztere waren häufig in mehr oder weniger organisierte Helfer-Netzwerke eingebunden. Auf die Bedeutung der Auflösung möglicher Loyalitätskonflikte und der Normaktivierung bei einer Ansprache durch lokale Autoritäten wurde ebenfalls hingewiesen. Die MFS-Erklärung schließt hier an die Literatur an, welche Framing-Prozesse als zentrale Erfolgsbedingungen sozialer Bewegungen betrachtet (Benford und Snow 2000). Gleiches gilt für die als relevant identifizierten Bestandteile der Gelegenheitsstruktur. Organisatoren kollektiver Rettungsaktionen konnten sowohl die zur Verfügung stehenden finanziellen Ressourcen als auch das wahrgenommene Risiko systematisch zu beeinflussen versuchen (Gross 1994: 467). Für eine umfassendere soziologische Analyse ist es daher in der Tat notwendig, moralische Motivationen in Verbindung mit nicht-moralischen Motivationen, situativen Faktoren und dem jeweiligen Mobilisierungskontext zu betrachten (Gross 1994: 467). Allerdings dürfen diese Aspekte nicht unverbunden nebeneinander gestellt, sondern müssen handlungstheoretisch in ihrer bedingten Wirksamkeit analysiert werden, um zu kausal adäquaten Erklärungen zu gelangen.

8 Die Analyse sozialer Interaktionsprozesse im Modell der Frame-Selektion

In den dargestellten empirischen Analysen stand der Test situationaler und handlungsgenerierender Mechanismen (Hedström und Swedberg 1998) im Vordergrund. Die Anwendungsmöglichkeiten des MFS erstrecken sich jedoch auch auf die Analyse sozialer Prozesse. Generell wird das MFS der in Kapitel 1 herausgearbeiteten Bedeutung der Handlungstheorie für soziologische Erklärungen aus zwei Gründen besonders gerecht: Erstens erlaubt es unterschiedlich komplexe Handlungserklärungen zu entwickeln, je nach Fragestellung, Erkenntnisinteresse und Datenlage. Mit anderen Worten genügt es durch seine Komplexität und sein Potential zu systematischen Vereinfachungen dem Kriterium der Modulierbarkeit. Zweitens lässt sich in MFS-Erklärungen eine Vielzahl handlungsleitender Faktoren berücksichtigen. Dadurch ist das MFS *sozial*theoretisch weitgehend neutral. Es ließe sich beispielsweise in gleichem Maße als Mikrofundierung von Konflikttheorien, Diskurstheorien, Ungleichheitstheorien oder Differenzierungstheorien verwenden. Auch in der Frage, ob in einem sozialen Kontext Interessen, Institutionen oder Ideen am wirkmächtigsten sind, legt es sich nicht fest.

Im Folgenden veranschauliche ich, wie und mit welchem Gewinn das MFS die Analyse von Interaktionssequenzen im Makro-Mikro-Makro-Modell anzuleiten vermag (siehe generell bereits Esser 1999b: 167ff.; Esser 2001: Kap. 12). Dabei lassen sich zudem einige prima-facie Einwände gegen das MFS entkräften, wie sie von Seiten interaktionistischer, praxistheoretischer oder systemtheoretischer Ansätze nahe liegen mögen.

8.1 Kollektive Situationsdefinitionen als unintendierte Folge absichtsvollen Handelns

Um zu verdeutlichen, auf welche Weise das MFS das interaktive Zusammenwirken von Akteuren und damit prinzipiell die Entstehung, Reproduktion und den Wandel kollektiver Phänomene zu analysieren erlaubt, wird zunächst ein empirisches Beispiel näher betrachtet, das einige wichtige Merkmale sozialer Interaktionsprozesse aufweist: die alltäglichen „race relations" in den Ghettos US-amerikanischer Großstädte, wie sie Elijah Anderson in einer Reihe bekannter Ethnographien beschrieben hat (Anderson 1990, 1999).

Verglichen mit Armutsvierteln westeuropäischer Städte sind US-amerikanische Ghettos, bei aller Heterogenität (Small 2008), typischerweise durch ein extremes Ausmaß an Armut und Kriminalität gekennzeichnet. Aufgrund dieser strukturellen Bedingungen und gespeist durch ein nicht gänzlich unbegründetes Mißtrauen gegenüber Polizei und Justiz hat sich in den Ghettos ein sog. „code of the streets" herausgebildet (siehe Anderson 1999). Dieser ist ein informelles Regelwerk, in dessen Zentrum die Idee des *Respekts* und die Bedingungen seines Erhalts stehen. Respekt behält nur derjenige, der bereit ist, auf respektloses Verhalten anderer mit Gewalt zu reagieren. Respektiert zu sein, ist eine Grundvoraussetzung für den eigenen Status und kommt einer (Lebens-)Versicherung gleich, die ständig zu verteidigen ist. Denn den Respekt verloren zu haben, bedeutet für eine Vielzahl *anderer*, selbst um Respekt kämpfender Personen ein Opfer zu sein, gegenüber dem respektloses Verhalten nicht nur möglich erscheint, sondern geboten ist, um mittelfristig den eigenen Respekt zu bewahren.

Aus der Perspektive des MFS lässt sich der „code of the streets" als ein System sozial geteilter Frames und Skripte betrachten (siehe dazu auch Hannerz 1969: 181ff.; Young 2004: 43f.). Andersons Analyse ist aber nicht nur ein weiteres Beispiel für die Relevanz der im MFS präzisierten handlungstheoretischen Mechanismen. Vielmehr lässt sich anhand seiner Studien veranschaulichen, wie eine Betrachtung von *Interaktionssequenzen* mit Hilfe eines derartigen Modells möglich ist. Als kollektives Explanandum betrachte ich die Stabilität der Vorurteile und des Mißtrauens weißer Bürger gegenüber schwarzen Personen. Wie die ethnographischen Beobachtungen Andersons belegen, prägen diese die inter-ethnischen Beziehungen im öffentlichen Leben im und rund um das Ghetto nachhaltig. Das Erklärungsbedürftige an ihrer Stabilität besteht darin, dass es eine große Zahl „anständiger" schwarzer Ghettobewohner gibt, deren Werthaltungen *nicht* dem „code of the streets" entsprechen, sondern welche amerikanische mainstream-Werte wie harte Arbeit, Religiosität, Familie und Gemeinschaft teilen.[139] Warum führt das alltägliche Aufeinandertreffen dieser Personengruppe mit weißen Bürgern nicht zu einem Abbau oder einer Modifikation von Vorurteilen und Mißtrauen?

Zur Beantwortung dieser Frage sei zunächst das typische Verhalten straßenunerfahrener weißer Bürger bei derartigen Begegnungen betrachtet (siehe Anderson 1990: 163ff.). Gerade wenn diese nicht selbst im Ghetto leben, basieren ihre Situationsdeutungen und ihr Handeln zumeist auf relativ groben Vorurteilen. Tendenziell sehen sie in jedem Fremden, der schwarz und männlich ist, eine Gefahr und initiieren ein entsprechendes Vermeidungsverhalten (Vermeiden von Blickkontakt, Wechseln der Straßenseite etc.) (Anderson 1990: 230). Die Kombination von Hautfarbe und Geschlecht wirkt bei dieser Akteursgruppe als signifikantes Symbol, das eine spontane Frame-, Skript- und Handlungsselektion nach sich zieht.

Schwarze Ghettobewohner kennen diese Verhaltensweisen und schließen entsprechend auf die dahinter stehende Kategorisierung ihrer selbst als potentielle Gewalttäter. Vereinfachend lassen sich drei Reaktionsmöglichkeiten auf diese Zuschreibung unterscheiden: Sie können (a) die weißen Bürger ignorieren, (b) versuchen ihnen die Angst in der Handlungssituation zu nehmen oder (c) einen provozierenden oder aggressiven Konfrontationskurs einschlagen. Dieses Anschlusshandeln bildet den nächsten Schritt der Interaktionssequenz. Die Handlungsweise (a) führt zu einer relativ schnellen Auflösung der Situation. Dadurch verstärkt sie aber häufig die mentale Verankerung des Vermeidungsskriptes auf Seiten der weißen Bürger. Denn für die weißen Interaktionsteilnehmer bestehen in der Regel keine signifikanten Hinweise darauf, dass in Wirklichkeit gar keine Gefahr drohte. Vielmehr erreichten sie durch das Befolgen des Vermeidungsskripts das Ziel, die unangenehme und potentiell gefährliche Situation rasch und unbeschadet zu beenden.[140]

---

[139] Mit „anständig" im Unterschied zu „straßenorientiert" lassen sich zwei grundlegende entgegengesetzte Wertorientierungen beschreiben. Eine straßenorientierte Person weist eine stärkere Verankerung des oben beschriebenen „code of the streets" auf. Dieses von Anderson analytisch gebrauchte Begriffspaar ist dem Sprachgebrauch der Ghettobewohner selbst entlehnt (Anderson 1999: 35). Der Einfluss dieser Orientierungen auf das Verhalten variiert stark in Abhängigkeit von Situationsmerkmalen und entspricht damit der im MFS angenommenen Wirkungsweise von Frames und Skripten.

[140] Das beschriebene Vermeidungsverhalten der weißen Bürger ist ein Beispiel für „die performative Herstellung der Situation [...] durch die Etablierung eines Deutungsmus-

Laut Anderson versucht eine beträchtliche Anzahl an Schwarzen, den Vorurteilen der Weißen aktiv entgegenzuwirken, indem sie sich betont höflich und kommunikativ geben (Anderson 1990: 184ff.). Beispielsweise versuchen sie die Deutung der Situation als Gefahrensituation dadurch zu überwinden, dass sie ihr Gegenüber anlächeln, freundlich grüßen oder sogar (etwa bei nächtlichen Begegnungen) explizit versichern, dass von ihnen keine Gefahr ausgeht. Diese Handlungsweise (b) ist jedoch häufig erfolglos, wenn nicht gar kontraproduktiv (Anderson 1990: 184ff.). Ein erster Grund besteht darin, dass diese Formen der Kontaktaufnahme für die weißen Bürger *innerhalb* des Frames „Gefahrensituation" als just solche Unwägbarkeiten und Risiken erscheinen, die man eigentlich vermeiden wollte. Es ist daher auf diesem Wege äußerst schwierig, die Situationsdeutung des weißen Gegenübers und damit die kollektive Situationsdefinition zu ändern. Ein weiterer Grund besteht in der Präsenz weiterer Situationsobjekte, welche die Möglichkeiten für ein Reframing stark verringern können, ohne für den schwarzen Interaktionspartner innerhalb der Handlungssituation zur Disposition zu stehen. Dazu zählen einerseits Situationsmerkmale wie die Tageszeit (Nacht) oder die Abwesenheit anderer Personen, andererseits der für schwarze männliche Ghettobewohner typische Kleidungsstil oder inkorporierte Formen ihrer Selbstdarstellung (Anderson 1990: 184, 187f.).

Gerade wenn diese als eigenes Bemühen wahrgenommene Handlungsweise (b) immer wieder an der Resistenz der Verdächtigungen und pauschalen Kategorisierungen scheitert, greifen oft selbst „anständige" schwarze Einwohner zur Handlungsweise (c), um die Frustration und den emotionalen Stress abzubauen. So berichtet Anderson von einer Reihe von Fällen, in denen sich „anständige" Schwarze über ängstliche und damit „ignorante" Weiße lustig machen und diese absichtlich erschrecken, indem sie eine Attacke vortäuschen. Über dieses Anschlusshandeln wird die Situationsdeutung der Weißen endgültig zu einer sich selbst erfüllenden Prophezeihung. Aggressive provozierende Verhaltensweisen werden zudem dadurch begünstigt, dass auch „anständige" schwarze Jugendliche nach außen hin Härte

---

ters" (Schulz-Schaeffer 2008b: 366). In derartigen, von Ingo Schulz-Schaeffer als „performative Situationsdefinition" bezeichneten Fällen haben Handlungsselektionen einen externen Effekt auf die kollektive Situationsdefinition: Das Handeln der Akteure verändert Situationen bzw. lässt neue Situationen entstehen und beeinflusst darüber, intendiert oder unintendiert, die Situationsdefinitionen aller Anwesenden (siehe bereits Esser 2001: Kap. 12).

signalisieren müssen, um nicht selbst viktimisiert zu werden (Young 2004: 86). Sie befinden sich also in einer Akteurskonstellation, in der von zwei Seiten negative Kategorisierungen drohen (Anderson 1990: 189): die Einordnung als potentielle Gewalttäter durch weiße straßenunerfahrene Einwohner und die Einordnung als „Schwächlinge" und „leichte Beute" durch straßenorientierte schwarze Einwohner. Je stärker sie durch ihr Handeln (z.b. einen Härte signalisierenden Kleidungsstil) der einen Situationsdefinition entgehen, desto mehr bewirken sie die andere.

Dieses Beispiel von Alltagsinteraktionen im öffentlichen Raum weist einige Merkmale auf, die generell für soziales Framing als Interaktionsprozess kennzeichnend sind:

1. Interaktionsprozesse können einer Situationslogik unterliegen, der einzelne Akteure selbst dann ausgeliefert sind, wenn sie diese partiell oder vollständig erkennen. Im betrachteten Beispiel scheitern etwa „anständige" schwarze Ghettobewohner häufig in ihrem Bemühen, ihre weißen Gegenüber von der Situationsdefinition als „Gefahrensituation" abzubringen. Der generelle Grund ist, dass Akteure die *unintendierten symbolischen Effekte* ihrer Erscheinung und ihres Handelns nur begrenzt unter Kontrolle haben. Unter anderem daraus speist sich die Wirkmächtigkeit sozialer Kategorisierungen, welche entscheidend zur Entstehung und Reproduktion sozialer Ungleichheiten beitragen können (Tilly 2006). Insofern sich diese an bestimmten, nicht ohne Weiteres änderbaren Akteursmerkmalen festmachen (Hautfarbe, Wohnort, criminal record, u.a.), ist der Spielraum der betroffenen Akteure, durch ihr individuelles Handeln die Situationsdefinition in Alltagssituationen zu ändern, äußerst begrenzt. Entgegen anders lautender Kritik ist es also durchaus so, dass das MFS „einen Zugang zur Eigenselektivität von Interaktions- und Kommunikationsprozessen eröffnet" (Srubar 2008: 484).[141]
2. Auch reduziert das MFS soziale Phänomene keinesfalls auf individuelle Selektionsprobleme. Zentral für den Verlauf und das Ergebnis von Interaktionsprozessen sind vielmehr Akteurs*konstellationen* (Schimank

---

[141] Schematisch lassen sich derartige Interaktionsprozesse als sequentielle Verkettung von Makro-Mikro-Makro-Modellen darstellen (Esser 1999b: 169; Greshoff 2006: 543). Ein weiteres ausgezeichnetes Beispiel für die Wirkmächtigkeit unintendierter symbolischer Effekte ist die Problematik der Kondomverwendung im Rahmen intimer Kommunikation (siehe dazu Gerhards und Schmidt 1992: 143ff.).

2000). Welches handelnde Zusammenwirken sich aus diesen ergibt, hängt nicht nur von den Interessen und Ressourcen der relevanten Akteure ab, sondern auch von dem Inhalt und dem Verankerungsgrad ihrer Wissensbestände und ihren Deutungsfähigkeiten. Beispielsweise betont Anderson in seiner Studie, dass sich erfahrene Bewohner des Ghettos nicht nach groben Deutungsschemata richten (etwa: „Männlicher Schwarzer bei Nacht bedeutet Gefahr."), sondern eine „street wisdom" entwickelt haben, die es ihnen erlaubt, differenzierte Situationsdeutungen vorzunehmen und Skripte an die Anforderungen und Möglichkeiten der konkreten Handlungssituation anzupassen (Anderson 1990: 230ff.).

3. Indem das MFS die Definition der Situation und die variable Rationalität der Akteure systematisch mit einzubeziehen erlaubt, lenkt es den Blick auf „asymmetries in what is taken for granted" (Rambo 1999: 334). Solche *Asymmetrien* sind eine weitere Quelle von Machtunterschieden, insofern sie es einer Akteurskategorie in gewissen Grenzen ermöglichen, das Handeln anderer Akteure strategisch zu manipulieren (siehe dazu noch das Beispiel im folgenden Abschnitt). Begrenzt wird die Manipulierbarkeit automatisch-spontanen Deutens und Handelns durch die Struktur der Symbole und Frames in der jeweils relevanten Akteurskonstellation. Akteure, deren individuelle Reframing-Versuche in Alltagsinteraktionen immer wieder scheitern und die unter bestimmten Situationsdefinitionen stark leiden, schließen sich unter Umständen zu einer sozialen Bewegung zusammen – was freilich selbst ein äußerst voraussetzungsreicher sozialer Prozess ist. Nicht ohne Grund ist die „Framing-Perspektive" gerade in der Soziologie sozialer Bewegungen äußerst einflussreich geworden und hält eine Vielzahl von Anschlussmöglichkeiten für eine stärker handlungstheoretische Mikrofundierung mit Hilfe des MFS bereit (Benford und Snow 2000; Schnabel 2003, 2006; Swidler 1995).[142]

---

[142] Selbst einer der Hauptvertreter der Framing-Perspektive sozialer Bewegungen räumt ein, dass Bedarf an einer derartigen explanantiven Mikrofundierung besteht. So kritisiert Benford das Vorherrschen rein deskriptiver Studien und die geringere Erklärungskraft im Vergleich zu den auf Olsons „Logik des kollektiven Handelns" zurückgehenden Rational-Choice-Theorien (Benford 1997).

Soziologische Erklärungen auf Basis des MFS erlauben also, neben materiellen auch symbolische externe Effekte mit einzubeziehen, Akteurskonstellationen auch im Hinblick auf die Verteilung bestimmter Frames und Skripte zu betrachten und durch variable Rationalität zustande kommende Asymmetrien zu berücksichtigen. Neben der Konzeption von Macht als Tauschmacht, wie sie vor allem im RC-Ansatz systematisch ausgearbeitet worden ist, rückt damit die Bedeutung *kultureller Definitionsmacht* ins Zentrum der Betrachtung (Wimmer 1996). Wie wichtig derartige Phänomene empirisch sind, wie stark also Erklärungen auf Basis des MFS zusätzliche Einsichten versprechen, lässt sich nicht vorab bestimmen. Das Potential erscheint aber gerade in den Bereichen groß zu sein, in denen der RC-Ansatz bislang keine oder nur eine äußerst partielle Mikrofundierung bereitgestellt hat.[143]

Die aufgezeigten Analysemöglichkeiten von Interaktionsprozessen machen deutlich, dass sich eine Reihe von Phänomenen im MFS berücksichtigen lassen, in denen häufig zu Unrecht Grenzen handlungstheoretischer Ansätze gesehen werden. Ein wichtiger Fall ist das Konzept der *Handlungszuschreibung*, wie es in systemtheoretischen Arbeiten betont wird. Danach erscheint „Handlung" als abgeleitete Kategorie, die sich erst aus der Kommunikation ergibt (u.a. Luhmann 1984: 124f.; Luhmann 1997: 335ff.). Handlung ist danach ein „Konstrukt von Zurechnungsprozessen im Kontext von Selbstbeobachtungen sozialer Systeme" (Luhmann 1987: 321). Die Bedeutung von Handlungszuschreibungen lässt sich jedoch ohne Weiteres im Makro-Mikro-Makro-Modell rekonstruieren: Der subjektive Sinn, der einen Akteur A zu einer Mitteilung bewegt, kann prinzipiell ein anderer sein als der subjektive Sinn, den ihm ein Akteur B, seine Mitteilung deutend, zuschreibt. Die Mitteilung, die der Akteur B als Reaktion übersendet, zeigt diese Deutung an. In kuriosen Fällen kann es dazu kommen, dass der Akteur A diese Fremdzuschreibung auch dann als Selbstzuschreibung übernimmt, wenn er mit seiner Mitteilung ursprünglich einen anderen subjektiven Sinn verband. Zur Veranschaulichung sei ein Beispiel von Wolfgang Ludwig Schneider abgewandelt (Schneider 2008: 471, FN 2):

---

[143] Dazu zählt etwa die akteurstheoretische Erklärung sozialer Differenzierung. Wie ich an anderer Stelle ausgeführt habe (Kroneberg 2007), lässt sich die Konzeptualisierung von „Teilsystemen als Akteursfiktionen" (Schimank 1988) mit jeweils unterschiedlichem Geltungskontext durch die Unterscheidung entsprechender Frames ohne Weiteres abbilden (ebenso Schimank 2009). Zudem vermag das MFS die Analyse der zu Grunde liegenden Interpretations- und Institutionalisierungsprozesse anzuleiten (Schwinn 2001: 350ff.).

1. A streift B zufällig mit einem Blick. – 2. B: „Was guckst Du? Willst Du mich anmachen oder was?" – 3. A: „Komm doch her, wenn Du Ärger willst!"

Der Eindruck „Akteur A hat B provoziert" entsteht als *sozial geteilte* Situationsdefinition und damit als kollektives Phänomen erst in dieser Interaktions*sequenz* durch die Fremdzuschreibung von B und deren implizite Bestätigung durch A. Sie ist also nicht unmittelbar identisch mit dem subjektiven Sinn von A, sondern ergibt sich erst aus der Kommunikation als aggregierter Effekt auf der Ebene der Alter-Ego-Interaktion.[144] Das MFS eignet sich also durchaus auch zur Analyse von Kommunikation, insofern es Zuschreibungen als Frame-Selektionen und (Anschluss-)Mitteilungen als Ergebnis von Handlungsselektionen zu betrachten erlaubt (Greshoff 2006, 2008).

8.2 Soziales Framing, variable Rationalität und strategische Interaktion

Nachdem bislang informell einfache Interaktionssequenzen betrachtet wurden, wende ich mich nun einer spieltheoretischen Anwendung zu. Diese zeigt exemplarisch, dass das MFS auch neue Möglichkeiten für die formale Modellierung sozialer Prozesse bereithält (vgl. Prosch und Abraham 2006: 102, 106f.). Die Grundlage bildet ein Modell von James D. Montgomery, mit dem er in der New Yorker Textilindustrie beobachtete Kooperationsmuster (Uzzi 1996) zu erklären versucht (für das Folgende siehe Montgomery 1998). Theoretisch zielt es auf eine Integration von Rollentheorie und RC-Ansatz. In Ermangelung einer integrativen Handlungstheorie arbeitet es mit einfachen Zusatzannahmen, die sich aber im MFS systematisch rekonstruieren und handlungstheoretisch begründen lassen.

Montgomery konzeptualisiert die betrachteten wirtschaftlichen Austauschbeziehungen als endlich wiederholtes Gefangenendilemma. Bei jeder Transaktion erhalten die Akteure die höchste Auszahlung (4), wenn sie die Kooperation ihres Geschäftspartners opportunistisch ausnutzen, also defektieren. An zweiter Stelle ihrer Präferenzordnung rangiert die beiderseitige Kooperation (3), gefolgt von der beiderseitigen Defektion (1) und dem

---

[144] Aufgrund dieses Sachverhalts lässt sich die Systemtheorie zu der Aussage hinreißen, soziale Systeme selbst könnten Selektionen durchführen. Diese methaphorische Begriffsverwendung verschleiert die Tatsache, dass letztlich nur Akteure die Fähigkeit zur Selektion besitzen (Greshoff 2008).

schlechtesten Fall, in dem der Geschäftspartner die eigene Kooperation ausnutzt (0). Die Auszahlungswerte in Klammern entsprechen dem Grad der Bevorzugung der verschiedenen Ergebnisse. Rationale egoistische Akteure würden in dieser Situation defektieren, da sie sich dadurch individuell immer besser stellen als durch kooperatives Verhalten. Auch die Tatsache, dass die Akteure mehrere Transaktionen miteinander abwickeln, ändert nichts an dieser Prognose.

In Erweiterung traditioneller spieltheoretischer Analysemöglichkeiten nimmt Montgomerys Modell an, dass jeder Akteur eine von zwei sozialen Rollen einnehmen kann: die Rolle eines Geschäftsmanns oder die eines Freundes. Die Freundes-Rolle beinhaltet als Strategie unbedingte Kooperation, die Geschäftsmann-Rolle Gewinnmaximierung. Im MFS lässt sich dies wie folgt rekonstruieren: Beide Spieler können ihre Beziehung entweder als „Geschäft" oder als „Freundschaft" definieren. Mit diesen beiden Frames ist ein entsprechendes Skript verbunden, das im as-Modus aktiviert wird. Das Freundschaftsskript schreibt die unbedingte Kooperation normativ vor. Montgomery nimmt implizit an, dass ein Akteur dieser Norm automatisch-spontan folgt. Das Geschäftsskript verlangt vom Akteur, dass er bei seiner Handlungswahl gewinnmaximierend verfährt. Damit schreibt es nur das Kriterium der Handlungswahl vor. Welche Handlungsalternative dieses Kriterium in der aktuellen Situation am stärksten erfüllt, regelt es nicht. In *dieser* Hinsicht ist der Regelungsgrad der Handlungswahl ($a_{k|i}$) daher gleich 0 und sie erfolgt im rc-Modus.

Das innovative Element in Montgomerys Modell besteht darin, dass er die Übernahme und das Zuschreiben der Rollen endogenisiert. Zum Beispiel könnte die Zuschreibung der beiden Rollen nach einem Kriterium der folgenden Art geschehen: „Wenn Spieler i niemals defektiert und mindestens x Mal kooperiert hat, ist er ein Freund; andernfalls ist er ein Geschäftsmann." Montgomery spricht hier von Meta-Regeln. Im MFS entsprechen diese der mentalen Verknüpfung zwischen bestimmten Situationsobjekten und Frames: Das Verhalten des einen Spielers ist ein signifikantes Symbol für die Art der Beziehung („Geschäft" oder „Freundschaft"). Aus der Perspektive des MFS betrachtet, nimmt Montgomerys Modell also implizit an, dass der Match eines der beiden Frames perfekt ist, wenn die entsprechenden Verhaltensweisen vorliegen.

Ein Spieler i, der die Situation von Anfang an als „Geschäft" definiert (bzw. die Rolle eines Geschäftsmanns einnimmt), kann zwei gegensätzliche

Strategien verfolgen. Die erste besteht darin, über das gesamte Spiel hinweg zu defektieren. Unter der Annahme, dass der andere Spieler j ebenfalls mit Defektion antwortet, resultiert in jeder Runde eine Auszahlung von 1. Da die Strategie annahmegemäß vor dem Spiel gewählt wird, ist der subjektive Wert dieser Auszahlung für den Spieler umso niedriger, je weiter sie in der Zukunft liegt. Technisch erfolgt daher eine Gewichtung mit einem Diskontfaktor β ($\in$ (0,1)), so dass in den Runden 1, 2, 3, …, T Auszahlungen in Höhe von 1, β, β^2, …, β^{T-1} resultieren. Bei durchgehender wechselseitiger Defektion beträgt die Auszahlung daher für beide Spieler:

$$\pi_D = \sum_{t=1}^{T} \beta^{t-1} 1$$

Die Alternative zur unbedingten Defektion bezeichnet Montgomery als „make-your-opponent-into-a-friend"-Strategie. Diese sieht vor, dass der Spieler zunächst einseitig kooperiert. Gemäß der obigen Meta-Regel wird der andere Spieler die Beziehung dadurch nach der x-ten Runde als Freundschaft definieren und somit ebenfalls zu kooperieren beginnen. Für die folgenden Runden sieht die Strategie weiterhin Kooperation vor, wodurch Kooperationsgewinne erzielt werden können. In der letzten Runde allerdings defektiert der Spieler einseitig und kann so die unbedingte Kooperation des anderen Spielers einmalig ausnutzen. Insgesamt ergibt sich aus dieser Strategie die folgende Auszahlung:

$$\pi_C = \sum_{t=1}^{x} \beta^{t-1} 0 + \sum_{t=x+1}^{T-1} \beta^{t-1} 3 + \beta^{T-1} 4$$

Vergleicht man die Auszahlungen der beiden Strategien, so erhält man folgende Bedingung, unter der ein rationaler Akteur die „make-your-opponent-into-a-friend"-Strategie wählen wird:

$$\pi_C - \pi_D = \sum_{t=x+1}^{T-1} \beta^{t-1} 3 + \beta^{T-1} 4 - \sum_{t=1}^{T} \beta^{t-1} 1 \geq 0.$$

Nur unter dieser Bedingung lohnt sich Kooperation aus Sicht eines Geschäftmannes, ist also gewinnmaximierend. Die Bedingung ist umso eher erfüllt, je weniger die Akteure die Zukunft diskontieren (β nahe genug an 1), je schneller der andere Spieler in den Frame „Freundschaft" wechselt (x klein genug) und je länger die Beziehung danach noch fortbesteht (T − x groß genug), so dass Kooperationsgewinne angesammelt werden können. Neben der Ableitung dieser Hypothesen vermag Montgomerys Analyse auch die in der New Yorker Textilindustrie beobachteten Kooperationsmuster zu erklären. Dazu zählen die weite Verbreitung von Probephasen, die durch abwägendes Verhalten gekennzeichnet sind, und die Existenz von Kooperation selbst in Endrunden, also letzten Begegnungen.

Auch die von Montgomery analysierte Situation ist durch eine Asymmetrie aufgrund variabler Rationalität gekennzeichnet: Das Handeln des einen Spielers ist strategisch ausgerichtet, während das des anderen Spielers automatisch-spontanen Charakter trägt und zum Gegenstand strategischer Manipulation wird. Dies ähnelt dem im vorherigen Abschnitt betrachteten Beispiel eines Reframing-Versuchs schwarzer Ghettobewohner. Auch dort versuchte ein Akteur im rc-Modus durch sein Handeln die Situationsdefinition des Gegenübers zu beeinflussen (von „Gefahrensituation" zu „keine Gefahr"). Der Unterschied ist freilich, dass dort keine Manipulation auf Kosten des anderen angestrebt wurde.

Montgomery verweist auf einige Erweiterungsmöglichkeiten seines Modells. So ließe sich etwa annehmen, dass der Rollenwechsel von Geschäftsmann zum Freund zusätzlich auch vom eigenen Verhalten abhängt (Montgomery 1998: 112). Ein zunächst rein strategisch motiviertes kooperatives Handeln könnte durch ein derartiges Selbst-Framing zu einem automatisch-spontanen Kooperationsverhalten übergehen (siehe dazu generell bereits Esser 2001: 306f.). Auf diese Weise lässt sich auch in spieltheoretischen Modellierungen die soziale Genese von Identitäten in Interaktionssituationen (Mead 1968) untersuchen, die von praxistheoretischen und interaktionistischen Ansätzen betont und häufig zu Unrecht als Grenze handlungstheoretischer Ansätze portraitiert wird.

All dies wird möglich, indem Montgomery die variable Rationalität und die Definition der Situation als handlungstheoretische Kernelemente mit einbezieht und mit spieltheoretischen Modellierungstechniken verbindet. Allerdings sind seinem Beispiel keine ähnlichen Modellierungen anderer Autoren gefolgt. Ein zentraler Grund könnte darin bestehen, dass Montgomery mit anwendungsspezifischen Zusatzannahmen arbeitet, anstatt auf ein präzises, allgemeines und auch empirisch überprüftes Handlungsmodell zurückzugreifen, das als gemeinsamer Kern und Ausgangspunkt entsprechender Modellierungen dienen kann. Eben darin besteht das Potential des MFS. Auf dessen Basis ließe sich das Modell von Montgomery an verschiedenen Stellen erweitern. So könnte man etwa die generelle Verfügbarkeit der Frames oder die Stärke der Beziehung zwischen Situationsobjekten und Frames als variable Parameter einführen, anstatt wie Montgomery anzunehmen, dass immer ein Frame perfekt auf die Situation passt. Eine Konstruktion und Analyse derartiger Modelle muss zukünftigen Anwendungen vorbehalten bleiben. Hier ging es lediglich darum aufzuzeigen, dass das MFS als relativ komplexe Handlungstheorie durchaus die Betrachtung *sozialer* Mechanismen ermöglicht und um soziologisch bedeutsame Analyseoptionen erweitert. Dies entspricht der Einschätzung von Boudon (1980: 119f.), nach der „die Zuhilfenahme einer komplexen Handlungstheorie in keiner Weise für die Bestimmung der emergenten Eigenschaften der Interaktionssysteme, die aus den individuellen Verhaltensweisen hervorgehen, hinderlich ist."

9 Schlussbemerkungen

Die wesentlichen Schlussfolgerungen aus den theoretischen Diskussionen und empirischen Analysen wurden bereits am Ende der einzelnen Kapitel gezogen. Abschließend wird im Folgenden noch einmal auf das Verhältnis zwischen dem MFS und anderen Ansätzen, insbesondere dem RC-Ansatz eingegangen. Zudem werden Grenzen des MFS und der hier durchgeführten Analysen benannt und mögliche Perspektiven für zukünftige Anwendungen und Weiterentwicklungen aufgezeigt.

Der theoretische Ausgangspunkt dieser Arbeit war der RC-Ansatz. Wie kein anderer handlungstheoretischer Ansatz hat sich dieser bei der Modellierung komplexer Interaktionsmuster, z.B. von Märkten, sozialem Tausch oder strategischen Interdependenzen, bewährt. Wie in Kapitel 1 und 2 argumentiert wurde, gelangt man auf seiner Basis jedoch häufig zu unbefriedigenden Erklärungen, wenn die interessierende Komplexität weniger in der Logik der Aggregation als in der Art und Weise liegt, in der Ideen und Institutionen soziales Handeln anleiten (Boudon 1998, 2003; Stachura 2009; Yee 1997). Dies liegt an der handlungstheoretischen Sparsamkeit des RC-Ansatzes, dessen Kernannahmen lediglich Erwartungen, Bewertungen, Opportunitäten und Restriktionen als erklärende Größen zulassen. Daraus resultieren eine geringe Modulierbarkeit der Handlungstheorie und ein geringer heuristischer Wert bei Fragestellungen, zu deren Beantwortung situationale und handlungsgenerierende Mechanismen in den Vordergrund gerückt werden müssen.

Das MFS geht daher von reichhaltigeren Kernannahmen aus, in deren Zentrum die Definition der Situation und die variable Rationalität der Akteure stehen. Dies wird sowohl von klassischen und gegenwärtigen soziologischen Handlungskonzepten als auch von neueren experimentellen Studien nahe gelegt, die in beiden Phänomenen fundamentale Variationsquellen menschlichen Handelns identifizieren (u.a. Bicchieri 2006; Chaiken und Trope 1999; Henrich et al. 2004; Kay und Ross 2003; Kay et al. 2004; Larrick und Blount 1997; Liberman, Samuels und Ross 2004; Sanbonmatsu und Fazio 1990; Schuette und Fazio 1995). Aufbauend auf diesen beiden

Grundpfeilern erlaubt das MFS zu analysieren, wie Akteure in Interaktion mit anderen Akteuren zu bestimmten Situationsdeutungen gelangen, bestimmte Skripte aktivieren und letztlich bestimmte Handlungsalternativen ergreifen. Dabei lässt sich zudem jeweils betrachten, ob und aufgrund welcher Situations- und Akteursmerkmale die Akteure eine reflektierte abwägende Wahlentscheidung treffen oder aber automatisch-spontan eine stark aktivierte Alternative selegieren.

Aus diesen Analysemöglichkeiten zieht das MFS sein theoretisches Integrationspotential. Die meisten handlungstheoretischen Ansätze in der Soziologie legen den Schwerpunkt ihrer Betrachtung jeweils nur auf einen Teil dieser Selektionen und Modi (siehe dagegen Schütz und Luckmann 1979, 1984). Auf der Ebene der Frame-Selektion fokussieren beispielsweise die Ethnomethodologie oder Bourdieus Konzept des Habitus auf implizite, von den Akteuren kaum artikulierbare Grundannahmen, Wahrnehmungs- und Bewertungsschemata. Webers Konzept der Wertrationalität, Boudons Konzept der kognitiven Rationalität und Habermas' Analyse von Geltungsdiskursen beschreiben dagegen, wie Akteure in einem Reflexionsprozess zwischen verschiedenen Möglichkeiten der Situationsdefinition abwägen. Auf der Ebene der Skript-Selektion orientieren sich die Akteure bei Bourdieu fraglos an den Handlungsschemata des Habitus und aktivieren im normativen Paradigma die mit ihrer Position verknüpften Rollenanforderungen. Den Neuen Institutionalismus interessiert dagegen gerade die Auflösung von Regelkonflikten und -ambiguitäten durch eine Logik der Angemessenheit (March und Olsen 1989). Reflektierte Handlungsselektionen betrachtet u.a. Weber mit seinem Idealtyp zweckrationalen Handelns, wohingegen seine Typen affektuellen und traditionalen Handelns ebenso wie die von Elster, Etzioni und Durkheim beschriebene Wirkungsweise internalisierter Normen ein Ausblenden objektiv eigentlich relevanter Möglichkeiten und Anreize vorsehen.

Das MFS ist in seinen grundlegenden Konzepten und Unterscheidungen also deutlich breiter angelegt als der RC-Ansatz. Es wäre daher irreführend, im MFS lediglich eine weitere Erweiterung des RC-Ansatzes zu sehen (Opp 2010) – genauso, wie das MFS nicht zu einer Variante des normativen oder des interpretativen Paradigmas wird, nur weil es auch unhinterfragte Normbefolgung, kulturelle Deutungsmuster und signifikante Symbole kennt. Allerdings ging es keinesfalls um eine Frontstellung gegenüber dem RC-Ansatz. Ob man das MFS als handlungstheoretische Alternative zum

RC-Ansatz ansieht oder nicht, ist letztlich eine Frage der zu Grunde gelegten Kriterien.[145] Ohnehin sollte diese Frage für eine auf die Lösung empirischer Erklärungsprobleme ausgerichtete Soziologie eher nebensächlich sein. Die Bedeutung, die derartigen Abgrenzungen häufig beigemessen wird, ist nur ein weiteres Symptom des Paradigmenstreits, zu dessen Überwindung das MFS als integrative Handlungstheorie beitragen will.

Eine wichtige Gemeinsamkeit des MFS und des RC-Ansatzes besteht darin, dass sie der analytischen, erklärenden oder mechanismischen Soziologie zugerechnet werden können. In deren Rahmen sind für eine Verhältnisbestimmung zwischen MFS und RC-Ansatz auch erklärungspragmatische Gesichtspunkte mit einzubeziehen, die sich aus dem Makro-Mikro-Makro-Modell ergeben. So ist es nur unter Umständen sinnvoll bzw. möglich, das MFS in seiner vollständigen Fassung anzuwenden. Tendenziell gilt dies für Erklärungsprobleme, bei denen die Logik der Situation relativ komplex, aber die Logik der Aggregation relativ einfach erscheint bzw. auf Basis der verfügbaren empirischen Daten nicht genauer analysiert werden kann. Beispiele hierfür sind die in dieser Arbeit entwickelten Erklärungen der Wahlteilnahme und der Rettung von Juden im Zweiten Weltkrieg. In anderen Fällen hingegen ist die Logik der Aggregation derart komplex, dass man das MFS extrem vereinfachen muss. Das in Kapitel 1 hergeleitete Erfordernis realistischer Handlungserklärungen verlangt, dass Vereinfachungen mit Bedacht vorgenommen und begründet werden. So lassen sich auf Basis des MFS die Umstände bestimmen, unter denen Akteure bis auf Weiteres unhinterfragt bestimmten Routinen oder Normen folgen. In derartigen Fällen erlaubt das MFS die Betrachtung individuellen Handelns noch weitaus drastischer zu vereinfachen als gängige Rational-Choice-Theorien. Umgekehrt kann das

---

[145] Hier wurde die Beschränkung der handlungstheoretischen Kernannahmen auf die des RC-Ansatzes als Kriterium zu Grunde gelegt (vgl. Montgomery 2005: 301ff.). Alternativ kann man das Etikett „RC-Ansatz" auf jegliche analytisch präzise Selektionstheorie anwenden, die davon ausgeht, dass menschliches Verhalten auf angepassten Selektionsleistungen beruht. Man könnte noch zusätzlich verlangen, dass Präferenzen, Erwartungen und Restriktionen als erklärungsrelevante Größen angesehen werden, daneben aber die Einführung weiterer, ebenso grundlegender Konzepte zulassen (Gintis 2007). Dann fällt zweifelsohne auch das MFS unter den „RC-Ansatz". Dies ist erst Recht der Fall, wenn man den Kriterien von Diekmann und Voss folgt (Diekmann 1996; Diekmann und Voss 2004): Danach kann jede Theorie zum RC-Ansatz gezählt werden, die von Akteuren ausgeht, welche mindestens zwischen zwei Alternativen wählen können, und die eine präzise Entscheidungsregel enthält. Die Autoren betonen selbst, dass dann auf den Begriff der Rationalität verzichtet werden kann.

MFS aber auch den Rückgriff auf Rational-Choice-Theorien rechtfertigen, insofern es die Bedingungen spezifiziert, unter denen Akteure im psychologischen Sinn subjektiv rationale Entscheidungen treffen. Dazu zählen unter anderem das Vorhandensein hinreichender Gelegenheiten und Motivation zur Reflexion sowie die Abwesenheit einer extrem starken Aktivierung und Verankerung des Skripts oder eine nur imperfekte Regelung der Handlungswahl.

Noch weiter lässt sich das Anwendungsgebiet von Rational-Choice-Theorien abstecken, wenn man sie als *„medium-term theories"* interpretiert (Kroneberg 2008a). Danach beschreiben sie keine situativen Entscheidungsprozesse, sondern das Ergebnis von Lernprozessen. Bereits im Kapitel 5.6 war ausgeführt worden, dass der innerhalb eines Frames erfahrene Nutzen langfristig die Höhe seiner Verankerung und darüber auch seine Passung beeinflusst. Wenn die relevanten Situationsbedingungen über einen längeren Zeitraum hinweg hinreichend stabil sind, können sich daher auch Akteure, die unhinterfragt mentalen Modellen folgen, optimal angepasst an ihre Situation verhalten (Bourdieu 1980: 60ff.; Collins 1996: 330f.; Collins 2004: Kap. 4). Eine lerntheoretische Bedingung hierfür ist, dass die Veränderungsrate der relevanten Situationsbedingungen geringer ist als die Anpassungsrate des Verhaltens (Cross 1983). Sofern sich Rational-Choice-Theorien als kompakte Zusammenfassung des Ergebnisses derartiger Lernprozesse interpretieren lassen, kann ihre Anwendung gerechtfertigt sein. Derartige Erklärungen weisen allerdings einen geringeren Informationsgehalt auf, da sie nur Hypothesen über die mittelfristige Entwicklung des Verhaltens bei relativ konstanten Situationsbedingungen aufstellen.[146]

Generell sollte in Anwendungen expliziert und, soweit möglich, empirisch belegt werden, warum die Verwendung von Rational-Choice-Theorien oder anderer *nur bedingt geltender* Theorien zur Lösung eines Erklärungsproblems gerechtfertigt erscheint. Die Grundlage hierfür bilden jeweils allgemeinere Handlungs- oder Lerntheorien, mit deren Hilfe sich die realistisch rechtfertigbaren Anwendungsbedingungen identifizieren lassen. In Anwendungen sollte daher immer von einer möglichst allgemeinen Handlungstheo-

---

[146] Ein Beispiel ist das von Esser entwickelte Rational-Choice-Modell des Spracherwerbs (Esser 2006), dessen entscheidungstheoretische Parameter in den seltensten Fällen bewusst abgewogene Nutzen und Kosten oder Erwartungen darstellen, sondern größtenteils unterschiedliche Gelegenheitsstrukturen und langfristige Verstärkungsprozesse widerspiegeln dürften.

rie *gedanklich ausgegangen* werden. Bei Analysen komplexer Interaktionsdynamiken ist dies aber häufig nur ein vorgelagerter Schritt, der dazu dient, theoretische und empirische Grundlagen zu identifizieren, um eine *einfachere* Theorie *anwenden* zu können.[147]

Diese Verhältnisbestimmung zum RC-Ansatz lässt einige der *Grenzen des MFS* deutlich werden, die abschließend noch einmal hervorgehoben werden sollen. Das MFS beansprucht, alle soziologisch relevanten Dimensionen und Determinanten des Handelns erfassen oder zumindest systematisch anschließen zu können. So stehen beispielsweise Werte nicht im Mittelpunkt dieser Handlungstheorie, lassen sich aber einarbeiten und dabei in ihrer handlungsleitenden Rolle präzisieren (Kroneberg 2007). Geht man zu einer dynamischen Betrachtungsweise über, kann es zudem sinnvoll sein, das MFS lerntheoretisch zu ergänzen (siehe Kapitel 5.6). Das MFS ist aber selbst keine Lerntheorie, sondern steht in einem Komplementaritätsverhältnis zu entsprechenden Hypothesen und Modellen. Das MFS ist ebenfalls keine Theorie der Motivation. Es schweigt sich bewusst darüber aus, *was* Akteure antreibt. Angesichts der Vielzahl von Listen grundlegender menschlicher Bedürfnisse oder Ziele kann jede diesbezügliche Festlegung in Frage gestellt werden (siehe u.a. Fiske 2003; Lindenberg 2001; Turner 1987) – sofern sie mehr sein will als eine Heuristik unter anderen. Das MFS ermöglicht dem Anwender, die empirisch am plausibelsten erscheinenden Hypothesen über die Motivation der Akteure zu formulieren. Zielorientierungen unterschiedlicher Abstraktionshöhe lassen sich sowohl als Nutzen- und Kostenterme im rc-Modus, als auch über die motivationsmäßige Bindung an Frames und Skripte berücksichtigen.

Generell überlässt das MFS die Ausgestaltung des rc-Modus weitgehend dem Anwender. Hierin besteht zweifelsohne eine Begrenztheit dieser Handlungstheorie, die sie allerdings mit dem weiten RC-Ansatz teilt. Angesichts der Vielfältigkeit reflektierten menschlichen Handelns erscheint es kaum möglich, eine *einzige* und gleichzeitig *spezifische* Theorie reflektierter Handlungsselektionen aufzustellen. In Anwendungen des MFS kann zu-

---

[147] Vollmer (1989) erläutert dies sehr anschaulich am Beispiel physikalischer Theorien. Sein allgemeines wissenschaftstheoretisches Fazit trifft auch auf das Verhältnis zwischen dem MFS und Entscheidungstheorien des RC-Ansatzes zu: „Die tiefere Theorie kann also nicht nur die Erfolge und Mißerfolge einer anderen, weniger tiefen *erklären,* sondern auch deren Gebrauch in Fällen, in denen es auf letzterreichbare Genauigkeit nicht ankommt, *rechtfertigen.*" (Vollmer 1989: 193)

meist auf eine der Entscheidungsregeln zurückgegriffen werden, die im RC-Ansatz entwickelt wurden. Welche Entscheidungsregel das jeweilige Handeln adäquat zu erklären vermag, hängt nicht zuletzt von der Definition der Situation ab. Beispielsweise vermag die SEU-Theorie das Handeln von Akteuren nicht zu erklären, wenn diese ihre Situation als strategische wahrnehmen (Diekmann und Voss 2004), was selbst eine spezifische Situationsdeutung darstellt. Auch die Frage, ob ein Akteur eine reflektierte Situationsdefinition rein angemessenheitsorientiert vornimmt oder sich emotional zu einer bestimmten Sichtweise hinreißen lässt, muss bis auf Weiteres anwendungsspezifisch durch Brückenhypothesen beantwortet werden. Gleichzeitig sind somit potentielle Ansatzpunkte für zukünftige theoretische Ausarbeitungen identifiziert.

Die informationshaltigen Hypothesen, die sich aus dem MFS ableiten lassen, beziehen sich vor allem auf die Bedingungen, unter denen Akteure unhinterfragt oder unbedingt eine bestimmte Alternative selegieren, anstatt eine größere Zahl an Alternativen, Informationen und Anreizen reflektierend zu betrachten. Diese Bedingungen enthalten soziologisch besonders relevante Faktoren, wie etwa die Klarheit der Situationsdefinition, die Existenz konkurrierender Skripte, wie Normen und Routinen, und ihren Verankerungsgrad. Das MFS lenkt somit den Blick auf die soziale Situation und Sozialisation der Akteure.

Die Perspektiven für die zukünftige Forschung lassen sich auf einem Kontinuum zwischen Überprüfung und Anwendung verorten. Wie jede Theorie sollte das MFS weiterhin möglichst vielen und systematischen Tests ausgesetzt werden. Besonders aussagekräftige Überprüfungen sind prinzipiell von Experimenten und Analysen mit Längsschnittdaten zu erwarten. Die in dieser Arbeit durchgeführten Analysen der Wahlteilnahme und der Rettung von Juden im Zweiten Weltkrieg lassen demgegenüber nur bedingt Kausalschlüsse zu. Nichtsdestotrotz vermochten sie zentrale Interaktionshypothesen des MFS zu belegen und stellen damit wichtige Ergänzungen zum bisherigen Anwendungsspektrum dar (siehe Kapitel 5.7). Bezieht man zudem die sozialpsychologischen Forschungsergebnisse mit ein, die das MFS in Form der Modus-Selektion aufgreift, so können zentrale Bestandteile und Implikationen des MFS als empirisch bestätigt angesehen werden. Auch wenn dies lediglich bis auf Weiteres gilt, erscheint es berechtigt, weiter gehende Anwendungen des MFS zu entwickeln, die seine Validität selbst nicht überprüfen, sondern voraussetzen.

Die empirische Überprüfung von Handlungstheorien macht nur einen geringen und eher grundlagentheoretischen Teil soziologischer Forschung aus. Mindestens ebenso wichtig ist daher die Verwendung des MFS als Mikrofundierung soziologischer Erklärungen, die auf weiter reichende soziale Prozesse und Strukturen abzielen. So existieren etwa bereits erste Anwendungen, die das Potential des MFS für gesellschaftsvergleichende Forschung aufzeigen (Becker 2004; Nauck 2007). Wie in Kapitel 8 argumentiert wurde, eignet sich das MFS zudem für die Analyse von Interaktionsprozessen. Dabei muss es keinesfalls zu überkomplexen Modellierungen führen. Das MFS hält lediglich die theoretische *Option* für eine differenzierte Betrachtung individuellen Handelns bereit. In Anwendungen sollte davon mit Bedacht und nur in dem Ausmaß Gebrauch gemacht werden, wie es für die Erklärung der interessierenden Phänomene notwendig erscheint. In verschiedenen Anwendungen sind überdies unterschiedliche Bestandteile des Modells relevant. Das MFS ermöglicht, die handlungstheoretische Mikrofundierung entsprechend auszugestalten, ohne jedes Mal auf eine vermeintlich andere Handlungstheorie zurückgreifen zu müssen. Durch dieses Vorgehen werden vereinfachende Annahmen expliziert und können kritisiert und problematisiert werden. Vor allem aber lässt sich so der zu Anfang dieser Arbeit betonten Heterogenität soziologischer Explananda gerecht werden. Dies sind die Vorteile einer Handlungstheorie, die zentrale Einsichten der soziologischen Paradigmen zu integrieren und in ein erklärendes Modell zu überführen versucht – allen voran die Einsicht in die Bedeutung der Definition der Situation und der variablen Rationalität der Akteure.

Literatur

Abelson, Robert P., 1976: Script Processing in Attitude Formation and Decision Making. S. 33-67 in: John S. Carroll und John W. Payne (Hg.), *Cognition and Social Behavior*. Hillsdale, NJ: Erlbaum.

—, 1981: Psychological status of the script concept. *American Psychologist* 36: 715-729.

Ai, Chunrong und Edward C. Norton, 2003: Interaction Terms in Logit and Probit Models. *Economics Letters* 80: 123-129.

Akerlof, George A. und Rachel E. Kranton, 2000: Economics and identity. *The Quarterly Journal of Economics* 115: 715-753.

Albert, Gert, 2005: Moderater methodologischer Holismus. Eine weberianische Interpretation des Makro-Mikro-Makro-Modells. *Kölner Zeitschrift für Soziologie und Sozialpsychologie* 57: 387-413.

Albert, Hans, 2000: „Geschichtswissenschaft als hypothetisch-deduktive Disziplin – zur Kritik des methodologischen Historismus." in *Mannheimer Vorträge 3*. Mannheim: Fakultät für Sozialwissenschaften, MZES.

Aldrich, John H., 1993: Rational Choice and Turnout. *American Journal of Political Science* 37: 246-278.

—, 1997: When Is It Rational to Vote? S. 373-390 in: Dennis C. Mueller (Hg.), *Perspectives on Public Choice. A Handbook*. Cambridge: Cambridge University Press.

Alexander, Jeffrey C., 1988: *Action and Its Environments: Towards a New Synthesis*. New York: Columbia University Press.

Alwin, Duane F., Ronald L. Cohen und Theodore M. Newcomb, 1991: *Political Attitudes over the Life Span: The Bennington Women after Fifty Years*. Wisconsin: The University of Wisconsin Press.

Anderson, Elijah, 1990: *Streetwise. Race, Class, and Change in an Urban Community*. Chicago: University of Chicago Press.

—, 1999: *Code of the Street. Decency, Violence, and the Moral Life of the Inner City*. New York: Norton.

Andreß, Hans-Jürgen, Jacques A. Hagenaars und Steffen Kühnel, 1997: *Analyse von Tabellen und kategorialen Daten. Log-lineare Modelle, latente Klassenanalyse, logistische Regression und GSK-Ansatz*. Berlin: Springer.

Arránz Becker, Oliver und Paul B. Hill, 2010: Wie handlungsrelevant sind Trennungsgedanken? Zur prädiktiven Bedeutung von (In-)Stabilitätswahrnehmungen für die Auflösung von Paarbeziehungen. S. 153-180 in: Sabine Walper und Eva-Verena Wendt (Hg.), *Partnerschaften und die Beziehungen zu Eltern und Kindern. Befunde zur Beziehungs- und Familienentwicklung in Deutschland.* Würzburg: Ergon-Verlag.

Arzheimer, Kai und Jürgen W. Falter, 2003: Wahlen und Wahlforschung. S. 553-586 in: Herfried Münkler (Hg.), *Politikwissenschaft. Ein Grundkurs.* Hamburg: Reinbek.

Augoustinos, Martha und Iain Walker, 1995: *Social Cognition. An Integrated Introduction.* London: Sage.

Babad, Elisha, 1995: Can Accurate Knowledge Reduce Wishful Thinking in Voters' Predictions of Election Outcomes? *The Journal of Psychology* 129: 285-300.

Babad, Elisha, Michael Hill und Michael O'Driscoll, 1992: Factors Influencing Wishful Thinking and Predictions of Election Outcomes. *Basic and Applied Social Psychology* 13: 461-476.

Babad, Elisha und Yosi Katz, 1991: Wishful Thinking – Against All Odds. *Journal of Applied Social Psychology* 21: 1921-1938.

Balog, Andreas, 1998: Soziologie und die „Theorie des Handelns". S. 25-54 in: Andreas Balog und Manfred Gabriel (Hg.), *Soziologische Handlungstheorie: Einheit oder Vielfalt.* Opladen, Wiesbaden: Westdeutscher Verlag.

Bamberg, Sebastian, Eldad Davidov und Peter Schmidt, 2008: Wie gut erklären „enge" oder „weite" Rational-Choice-Versionen Verhaltensänderungen? Ergebnisse einer experimentellen Interventionsstudie. S. 143-169 in: Andreas Diekmann, Klaus Eichner, Peter Schmidt und Thomas Voss (Hg.), *Rational Choice: Theoretische Analysen und empirische Resultate.* Wiesbaden: VS Verlag für Sozialwissenschaften.

Bargh, John A., Ronald N. Bond, Wendy J. Lombardi und Mary E. Tota, 1986: The additive nature of chronic and temporary sources of construct accessibility. *Journal of Personality and Social Psychology* 50: 869-879.

Bargh, John A., Peter M. Gollwitzer, Annette Lee-Chai, Kimberly Barndollar und Roman Trötschel, 2001: The Automated Will: Nonconscious Activation and Pursuit of Behavioral Goals. *Journal of Personality and Social Psychology* 81: 1014-1027.

Baron, Lawrence, 1988: The Historical Context of Rescue. S. 13-48 in: Samuel P. Oliner und Pearl M. Oliner (Hg.), *The Altruistic Personality: Rescuers of Jews in Nazi Europe.* New York: The Free Press.

Barry, Brian, 1970: *Sociologists, Economists, and Democracy.* London: Collier-Macmillan.

Bateson, Gregory, 1996: *Ökologie des Geistes. Anthropologische, psychologische, biologische und epistemologische Perspektiven.* Frankfurt am Main: Suhrkamp.

Becker, Rolf, 2001: Das Paradox der Wahlbeteiligung, das keines ist. Eine theoretische Rekonstruktion und empirische Anwendung des Ansatzes von Downs aus der Perspektive der Theorie subjektiver Werterwartung. S. 553-597 in:

Hans-Dieter Klingemann und Max Kaase (Hg.), *Wahlen und Wähler. Analysen aus Anlass der Bundestagswahl 1998*. Wiesbaden: Westdeutscher Verlag.

—, 2002: Voter participation in the 1998 Bundestag Elections: A theoretical modification and empirical application of Downs' Theory of Voter Participation. *German Politics* 11: 39-87.

—, 2004: Political Efficacy and Voter Turnouts in East and West Germany. *German Politics* 13: 317-340.

Beckert, Jens, 2008: The road not taken: 'The Moral Dimension' and the new economic sociology. *Socio-Economic Review* 6: 135-142.

Behnke, Joachim, 2001: Parteineigung als Fakt oder Parteineigung durch Fakten. Der Einfluss von Issues auf das Wahlverhalten. *Kölner Zeitschrift für Soziologie und Sozialpsychologie* 53: 521-546.

—, 2005: Lassen sich Signifikanztests auf Vollerhebungen anwenden? Einige essayistische Anmerkungen. *Politische Vierteljahresschrift* 46: O-1-O-15.

Bendor, Jonathan, Daniel Diermeier und Michael Ting, 2003: A Behavioral Model of Turnout. *American Political Science Review* 97: 261-280.

Benford, Robert D., 1997: An Insider's Critique of the Social Movement Framing Perspective. *Sociological Inquiry* 67: 409-430.

Benford, Robert D. und David A. Snow, 2000: Framing Processes and Social Movements: An Overview and Assessment. *Annual Review of Sociology* 26: 611-639.

Benz, Wolfgang, 2003: Juden im Untergrund und ihre Helfer. S. 11-48 in: Wolfgang Benz (Hg.), *Überleben im Dritten Reich: Juden im Untergrund und ihre Helfer*. München: C.H. Beck.

Berger, Peter L. und Thomas Luckmann, 1980: *Die gesellschaftliche Konstruktion der Wirklichkeit. Eine Theorie der Wissenssoziologie*. Frankfurt am Main: Fischer.

Best, Henning, 2009: Kommt erst das Fressen und dann die Moral? Eine feldexperimentelle Überprüfung der Low-Cost-Hypothese und des Modells der Frame-Selektion. *Zeitschrift für Soziologie* 38: 131-151.

Bicchieri, Cristina, 2006: *The Grammar of Society. The Nature and Dynamics of Social Norms*. Cambridge: Cambridge University Press.

Bienfait, Agathe, Gert Albert, Claus Wendt und Steffen Sigmund, 2003: *Das Weber-Paradigma*. Tübingen: Mohr (Siebeck).

Blais, André, 2000: *To vote or not to vote? The merits and limits of rational choice theory*. Pittsburgh: University of Pittsburgh Press.

Blais, André und Robert Young, 1999: Why do People Vote? An Experiment in Rationality. *Public Choice* 99: 39-55.

Blais, André, Robert Young und Miriam Lapp, 2000: The calculus of voting: An empirical test. *European Journal of Political Research* 37: 181-201.

Blau, Peter M., 1994: *Structural Contexts of Opportunities*. Chicago: University of Chicago Press.

Blossfeld, Hans-Peter und Gerald Prein (Hg.), 1998: *Rational Choice Theory and Large-Scale Data Analysis*. Boulder, CO: Westview Press.

Blumer, Herbert, 1969: *Symbolic Interactionism. Perspective and Method*. Englewood Cliffs, NJ: John Wiley & Sons.

—, 1973: Der methodologische Standort des symbolischen Interaktionismus. S. 80-101 in: Arbeitsgruppe Bielefelder Soziologen (Hg.), *Alltagswissen, Interaktion und gesellschaftliche Wirklichkeit, Band 1: Symbolischer Interaktionismus und Ethnomethodologie*. Reinbek: Rowohlt.

—, 1981: George Herbert Mead. S. 136-169 in: Buford Rhea (Hg.), *The Future of the Sociological Classics*. London: Allen & Unwin.

Bohman, James, 1992: The limits of rational choice explanation. S. 207-228 in: James S. Coleman und Thomas J. Fararo (Hg.), *Rational Choice Theory: Advocacy and Critique*. Newbury Park, CA: Sage.

Borch, Karl Henrik, 1968: *The Economics of Uncertainty*. Princeton: Princeton University Press.

Boudon, Raymond, 1980: *Die Logik des gesellschaftlichen Handelns. Eine Einführung in die soziologische Denk- und Arbeitsweise*. Darmstadt: Luchterhand.

—, 1996: The 'Cognitivist Model': A Generalized 'Rational-Choice Model'. *Rationality and Society* 8: 123-150.

—, 1998: Limitations of Rational Choice Theory. *American Journal of Sociology* 104: 817-828.

—, 2001: *The Origin of Values. Sociology and Philosophy of Beliefs*. New Brunswick: Transaction Publishers.

—, 2003: Beyond Rational Choice Theory. *Annual Review of Sociology* 29: 1-21.

Boudon, Raymond und Emmanuelle Betton, 1999: Explaining the Feelings of Justice. *Ethical Theory and Moral Practice* 2: 365-398.

Bourdieu, Pierre, 1976: *Entwurf einer Theorie der Praxis auf der ethnologischen Grundlage der kabylischen Gesellschaft*. Frankfurt am Main: Suhrkamp.

—, 1980: *The Logic of Practice*. Stanford: Stanford University Press.

—, 1987a: *Die feinen Unterschiede. Kritik der gesellschaftlichen Urteilskraft*. Frankfurt am Main: Suhrkamp.

—, 1987b: *Sozialer Sinn. Kritik der theoretischen Vernunft*. Frankfurt am Main: Suhrkamp.

—, 1989: Antworten auf einige Einwände. S. 395-410 in: Klaus Eder (Hg.), *Klassenlage, Lebensstil und kulturelle Praxis. Beiträge zur Auseinandersetzung mit Pierre Bourdieus Klassentheorie*. Frankfurt am Main: Suhrkamp.

—, 1998: *Praktische Vernunft. Zur Theorie des Handelns*. Frankfurt am Main: Suhrkamp.

Bourdieu, Pierre und Loic J.D. Wacquant, 1996: *Reflexive Anthropologie*. Frankfurt am Main: Suhrkamp.

Brady, Henry E., Sidney Verba und Kay Lehman Schlozman, 1995: Beyond SES: a resource model of political participation. *American Political Science Review* 89: 271-294.

Braun, Norman, 1997: Eine Reformulierung des Diskriminationsmodells. *Zeitschrift für Soziologie* 26: 438-443.

Braun, Norman und Axel Franzen, 1995: Umweltverhalten und Rationalität. *Kölner Zeitschrift für Soziologie und Sozialpsychologie* 47: 231-248.

Brennan, Geoffrey und Alan Hamlin, 2000: *Democratic Devices and Desires.* Cambridge: Cambridge University Press.

Brennan, Geoffrey und Loren Lomasky, 1993: *Democracy and decision. The pure theory of electoral preference.* Cambridge: Cambridge University Press.

Brewer, William F., 1986: What is Autobiographical Memory? S. 25-49 in: David C. Rubin (Hg.), *Autobiographical Memory.* Cambridge: Cambridge University Press.

Brody, Richard A. und Paul M. Sniderman, 1977: From Life Space to Polling Place: The Relevance of Personal Concerns for Voting Behaviour. *British Journal of Political Science* 7: 337-360.

Brüderl, Josef, 2004: Die Überprüfung von Rational-Choice-Modellen mit Umfragedaten. S. 163-180 in: Andreas Diekmann und Thomas Voss (Hg.), *Rational-Choice-Theorie in den Sozialwissenschaften. Anwendungen und Probleme.* München: Oldenbourg.

Bunge, Mario, 1996: *Finding Philosophy in Social Science.* New Haven: Yale University Press.

—, 1999: *The Sociology-Philosophy Connection.* New Brunswick, NJ: Transaction Publishers.

Cacioppo, John T. und Richard Petty, 1982: The need for cognition. *Journal of Personality and Social Psychology* 42: 116-131.

Cacioppo, John T., Richard Petty, Jeffrey A. Feinstein und W. Blair G. Jarvis, 1996: Dispositional differences in cognitive motivation: The life and times of individuals varying in need for cognition. *Psychological Bulletin* 119: 197-253.

Camerer, Colin F., 2003: *Behavioral Game Theory.* Princeton: Princeton University Press.

Celikates, Robin, 2006: Zwischen Habitus und Reflexion: Zu einigen methodologischen Problemen in Bourdieus Sozialtheorie. S. 73-90 in: Mark Hillebrand (Hg.), *Willkürliche Grenzen – das Werk Pierre Bourdieus in interdisziplinärer Anwendung.* Bielefeld: transcript Verlag.

Chaiken, Shelly und Yaacov Trope, 1999: *Dual-Process Theories in Social Psychology.* New York: Guilford Press.

Cicourel, Aaron V., 1973a: Basisregeln und normative Regeln im Prozeß des Aushandelns von Status und Rolle. S. 147-188 in: Arbeitsgruppe Bielefelder Soziologen (Hg.), *Alltagswissen, Interaktion und gesellschaftliche Wirklichkeit, Band 1: Symbolischer Interaktionismus und Ethnomethodologie.* Reinbek: Rowohlt.

—, 1973b: *Cognitive Sociology – Language and Meaning in Social Interaction*. Harmondsworth: Penguin Books.

Coate, Stephen und Michael Conlin, 2004: A Group Rule-Utilitarian Approach to Voter Turnout: Theory and Evidence. *American Economic Review* 94: 1476-1504.

Coleman, James S., 1986: Social Theory, Social Research, and a Theory of Action. *American Journal of Sociology* 91: 1309-1335.

—, 1990: *Foundations of Social Theory*. Cambridge, MA: Belknap Press.

Collins, Allan M. und Elizabeth F. Loftus, 1975: A Spreading Activation Theory of Semantic Processing. *Psychological Review* 82: 407-428.

Collins, Randall, 1993: The Rationality of Avoiding Choice. *Rationality and Society* 5: 58-67.

—, 1996: Can Rational Action Theory Unify Future Social Science? S. 329-342 in: Jon Clark (Hg.), *James S. Coleman*. London, Bristol: Falmer Press.

—, 2004: *Interaction Ritual Chains*. Princeton: Princeton University Press.

Cross, John, 1983: *A Theory of Adaptive Economic Behavior*. Cambridge: Cambridge University Press.

Darley, John M. und Bibb Latané, 1968: Bystander intervention in emergencies: Diffusion of responsibility. *Journal of Personality and Social Psychology* 8: 377-383.

Dawes, Christopher T. und James H. Fowler, 2009: Partisanship, Voting, and the Dopamine D2 Receptor Gene. *The Journal of Politics* 71: 1157-1171.

De Felice, Renzo, 1985: *Jews in an Arab Land: Libya, 1835-1970*. Austin: University of Texas Press.

De Martino, Benedetto, Dharshan Kumaran, Ben Seymour und Raymond J. Dolan, 2006: Frames, Biases, and Rational Decision-Making in the Human Brain. *Science* 313: 684-687.

De Matos, João Amaro und Pedro Barros, 2004: Social norms and paradox of elections' turnout. *Public Choice* 121: 239-255.

Denny, Kevin und Orla Doyle, 2009: Does Voting History Matter? Analysing Persistence in Turnout. *American Journal of Political Science* 53: 17-35.

Denzau, Arthur T. und Douglass C. North, 1994: Shared Mental Models: Ideologies and Institutions. *Kyklos* 47: 3-31.

Deppe, Michael, Wolfram Schwindt, Julia Krämer, Harald Kugel, Hilke Plassmann, Peter Kenning und Erich B. Ringelstein, 2005: Evidence for a Neural Correlate of a Framing Effect: Bias-Specific Activity in the Ventromedial Prefrontal Cortex During Credibility Judgements. *Brain Research Bulletin* 67: 413-421.

Dickson, Eric und Kenneth Scheve, 2006: Social identity, political speech, and electoral competition. *Journal of Theoretical Politics* 18: 5-39.

Diekmann, Andreas, 1996: Homo ÖKOnomicus: Anwendungen und Probleme der Theorie rationalen Handelns im Umweltbereich. S. 89-118 in: Andreas Diekmann und Carlo C. Jaeger (Hg.), *Umweltsoziologie, Sonderheft 36 der Kölner Zeitschrift für Soziologie und Sozialpsychologie*. Opladen: Westdeutscher Verlag.

Diekmann, Andreas und Thomas Voss, 2004: Die Theorie rationalen Handelns. Stand und Perspektiven. S. 13-29 in: Andreas Diekmann und Thomas Voss (Hg.), *Rational-Choice-Theorie in den Sozialwissenschaften. Anwendungen und Probleme.* München: Oldenbourg.

DiMaggio, Paul J., 1997: Culture and Cognition. *Annual Review of Sociology* 23: 263-287.

DiMaggio, Paul J. und Walter W. Powell, 1991: Introduction. S. 1-38 in: Walter W. Powell und Paul J. DiMaggio (Hg.), *The New Institutionalism in Organizational Analysis.* Chicago: University of Chicago Press.

Downs, Anthony, 1957: *An Economic Theory of Democracy.* New York: Harper & Row.

Dufwenberg, Martin, Simon Gächter und Heike Hennig-Schmidt, 2006: *The Framing of Games and the Psychology of Strategic Choice. CeDEx Discussion Paper No. 2006-20.* Nottingham: University of Nottingham.

Durkheim, Emile, 1981: *Die elementaren Formen des religiösen Lebens.* Frankfurt am Main: Suhrkamp.

Eberle, Thomas S., 1999: Sinnadäquanz und Kausaladäquanz bei Max Weber und Alfred Schütz. S. 97-119 in: Ronald Hitzler, Jo Reichertz und Norbert Schröer (Hg.), *Hermeneutische Wissenssoziologie. Standpunkte zur Theorie der Interpretation.* Konstanz: Universitätsverlag Konstanz.

Eckhard, Jan, 2010: *Partnerschaftswandel und Geburtenrückgang.* Berlin: Suhrkamp.

Edlin, Aaron S., Andrew Gelman und Noah Kaplan, 2007: Voting as a Rational Choice. Why and How People Vote to Improve the Well-Being of Others. *Rationality and Society* 19: 293-314.

Egger, Marianne und Alberto de Campo, 1997: Was sie schon immer über das Verhalten in sinkenden U-Booten wissen wollten. Eine Replik zu Hartmut Essers Aufsatz „Die Definition der Situation". *Kölner Zeitschrift für Soziologie und Wissenschaftslehre* 49: 306-317.

Eifler, Stefanie, 2009: *Kriminalität im Alltag. Eine handlungstheoretische Analyse von Gelegenheiten.* Wiesbaden: VS Verlag für Sozialwissenschaften.

Eisenführ, Franz und Martin Weber, 2003: *Rationales Entscheiden.* Berlin/Heidelberg: Springer.

Elster, Jon, 1979: *Ulysses and the Sirens. Studies in Rationality and Irrationality.* Cambridge: Cambridge University Press.

—, 1989: *The Cement of Society. A Study of Social Order.* Cambridge: Cambridge University Press.

—, 2000: Rational Choice History: A Case of Excessive Ambition. *American Political Science Review* 94: 685-695.

Emirbayer, Mustafa und Ann Mische, 1998: What is agency? *American Journal of Sociology* 103: 962-1023.

Engelen, Bart, 2006: Solving the Paradox. The Expressive Rationality of the Decision to Vote. *Rationality and Society* 18: 419-441.

Esser, Hartmut, 1990: „Habits", „Frames" und „Rational Choice". Die Reichweite von Theorien der rationalen Wahl (am Beispiel der Erklärung des Befragtenverhaltens). *Zeitschrift für Soziologie* 19: 231-247.

—, 1996a: Die Definition der Situation. *Kölner Zeitschrift für Soziologie und Sozialpsychologie* 48: 1-34.

—, 1996b: What is Wrong with „Variable Sociology"? *European Sociological Review* 12: 159-166.

—, 1998: Why are Bridge Hypotheses Necessary? S. 94-111 in: Hans-Peter Blossfeld und Gerald Prein (Hg.), *Rational Choice Theory and Large-Scale Data Analysis*. Boulder, Colo.: Westview Press.

—, 1999a: *Soziologie. Allgemeine Grundlagen*. Frankfurt am Main: Campus.

—, 1999b: *Soziologie. Spezielle Grundlagen, Band 1: Situationslogik und Handeln*. Frankfurt am Main: Campus.

—, 1999c: Die Situationslogik ethnischer Konflikte. *Zeitschrift für Soziologie* 28: 245-262.

—, 2000a: *Soziologie. Spezielle Grundlagen, Band 4: Opportunitäten und Restriktionen*. Frankfurt am Main: Campus.

—, 2000b: *Soziologie. Spezielle Grundlagen, Band 2: Die Konstruktion der Gesellschaft*. Frankfurt am Main: Campus.

—, 2000c: Normen als Frames: Das Problem der „Unbedingtheit" des normativen Handelns. S. 137-155 in: Regina Metze, Kurt Mühler und Karl-Dieter Opp (Hg.), *Normen und Institutionen: Entstehung und Wirkung. Leipziger Soziologische Studien, Band 2*. Leipzig: Leipziger Universitätsverlag.

—, 2000d: *Soziologie. Spezielle Grundlagen, Band 5: Institutionen*. Frankfurt am Main: Campus.

—, 2001: *Soziologie. Spezielle Grundlagen, Band 6: Sinn und Kultur*. Frankfurt am Main: Campus.

—, 2002a: Ehekrisen: Das (Re-)Framing der Ehe und der Anstieg der Scheidungsraten. *Zeitschrift für Soziologie* 31: 472-496.

—, 2002b: In guten wie in schlechten Tagen? Das Framing der Ehe und das Risiko zur Scheidung. Eine Anwendung und ein Test des Modells der Frame Selektion. *Kölner Zeitschrift für Soziologie und Sozialpsychologie* 54: 27-63.

—, 2003: Die Rationalität der Werte. Die Typen des Handelns und das Modell der soziologischen Erklärung. S. 154-188 in: Agathe Bienfait, Gert Albert, Claus Wendt und Steffen Sigmund (Hg.), *Das Weber-Paradigma*. Tübingen: Mohr (Siebeck).

—, 2006: *Sprache und Integration. Die sozialen Bedingungen und Folgen des Spracherwerbs von Migranten*. Frankfurt am Main: Campus.

—, 2006a: Eines für alle(s)? Das Weber-Paradigma, das Konzept des moderaten methodologischen Holismus und das Modell der soziologischen Erklärung. *Kölner Zeitschrift für Soziologie und Sozialpsychologie* 58: 352-364.

—, 2006b: Affektuelles Handeln: Emotionen und das Modell der Frame-Selektion. S. 143-174 in: Rainer Schützeichel (Hg.), *Emotionen und Sozialtheorie. Disziplinäre Ansätze*. Frankfurt am Main: Campus.

—, 2010a: Das Modell der Frame-Selektion. Eine allgemeine Handlungstheorie für die Sozialwissenschaften? S. 45-62 in: Gert Albert und Steffen Sigmund (Hg.), *Soziologische Theorie kontrovers. 50. Sonderheft der Kölner Zeitschrift für Soziologie und Sozialpsychologie*. Wiesbaden: VS Verlag für Sozialwissenschaften.

—, 2010b: Sinn, Kultur, Verstehen und das Modell der soziologischen Erklärung. S. 309-335 in: Monika Wohlrab-Sahr (Hg.), *Kultursoziologie: Paradigmen – Methoden – Fragestellungen*. Wiesbaden: VS Verlag für Sozialwissenschaften.

Esser, Hartmut und Clemens Kroneberg, 2010: Am besten nichts Neues? S. 79-86 in: Gert Albert und Steffen Sigmund (Hg.), *Soziologische Theorie kontrovers. 50. Sonderheft der Kölner Zeitschrift für Soziologie und Sozialpsychologie*. Wiesbaden: VS Verlag für Sozialwissenschaften.

Etzioni, Amitai, 1988: *The Moral Dimension: Toward a New Economics*. New York: The Free Press.

Etzrodt, Christian, 2000: Alfred Schütz – Ökonom und/oder Soziologe? Eine Kritik an Hartmut Essers Interpretation der Theorie von Alfred Schütz und an seiner „Definition der Situation". *Kölner Zeitschrift für Soziologie und Sozialpsychologie* 52: 761-782.

—, 2007: Neuere Entwicklungen in der Handlungstheorie. Ein Kommentar zu den Beiträgen von Kroneberg und Kron. *Zeitschrift für Soziologie* 36: 364-379.

—, 2008: Über die Unüberwindbarkeit festgefahrener Frames. Eine Entgegnung auf Clemens Kronebergs Erwiderung. *Zeitschrift für Soziologie* 37: 271-275.

Falk, Armin, Ernst Fehr und Urs Fischbacher, 2003: On the Nature of Fair Behavior. *Economic Inquiry* 41: 20-26.

Falk, Armin und Urs Fischbacher, 2006: A theory of reciprocity. *Games and Economic Behavior* 54: 293-315.

Fazio, Russell H., 1990: Multiple Processes by which Attitudes Guide Behavior: The MODE Model as an Integrative Framework. *Advances in Experimental Social Psychology* 23: 75-109.

Feddersen, Timothy und Alvaro Sandron, 2006: A Theory of Participation in Elections. *American Economic Review* 96: 1271-1282.

Fehr, Ernst und Klaus M. Schmidt, 1999: A Theory of Fairness, Competition and Cooperation. *Quarterly Journal of Economics* 114: 817-868.

Fein, Helen, 1979: *Accounting for Genocide. National Responses and Jewish Victimization during the Holocaust*. New York: The Free Press.

Ferejohn, John, 1991: Rationality and Interpretation: Parliamentary Elections in Early Stuart England. S. 279-305 in: Kristen Renwick Monroe (Hg.), *The Economic Approach to Politics. A Critical Reassessment of the Theory of Rational Action*. New York: Harper Collins.

Ferejohn, John und Morris P. Fiorina, 1974: The Paradox of Not Voting: A Decision Theoretic Analysis. *American Political Science Review* 68: 525-536.

Finkel, Steven E., 2008: In Defense of the „Wide" Rational Choice Model of Collective Political Action. S. 23-35 in: Andreas Diekmann, Klaus Eichner, Peter Schmidt und Thomas Voss (Hg.), *Rational Choice: Theoretische Analysen und empirische Resultate.* Wiesbaden: VS Verlag für Sozialwissenschaften.

Finkel, Steven E. und Edward N. Muller, 1998: Rational Choice and the Dynamics of Collective Political Action: Evaluating Alternative Models with Panel Data. *American Political Science Review* 92: 37-50.

Fiske, Susan T., 2003: *Social Beings: A Core Motives Approach to Social Psychology.* New York: John Wiley.

Fowler, James H., 2006a: Altruism and Turnout. *Journal of Politics* 68: 674-683.

—, 2006b: Habitual voting and behavioral turnout. *Journal of Politics* 68: 335-344.

Fowler, James H., Laura A. Baker und Christopher T. Dawes, 2008: Genetic Variation in Political Participation. *American Political Science Review* 102: 233-248.

Fowler, James H. und Christopher T. Dawes, 2008: Two Genes Predict Voter Turnout. *Journal of Politics* 70: 579-594.

Fox, John, 1997: *Applied regression analysis, linear models, and related models.* Thousand Oaks, CA: Sage.

Friedman, Jeffrey, 1996: *The Rational Choice Controversy: Economic Models of Politics Reconsidered.* New Haven & London: Yale University Press.

Friedman, Milton, 1953: The Methodology of Positive Economics. S. 3-43 in: Milton Friedman (Hg.), *Essays in Positive Economics.* Chicago: University of Chicago Press.

Friedrichs, Jürgen und Karl-Dieter Opp, 2002: Rational Behaviour in Everyday Situations. *European Sociological Review* 18: 401-415.

Garfinkel, Harold, 1967: *Studies in ethnomethodology.* Englewood Cliffs, NJ: Prentice-Hall.

Geanakoplos, John, David Pearce und Ennio Stacchetti, 1989: Psychological Games and Sequential Rationality. *Games and Economic Behavior* 1: 60-79.

Gehlen, Arnold, 1974: *Anthropologische Forschung. Zur Selbstbegegnung und Selbstentdeckung des Menschen.* Hamburg: Reinbek.

Geras, Norman, 1995: *Solidarity in the Conversation of Humankind. The Ungroundable Liberalism of Richard Rorty.* London: Verso.

Gerber, Alan S. und Donald P. Green, 1999: Does canvassing increase voter turnout? A field experiment. *Proceedings of the National Academy of Sciences of the United States of America* 96: 10939-10942.

Gerber, Alan S., Donald P. Green und Ron Shachar, 2003: Voting May be Habit Forming: Evidence from a Randomized Field Experiment. *American Journal of Political Science* 47: 540-550.

Gerhards, Jürgen und Bernd Schmidt, 1992: *Intime Kommunikation. Eine empirische Studie über Wege der Annäherung und Hindernisse für „safer sex".* Baden-Baden: Nomos.

Geys, Benny, 2006: „Rational" Theories of Voter Turnout: A Review. *Political Studies Review* 4: 16-35.

Gigerenzer, Gerd, 2004: Fast and frugal heuristics: The tools of bounded rationality. S. 62–88 in: Derek J. Koehler und Nigel Harvey (Hg.), *Blackwell handbook of judgement and decision making.* Oxford, UK: Blackwell.

Gigerenzer, Gerd und Reinhard Selten (Hg.), 2002: *Bounded Rationality: The Adaptive Toolbox.* Cambridge, MA; London: MIT Press.

Gigerenzer, Gerd, Peter M. Todd und ABC Research Group, 1999: *Simple Heuristics That Make Us Smart.* Oxford: Oxford University Press.

Gintis, Herbert, 2000: *Game Theory Evolving. A Problem-Centered Introduction to Modeling Strategic Interaction.* Princeton: Princeton University Press.

—, 2007: A framework for the unification of the behavioral sciences. *Behavioral and brain sciences* 30: 1-16.

Goffman, Erving, 1974: *Frame Analysis: An Essay on the Organization of Experience.* New York: Harper & Row.

—, 1977: *Rahmen-Analyse: Ein Versuch über die Organisation von Alltagserfahrungen.* Frankfurt am Main: Suhrkamp.

Goldthorpe, John H., 1996: The Quantitative Analysis of Large-Scale Data-Sets and Rational Action Theory: For a Sociological Alliance. *European Sociological Review* 12: 109-126.

Gorski, Philip S., 2004: The Poverty of Deductivism: A Constructive Realist Model of Sociological Explanation. *Sociological Methodology* 34: 1-33.

Grasmick, Harold G. und Steven D. McLaughlin, 1978: Deterrence and Social Control. *American Sociological Review* 43: 272-278.

Green, Donald P., Alan S. Gerber und David W. Nickerson, 2003: Getting Out the Vote in Local Elections: Results from Six Door-to-Door Canvassing Experiments. *Journal of Politics* 65: 1083-1096.

Green, Donald P. und Ron Shachar, 2000: Habit Formation and Political Behaviour: Evidence of Consuetude in Voter Turnout. *British Journal of Political Science* 30: 561-573.

Green, Donald P. und Ian Shapiro, 1994: *Pathologies of Rational Choice Theory: A Critique of Applications in Political Science.* New Haven: Yale University Press.

Greshoff, Rainer, 2006: Das Essersche „Modell der soziologischen Erklärung" als zentrales Integrationskonzept im Spiegel der Esser-Luhmann-Weber-Vergleiche – was resultiert für die weitere Theoriediskussion? S. 515-580 in: Rainer Greshoff und Uwe Schimank (Hg.), *Integrative Sozialtheorie? Esser – Luhmann – Weber.* Wiesbaden: VS Verlag für Sozialwissenschaften.

—, 2008: Ohne Akteure geht es nicht! Oder: Warum die Fundamente der Luhmannschen Sozialtheorie nicht tragen. *Zeitschrift für Soziologie* 37: 450-469.

Greshoff, Rainer und Uwe Schimank (Hg.), 2006: *Integrative Sozialtheorie? Esser – Luhmann – Weber.* Wiesbaden: VS Verlag für Sozialwissenschaften.

Greve, Jens, 1999: Sprache, Kommunikation und Strategie in der Theorie von Jürgen Habermas. *Kölner Zeitschrift für Soziologie und Sozialpsychologie* 51: 232-259.

—, 2003: Handlungserklärung und die zwei Rationalitäten? Neuere Ansätze zur Integration von Wert- und Zweckrationalität in ein Handlungsmodell. *Kölner Zeitschrift für Soziologie und Sozialpsychologie* 55: 621-653.

Grofman, Bernard, 1993: Is Turnout the Paradox that Ate Rational Choice Theory? S. 93-103 in: Bernard Grofman (Hg.), *Information, Participation, and Choice: An Economic Theory of Democracy in Perspective.* Ann Arbor: University of Michigan Press.

Gross, Michael L., 1994: Jewish Rescue in Holland and France during the Second World War: Moral Cognition and Collective Action. *Social Forces* 73: 463-496.

—, 1997: *Ethics and Activism. The Theory and Practice of Political Morality. Cambridge:* Cambridge University Press.

Grossman, Gene M. und Elhanan Helpman, 2001: *Special Interest Politics.* Cambridge, MA: MIT Press.

Gujarati, Damodar N., 2003: *Basic Econometrics.* Boston: McGraw-Hill.

Güth, Werner, Rolf Schmittberger und Bernd Schwarze, 1982: An Experimental Analysis of Ultimatum Bargaining. *Journal of Economic Behavior and Organization* 3: 367-388.

Habermas, Jürgen, 1981a: *Theorie des kommunikativen Handelns. Band 1: Handlungsrationalität und gesellschaftliche Rationalisierung.* Frankfurt am Main: Suhrkamp.

—, 1981b: *Theorie des kommunikativen Handelns. Band 2: Zur Kritik der funktionalistischen Vernunft.* Frankfurt am Main: Suhrkamp.

Hair, Joseph F. Jr., Rolph E. Anderson, Ronald L. Tatham und William C. Black, 1998: *Multivariate Data Analysis.* Upper Saddle River, NJ: Prentice Hall.

Hannerz, Ulf, 1969: *Soulside: Inquiries into ghetto culture and community.* Chicago: University of Chicago Press.

Hardin, Russel, 1982: *Collective Action.* Baltimore: The Johns Hopkins University Press.

Hechter, Michael und Karl-Dieter Opp, 2001: What have we learned about the emergence of social norms? S. 394-415 in: Michael Hechter und Karl-Dieter Opp (Hg.), *Social Norms.* New York: Russell Sage Foundation.

Hedström, Peter, 2005: *Dissecting the Social: On the Principles of Analytical Sociology.* Cambridge: Cambridge University Press.

Hedström, Peter und Peter Bearman, 2009: *The Oxford Handbook of Analytical Sociology.* Oxford: Oxford University Press.

Hedström, Peter und Richard Swedberg, 1998: Social mechanism: An introductory essay. S. 1-30 in: Peter Hedström und Richard Swedberg (Hg.), *Social Mechanisms. An Analytical Approach to Social Theory*. Cambridge: Cambridge University Press.

Heiner, Ronald A., 1983: The Origin of Predictable Behavior. *American Economic Review* 73: 560–595.

—, 1985: Origin of Predictable Behavior: Further Modeling and Applications. *American Economic Review* 75: 391–396.

—, 1988: The Necessity of Imperfect Decisions. *Journal of Economic Behavior and Organization* 10: 29-55.

Hempel, Carl G., 1965: Typologische Methoden in den Sozialwissenschaften. S. 85-103 in: Ernst Topitsch (Hg.), *Logik der Sozialwissenschaften*. Köln: Kiepenheuer & Witsch.

Hempel, Carl G. und Paul Oppenheim, 1948: Studies in the Logic of Explanation. *Philosophy of Science* 15: 135-175.

Henrich, Joseph, Robert Boyd, Samuel Bowles, Colin F. Camerer, Ernst Fehr und Herbert Gintis, 2004: *Foundations of Human Sociality. Economic Experiments and Ethnographic Evidence from Fifteen Small-Scale Societies*. Oxford: Oxford University Press.

Henrich, Joseph, Robert Boyd, Samuel Bowles, Colin F. Camerer, Ernst Fehr, Herbert Gintis und Richard McElreath, 2001: In Search of Homo Economicus: Behavioral Experiments in 15 Small-Scale Societies. *American Economic Review* 91: 73-78.

Heritage, John, 1984: *Garfinkel and Ethnomethodology*. Cambridge: Polity Press.

Higgins, E. Tory, 1996: Knowledge Activation: Accessibility, Applicability, and Salience. S. 133-168 in: E. Tory Higgins und Arie W. Kruglanski (Hg.), *Social Psychology: Handbook of Basic Principles*. New York: The Guilford Press.

Higgins, E. Tory und Miguel Brendl, 1995: Accessibility and Applicability: Some „Activation Rules" Influencing Judgment. *Journal of Experimental Social Psychology* 31: 218-243.

Hitzler, Ronald, 1992: Der Goffmensch. *Soziale Welt* 43: 449-461.

Homans, George C., 1969: *Was ist Sozialwissenschaft?* Köln: Opladen.

—, 1974: *Social Behavior: Its Elementary Forms*. New York: Harcourt Brace Jovanovich.

Hosmer, David W. und Stanley Lemeshow, 2000: *Applied Logistic Regression*. New York: Wiley.

Hubert, Mirja und Peter Kennig, 2008: A Current Overview of Consumer Neuroscience. *Journal of Consumer Behavior* 7: 272-292.

Hunkler, Christian und Thorsten Kneip, 2008: Das Zusammenspiel von Normen und Anreizen bei der Erklärung partnerschaftlicher Stabilität. Mannheimer Zentrum für Europäische Sozialforschung (MZES). Arbeitspapier Nr. 108 (ISBN 1437-8574).

—, 2010: Die Stabilität von Ehen und nichtehelichen Lebensgemeinschaften. Ein Test des Modells der Frame-Selektion. S. 181-212 in: Sabine Walper und Eva-Verena Wendt (Hg.), *Partnerschaften und die Beziehungen zu Eltern und Kindern. Befunde zur Beziehungs- und Familienentwicklung in Deutschland.* Würzburg: Ergon-Verlag.

Jankowski, Richard, 2002: Buying a Lottery Ticket to Help the Poor. Altruism, Civic Duty, and Self-Interest in the Decision to Vote. *Rationality and Society* 14: 55-77.

Janning, Frank, 1991: *Pierre Bourdieus Theorie der Praxis.* Opladen: Westdeutscher Verlag.

Joas, Hans, 1992: *Die Kreativität des Handelns.* Frankfurt am Main: Suhrkamp.

Joas, Hans und Wolfgang Knöbl, 2004: *Sozialtheorie. Zwanzig einführende Vorlesungen.* Frankfurt am Main: Suhrkamp.

Jöreskog, Karl G., 2002: „Structural Equation Modeling with Ordinal Variables using LISREL". URL: http://www.ssicentral.com/lisrel/techdocs/ordinal.pdf. Stand: 29.03.2009.

Kahneman, Daniel und Amos Tversky, 1979: Prospect-Theory: An Analysis of Decision under Risk. *Econometrica* 47: 263-291.

—, 1984: Choices, values, and frames. *American Psychologist* 39: 341-350.

Kanazawa, Satoshi, 1998: A Possible Solution to the Paradox of Voter Turnout. *Journal of Politics* 60: 974-995.

—, 2000: A New Solution to the Collective Action Problem: The Paradox of Voter Turnout. *American Sociological Review* 65: 433-442.

Kappelhoff, Peter, 2004: Adaptive Rationalität, Gruppenselektion und Ultrasozialität. S. 79-95 in: Andreas Diekmann und Thomas Voss (Hg.), *Rational-Choice-Theorie in den Sozialwissenschaften. Anwendungen und Probleme.* München: Oldenbourg.

Kay, Aaron C. und Lee Ross, 2003: The perceptual push: The interplay of implicit cues and explicit situational construals on behavioral intentions in the Prisoner´s Dilemma. *Journal of Experimental Social Psychology* 39: 634-643.

Kay, Aaron C., Christian S. Wheeler, John A. Bargh und Lee Ross, 2004: Material priming: The influence of mundane physical objects on situational construal and competitive behavioral choice. *Organizational Behavior and Human Decision Processes* 95: 83-96.

Kelle, Udo, 2007: *Die Integration qualitativer und quantitativer Methoden in der empirischen Sozialforschung – Theoretische Grundlagen und methodische Konzepte.* Wiesbaden: VS Verlag für Sozialwissenschaften.

Kelle, Udo und Christian Lüdemann, 1995: „Grau, teurer Freund, ist alle Theorie..." Rational Choice und das Problem der Brückenannahmen. *Kölner Zeitschrift für Soziologie und Sozialpsychologie* 47: 249-267.

—, 1998: Bridge Assumptions in Rational Choice Theory: Methodological Problems and Possible Solutions. S. 112-125 in: Hans-Peter Blossfeld und Gerald

Prein (Hg.), *Rational Choice Theory and Large-Scale Data Analysis*. Boulder, CO: Westview Press.

King, Gary, 1986: How Not to Lie with Statistics: Avoiding Common Mistakes in Quantitative Political Science. *American Journal of Political Science* 30: 666-687.

King, Gary, Robert O. Keohane und Sidney Verba, 1994: *Designing Social Inquiry: Scientific Inference in Qualitative Research*. Princeton: Princeton University Press.

Kirchgässner, Gebhard, 1992: Towards a theory of low-cost decisions. *European Journal of Political Economy* 8: 305-320.

—, 2008: *Homo Oeconomicus: Das ökonomische Modell individuellen Verhaltens und seine Anwendung in den Wirtschafts- und Sozialwissenschaften*. Tübingen: Mohr (Siebeck).

Klein, Markus, 2002: *Wählen als Akt expressiver Präferenzoffenbarung. Eine Anwendung der Conjoint-Analyse auf die Wahl zur Hamburger Bürgerschaft vom 21. September 1997*. Frankfurt am Main: Lang.

Kluckhohn, Clyde, 1954: Values and Value-Orientations in the Theory of Action: An Exploration in Definition and Classification. S. 388-433 in: Talcott Parsons und Edward A. Shils (Hg.), *Toward a General Theory of Action*. Cambridge, MA: Harvard University Press.

Knack, Stephen, 1992: Civic norms, social sanctions, and voter turnout. *Rationality and Society* 4: 133-156.

Knack, Steve, 1994: Does rain help the Republicans? Theory and evidence on turnout and the vote. *Public Choice* 79: 187-209.

König, Markus, 2003: *Habitus und Rational Choice – ein Vergleich der Handlungsmodelle bei Gary S. Becker und Pierre Bourdieu*. Wiesbaden: Deutscher Universitäts-Verlag.

Kron, Thomas, 2004: General Theory of Action? Inkonsistenzen in der Handlungstheorie von Hartmut Esser. *Zeitschrift für Soziologie* 33: 186-205.

—, 2005: *Der komplizierte Akteur. Vorschlag für einen integralen akteurstheoretischen Bezugsrahmen*. Münster: Lit.

—, 2006: Integrale Akteurtheorie – zur Modellierung eines Bezugsrahmens für komplexe Akteure. *Zeitschrift für Soziologie* 35: 170-192.

Kroneberg, Clemens, 2005: Die Definition der Situation und die variable Rationalität der Akteure. Ein allgemeines Modell des Handelns. *Zeitschrift für Soziologie* 34: 344-363.

—, 2006: Die Erklärung der Wahlteilnahme und die Grenzen des Rational-Choice-Ansatzes. Eine Anwendung des Modells der Frame-Selektion. S. 79-111 in: Thomas Bräuninger und Joachim Behnke (Hg.), *Jahrbuch für Handlungs- und Entscheidungstheorie, Bd. 4, Schwerpunkt Parteienwettbewerb und Wahlen*. Wiesbaden: VS Verlag.

—, 2007: Wertrationalität und das Modell der Frame-Selektion. *Kölner Zeitschrift für Soziologie und Sozialpsychologie* 59: 215-239.

—, 2008a: Methodologie statt Ontologie. Das Makro-Mikro-Makro-Modell als einheitlicher Bezugsrahmen der akteurstheoretischen Soziologie. S. 222-247 in:

Jens Greve, Annette Schnabel und Rainer Schützeichel (Hg.), *Das Mikro-Makro-Modell der soziologischen Erklärung*. Wiesbaden: VS Verlag.

—, 2008b: Zur Interpretation und empirischen Widerlegbarkeit des Modells der Frame-Selektion – Eine Erwiderung auf Christian Etzrodt. *Zeitschrift für Soziologie* 37: 266-270.

—, 2011a: Zusatzkapitel 1 zu „Die Erklärung sozialen Handelns": Die Ableitung von Dreifach-Interaktionshypothesen aus dem Modell der Frame-Selektion. URL: http://vs-verlag.de/tu/Kroneberg-Erklaerung. Stand: 01.06.2011.

—, 2011b: Zusatzkapitel 2 zu „Die Erklärung sozialen Handelns": Statistische Modellierung und Testbarkeit des Modells der Frame-Selektion. URL: http://vs-verlag.de/tu/Kroneberg-Erklaerung. Stand: 01.06.2011.

—, 2011c: Zusatzkapitel 3 zu „Die Erklärung sozialen Handelns": Variablenselektion zur Identifikation relevanter Anreize in den Analysen der Wahlteilnahme. URL: http://vs-verlag.de/tu/Kroneberg-Erklaerung. Stand: 01.06.2011.

—, 2011d: Zusatzkapitel 4 zu „Die Erklärung sozialen Handelns": Multiple Imputation des wahrgenommenen Risikos in der Analyse der Rettung von Juden im Zweiten Weltkrieg. URL: http://vs-verlag.de/tu/Kroneberg-Erklaerung. Stand: 01.06.2011.

Kroneberg, Clemens, Isolde Heintze und Guido Mehlkop, 2010: The Interplay of Moral Norms and Instrumental Incentives in Crime Causation. *Criminology* 48: 259-294.

Kroneberg, Clemens, Volker Stocké und Meir Yaish, 2006: Norms or Rationality? The Rescue of Jews, Electoral Participation, and Educational Decisions. Sonderforschungsbereich 504, Working Paper 06-09. Mannheim: Universität Mannheim.

Kroneberg, Clemens, Meir Yaish und Volker Stocké, 2010: Norms and Rationality in Electoral Participation and in the Rescue of Jews in WWII: An Application of the Model of Frame Selection. *Rationality and Society* 22: 3-36.

Kruglanski, Arie W., 1989: *Lay Epistemics and Human Knowledge: Cognitive and Motivational Bases.* New York: Plenum.

—, 1990: Motivations for judging and knowing: Implications for causal attribution. S. 333-368 in: E. Tory Higgins und Richard M. Sorrentino (Hg.), *The Handbook of Motivation and Cognition: Foundations of Social Behavior. Volume 2.* New York: Guilford.

Kühnel, Steffen M., 1996: Linear Panel Analysis of Ordinal Data using LISREL: Reality or Science Fiction? S. 87-112 in: Uwe Engel und Jost Reinecke (Hg.), *Analysis of Change. Advanced Techniques in Panel Data Analysis.* Berlin: de Gruyter.

—, 2001: Kommt es auf die Stimme an? Determinanten von Teilnahme und Nichtteilnahme an politischen Wahlen. S. 13-42 in: Achim Koch, Martina Wasmer und Peter Schmidt (Hg.), *Politische Partizipation in der Bundesrepublik Deutschland. Empirische Befunde und theoretische Erklärungen.* Opladen: Leske & Budrich.

Kühnel, Steffen M. und Dieter Fuchs, 1998: Nichtwählen als rationales Handeln: Anmerkungen zum Nutzen des Rational-Choice-Ansatzes in der empirischen Wahlforschung II. S. 317-356 in: Max Kaase und Hans-Dieter Klingemann (Hg.), *Wahlen und Wähler. Analysen aus Anlaß der Bundestagswahl 1994.* Opladen: Westdeutscher Verlag.

Kühnel, Steffen M. und Dieter Ohr, 1996: Determinanten der Wahlbeteiligung in der Theorie des rationalen Wählers. Eine empirische Untersuchung gefördert von der Fritz Thyssen Stiftung. Abschlußbericht. Köln: Universität zu Köln.

Kunz, Volker, 1997: *Theorie rationalen Handelns. Konzepte und Anwendungsprobleme. Opladen:* Leske & Budrich.

Lacy, Michael G., 1997: Efficiently Studying Rare Events: Case-Control Methods for Sociologists. *Sociological Perspectives* 40: 129-145.

Lahno, Bernd, 2002: *Der Begriff des Vertrauens.* Paderborn: mentis.

Larrick, Richard P. und Sally Blount, 1997: The Claiming Effect: Why Players Are More Generous in Social Dilemmas than in Ultimatum Games. *Journal of Personality and Social Psychology* 72: 810-825.

Lehman, Edward W., 2008: „The Moral Dimension" and „The Action Frame of Reference": lessons for sociologists. *Socio-Economic Review* 6: 154-162.

Lepsius, M. Rainer, 1997: Institutionalisierung und Deinstitutionalisierung von Rationalitätskriterien. S. 57-69 in: Gerhard Göhler (Hg.), *Institutionenwandel, Leviathan Sonderheft 16/1996.* Opladen: Westdeutscher Verlag.

Levine, David K. und Thomas R. Palfrey, 2007: The Paradox of Voter Participation? A Laboratory Study. *American Political Science Review* 101: 143-158.

Lewis, Oscar, 1968: The Culture of Poverty. S. 187-200 in: Daniel P. Moynihan (Hg.), *On Understanding Poverty: Perspectives from the Social Sciences.* New York: Basic Books.

Li, Kim-Hung, Trivellore E. Raghunathan und Donald B. Rubin, 1991: Large-sample significance levels from multiply imputed data using moment-based statistics and an F reference distribution. *Journal of the American Statistical Association* 86: 1065-1073.

Liberman, Varda, Steven M. Samuels und Lee Ross, 2004: The Name of the Game: Predictive Power of Reputations Versus Situational Labels in Determining Prisoner´s Dilemma Game Moves. *Personality and Social Psychology Bulletin* 30: 1175-1185.

Lindenberg, Siegwart, 1977: Individuelle Effekte, kollektive Phänomene und das Problem der Transformation. S. 46-84 in: Klaus Eichner und Werner Habermehl (Hg.), *Probleme der Erklärung sozialen Verhaltens.* Meisenheim am Glan: Anton Hain.

—, 1983: Utility and Morality. *Kyklos* 36: 450-468.

—, 1984: Normen und die Allokation sozialer Wertschätzung. S. 169-191 in: Horst Todt (Hg.), *Normengeleitetes Verhalten in den Sozialwissenschaften*. Berlin: Duncker & Humblot.

—, 1989a: Choice and Culture: The Behavioral Basis of Cultural Impact on Transactions. S. 175-200 in: Hans Haferkamp (Hg.), *Social Structure and Culture*. Berlin: de Gruyter.

—, 1989b: Social Production Functions, Deficits, and Social Revolutions. Prerevolutionary France and Russia. *Rationality and Society* 1: 51-77.

—, 1990: Rationalität und Kultur. Die verhaltenstheoretische Basis des Einflusses von Kultur auf Transaktionen. S. 249-287 in: Hans Haferkamp (Hg.), *Sozialstruktur und Kultur*. Frankfurt am Main: Suhrkamp.

—, 1991: Die Methode der abnehmenden Abstraktion: Theoriegesteuerte Analyse und empirischer Gehalt. S. 29-78 in: Hartmut Esser und Klaus G. Troitzsch (Hg.), *Modellierung sozialer Prozesse*. Bonn: Informationszentrum Sozialwissenschaften.

—, 1992: The Method of Decreasing Abstraction. S. 3-20 in: James S. Coleman und Thomas J. Fararo (Hg.), *Rational Choice Theory. Advocacy and Critique*. Newbury Park: Sage.

—, 1993: Framing, empirical evidence, and applications. S. 11-38 in: Philipp Herder-Dorneich, Karl-Ernst Schenk und Dieter Schmidtchen (Hg.), *Jahrbuch für Neue Politische Ökonomie, Bd. 12, Neue Politische Ökonomie von Normen und Institutionen*. Tübingen: Mohr (Siebeck).

—, 1996: Die Relevanz theoriereicher Brückenhypothesen. *Kölner Zeitschrift für Soziologie und Sozialpsychologie* 48: 126-140.

—, 2001: Social rationality versus rational egoism. S. 635-668 in: Jonathan H. Turner (Hg.), *Handbook of Sociological Theory*. New York: Kluwer Academic/Plenum.

—, 2008: Social norms: What happens when they become more abstract? S. 63-81 in: Andreas Diekmann, Klaus Eichner, Peter Schmidt und Thomas Voss (Hg.), *Rational Choice: Theoretische Analysen und empirische Resultate*. Wiesbaden: VS Verlag für Sozialwissenschaften.

Lindenberg, Siegwart und Reinhard Wippler, 1978: Theorienvergleich. Elemente der Rekonstruktion. S. 219-231 in: Karl Otto Hondrich und Joachim Matthes (Hg.), *Theorienvergleich in den Sozialwissenschaften*. Darmstadt und Neuwied: Luchterhand.

Little, Daniel, 1998: *On the Philosophy of the Social Sciences. Microfoundations, Method, and Causation*. New Brunswick, NJ: Transaction Publishers.

Long, J. Scott, 1997: *Regression Models for Categorical and Limited Dependent Variables*. Thousand Oaks, CA: Sage.

Lovett, Frank, 2006: Rational Choice Theory and Explanation. *Rationality and Society* 18: 237-272.

Lüdemann, Christian und Heinz Rothgang, 1996: Der „eindimensionale" Akteur. Eine Kritik der Framing-Modelle von Siegwart Lindenberg und Hartmut Esser. *Zeitschrift für Soziologie* 25: 278-288.

Luhmann, Niklas, 1984: *Soziale Systeme. Grundriß einer allgemeinen Theorie*. Frankfurt am Main: Suhrkamp.

—, 1987: Autopoiesis als soziologischer Begriff. S. 307-324 in: Hans Haferkamp und Michael Schmid (Hg.), *Sinn, Kommunikation und soziale Differenzierung: Beiträge zu Luhmanns Theorie sozialer Systeme*. Frankfurt am Main: Suhrkamp.

—, 1997: *Die Gesellschaft der Gesellschaft*. Frankfurt am Main: Suhrkamp.

—, 2009: Zur Komplexität von Entscheidungssituationen. *Soziale Systeme* 15: 3-35.

Macy, Michael W., 1990: Learning Theory and the Logic of Critical Mass. *American Sociological Review* 55: 809-826.

—, 1991: Chains of Cooperation: Threshold Effects in Collective Action. *American Sociological Review* 56: 730-747.

Macy, Michael W. und Andreas Flache, 2002: Learning Dynamics in Social Dilemmas. *Proceedings of the National Academy of Sciences of the United States of America* 99: 7229–7236.

Macy, Michael W. und Robert Willer, 2002: From Factors to Actors: Computational Sociology and Agent-Based Modeling. *Annual Review of Sociology* 28: 143-166.

Manski, Charles F., 1995: *Identification Problems in the Social Sciences*. Cambridge: Harvard University Press.

March, James G. und Johan P. Olsen, 1989: *Rediscovering Institutions. The Organizational Basis of Politics*. New York: The Free Press.

Mas-Colell, Andreu, Michael D. Whinston und Jerry R. Green, 1995: *Microeconomic Theory*. New York, Oxford: Oxford University Press.

Mayerl, Jochen, 2009: *Kognitive Grundlagen sozialen Verhaltens: Framing, Einstellungen und Rationalität*. Wiesbaden: VS Verlag für Sozialwissenschaften.

—, 2010: Die Low-Cost-Hypothese ist nicht genug. Eine empirische Überprüfung von Varianten des Modells der Frame-Selektion zur besseren Vorhersage der Einflussstärke von Einstellungen auf Verhalten. *Zeitschrift für Soziologie* 39: 38-59.

Mayntz, Renate, 2004: Einladung zum Schattenboxen: Die Soziologie und die moderne Biologie. S. 125-139 in: Karl-Siegbert Rehberg (Hg.), *Die Natur der Gesellschaft. Verhandlungen des 33. Kongresses der Deutschen Gesellschaft für Soziologie in Kassel 2006*. Frankfurt am Main: Campus.

McQuillan, Kevin, 2004: When Does Religion Influence Fertility? *Population and Development Review* 30: 25-56.

Mead, George H., 1968: *Geist, Identität und Gesellschaft*. Frankfurt am Main: Suhrkamp.

Mensch, Kristen, 1996: Internalistische versus externalistische Erklärungsprinzipien in Rational-Choice-Ansätzen, oder: Wie erklärt die Rational-Choice-Theorie die Höhe der Wahlbeteiligung? *Politische Vierteljahreszeitschrift* 37: 80-99.

—, 1999: *Die segmentierte Gültigkeit von Rational-Choice-Erklärungen. Warum Rational-Choice-Modelle die Wahlbeteiligung nicht erklären können*. Opladen: Leske & Budrich.

Merkel, Wolfgang, 1999: *Systemtransformation. Eine Einführung in die Theorie und Empirie der Transformationsforschung*. Opladen: Leske & Budrich.

Meulemann, Heiner und Jörg Otto Hellwig, 2001: Das Doppelgesicht der Nichterwerbstätigkeit. Opportunitätsbilanz und Situationsdefinition als Determinanten der Zufriedenheit mit der Nichterwerbstätigkeit in einer Kohorte ehemaliger Gymnasiasten zwischen dem 30. und 43. Lebensjahr. *ZA-Informationen* 49: 69-91.

Mood, Carina, 2010: Logistic Regression: Why We Cannot Do What We Think We Can Do And What We Can Do About It. *European Sociological Review* 26: 67-82.

Monroe, Kristen Renwick, 1991: John Donne's People: Explaining Differences between Rational Actors and Altruists through Cognitive Frameworks. *The Journal of Politics* 53: 394-433.

Monroe, Kirsten Renwick, 1996: *The Heart of Altruism. Perception of a Common Humanity*. Princeton: Princeton University Press.

Monroe, Kirsten Renwick, Michael C. Barton und Ute Klingemann, 1990: Altruism and the Theory of Rational Action: Rescuers of Jews in Nazi Europe. *Ethics* 101: 103-122.

Monroe, Kristen Renwick, Michael C. Barton und Ute Klingemann, 1991: Altruism and the Theory of Rational Action: An Analysis of Rescuers of Jews in Nazi Europe. S. 317-352 in: Kristen Renwick Monroe (Hg.), *The Economic Approach to Politics. A Critical Reassessment of the Theory of Rational Action*. New York: Harpers Collins Publishers.

Montgomery, James D., 1998: Toward a Role-Theoretic Conception of Embeddedness. *American Journal of Sociology* 104: 92-125.

—, 2005: The Logic of Role Theory: Role Conflict and Stability of the Self-Concept. *Journal of Mathematical Sociology* 29: 33-71.

Moskowitz, Gordon B., 2005: *Social Cognition: Understanding Self and Others*. New York, London: Guilford Press.

Mueller, Dennic C., 2003: *Public Choice III*. Cambridge: Cambridge University Press.

Muthén, Bengt O., 1993: Goodness of Fit with Categorical and Other Nonnormal Variables. S. 205-234 in: Kenneth A. Bollen und J. Scott Long (Hg.), *Testing structural equation models*. Newbury Park: Sage.

Nagler, Jonathan, 1994: Scobit: An Alternative Estimator to Logit and Probit. *American Journal of Political Science* 38: 230-255.

Nash, John F., 1950: Equilibrium Points in N-Person Games. *Proceedings of the National Academy of Sciences of the United States of America* 36: 48-49.

—, 1951: Non-Cooperative Games. *Annals of Mathematics* 54: 286-295.

Nauck, Bernhard, 2007: Value of Children and the Framing of Fertility: Results from a Cross-Cultural Comparative Survey in 10 Societies. *European Sociological Review* 23: 615-629.

Neumann, John von und Oskar Morgenstern, 1944: *Theory of Games and Economic Behaviour.* Princeton: Princeton University Press.

Nida-Rümelin, Julian, 2006: Ursachen und Gründe. Replik auf: Michael Pauen, Ursachen und Gründe, in Heft 5/2005. *Information Philosophie* 1/2006: 32-36.

Norkus, Zenonas, 2001: *Max Weber und Rational Choice.* Marburg: Metropolis.

Nownes, Anthony, 1992: Primaries, General Elections, and Voter Turnout: A Multinomial Logit Model of the Decision to Vote. *American Politics Quarterly* 20: 205-226.

Oliner, Samuel P. und Pearl M. Oliner, 1988: *The Altruistic Personality: Rescuers of Jews in Nazi Europe.* New York: The Free Press.

Opp, Karl-Dieter, 1983: *Die Entstehung sozialer Normen. Ein Integrationsversuch soziologischer, sozialpsychologischer und ökonomischer Erklärungen.* Tübingen: Mohr (Siebeck).

—, 1993: Social Modernization and the Increase in the Divorce Rate. Comment. *Journal of Institutional and Theoretical Economics* 149: 278-282.

—, 1997: Can Identity Theory Better Explain the Rescue of Jews in Nazi Europe than Rational Actor Theory? *Research in Social Movements, Conflict and Change* 20: 223-253.

—, 1998: Can and Should Rational Choice Theory Be Tested by Survey Research? The Example of Explaining Collective Political Action. S. 204-230 in: Hans-Peter Blossfeld und Gerald Prein (Hg.), *Rational Choice Theory and Large-Scale Data Analysis.* Boulder, Colo.: Westview Press.

—, 1999: Contending Conceptions of the Theory of Rational Choice. *Journal of Theoretical Politics* 11: 171-202.

—, 2001: Why Do People Vote? The Cognitive-Illusion Proposition and Its Test. *Kyklos* 54: 355-378.

—, 2004a: Erklärung und Mechanismen: Probleme und Alternativen. S. 361-381 in: Robert Kecskes, Michael Wagner und Christoph Wolf (Hg.), *Angewandte Soziologie.* Wiesbaden: VS Verlag für Sozialwissenschaften.

—, 2004b: Review Essay. Hartmut Esser: Textbook of Sociology. *European Sociological Review* 20: 253-262.

—, 2010: Frame-Selektion, Normen und Rationalität. Stärken und Schwächen des Modells der Frame-Selektion. S. 63-78 in: Gert Albert und Steffen Sigmund (Hg.), *Soziologische Theorie kontrovers. 50. Sonderheft der Kölner Zeitschrift für Soziologie und Sozialpsychologie.* Wiesbaden: VS Verlag für Sozialwissenschaften.

Opp, Karl-Dieter und Jürgen Friedrichs, 1996: Brückenannahmen, Produktionsfunktionen und die Messung von Präferenzen. *Kölner Zeitschrift für Soziologie und Sozialpsychologie* 48: 546-559.

Osborne, Martin J. und Ariel Rubinstein, 1994: *A Course in Game Theory*. Cambridge, MA: MIT Press.

Osman, Magda, 2004: An evaluation of dual-process theories of reasoning. *Psychonomic Bulletin & Review* 11: 988-1010.

Oyserman, Daphna und Spike W. S. Lee, 2007: Priming „Culture": Culture as Situated Cognition. S. 255-279 in: Shinobu Kitayama und Dov Cohen (Hg.), *Handbook of Cultural Psychology*. New York: Guilford Press.

—, 2008: Does culture influence what and how we think? Effects of priming individualism and collectivism. *Psychological Bulletin* 134: 311-342.

Palfrey, Thomas R. und Howard Rosenthal, 1983: A Strategic Calculus of Voting. *Public Choice* 41: 7-53.

—, 1985: Voter Participation and Strategic Uncertainty. *American Political Science Review* 79: 62-78.

Pappi, Franz Urban, 2002: Stichwort: Wahlen/Wähler. S. 628-637 in: Martin Greiffenhagen und Sylvia Greiffenhagen (Hg.), *Handwörterbuch zur politischen Kultur der Bundesrepublik Deutschland*. Wiesbaden: Westdeutscher Verlag.

Parsons, Talcott, 1937: *The Structure of Social Action. A Study in Social Theory with Special Reference to a Group of Recent European Writers*. New York: McGraw-Hill.

Paternoster, Raymond und Sally Simpson, 1996: Sanction, threats, and appeals to morality: Testing a rational choice model of corporate crime. *Law & Society Review* 30: 549-583.

Payne, John W., James R. Bettman und Eric J. Johnson, 1988: Adaptive Strategy Selection in Decision Making. *Journal of Experimental Psychology: Learning, Memory, and Cognition* 14: 534-552.

Petty, Richard und John T. Cacioppo, 1984: The Effects of Involvement on Responses to Argument Quantity and Quality: Central and Peripheral Routes to Persuasion. *Journal of Personality and Social Psychology* 46: 69-81.

Petty, Richard, John T. Cacioppo und Rachel Goldmann, 1981: Personal involvement as a determinant of argument-based persuasion. *Journal of Personality and Social Psychology* 41: 847-855.

Plassmann, Hilke, Peter Kennig und Dieter Ahlert, 2006: The Fire of Desire: Neural Correlates of Brand Choice. *European Advances in Consumer Research* 7: 516-517.

Plutzer, Eric, 2002: Becoming a Habitual Voter: Inertia, Resources, and Growth in Young Adulthood. *American Political Science Review* 96: 41-56.

Pollich, Daniela, 2010: *Problembelastung und Gewalt. Eine soziologische Analyse des Handelns jugendlicher Intensivtäter*. Münster: Waxmann.

Popitz, Heinrich, 1975: *Der Begriff der sozialen Rolle als Element der soziologischen Theorie*. Tübingen: Mohr (Siebeck).

Prendergast, Christopher, 1993: Rationality, Optimality, and Choice. Esser´s Reconstruction of Alfred Schütz´s Theory of Action. *Rationality and Society* 5: 47-57.

Prisching, Manfred, 1993: Kommentar. S. 43-49 in: Philipp Herder-Dorneich, Karl-Ernst Schenk und Dieter Schmidtchen (Hg.), *Jahrbuch für Neue Politische Ökonomie, Bd. 12, Neue Politische Ökonomie von Normen und Institutionen*. Tübingen: Mohr (Siebeck).

Prosch, Bernhard und Martin Abraham, 2006: Gesellschaft, Sinn und Handeln: Webers Konzept des sozialen Handelns und das Frame-Modell. S. 87-109 in: Rainer Greshoff und Uwe Schimank (Hg.), *Integrative Sozialtheorie? Esser – Luhmann – Weber*. Wiesbaden: VS Verlag für Sozialwissenschaften.

Quandt, Markus und Dieter Ohr, 2004: Worum geht es, wenn es um nichts geht – zum Stellenwert von Niedrigkostensituationen in der Rational Choice-Modellierung normkonformen Handelns. *Kölner Zeitschrift für Soziologie und Sozialpsychologie* 56: 683-707.

Rabin, Matthew und Richard Thaler, 2001: Anomalies: Risk Aversion. *Journal of Economic Perspectives* 15: 219-232.

Rahn, Wendy M., Jon A. Krosnick und Marijke Breuning, 1994: Rationalization and derivation processes in survey studies of political candidate evaluation. *American Journal of Political Science* 38: 582-600.

Rambo, Eric H., 1999: Symbolic Interests and Meaningful Purposes. Conceiving Rational Choice as Cultural Theory. *Rationality and Society* 11: 317-342.

Reckwitz, Andreas, 2000: Die Transformation der Kulturtheorien. Zur Entwicklung eines Theorieprogramms. Weilerswist: Velbrück Wissenschaft.

—, 2003: Grundelemente einer Theorie sozialer Praktiken. Eine sozialtheoretische Perspektive. *Zeitschrift für Soziologie* 32: 282-301.

—, 2004: Die Entwicklung des Vokabulars der Handlungstheorien: Von den zweck- und normorientierten Modellen zu den Kultur- und Praxistheorien. S. 303-328 in: Manfred Gabriel (Hg.), *Paradigmen der akteurszentrierten Soziologie*. Wiesbaden: VS Verlag für Sozialwissenschaften.

Reese-Schäfer, Walter, 1997: *Grenzgötter der Moral. Der neuere europäisch-amerikanische Diskurs zur politischen Ethik*. Frankfurt am Main: Suhrkamp.

Riker, William H. und Peter C. Ordeshook, 1968: A Theory of the Calculus of Voting. *American Political Science Review* 62: 25-42.

—, 1973: *An Introduction to Positive Political Theory*. Englewood Cliffs, NJ: Prentice-Hall.

Robel, Gert, 1991: Sowjetunion. S. 499-560 in: Wolfgang Benz (Hg.), *Dimension des Völkermords. Die Zahl der jüdischen Opfer des Nationalsozialismus*. München: Oldenbourg.

Roberts, Brent W. und Wendy F. Del Vecchio, 2000: The Rank-Order Consistency of Personality Traits from Childhood to Old Age: A Quantitative Review of Longitudinal Studies. *Psychological Bulletin* 126: 3-25.

Rohwer, Götz, 2003: Modelle ohne Akteure: Hartmut Essers Erklärung von Scheidungen. *Kölner Zeitschrift für Soziologie und Sozialpsychologie* 55: 340-358.

Rössel, Jörg, 2005: *Plurale Sozialstrukturanalyse: Eine handlungstheoretische Rekonstruktion der Grundbegriffe der Sozialstrukturanalyse.* Wiesbaden: VS Verlag für Sozialwissenschaften.

Rorty, Richard, 1989: *Contingency, Irony, and Solidarity.* Cambridge: Cambridge University.

Roth, Gerhard, 1995: *Das Gehirn und seine Wirklichkeit. Kognitive Neurobiologie und ihre philosophischen Konsequenzen.* Frankfurt am Main: Suhrkamp.

Roussell, Louis, 1980: Ehen und Ehescheidungen. Beitrag zu einer systematischen Analyse von Ehemodellen. *Familiendynamik* 5: 186-203.

Roysten, Patrick, 2005a: Multiple imputation of missing values: update. *The Stata Journal* 5: 188-201.

—, 2005b: Multiple imputation of missing values: Update of ice. *The Stata Journal* 5: 527-536.

Sanbonmatsu, David M. und Russell H. Fazio, 1990: The role of attitudes in memory-based decision making. *Journal of Personality and Social Psychology* 59: 614-622.

Savage, Leonard J., 1954: *The Foundation of Statistics.* New York: Wiley.

Schank, Roger C. und Robert P. Abelson, 1977: *Scripts, Plans, Goals and Understanding.* Hillsdale, NJ: Erlbaum.

Schimank, Uwe, 1988: Gesellschaftliche Teilsysteme als Akteurfiktionen. *Kölner Zeitschrift für Soziologie und Sozialpsychologie* 40: 619-639.

—, 2000: *Handeln und Strukturen. Einführung in die akteurtheoretische Soziologie.* Weinheim: Juventa.

—, 2009: Wie sich funktionale Differenzierung reproduziert: eine akteurtheoretische Erklärung. S. 201-226 in: Paul Hill, Frank Kalter, Johannes Kopp, Clemens Kroneberg und Rainer Schnell (Hg.), *Hartmut Essers Erklärende Soziologie: Kontroversen und Perspektiven.* Frankfurt am Main: Campus.

Schluchter, Wolfgang, 1988: *Religion und Lebensführung. Band 1: Studien zu Max Webers Kultur- und Werttheorie.* Frankfurt am Main: Suhrkamp.

—, 1998: *Die Entstehung des modernen Rationalismus: Eine Analyse von Max Webers Entwicklungsgeschichte des Okzidents.* Frankfurt am Main: Suhrkamp.

—, 2000: *Individualismus, Verantwortungsethik und Vielfalt.* Weilerswist: Velbrück.

—, 2005: *Handlung, Ordnung und Kultur: Studien zu einem Forschungsprogramm im Anschluss an Max Weber.* Tübingen: Mohr (Siebeck).

—, 2006: *Grundlegungen der Soziologie. Eine Theoriegeschichte in systematischer Absicht. Band 1.* Tübingen: Mohr (Siebeck).

Schmid, Michael, 2004: Soziologische Handlungstheorie. Probleme der Modellbildung. S. 61-89 in: Michael Schmid (Hg.), *Rationales Handeln und soziale Prozesse. Beiträge zur soziologischen Theoriebildung.* Wiesbaden: VS Verlag für Sozialwissenschaften.

—, 2006: *Die Logik mechanismischer Erklärungen*. Wiesbaden: VS Verlag für Sozialwissenschaften.

Schnabel, Annette, 2003: *Die Rationalität der Emotionen. Die Neue Deutsche Frauenbewegung als soziale Bewegung*. Wiesbaden: Westdeutscher Verlag.

—, 2006: What makes collective goods a shared concern? Re-constructing the construction of the collectiveness of goods. *Rationality and Society* 18: 5-34.

Schneider, Wolfgang Ludwig, 2002: *Grundlagen der soziologischen Theorie – Band 1: Weber – Parsons – Mead – Schütz*. Wiesbaden: Westdeutscher Verlag.

—, 2006: Erklärung, Kausalität und Theorieverständnis bei Esser und Luhmann im Vergleich. S. 445-487 in: Rainer Greshoff und Uwe Schimank (Hg.), *Integrative Sozialtheorie? Esser – Luhmann – Weber*. Wiesbaden: VS Verlag für Sozialwissenschaften.

—, 2008: Wie ist Kommunikation ohne Bewusstseinseinschüsse möglich? Eine Antwort auf Rainer Greshoffs Kritik der Luhmannschen Kommunikationstheorie. *Zeitschrift für Soziologie* 37: 470-479.

Schoemaker, Paul J.H., 1982: The Expected Utility Model: Its Variants, Purposes, Evidence and Limitations. *Journal of Economic Literature* 20: 529-563.

Schoen, Harald und Jürgen W. Falter, 2003: Nichtwähler bei der Bundestagswahl 2002. *Politische Studien* 387: 34-43.

Schräpler, Jörg-Peter, 2001: Spontanität oder Reflexion? Die Wahl des Informationsverarbeitungsmodus in Entscheidungssituationen. *Analyse & Kritik* 23: 21-42.

Schuette, Robert A. und Russel H. Fazio, 1995: Attitude Accessibility and Motivation as Determinants of Biased Processing: A Test of the MODE Model. *Personality and Social Psychology Bulletin* 21: 704-710.

Schulz-Schaeffer, Ingo, 2008a: Die „Rückwärtskonstitution" von Handlungen als Problem des Übergangs von der Logik der Selektion zur Logik der Aggregation. S. 267-310 in: Jens Greve, Annette Schnabel und Rainer Schützeichel (Hg.), *Das Mikro-Makro-Modell der soziologischen Erklärung*. Wiesbaden: VS Verlag.

—, 2008b: Die drei Logiken der Selektion. Handlungstheorie als Theorie der Situationsdefinition. *Zeitschrift für Soziologie* 37: 362–379.

Schütz, Alfred, 1972: *Gesammelte Aufsätze, Band 2: Studien zur soziologischen Theorie*. Den Haag: Nijhoff.

Schütz, Alfred und Thomas Luckmann, 1979: *Strukturen der Lebenswelt, Band 1*. Frankfurt am Main: Suhrkamp.

—, 1984: *Strukturen der Lebenswelt, Band 2*. Frankfurt am Main: Suhrkamp.

Schwartz, Shalom H., 1977: Normative Influences on Altruism. S. 221-279 in: Leonard Berkowitz (Hg.), *Advances in Experimental Social Psychology 10*. New York: Academic Press.

—, 1992: Universals in the content and structure of values: Theoretical advances and empirical tests in 20 countries. S. 1-65 in: Mark P. Zanna (Hg.), *Advances in Experimental Social Psychology 25*. New York: Academic Press.

—, 2006: Value orientations: Measurement, antecedents and consequences across nations. S. 169-204 in: Roger Jowell, Caroline Roberts, Rory Fitzgerald und Gillian Eva (Hg.), *Measuring attitudes cross-nationally – lessons from the European Social Survey*. London: Sage.

Schwinn, Thomas, 2001: *Differenzierung ohne Gesellschaft: Umstellung eines soziologischen Konzepts*. Weilerswist: Velbrück Wissenschaft.

Searing, Donald, Gerald Wright und George Rabinowitz, 1976: The Primacy Principle: Attitude Change and Political Socialization. *British Journal of Political Science* 6: 83-113.

Sears, David O., 1981: Life-Stage Effects on Attitude Change, Especially among the Elderly. S. 183-204 in: Sara B. Kiesler, James N. Morgan und Valerie Kincade Oppenheimer (Hg.), *Aging: Social Change*. New York: Academic Press.

—, 1983: The Persistence of Early Political Predispositions: The Roles of Attitude Object and Life Stage. S. 79-116 in: Ladd Wheeler und Phillip Shaver (Hg.), *Review of Personality and Social Psychology (Vol. 4)*. Beverly Hills: Sage.

Shogren, Jason F., 1989: Fairness in bargaining requires a context: An experimental examination of loyalty. *Economics Letters* 31: 319-323.

Simon, Herbert A., 1955: A Behavioral Model of Rational Choice. *Quarterly Journal of Economics* 69: 99-118.

—, 1982: *Models of Bounded Rationality (2 Bände)*. Cambridge, MA: The MIT Press.

—, 1993: *Homo rationalis. Die Vernunft im menschlichen Leben*. Frankfurt am Main: Campus.

Small, Mario Luis, 2008: Four Reasons to Abandon the Idea of 'the Ghetto'. *City & Community* 7: 389-398.

Smelser, Neil J., 1992: The Rational Choice Perspective. A Theoretical Assessment. *Rationality and Society* 4: 381-410.

Smith, Adam, 1776: *An Inquiry into the Nature and Causes of the Wealth of Nations*. London: Stahan & Cadell.

Srubar, Ilja, 1993: On the Limits of Rational Choice. *Rationality and Society* 5: 32-46.

—, 2008: Akteure und Semiosis. Kommentar zu Rainer Greshoffs Kritik der Luhmannschen Systemtheorie. *Zeitschrift für Soziologie* 37: 480-488.

Stachura, Mateusz, 2006: Logik der Situationsdefinition und Logik der Handlungsselektion. Der Fall des wertrationalen Handelns. *Kölner Zeitschrift für Soziologie und Sozialpsychologie* 58: 433-452.

—, 2009: Brückenhypothesen – Kritik der ökonomischen Theorie der Ziele. *Zeitschrift für Soziologie* 38: 152-170.

Starmer, Chris, 2000: Developments in Non-Expected Utility Theory: The Hunt for a Descriptive Theory of Choice under Risk. *Journal of Economic Literature* XXXVIII: 332-382.

StataCorp., 2007: *Stata user's guide. Release 10.* College Station, TX: Stata Press LP.

Stegmüller, Wolfgang, 1975: *Hauptströmungen der Gegenwartsphilosophie. Eine kritische Einführung. Band I.* Stuttgart: Kröner.

Stigler, George J., 1961: The Economics of Information. *Journal of Political Economy* 69: 213-225.

Stigler, George J. und Gary S. Becker, 1977: De Gustibus Non Est Disputandum. *American Economic Review* 67: 76-90.

Stiglitz, Joseph E., 1985: Information and Economic Analysis: A Perspective. *The Economic Journal* 95: 21-41.

Stocké, Volker, 2002: *Framing und Rationalität. Die Bedeutung der Informationsdarstellung für das Entscheidungsverhalten.* München: Oldenbourg.

—, 2004: Entstehungsbedingungen von Antwortverzerrungen durch soziale Erwünschtheit. Ein Vergleich der Prognosen der Rational-Choice Theorie und des Modells der Frame-Selektion. *Zeitschrift für Soziologie* 33: 303–320.

Strack, Fritz und Roland Deutsch, 2004: Reflective and Impulsive Determinants of Social Behavior. *Personality and Social Psychology Review* 8: 220–247.

Strauss, Anselm L., 1978: *Negotiations. Varieties, Contexts, Processes, and Social Order.* San Francisco: Jossey-Bass.

—, 1993: *Continual Permutations of Action.* New York: Aldine de Gruyter.

Strauss, Claudia und Naomi Quinn, 1997: *A cognitive theory of cultural meaning.* Cambridge: Cambridge University Press.

Stryker, Sheldon, 1981: Symbolic Interactionism: Themes and Variations. S. 3-29 in: Morris Rosenberg und Ralph H. Turner (Hg.), *Social Psychology: Sociological Perspectives.* New York: Basic Books.

Swidler, Ann 1986: Culture in Action: Symbols and Strategies. *American Sociological Review* 51: 273-286.

—, 1995: Cultural Power and Social Movements. S. 25-40 in: Hank Johnston und Bert Klandermans (Hg.), *Social Movements and Culture.* Minneapolis: University of Minnesota Press.

Sykes, Gresham M. und David Matza, 1957: Techniques of Neutralization – a Theory of Delinquency. *American Sociological Review* 22: 664-670.

Tammes, Peter, 2007: Survival of Jews during the Holocaust: the importance of different types of social resources. *International Journal of Epidemiology* 36: 330-335.

Taylor, Michael, 1996: When Rationality Fails. S. 223-234 in: Jeffrey Friedman (Hg.), *The Rational Choice Controversy: Economic Models of Politics Reconsidered.* New Haven: Yale University Press.

Tec, Nechama, 1986: *When Light Pierced the Darkness. Christian Rescue of Jews in Nazi-occupied Poland.* Oxford: Oxford University Press.

Thomas, William Isaac, 1937: *Primitive behavior: An introduction to the social sciences.* New York: McGraw-Hill.

—, 1965: *Person und Sozialverhalten.* Neuwied: Luchterhand.

Thomas, William Isaac und Dorothy Swaine Thomas, 1928: *The Child in America: Behavior Problems and Programs.* New York: Alfred A. Knopf.

Thomas, William Isaac und Florian Znaniecki, 1927: *The Polish Peasant in Europe and America.* New York: Alfred A. Knopf.

Thurner, Paul W., 1998: *Wählen als rationale Entscheidung. Die Modellierung von Politikreaktionen im Mehrparteiensystem.* München: Oldenbourg.

Tilly, Charles, 2006: *Identities, Boundaries, and Social Ties.* Boulder: Paradigm Press.

Turner, Jonathan H., 1987: Toward a sociological theory of motivation. *American Sociological Review* 52: 15-27.

Turner, Ralph Harold, 1962: Role-taking: Process versus conformity. S. 20-40 in: Arnold M. Rose (Hg.), *Human behavior and social processes: An interactionist approach.* Bosten, MA: Houghton Mifflin.

Tversky, Amos und Daniel Kahneman, 1981: The framing of decisions and the psychology of choice. *Science* 211: 453-458.

—, 1986: Rational Choice and the Framing of Decisions. *Journal of Business* 59: 251-278.

—, 1991: Loss aversion in riskless choice: A reference-dependent model. *Quarterly Journal of Economics* 106: 1039-1061.

—, 1992: Advances in Prospect Theory. Cumulative Representation of Uncertainty. *Journal of Risk and Uncertainty* 5: 297-323.

United Restitution Organization, 1962: *„Judenverfolgung in Italien, den italienisch besetzten Gebieten und in Nordafrika. Dokumentensammlung. "* Frankfurt am Main: United Restitution Organization.

Uzzi, Brian, 1996: The sources and consequences of embeddedness for the economic performance of organizations: The network effect. *American Sociological Review* 61: 674-698.

Van Buuren, Stef, Hendriek C. Boshuizen und Dick L. Knook, 1999: Multiple Imputation of Missing Blood Pressure Covariates in Survival Analysis. *Statistics in Medicine* 18: 681-694.

Vanberg, Viktor J., 2000: Rational Choice and Rule-Based Behavior: Alternative Heuristics. S. 17-33 in: Regina Metze, Kurt Mühler und Karl-Dieter Opp (Hg.), *Normen und Institutionen: Entstehung und Wirkung. Leipziger Soziologische Studien.* Leipzig: Leipziger Universitätsverlag.

—, 2002: Rational Choice vs. Program-based Behavior: Alternative Theoretical Approaches and their Relevance for the Study of Institutions. *Rationality and Society* 14: 7-54.

Varese, Federico und Meir Yaish, 2000: The Importance of Being Asked: The Rescue of Jews in Nazi Europe. *Rationality and Society* 12: 307-334.

—, 2005: Resolute Heroes: The Rescue of Jews During the Nazi Occupation of Europe. *European Journal of Sociology (Archives Européennes de Sociologie)* 46: 153-168.

Varian, Hal R., 1999: *Intermediate Microeconomics. A Modern Approach.* New York: W.W. Norton & Company.

Visser, Penny S., Jon A. Krosnick und Paul J. Lavrakas, 2000: Survey research. S. 223-252 in: Harry T. Reis und Charles M. Judd (Hg.), *Handbook of research methods in social and personality psychology.* Cambridge, UK: Cambridge University Press.

Vollmer, Gerhard, 1989: Darf man Falsches lehren? Eine wissenschaftsdidaktische Überlegung. *Naturwissenschaften* 76: 185-193.

—, 1995: Der wissenschaftstheoretische Status der Evolutionstheorie. Einwände und Gegenargumente. S. 92-106 in: Gerhard Vollmer (Hg.), *Biophilosophie.* Stuttgart: Reclam.

Wagner, John A., III., 1995: Studies of Individualism-Collectivism: Effects on Cooperation in Groups. *Academy of Management Journal* 38: 152-172.

Weber, Max, 1968: *Gesammelte Aufsätze zur Wissenschaftslehre.* Tübingen: Mohr (Siebeck).

—, 1978: *Gesammelte Aufsätze zur Religionssoziologie, Band 1.* Tübingen: Mohr (Siebeck).

—, 1980: *Wirtschaft und Gesellschaft. Grundriss der verstehenden Soziologie.* Tübingen: Mohr (Siebeck).

Wellers, Georges, 1978: Die Zahl der Opfer der „Endlösung" und der Korherr-Bericht. *Aus Politik und Zeitgeschichte. Beilage zur Wochenzeitung Das Parlament* 30: 22-39.

Wikström, Per-Olof, 2004: Crime as Alternative: Towards a Cross-Level Situational Action Theory of Crime Causation. S. 1-38 in: Joan McCord (Hg.), *Beyond Empiricism: Institutions and Intentions in the Study of Crime. Advances in Criminological Theory.* New Brunswick: Transaction.

—, 2006: Individuals, Settings, and Acts of Crime: Situational Mechanisms and the Explanation of Crime. S. 61-107 in: Per-Olof Wikström und Robert J. Sampson (Hg.), *The Explanation of Crime. Context, Mechanisms and Development.* New Brunswick: Transaction.

Williamson, Oliver E., 1993: Calculativeness, Trust, and Economic Organization. *The Journal of Law and Economics* 36: 453-486.

Wimmer, Andreas, 1996: Kultur. Zur Reformulierung eines ethnologischen Grundbegriffs. *Kölner Zeitschrift für Soziologie und Sozialpsychologie* 48: 401-425.

Windhoff-Héritier, Adrienne, 1991: Institutions, Interests, and Political Choice. S. 27-52 in: Roland M. Czada und Adrienne Windhoff-Héritier (Hg.), *Political*

Choice: Institutions, Rules, and the Limits of Rationality. Frankfurt am Main: Campus.

Winship, Christopher und Robert D. Mare, 1984: Regression Models with Ordinal Variables. *American Sociological Review* 49: 512-525.

Winter, Sidney G., 1964: Economic „Natural Selection" and the Theory of the Firm. *Yale Economic Essays* 4: 225-272.

Witt, Ulrich, 1993: Social Modernization and the Increase in the Divorce Rate. Comment. *Journal of Institutional and Theoretical Economics* 149: 283-285.

Xie, Yu und Charles F. Manski, 1989: The Logit Model and Response-Based Samples. *Sociological Methods and Research* 17: 283-302.

Yee, Albert S., 1997: Thick Rationality and the Missing „Brute Fact": The Limits of Rationalist Incorporations of Norms and Ideas. *The Journal of Politics* 59: 1001-1039.

Ylikoski, Petri, 2011: Social Mechanisms and Explanatory Relevance. S.154-172 in: Pierre Demeulenaere (Hg.), *Analytical Sociology and Social Mechanisms.* Cambridge: Cambridge University Press.

Young, Alford A., 2004: *The Minds of Marginalized Black Men: Making Sense of Mobility, Opportunity, and Future Life Chances.* Princeton, NJ: Princeton University Press.

Zimring, Frank und Gordon Hawkins, 1968: Deterrence and Marginal Groups. *Journal of Research in Crime and Delinquency* 5: 100-114.

Tabellenverzeichnis

Tabelle 1:	Eine vereinfachende Rekonstruktion der Handlungstypologie von Max Weber (nach Schluchter 1998: 259)	90
Tabelle 2:	Die Entscheidungsmatrix der Modus-Selektion	146
Tabelle 3:	Das Forschungsdesign der Studie von Blais und Young (1999)	189
Tabelle 4:	Die Anreiz- und Kontrollvariablen der Wahlteilnahme-Analysen	196
Tabelle 5:	Indikatoren des Verankerungsgrades der Wahlnorm und ihre Faktorladungen	201
Tabelle 6:	Interaktionseffekte zwischen Anreizvariablen und dem Internalisierungsgrad der Wahlnorm im Studenten-Datensatz	207
Tabelle 7:	Interaktionseffekte zwischen Anreizvariablen und dem Internalisierungsgrad der Wahlnorm im NRW-Datensatz	208
Tabelle 8:	Determinanten der wahrgenommenen Bürgerpflicht zum zweiten und dritten Befragungszeitpunkt	218
Tabelle 9:	Der Effekt der Präsentation des Wählerparadoxons in Abhängigkeit vom früheren Teilnahmeverhalten und dem Vorliegen beständiger Kollektivgutüberzeugungen	221
Tabelle 10:	Abhängige Variable, Anreiz- und Kontrollvariablen der Analyse der Rettung von Juden während des Zweiten Weltkriegs	266
Tabelle 11:	Indikatoren der prosozialen Orientierung und ihre Faktorladungen	268
Tabelle 12:	Häufigkeit und Erfolgsquote von Hilfegesuchen durch verschiedene Personengruppen	271
Tabelle 13:	Effekte von Anreizvariablen, prosozialer Orientierung und Hilfegesuchen	275

Tabelle 14:	Effekte der Anreizvariablen und der prosozialen Orientierung in den Teilstichproben ohne Hilfegesuch, mit Hilfegesuch durch Fremde/Bekannte sowie mit Hilfegesuch durch vertrauenerweckendere Personen	278
Tabelle 15:	Anreizeffekte und ihre Interaktion mit der prosozialen Orientierung und dem Vorliegen eines Hilfegesuchs	282
Tabelle 16:	Anreizeffekte und ihre Interaktion mit der prosozialen Orientierung bei Vorliegen eines Hilfegesuchs	283
Tabelle 17:	Die zusätzlichen in der Regression der prosozialen Orientierung verwendeten Variablen	290
Tabelle 18:	Prädiktoren der prosozialen Orientierung	292
Tabelle 19:	Anteil der jüdischen Bevölkerung vor dem Zweiten Weltkrieg und Grad der Machtausübung durch die Nationalsozialisten während des Krieges in 15 Ländern	294
Tabelle 20:	Prädiktoren der Ansprache	297

Abbildungsverzeichnis

Abbildung 1: Das Makro-Mikro-Makro-Modell in der Terminologie
von Esser (1999a) und Hedström und Swedberg (1998) 20

Abbildung 2: Anforderungen an soziologische Handlungstheorien
und ihre Beziehungen 40

Abbildung 3: Der RC-Ansatz in der Zwickmühle der Kritik 47

Abbildung 4: Kooperationsanteil in Abhängigkeit von der
Situationsbezeichnung und der Reputation der
Versuchspersonen (Liberman, Samuels und Ross 2004) 54

Abbildung 5: Die im MFS betrachteten Selektionen (nach Kroneberg
2005: 348) 128

Abbildung 6: Bestandteile der automatisch-spontanen Aktivierung
von Frames, Skripten und Handlungsalternativen 129

Abbildung 7: Verteilung des Internalisierungsgrades der Wahlnorm
mit Differenzierung nach Teilnehmern (graue Balken)
und Nicht-Teilnehmern (weiße Balken) 203

Abbildung 8: Anreizeffekte in Abhängigkeit vom
Internalisierungsgrad der Wahlnorm im NRW-
Datensatz 214

Abbildung 9: Anreizeffekte in Abhängigkeit vom
Internalisierungsgrad der Wahlnorm im Studenten-
Datensatz 215

Abbildung 10: Der Effekt der Präsentation des Wählerparadoxons auf
die Teilnahmewahrscheinlichkeit in Abhängigkeit vom
früheren Teilnahmeverhalten und dem Vorliegen
beständiger Kollektivgutüberzeugungen (KÜ) 224

Abbildung 11: Verteilung der prosozialen Orientierung mit
Differenzierung nach Fällen mit und ohne Hilfeleistung 269

Abbildung 12: Verteilung des wahrgenommenen Risikos mit
Differenzierung nach Fällen mit und ohne Hilfeleistung 270

Abbildung 13: Anreizeffekte in Abhängigkeit vom Vorliegen eines
Hilfegesuchs 285

Abbildung 14: Anreizeffekte in Abhängigkeit von der Stärke der
prosozialen Orientierung   287

Abbildung 15: Die Wahrscheinlichkeit, mit einem Hilfegesuch
konfrontiert zu werden, eigeninitiativ zu helfen oder
unbeteiligt zu bleiben, in Abhängigkeit vom Anteil
jüdischer Bevölkerung und der Machtausübung durch
die Nationalsozialisten   300

Die anschauliche Einführung in die Soziologie

> aktuell · kompakt · gut verständlich

Michael Jäckel
Soziologie
Eine Orientierung
2010. 278 S. Br. EUR 14,95
ISBN 978-3-531-16836-4

Erhältlich im Buchhandel
oder beim Verlag.
Änderungen vorbehalten.
Stand: Januar 2011.

Was ist der Gegenstand der Soziologie? Die Suche nach Antworten auf diese Frage führt zu unterschiedlichen Versuchen, etwas eher Unsichtbares sichtbar zu machen. Was treibt Individuen trotz steigender Arbeitsteilung und Spezialisierung weiterhin zu gegenseitiger Solidarität an? Wie vereinen sich widersprüchliche Motive wie Nachahmung und Individualisierung in einem einzigen gesellschaftlichen Phänomen wie der Mode? Schlagen sich soziale Ungleichheiten in alltäglichen Entscheidungen nieder wie Namensgebung, Schokoladenkonsum oder Teilnahme an einer Lotterie?

Das Buch zeichnet die Soziologie in ihren Grundzügen nach und stellt dabei den Stimmen der Klassiker aktuelle Perspektiven sowie vielfältige Beispiele und Befunde aus der modernen Gesellschaft gegenüber.

Es richtet sich dabei sowohl an Studierende der Sozialwissenschaften als auch an all jene, die sich für den Blick hinter das „nach Mustern und Gleichförmigkeiten ablaufende gesellschaftliche Verhalten der Menschen" interessieren.

www.vs-verlag.de

Abraham-Lincoln-Straße 46
65189 Wiesbaden
Tel. 0611.7878 - 722
Fax 0611.7878 - 400

Über das sprachliche Kapital der Länder in Europa

> Zur Fremdsprachenkompetenz der Bürger Europas

Jürgen Gerhards
Mehrsprachigkeit im vereinten Europa
Transnationales sprachliches Kapital als Ressource in einer globalisierten Welt

2010. 244 S. (Neue Bibliothek der Sozialwissenschaften) Br.
EUR 24,95
ISBN 978-3-531-17441-9

Globalisierung und die fortschreitende Verflechtung der Mitgliedsländer der Europäischen Union führen zu neuen Anforderungen an und Chancen für die Bürger in Europa. Wollen diese am Europäisierungsprozess partizipieren, indem sie z. B. im Ausland studieren oder arbeiten, dann müssen sie die Sprache des jeweiligen Landes sprechen. Transnationales sprachliches Kapital wird damit zu einer zentralen Ressource der Teilhabe am Europäisierungsprozess.

Jürgen Gerhards rekonstruiert die Rahmenbedingungen, unter denen Mehrsprachigkeit zu einer zentralen Ressource geworden ist. Auf der Grundlage einer Umfrage in 27 Ländern der EU analysiert er die Fremdsprachenkompetenz der Bürger Europas; dabei gelingt es ihm, die enormen Unterschiede, die sich in der Ausstattung mit transnationalem sprachlichen Kapital zwischen und innerhalb der Länder zeigen, systematisch zu erklären. Gerhards plädiert für eine radikale Umkehr in der Sprachenpolitik der EU, indem er sich für die verbindliche Einführung des Englischen als ‚lingua franca' in Europa ausspricht.

Erhältlich im Buchhandel oder beim Verlag.
Änderungen vorbehalten.
Stand: Januar 2011.

www.vs-verlag.de

VS VERLAG

Abraham-Lincoln-Straße 46
65189 Wiesbaden
Tel. 0611.7878-722
Fax 0611.7878-400

CPSIA information can be obtained
at www.ICGtesting.com
Printed in the USA
LVOW11s1552130618
580577LV00002BA/109/P